2021年版

综合能源服务
百家实践案例集

《综合能源服务百家实践案例集》编委会　组编

联合组编单位

北京创客能源服务有限公司
浙江华云信息科技有限公司
国网电力科学研究院武汉能效测评有限公司
国网江苏综合能源服务有限公司
国网（北京）综合能源服务有限公司
国网辽宁综合能源服务有限公司
国网福建综合能源服务有限公司
战略合作：平高集团综合能源服务公司

中国电力出版社
CHINA ELECTRIC POWER PRESS

内 容 提 要

为满足日益增长的能源多元供给需求，推进能源革命，各地大力开展综合能源服务。本书编委会面向综合能源服务公司开展案例征集，从中选取部分案例进行分析和展示。全书分为 3 部分，第 1 部分是基于 2021 年收集到的 120 个重点案例，进行市场分析、技术分析和应用分析。第 2 部分是对选取的 120 个案例加以介绍和展示。第 3 部分是对近 2 年收集到的千余个案例进行电子化展示。第 2 部分的案例展示分别从案例的背景需求、案例简介、技术方案、商业模式、项目收益、项目亮点和经验总结等维度进行分享，具有极强的市场借鉴价值。

本书信息量大，既有案例展示，又有分析报告，可为综合能源服务的投资公司、设计单位、实施单位、运营单位等提供参考，也可供高校、研究机构使用参考。

图书在版编目（CIP）数据

综合能源服务百家实践案例集：2021 年版 /《综合能源服务百家实践案例集》编委会组编．—北京：中国电力出版社，2021.9
ISBN 978-7-5198-5993-0

Ⅰ. ①综…　Ⅱ. ①综…　Ⅲ. ①能源经济–服务市场–案例–中国　Ⅳ. ①F426.2

中国版本图书馆 CIP 数据核字（2021）第 187948 号

出版发行：中国电力出版社
地　　址：北京市东城区北京站西街 19 号（邮政编码 100005）
网　　址：http://www.cepp.sgcc.com.cn
责任编辑：崔素媛（010-63412392）
责任校对：黄　蓓　郝军燕　李　楠
装帧设计：张俊霞
责任印制：杨晓东

印　　刷：三河市航远印刷有限公司
版　　次：2021 年 9 月第一版
印　　次：2021 年 9 月北京第一次印刷
开　　本：889 毫米×1194 毫米　16 开本
印　　张：16.5
字　　数：540 千字
定　　价：100.00 元

《综合能源服务百家实践案例集》
编委会

联合组编单位

北京创客能源服务有限公司

浙江华云信息科技有限公司

国网电力科学研究院武汉能效测评有限公司

国网江苏综合能源服务有限公司

国网（北京）综合能源服务有限公司

国网辽宁综合能源服务有限公司

国网福建综合能源服务有限公司

战略合作单位

平高集团综合能源服务公司

支持单位

国网安徽综合能源服务有限公司

北京京能燕开综合能源服务有限公司

北京首钢园区综合服务有限公司

国网河南综合能源服务有限公司

远光能源互联网产业发展（横琴）有限公司

港华能源投资有限公司

天合云能源互联网技术（杭州）有限公司

国网山西省综合能源服务有限公司

中教能源研究院

国家电投集团数字科技有限公司

国网四川综合能源服务有限公司

国网雄安综合能源服务有限公司

国网上海综合能源服务有限公司

雄安许继电科综合能源技术有限公司

华为技术有限公司

ABB（中国）有限公司

山西晋能集团有限公司

清华大学能源互联网创新研究院

主编

孙彩凤　王吉庆

副主编

涂　莹　纪　勇　周　强　宋　鹏　林　敏　管少锋　徐志强

参编

姜作涵　孙艳玲　徐　波　李　飞　李　津　刘少华　刘国斌　陈晓谨　赵　乐　沈春雷
康玉杰　杨茂涛　邱建杭　方　斌　李　安　张从昕　张志伟　宋小松　李劲松　洪　亮
刘继彦　伊　洋　滕国清　王　骏　许朝阳　郭　翔　杨　旭　窦真兰　张毅勐　延　星
周立专　代俊杰　赵　峰　丁　胜　陈茂锐　邱泽晶　余云昊　吴凯槟　王慧丽　张良华
陆沈雄　柴华明　刘亚星　沈　杰　李月华　袁晶晶

主审

王　宇　闫华光　崔庆芳　朱治中

序

2020 年 9 月 22 日，习近平总书记在第七十五届联合国大会一般性辩论会上向世界庄严宣布了中国的碳达峰目标与碳中和愿景——“二氧化碳排放力争于 2030 年前达到峰值，努力争取 2060 年前实现碳中和”。碳达峰与碳中和目标的提出充分体现我国低碳发展的决心和信心，彰显大国担当，受到国际社会广泛认可与高度赞誉。

“十四五”期间是碳达峰的窗口期和关键期，应有相当于二氧化碳排放总量 70%～75%的地区和行业提前实现达峰，并在“十五五”期间开始稳中有降，为全国在 2030 年之前全面达峰，并为 2035 年实现稳中有降奠定坚实基础。随着全球碳中和趋势的形成，能源的低碳化、清洁化转型已成为不可阻挡的趋势和潮流。能源转型的本质是一场从资源依赖转向技术依赖的变革，能源企业内部的界限越来越模糊，同时能源企业和非能源企业之间的界限越来越模糊，综合能源服务将成为企业生存与发展的重要支柱。

随着“互联网+”模式的普及与应用，互联网思维正推动着能源企业转型，从能源供应商向能源综合服务商转移，从垄断经营向提供服务转移。以国外的成果经验来看，GE、西门子、ABB 已经不仅是设备厂商，同时还是系统解决方案提供商；电力生产企业中，德国伊昂、法电、美国南方能源等也不是单一的生产电力，而是提供综合能源服务；道达尔、挪威石油、BP、韩国 SK 等以油气为主的企业同样已经开始全面转型。道达尔已成为美国最大的太阳能发电集成商，挪威石油已发展为全球优秀的海上风电技术提供商，BP 也制定了 2045 年以前碳中和的战略愿景。与国外相比，我国综合能源服务起步晚，虽然包括国家电网公司、南方电网公司在内的许多央企、国企、上市公司、民企已开始积极布局综合能源服务业务，但总体来看，国内综合能源管理服务尚处于初级发展阶段。

综合能源服务可解决能源高质量发展中安全、绿色、经济的痛点，提高能源利用效率。我国综合能源服务市场潜力空间较大，综合能源服务将是能源企业转型的主要方向已成为业内共识。2018 年可以说是综合能源服务的元年，市场模式与成熟度不断提升。整个行业通过 2019 年和 2020 年的快速发展，已经呈现出重点方向清晰、业务全面铺开的良好发展局面。本书编委会征集了上千个案例，并精选出 120 个案例且进行了样本分析，给出了分析报告展示了 85 个典型案例，帮助从业者更加清晰地了解综合能源服务的行业发展，为准确把握市场走向、找准行业发展机遇提供参考依据。

本案例集的编委会成员均来自能源行业。他们从不同能源背景、不同技术领域、不同关注视角，多维度、多场景、多环节地分析整理大量案例内容，克服不同行业领域的分歧与局限，求同存异、与时偕行，精心打造了这本《综合能源服务百家实践案例集（2021 年版）》。

长风破浪会有时，直挂云帆济沧海。2021 年是“十四五”开元之年，期望综合能源服务在“十四五”期间硕果累累，预祝本书务实服务行业的精神，传承永续！

国家应对气候变化战略研究和国际合作中心

前　言

随着人类社会不断发展，对能源需求的日益增加与环境污染、能源短缺之间的矛盾日益突出，如何在环境友好的前提下提高能源综合利用效率已成为世界各国关注的焦点。能源行业积极响应国家提出的“双碳”目标，不断探索发展。开展综合能源服务已成为提升能源利用效率、降低社会用能成本、促进竞争与合作的重要发展方向之一。

我国当前综合能源服务已有大量工程实践，各具特色，涉及不同领域、不同应用场景。为此，本案例集编委会面向综合能源服务中业主、投资、设计、建设和运营等各主体，在社会各界支持下共收集案例千余个，汇集了公建、工业、园区、区域能源等行业，涉及公共机构、化工、机场、教育、冶金、商业综合体、数据中心、医院、制造、其他等 20 多个应用领域，本案例集对入围的 120 个案例进行了介绍和分析，供读者进行优选参考。本书共分 3 部分。第 1 部分是案例分析报告，是对精选的 120 个综合能源服务实践案例进行深入剖析，从市场、技术、应用三方面撰写分析报告，具有极强的借鉴价值。第 2 部分为案例展示，分别是深度案例、分类案例和其他案例。其中深度案例 17 个，分类案例共 67 个，按行业进行分类介绍，其他案例用列表形式进行了展示。第 3 部分为案例数据库，读者可通过扫描二维码，查阅本编委会收集到的千余个案例，进行参考学习。

期望通过本案例集，让综合能源服务行业的从业者从项目需求、商业模式、技术方案、实施效果等角度加深行业现状了解；为综合能源服务项目的投资、可研、设计、建设、运营、管理、决策等工作者提供参考，以应对综合能源服务市场的多元复杂环境，助推综合能源服务项目更好地落地；赋能综合能源服务公司和生态伙伴，助力我国综合能源服务行业的快速协调发展。

本案例集由北京创客能源服务有限公司联合浙江华云信息科技有限公司、国网电力科学研究院武汉能效测评有限公司、国网江苏综合能源服务有限公司、国网（北京）综合能源服务有限公司、国网辽宁综合能源服务有限公司、国网福建综合能源服务有限公司组编，并得到平高集团综合能源服务公司等近 20 家综合能源服务公司、投资公司、生态伙伴、行业用能单位的大力支持。未来我们将与生态伙伴紧密互动，不断完善和提升案例集的服务深度和广度，为共同推进综合能源服务落地实践而努力奋斗！

编　者

2021 年 9 月

目录 CONTENTS

工业行业案例

园区行业案例

区域能源案例

其他行业案例

第 1 部分 案例分析报告

本书结合编委会征集入围的 120 个案例样本数据，以 2020 年和 2021 年两年指标变化为抓手，深入分析 2021 年度案例中综合能源服务产业的产业生态、商业模式、技术分类和行业应用指标，以生态实践为目标定位，设计了 2021 年度分析报告主体内容，从市场、技术和应用三个维度对 2021 年的 120 个案例进行分析。通过分析，总结归纳行业的现状和未来变化趋势。限于案例数量，相对综合能源服务整个产业来讲，具有一定的局限性，分析结果仅能反映发展趋势，不能涵盖综合能源服务产业整体，仅供读者参考。

第1章

市 场 分 析

本章从市场趋势、产业生态和商业模式进行分析。主要以案例中涉及的市场相关指标为基础进行详细分析，指标包括：案例所属的省份区域、电费较高的园区类公建用户、实施单位性质与规模、产业生态机构、项目实施模式、企业商业模式和项目商业模式等，并对比2020年指标数据进行变化趋势的分析，期望通过市场分析为产业单位提供现在及未来的区域市场选择，匹配市场中适合企业推广的业务模式及商业模式，并总结出适合产业开展生态建设的可行路径。

1.1 市场趋势分析

1.1.1 区域市场排名分析

以案例所在省份为单位，进行区域市场排名分析。本案例集选取2021年入围的案例样本120个，共涉及25个省、自治区、直辖市。详细分析是以案例样本排名为基础，结合各省产业结构、2020年GDP产值及增速、北方地区冬季清洁取暖政策和各省案例刊登积极性等因素，参照2020年调研预估的2019年省份园区及公建用电量排名前10名的用户数，得出分析结论，见表1－1、图1－1和图1－2。

表1－1 案例区域排名分析相关因素表

省份	案例数量	2020年GDP数据		清洁取暖政策	投稿积极性	产业结构
		排名	增速			
江苏	19	2	3.7%	无	高	制造业/服务业
浙江	13	4	3.60%	无	高	制造业/服务业
广东	11	1	2.30%	无	中	制造业/服务业
北京	11	12	1.20%	有	高	制造业/服务业
河南	10	5	1.30%	有	高	制造业/服务业
上海	7	10	1.70%	无	高	制造业/服务业
安徽	6	11	3.90%	无	高	汽车及工程机械
山东	5	3	3.60%	有	低	钢铁/石化/铝业
河北	5	13	3.90%	有	中	钢铁/煤炭/电力
山西	5	21	3.60%	有	高	能源原材料供应

通过案例数量排名的数据分析，结合各区域相关影响因素，对区域内各案例进行研究后得出以下结论：

（1）综合能源服务产业在沿海经济发达地区市场空间较大，市场环境相对成熟，处于产业实践创新阶段，可快速开展业务。江苏、浙江、广东、河南、上海5个省市收录的案例数占比50%，这些案例中公共机构能源托管、客户投资能源管理系统和分布式能源三类成熟模式项目占比85%。同时已经有企业开始尝试创新实践压缩空气站托管模式项目，详见“压缩空气系统节能托管项目”和“基于工业互联网数字化转型的压缩空气系统智能运维项目”。

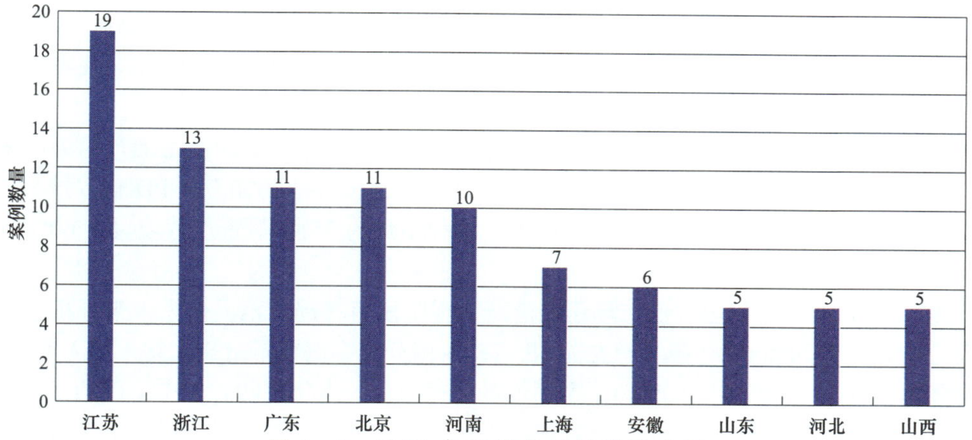

图 1－1　2021 年区域案例数量排名图

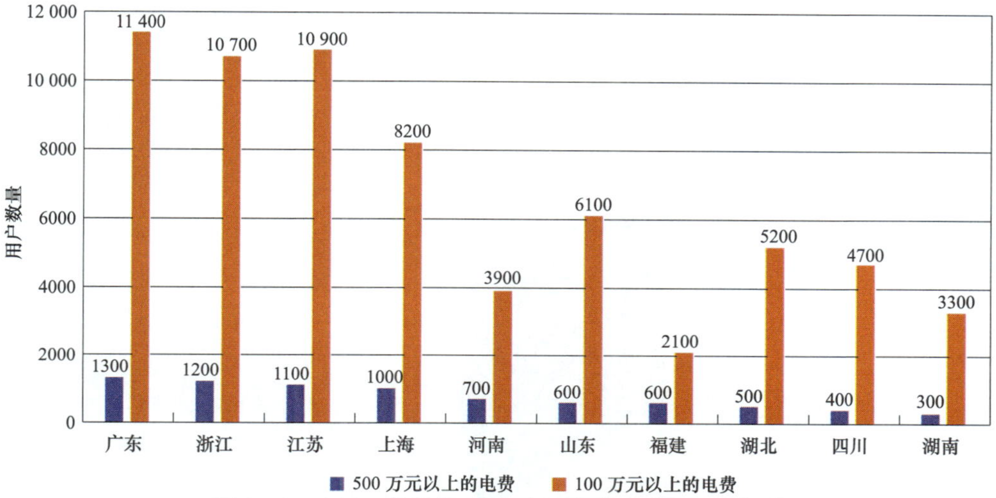

图 1－2　2019 年园区及公建用电数据调研预估图

（2）在入围分析样本中，北京所占项目较多，其中清洁供暖项目占比 36%，央企下属的能源公司项目占比 65%，多属示范型项目。**分析原因：北京近年清洁取暖政策及积极落实央企总部要求是推动产业项目落地的核心原因。**

山东入围分析案例数量排名相对靠后，分析原因是受产业结构和投稿热度等影响；所投项目以工业为主占比 80%；产业商业模式成熟，其中客户采购的能源管理系统占比 40%，建设单位投资运营模式占比 60%，项目总额 1.56 亿元。

1.1.2　区域市场空间及变化趋势分析

2020 年和 2021 年案例集选取分析案例样本数量相同，均为 120 个，在此通过环比两年间排名前 10 名省市的案例数量变化，分析行业区域市场的变化趋势，具体分析如图 1－3 所示。

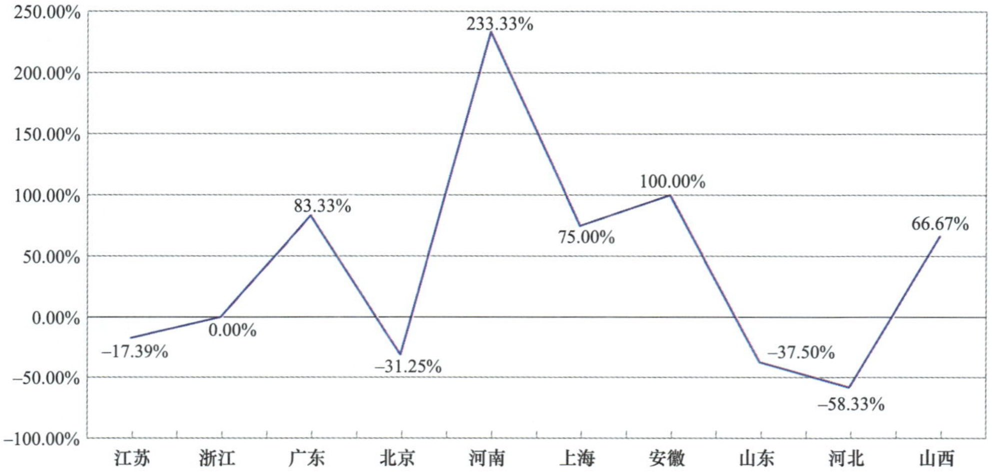

图 1－3　区域案例数量环比分析图

在充分考虑 2020 年案例集为首年编制，收录的案例为多年实施成果，再做环比客观分析。前 5 名的经济发达地区案例数量变化不大，广东和河南出现正增长，结合各省市分析影响因素和市场空间排名，在案例的详细分析基础上得出如下结论。

（1）紧邻沿海经济发达地区市场空间较大的安徽、河南等省份产业市场活跃度呈上升趋势，现阶段基本判定为可进入市场。河南、安徽的案例环比增幅均大于 100%，同时河南、安徽省 2020 年 GPD 官方排名分别为第 5 名和第 11 名。针对两省案例总样本量进行分析，能源管理系统占分析样本量的 75%，投资运营项目占 60%，示范项目占 25%；此分析存在不同类型间的交叉分析。

（2）市场空间较大的湖北、四川等省份市场还未活跃，现阶段可布局示范，作为未来开拓型市场区域。湖北省和四川省的园区及公建市场空间和 GDP 排名都在前 10 名，入围分析案例样本量排名均未进入前 10 名，两省入围案例占总入围分析样本量的 5%，剔除案例收集的不全面性外进行分析。本年度两省入围案例项目类型均为能源管理系统；2020 年案例集收录的两省案例中含投资运营型的项目；从案例分析样本得出，两省未来市场空间潜力较大，可作为未来重点布局的市场区域。

1.1.3 实施单位特点分析

1. 实施单位性质分析

本章实施单位性质的分析维度包括：央企、地方国企、混合所有制企业、民营上市公司、中小型民营企业、外资企业，120 个案例样本分析数据如图 4 所示。

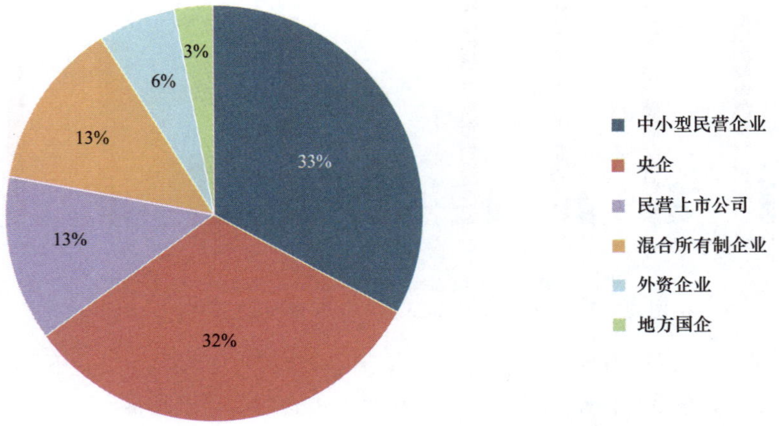

图 1－4 实施单位性质比例分析图

结合本报告中案例商业模式和技术分析数据，通过对实施单位性质占比分析，得出如下分析结论。

（1）中小型民营企业和央企是综合能源服务产业现阶段主力军。中小型民营企业占总分析样本量的 33%，中小型民营企业涉及的总项目类型中服务及设备供应占比 78%，投资类项目占比 22%。央企下属的综合能源服务企业占总分析样本量 32%，央企下属综合能源服务企业涉及的项目中投资类占比 67%，服务及设备供应型项目占比 33%。

（2）民营上市公司和混合所有制企业环比正增长，未来将作为产业的主要力量。民营上市公司和混合所有制企业共占总分析样本量的 26%，环比 2020 年增长 22%。此两类企业涉及的项目类型中投资型占比 27%，服务及设备供应型占比 72%。

2. 实施单位规模及变化趋势分析

实施单位注册资本规模分析设计维度包括：1000 万元以下、1000 万～5000 万元、5000 万～2 亿元、2 亿～5 亿元和 5 亿元以上等，2021 年 120 个案例的实施单位规模比例和环比分析如图 1－5 和图 1－6 所示。

通过对 2021 年实施单位规模的比例和环比分析，结合实际案例的商业模式分析，得出如下结论。

（1）中小型企业环比正增长，大型企业环比负增长，产业已呈现由投资型向服务型逐步过渡转型趋势。2021 年 2 亿元以下企业占比 71%，1000 万元以下、1000 万～5000 万元和 5000 万～2 亿元全部实现 15%以上的环比增长，中小型企业服务的项目中投资运营型占比 24%，设备及服务供应占比 76%，中小型企业主要以服务为主，具有较强的市场竞争能力。

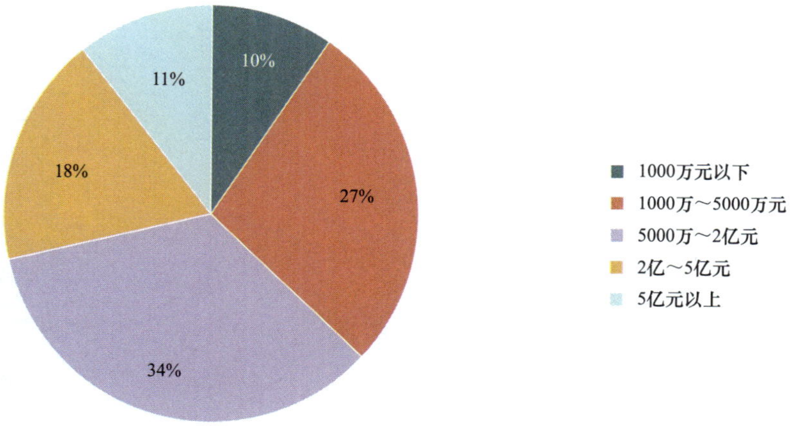

图 1－5　2021 年实施单位规模比例分析图

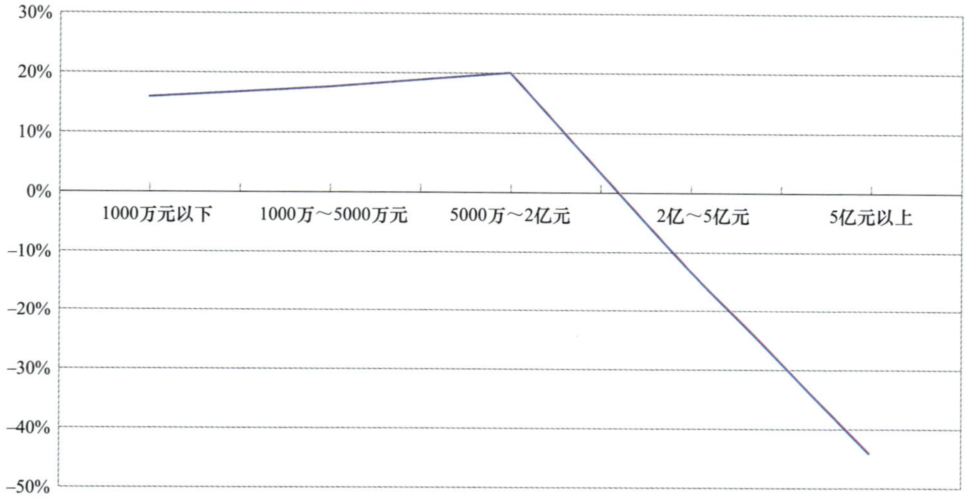

图 1－6　2021 年实施单位规模环比分析图

（2）中型企业占比及环比分析全面领先，呈现投资与服务两翼齐飞的市场开拓局面。值得注意的是，2020 年 5000 万～2 亿元规模的企业最多，2021 年仍然以 34%位列前茅；环比分析入围样本中，此类企业数量较 2020 年增幅为 20%。2021 年中型企业实施的项目中投资类占比 46%，设备及服务供应类占比 54%。

1.2　产业生态分析

1.2.1　产业生态分类

依据对综合能源服务产业的调研和对案例数据的详细分析，为使产业从业者能够更加全面地了解产业上下游的生态，在项目的市场开拓过程中，依据自身公司的规模、定位及优势，搭建高效的生态伙伴圈，优势互补形成合力，提供具有针对性的产业服务能力，为拓展市场提供原动力。报告对产业生态全面分析后，总结设计生态类型共八类：政府机构、业主用户、设计咨询、资产投资、成果创新、服务运营、设备供应、工程施工机构及企业，具体见图 1－7。

政府机构主要在产业中负责政策制定、技术引导、资金补贴和监察执法等工作；业主用户主要是园区、工业和公建等行业用能单位。

成果创新、设计咨询、资产投资、服务运营、设备供应、工程施工 6 类群体是主要的产业生态伙伴。成果创新机构主要在产业中负责基础科学研究、技术创新、产业规划、标准制定和信息知识共享等工作；设计咨询机构主要是负责规划设计、工程监理和审计咨询等工作；资产投资机构主要负责产业项目的资产投资和运营工作；服务运营、设备供应和工程施工机构负责项目落地及运维等工作。

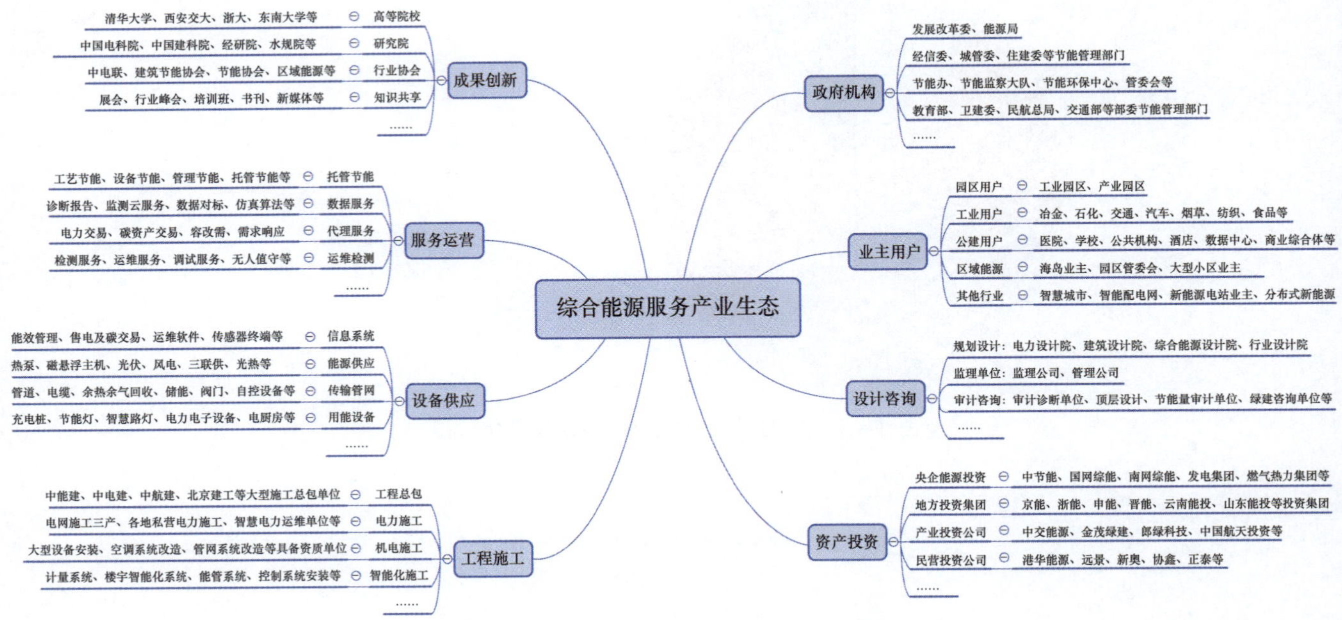

图 1－7　综合能源产业生态分类设计图

1.2.2　案例生态关联分析

本章节针对成果创新、设计咨询、资产投资、服务运营、设备供应和工程施工 6 类生态伙伴，对 120 个案例分析样本中涉及的项目进行生态伙伴的关联分析。分析主要从两个维度进行：一个维度是每一类生态伙伴在 120 个案例中参与项目的数量，另一个维度是每个项目涉及几类生态伙伴。特别说明，信息系统涉及设备供应分类，也涉及部分能源系统和运维系统的服务运营分类，故把信息系统作为单独分析项，设备供应分析指标主要指的是能源供应、传输及用能等一次设备，具体分析如图 1－8 所示。

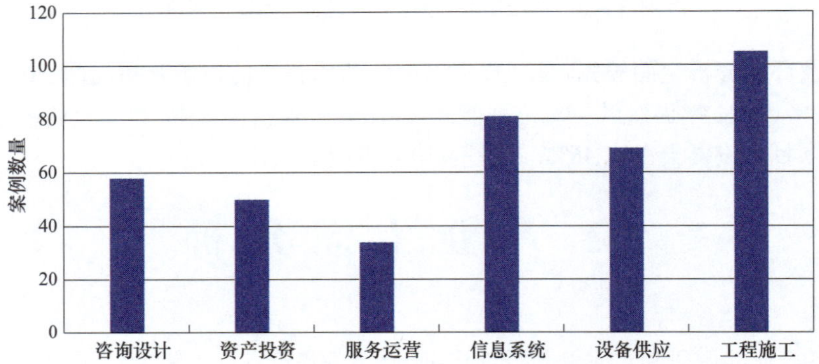

图 1－8　生态伙伴参与项目数量分析图

通过数据统计分析得出，工程施工生态伙伴和信息系统供应生态伙伴涉及的项目最多，分别为 105 个和 81 个。

以 120 个案例样本作为基础，分析每个案例中涉及生态伙伴数量，进行案例数量的占比分析，如图 1－9 所示。涉及三类生态伙伴的案例最多占比 31%，其中服务运营、设备供应和工程施工这三类生态伙伴参与的案例占比 41%，案例内容主要是为企业能源管理及运维系统；咨询设计、设备供应和工程施工三类生态伙伴参与的案例占比 49%，主要是示范型案例。资产投资、设备供应和工程施工三类生态伙伴参与的案例占比 10%，主要是设备替换型投资项目。只有一类生态伙伴参与的案例占比 6%，均为设备供应项目，主要是电能质量设备销售、智能巡检机器人和政府信息化平台。

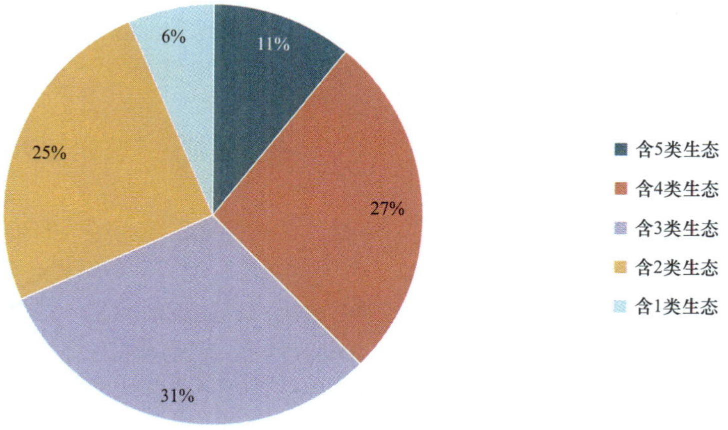

图 1－9 单一案例所含生态伙伴数量占比分析图

通过对生态伙伴的数据分析，结合案例技术及模式详细剖析，得出以下结论。

（1）客户的用能环境和项目建设内容差异较大，上下游企业只有形成生态合作共赢才能满足客户差异化的需求。用能单位的行业、能源种类、地域存在差异，负荷特性和需求存在差异，导致项目的建设内容差异性较大。即使是同一类应用信息化系统的用户，也因企业所属行业、管理需求等差异，导致系统的功能和业务存在差异。案例中涉及生态伙伴的案例占比为 94%，只有和产业上下游横向联合、纵向协作，才能更好地服务好客户，满足差异性的综合能源服务需求。

（2）资产投资机构应牵头组建不同行业的生态圈，快速推进综合能源产业的发展。120 个案例分析样本中，资产投资类生态伙伴涉及案例占 41%，平均每个案例中至少包含三类生态伙伴合作。资产投资类生态伙伴能够在用户现有技改资金不到位的情况下，通过投资分成的模式，提前更换客户老旧高能耗设备；在新建项目中，增加投资去应用更高效的能源系统，切实有效地加速产业的发展。

1.3 商业模式分析

本节商业模式分析包括企业商业模式、案例商业模式和商业模式实施路径三部分。首先对企业商业模式进行分析，内容包括资产投资型企业、工程及运营服务型企业和互联网平台型综合能源企业的商业模式分析；其次分析 120 个案例具体的商业模式，内容包括 EMC、能源托管、设备租赁、BOT、BOO、PPP 等项目的商业模式，通过分析商业模式涉及的案例数量及比例来反映行业商业模式现状及发展趋势；最后对企业商业模式的实施路径进行分析，帮助企业找到适合自己企业特点的市场开拓路径。

1.3.1 综合能源服务企业的商业模式

综合能源服务企业可根据不同规模客户的用能需求，为客户提供全生命周期的综合能源服务业务。根据专业的不同，综合能源服务企业的商业模式分为资产投资型、工程及运营服务型、互联网平台型三种企业类型，深度分析如下。

1. 资产投资型综合能源服务企业

随着近十年清洁能源技术的快速发展，建设投资的成本迅速降低。2019 年，光伏发电首先进入了平价上网时代，风力发电的度电成本急速下降；2021 年陆上风电进入平价时代，预计 2022 年海上风电也将进入平价上网时代。目前，电化学储能成本随着电动汽车的迅速发展逐步降低，成本如果能够降到 1.00 元/Wh 以下，电化学储能将具备经济性并大规模推广。随着冷、热、电等三联供技术的提升，三联供的最高效率能够达到 86%以上，很大程度提升了能源的利用效率。可见，未来根据用能客户的用能需求和负荷特性，就近建设分布式能源，降低输配成本，形成区域能源的供需平衡，将会是未来综合能源的重要发展方向。

近年来，国家能源局持续推出了大量关于分布式能源的利好政策，但是分布式能源受地理位置的影响和用户负荷特性的影响非常大。提供分布式能源的企业要根据用户用能特性和地理位置，为企业定制最适合、最经济的分布式能源供应及综合能源整体解决方案。

很多高耗能的企业和工业园区不仅仅需要电能，也会对冷、热等其他的能源有需求，根据企业的负荷特性，针对企业单独设计差异性的综合能源供应方式是一种必然的服务趋势，例如电供暖、余热发电等循环能源利用的方式，为企业节约成本，提升综合能源整体利用效率。

根据“源网荷储”四个层次，设计了综合能源服务企业的几种投资模式，具体内容如下。

（1） 综合能源供应资产投资。

1）清洁能源的项目投资。随着清洁能源成本的快速降低，分布式光伏成为综合能源服务业务供应侧电源方式的一种主要选择。分布式光伏系统由电池组件、安装支架、光伏逆变器、配电和并网设备等部分组成，工作原理简单、施工周期短、设备可靠性高、运营成本低，属于一次性投资、长期收益的优质项目。结合本书分析样本及目前产业情况，全国三类资源以上的地区基本都具备了投资条件，在山东、河北、河南等光照条件好、电价也偏高的地区，分布式光伏是优质的投资项目；根据国家能源局规定，2021 年户用分布式光伏依然给予补贴。项目的投资收益情况根据各个地区光照条件和上网电价的变化而变化。本书案例中采用光伏发电的项目有 31 个，占投资类案例的 38.75%。如石家庄科林电气股份有限公司投资建设 7.37MW 的分布式光伏＋24.5 万 m^2 的地源热泵＋4MW/12MWh 的锂电池储能＋直流充电桩 20×120kW 的园区综合能源项目，国网（北京）综合能源服务有限公司投资光伏＋冷热能源站＋储能站＋数据中心＋充电站等 9 站 1 中心的综合能源示范项目，北京海淀冬奥场馆光伏系统年发电量达 70 万 kWh，国网安徽综合能源服务有限公司为安徽电力能源服务中心投资建设 2.4MW 的屋顶分布式光伏项目，港华能源投资有限公司为佛山美的洗涤投资 5.5MW 分布式光伏发电项目，双杰电气合肥基地智慧工厂综合能源项目等，可见分布式光伏系统在综合能源服务项目上应用普遍。

风电与光伏系统比较类似，系统工作原理简单，工程施工时间短，运营工作量相对简单。但对各地风资源的要求较高，所有风电技术还没有普遍应用于综合能源服务项目中。

本次案例集中采用风力发电的项目有 4 个，占投资类案例的 5%，案例中包含大型海上风电项目和园区小风电的相关项目，分散式风电的案例不多。可见风力发电在综合能源服务项目中由于对气候条件的要求严格，还未大规模应用。

从案例分析样本中可以看出，沼气发电、垃圾发电、秸秆发电等生物质能源发电技术比较成熟，普遍应用于各个应用场景，但对地区资源的要求较高，所以并未大规模在企业和园区级的综合能源项目中普遍应用。

2）热、冷、气、水等多能供应的项目投资。随着供热、供冷技术的进步，间歇性清洁能源的装机规模逐渐加大，北方地区的清洁能源供热、南方地区的清洁能源供冷都作为未来综合能源关键应用在推广。本书中案例涉及供热/冷的项目有 40 个，占投资类案例的 41.25%，如北京京能燕开综合能源服务有限公司为北京房山区提供分布式电供暖项目，项目总体包含 61 个低谷电固体蓄热和 9 个低温空气源热泵项目，运行期 20 年，实现 3.2 万 kW 高峰用电负荷转移，减少燃煤消耗 2.5 万 t，二氧化碳排放 6.5 万 t；安徽岳西县医院气改电项目，建设电热锅炉 800kW＋136m^3 供暖系统，每年节约能源费用 70 万元；国家电投集团数字科技有限公司投资靖安县中医院分布式光伏＋磁悬浮冷水机组＋空气源热泵＋充电桩＋智慧路灯智慧能源项目，项目每年节省 97 万元，投资收益率 8.22%；浙江正泰聚能科技有限公司为山东禹城投资分布式地热清洁供暖项目等，这些案例均有体现供热/冷是综合能源服务项目的主要形式。由分析可以看出，解决方案根据用户对冷、热、气和水的需求，再依托用户资源禀赋条件，利用先进的储热、储能、各类热泵和先进的空调技术，通过电力市场交易和各地政策支持，充分利用好边际成本低的风、光、水等清洁能源，有利于为客户提供最经济的多能综合供应。

3）以天然气三联供为主的能源站投资建设。随着国际输气管道的打通，我国天然气资源逐渐充足，根据用能客户对电、冷、热、气需求的综合分析，天然气三联供技术是综合利用效率最高的能源供给技术。目前，国内在园区、机场、医院等应用场合有大量的应用案例。

本次案例集中含天然气三联供的项目有 5 个，占投资类项目的 6.25%，如国网上海综合能源服务有限公司投资的世博 B 片区能源中心示范项目，投资 2 亿元，年收益率 8%；港华能源投资有限公司为天合光能常州工厂提供燃气内燃机＋烟热气水型溴化锂机组，实现冷热电三联供。可见天然气三联供在综合能源服务项目的应用中，由于对负荷特性和燃气供应条件要求比较高，所以应用场合并不多。

4）压缩空气站。

在传统制造业领域，气动工具大量使用导致工厂对压缩空气存在普遍的需求。过去企业的空气压缩机都是由企业自己投资建设，但是由于利用率不高，投资收益也不高。当前很多的工业园区都以产业集群的方式打造专业化工业园区，集中供应的压缩空气站建设在南方工业较为发达地区，成为新的一个能源供应方式。压缩空气站的集中建设，能够有效提升规模，提升综合利用率，降低成本，提高可靠性，成为未来综合能源服务投资的新兴方向。

本书中含压缩空气站投资的项目有3个，占投资类项目的3.75%。立俭节能科技（上海）有限公司在上海投资建设压缩空气站，年节能电量近200万kWh，节约运维费用20万元/年。可见压缩空气供应作为新的综合能源供应方式逐渐应用到了综合能源服务项目中。

（2）配电网及管道（冷、热、气、水）投资。

《关于进一步深化电力体制改革的若干意见》（电改9号文）发布以后，国家允许社会资本参与增量配电网的投资和经营。配售电公司在由政府划定好的区域内投资建设220kV以下的配电网设施，对所管辖区域内的用户收取电费，赚取过网费。配售电公司对所服务辖区域用户进行综合能源服务有天然的优势。增量配电网业务主要面向产业园区和区县地区等，在一定的区域内拥有供电特许经营权，这是综合能源服务的有效入口之一。

园区和地区的冷、热、气、水管网的投资，如果能够在一定范围的地区形成特许经营权，与增量配电网的性质一致，是发展综合能源服务的有效入口。

本书中含配电网和管道投资运营的项目有3个，占投资类案例3.75%，如“科林电气高端智能电力装备制造基地综合能源服务项目”，投资了冷热管道，案例中没有收集到投资配电网的项目。可见配电网和管道的投资运营由于项目的投资金额较大、投资周期较长、需要企业资质条件较高等，本年度这方面项目案例还比较少。

（3）节能设备投资。

随着中国经济的迅速发展，导致市场化程度逐年提升，部分企业出现产能过剩的压力，特别是工业企业对降低成本有迫切的需求。近年来，企业开始思考综合能源的精细化管理，以降低企业的用能成本，提升市场化的竞争力。节能设备投资往往针对一些大型高耗能设备提供有针对性的节能产品和服务，如变频器对电机的节能，空调改造对供冷/热的节能、余热余气利用、照明节能、能源监测和管理等类型的节能设备和服务。

随着电力体制改革的深入，电力现货的开展、电价分时波动、节能应用将进入新的模式，针对电价不确定性，不同类型的企业如何用电，生产工艺如何与能源价格最优匹配，节能服务企业也将诞生新的业务模式，以为客户节能降耗为基础，再为客户提供全方位的综合能源托管服务。

节能设备投资服务的模式多数以合同能源管理的商业模式为主。

本案例集中含节能设备投资运营的项目有30个，占投资类案例比例37.5%，如国网江苏综合能源服务有限公司投资江苏德龙镍业能源综合利用项目，对烘烤器进行节能改造投资，采用合同能源管理方式，分享收益，内部收益率达18.43%；“泰州市第二人民医院能源托管项目”为医院每年节约能源费用170万元，整体效益显著；国网西藏综合能源服务有限公司为拉萨贡嘎机场空港提供岸电设备投资，一年总收益为1158万元，20年总收益为23160万元；国网山西省综合能源服务有限公司为阳煤集团提供煤层气发电站烟气余热利用发电项目，年发电节能收入达763万元；可见节能设备的投资在综合能源投资项目中占有非常大的比例。

（4）储能设备。

根据能量存储形式的不同，广义储能包括电储能、冷/热储能和氢储能三类。电储能是最主要的储能方式，按照存储原理的不同又分为电化学储能和机械储能两种技术类型。其中，电化学储能是指各种二次电池储能，主要包括锂离子电池、铅酸蓄电池和钠硫电池等；机械储能主要包括抽水蓄能、压缩空气储能和飞轮储能等。

随着电化学储能技术的不断进步，新的储能材料不断突破，电力交易辅助服务市场在各省的快速发展，储能设备的整体建设成本将快速降低，储能在综合能源服务业务中将发挥重大作用。

本书中含储能设备投资运营的项目有22个，占投资类项目比例为27.5%。如西安西电高压开关有限责任公司的铸造公司节能降耗示范项目，采用固定＋移动储能的方案，采用两充两放方案，投资收益率达到8.58%；国网安徽综合能源服务有限公司滁州分公司投资来安双创产业园区蓄能式能源站，采用热源塔热泵机组＋蓄水罐的方案，节约能源费用60%以上；许继集团投资分布式光伏1.6MW＋储能500kW/1MWh“双碳”智慧园区示范项目；可见储能已经成为综合能源项目中能效提升、资源多种利用的有效途径，随着未来储能成本的逐步降低，储能将在综合能源服务中有更多的应用前景。

2. 工程及运营服务型综合能源服务企业

在综合能源服务业务领域，早期普遍存在“重投资、轻服务”的现象，资产投资型的综合能源服务企业占据了主导地位，工程及运营服务型的综合能源服务企业还没有占到主导地位。根据综合能源项目的全生命周期，工程及运营服务型综合能源企业应该分为以下几种类型：① 规划、设计和咨询服务；② EPC 及工程服务；③ 售电及电力交易服务（含碳交易和绿证交易）；④ 能源托管运营；⑤ 电能质量治理；⑥ 运维、检修和试验服务；⑦ 数字化和信息化平台服务；⑧ 金融服务（供应链金融、融资租赁）；⑨ 能源大数据服务；⑩ 科技和培训服务等。

由案例可见，以专业配电运维服务切入综合能源服务业务的企业在迅速增加。传统企业的配电网都是由企业自己投资、建设、运行和维护的，供电公司会提供一部分有偿的配电网资产运行检修服务。企业为保证自身安全可靠的用电，会根据企业的用电设备情况，配备专业的电工队伍，但企业的电工队伍往往专业技术水平有待提升，很难保证企业电力设备的安全可靠性，并且由于电力装备并不是常常发生故障，运维电工的工作量也往往不够饱满。甚至，很多中小规模的企业基本没有这方面的运维电工队伍，都是设备出了故障之后才去维修的。随着电力设备元件的老化，故障一般都会在 8～10 年运行之后再频繁出现，国内企业大规模的建设为近十年的时间。当前，预估一些中小规模的用能企业电力设备故障将频发。本书中含配电运维服务的案例 15 个，占总案例的 13%，如广东鹰视能效科技有限公司，双良节能系统股份有限公司、广东力田科技股份有限公司等都能够提供配电运维服务，可见配电运维服务逐渐成了综合能源服务一项必需的服务业务。

综合能源服务系统利用先进的感知技术、智能装备、大数据、移动互联、信息通信技术和能源管理技术，贯穿“源网荷储”全能源链构建统一数字能源网络，实现综合能源系统的运行优化、多能互补、智能管控、供用协同，实现最大限度的消纳清洁能源、提升整个系统的能源利用效率，为单个、多个、区域和跨区等多样化的客户提供赋能服务，为数字化能源生态系统提供技术支撑。通过综合能源服务信息化平台去整合能源供应、设备生产、节能服务、生产、调度和运营管理等等服务商为客户提供全生命周期的综合能源服务。

从案例可见，综合能源数字化和智能化平台是未来综合能源服务项目智慧化运营和管理的基础，其中含综合能源信息系统的案例达到了 81 个，占所有案例的 68%，典型项目如浙江华云信息科技有限公司在杭州亚运村未来社区建设的综合能源服务平台，包含了智慧用电、智慧安防、智慧物联、智慧物业和电力需求侧管理（DSM）等 8 个子系统，实现社区的用能安全、高效节能、智慧用能、电网供需平衡和物业业务一体化管理；西电集团采用能源智慧服务平台，对园区内风、光、储、热进行综合运营管控，提升能源整体利用效率；裕隆爱之城空调系统数字化升级与运行托管项目，降低空调系统能耗 25%，人员利用率提升 50%，年节电 117 万元；北京易艾斯德科技有限公司为煤化工企业提供综合能源管理系统；天合云能源互联网技术（杭州）有限公司为宏达钢铁集团提供数智化工厂能源管理项目等，可见，综合能源数字化和智能化平台已经成为综合能源服务项目的必需品。提供综合能源服务数字化和信息化系统的企业也将成为综合能源工程及运营服务型企业的重要类型。

随着综合能源细分服务规模不断扩大，成本和效率快速降低，用户对能源服务的普遍接受，为客户提供能源托管、各类能源套餐服务，以及将综合能源服务融入产业，为客户提供动态的全方位服务，将成为综合能源服务的主要商业模式，相比资产投资型，更加贴近客户，服务的时间更长。

本书含工程及运营服务的综合能源项目有 105 个，占比达到 88%，其中工程类公司提供 EPC、运维服务为主的综合能源服务业务，可见本类项目将会在未来的综合能源业务中占主导地位。

3. 互联网平台型综合能源企业

随着互联网、大数据、人工智能、计算机、物联网、通信技术的快速发展，互联网平台公司逐渐成为行业巨头，不断颠覆着传统行业的发展。现阶段综合能源服务行业互联网平台公司介入较少，未来可期。综合能源服务行业连接能源供需两侧，在市场化的环境中，为用能客户提供高效经济的综合能源整体解决方案将是未来的发展趋势。目前，各地区都仅仅集中为大园区及工业用户开展综合能源服务，随着综合能源服务业务的深入推进，如果将个人家庭用户纳入综合能源服务业务范围内，综合能源服务的客户数量将超千万，甚至过亿。随着小规模客户逐渐增多，如何为大规模客户提供多样化的综合能源服务，将充分发挥互联网营销的优势，低成本高效率地快速连接客户。

充分借鉴互联网运营模式，契合清洁、低碳、安全、高效的能源发展要求，研究以供需撮合为基础连接能力，以赋能融合为核心服务能力的“互联网＋用能”运营和服务新模式，为多元分布式资源所有者提供参与能源综合服务的商业模式和业务路径。针对多元分布式资源的运营层面进行组织创新，实现投资、运营、数字化管理、线上线下服务等多个要素的组合式创新，面向终端用能侧提供定制化、全方位的用户能源服务；增强多元分布式资源所有者开展综合能源运营的数据能力和业务能力，引导各类用户共同参与区域能源互联网的发展。支持分布式能源运营方开展多能协同运营业务；支持综合能源服务商整合分布式资源开展虚拟电厂运营等。

互联网平台型综合能源服务商主要有以下两种商业模式：

1）综合能源服务供需两侧撮合交易平台型。类似"互联网商城"的商业模式，搭建平台，做好连接的服务，为商户找到有需求的客户，利用先进的互联网技术降低沟通成本和提高规模化以及整体运营效率，降低综合能源服务的边际成本，加快推动综合能源服务业务的快速发展。

2）线上交易和线下服务相结合的互联网平台型。线上线下结合，搭建互联网平台，制定标准，服务团队本地化；为客户提供一站式的综合能源服务，包括分布式能源投资、节能优化、电能质量、售电、工程、运营、运维和金融等综合能源全生命周期的服务。

未来这类企业将发展为能源互联网＋产业的模式，将能源互联网的服务融合到每一个不同的产业链里面，将综合能源服务于各行各业的发展。

据行业调研，几家互联网公司都在布局综合能源服务业务，并已经发布了类似的产品。不少央企也在布局综合能源服务平台型业务，为客户提供一站式的综合能源服务平台。

4. 企业商业模式案例统计分析

本案例集对三种不同的综合能源服务企业商业模式进行分析，分析得出资产投资型和工程及运营服务型的综合能源服务企业是目前综合能源服务业务的主流，详细的统计数据见图 1－10。

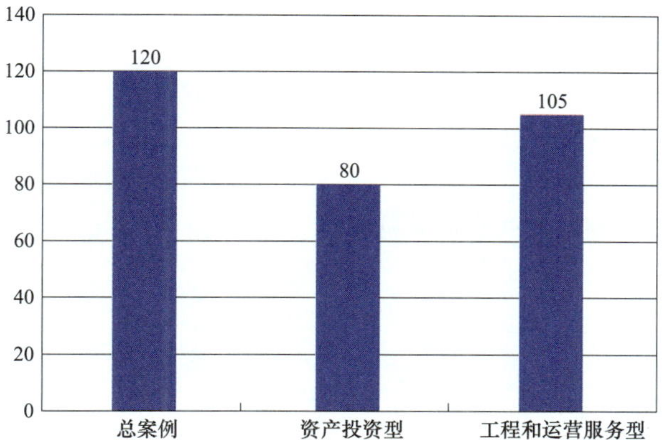

图 1－10　综合能源服务企业商业模式分析图

对资产投资型综合能源服务项目进行分析，得出光伏发电、供冷/热设备、节能设备和储能设备是综合能源服务投资的主要方向，详细的比例见图 1－11。

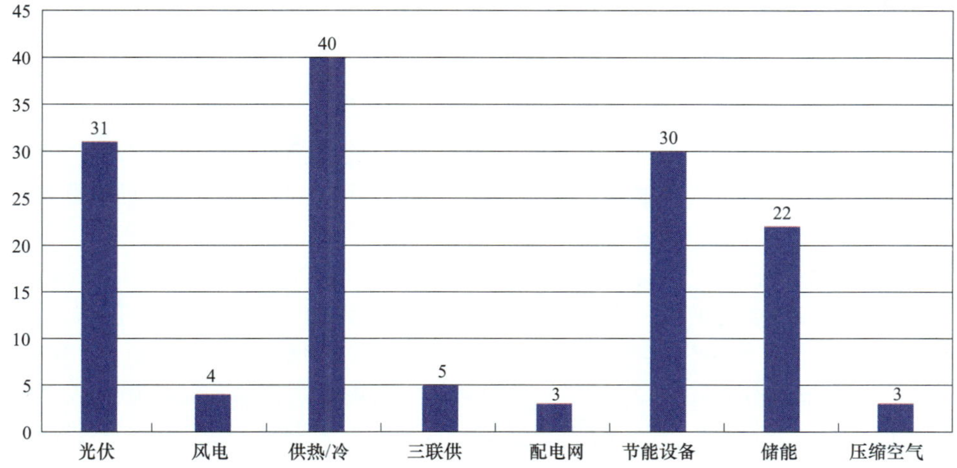

图 1－11　资产投资型综合能源服务投资类型案例分析图

对工程及运营服务型综合能源服务项目进行分析，得出提供综合能源信息化服务、节能服务、配电网运维服务、工程和 EPC 服务是主要的综合能源服务类型，详细分析见图 1－12。

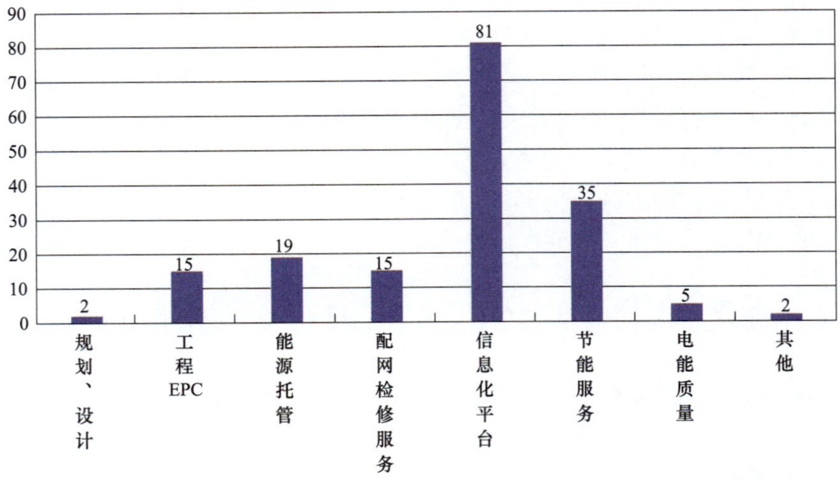

图 1－12　工程及运营服务型综合能源服务类型案例分析图

不同的企业在综合能源服务行业中选择什么样的商业模式与企业本身的优势和缺点，以及所掌控的资源和条件相匹配的。有充足的资金和融资能力的企业比较适合资产投资型商业模式；在能源行业长期从事设计咨询、工程、运维、节能和信息化服务的企业适合选择工程及运营服务型商业模式；有互联网基础或者非常有公信力的平台企业适合互联网平台型商业模式。目前，综合能源服务行业还没有互联网平台型的综合能源服务企业脱颖而出。

1.3.2　综合能源服务项目的商业模式分析

1. 综合能源服务项目商业模式

目前，综合能源服务项目的主要商业模式有以下几种：

（1）客户采购工程；

（2）合同能源管理（EMC）；

（3）设备融资租赁；

（4）建设－运营－转让（BOT）；

（5）建设－持有－运营（BOO）；

（6）政府－社会－合营（PPP）；

（7）能源全托管服务。

2. 项目商业模式案例统计分析

本案例集通过对所有案例的商业模式进行分析，得出综合能源服务项目的商业模式主要集中在业主自采购、合同能源管理、能源全托管和 BOT，详细的分析见图 1－13。

1.3.3　综合能源服务企业商业模式的实施路径分析

不同背景及定位的综合能源服务企业，采用不同的商业模式开展业务。如何在万亿的综合能源服务市场中占有一定市场份额，实现企业发展的战略目标，选择适合企业的战略实施路径尤为重要。根据客户的用能特性，通过数据收集和分析，对客户的能源需求进行全方位的画像，为客户提供最适合用户的综合能源投资和服务。

综合能源服务企业的战略实施路径可以从以下几个方面切入。

1. 以投资分布式能源为切入点

在“碳达峰、碳中和”以及“乡村振兴”的国家战略背景下，国家提出要构建清洁、低碳、安全、高效的能源体系，构建以新能源为主体的新型电力系统，明确了光伏、风电作为未来主体能源的市场地位。随着风电、光伏等清洁能源和储能设备成本的快速降低，分布式能源在企业、园区和城镇等贴近负荷的区域规模快速增加，将会是必然的趋势。根据不同的负荷情况，设计不同的综合能源供应方式，形成局部能源平衡，降低电网及管路通道的占有率，提升综合能源整体利用率。

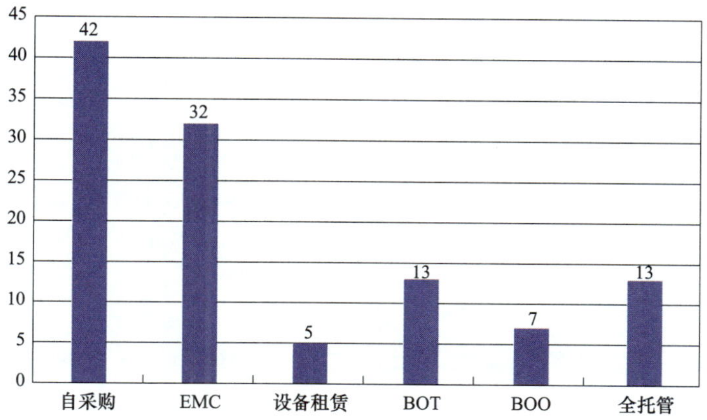

图 1－13　综合能源项目的商业模式案例分析

据不完全统计，仅仅户用光伏就有上千 GW 的市场容量，如包含大量工商业的屋顶，项目规模将会非常可观。随着储电、储热、储冷和储氢等储能技术的快速发展，负荷侧对间歇性特点的清洁能源将有更好接纳性。

以投资光伏、风电、储能和能源站等分布式能源为综合能源服务的切入点，再向服务型和平台型综合能源服务企业延伸。这个模式更加适合拥有较强的资金和运营能力的央企、地方能源投资集团和设备制造商等企业。

2. 以配电运维服务为切入点

随着电力改革的不断深化，企业对供电可靠性和精细化用能的需求逐渐提升，对配电和用能设备等资产的管理是每一个企业必不可少的部分。配电运维服务是大多数企业的基础需求，通过基础需求进入企业的综合能源服务体系，再通过对企业综合能源服务需求的深度挖掘，为客户提供或者整合资源，提供全方位的综合能源服务是服务型综合能源服务企业的有效路径。

利用先进工业物联网、大数据分析技术实现多终端智能监控及维护的配电运维应用。提供配电智能运维管家及物联采集解决方案等核心产品，以“线上+线下”有机结合的方式，为电力终端用户提供托管式配电智能运维、用电信息采集、能效监测等服务。致力于通过智能化手段，完成设备全景监测，配电室全方位感知，构建多维预警体系，实现配电设施的远程集中化值班、系统自动化监控、运行数据化分析、现场移动化巡检，最终实现“无人值班、少人值守”的智能化运维，为客户提供大数据时代下的智慧运维服务。

3. 以配电网（管道）是综合能源服务的有效入口

自电改 9 号文允许社会资本参与增量配电网以来，国家能源局一共发布了 5 批增量配电网的试点，共 459 家。近期，国家能源局在大力推动源网荷储一体化和多能协同的试点项目。在一定区域内拥有配电网特许经营许可权的企业，与用电客户有物理的连接关系，具备天生的黏性优势，可以提高客户的忠诚度。

在拥有特许经营权的企业，围绕所辖区域客户的负荷特性，为客户提供全方位的综合能源供应以及全生命周期的能源服务，是切入综合能源服务业务的有效路径。

4. 交易及金融服务切入

随着 2020 年国内 8 个电力现货市场试点的全面试运行，2021 年启动了新一批的电力现货试点省份，2021 年 7 月也正式启动了全面的碳交易。用户想要在电力现货市场中获得更多的收益，需要依靠更加专业的售电公司或者具有资质的综合能源服务企业。交易和金融服务企业需要利用先进的信息化系统，收集市场和竞争对手的信息，并考虑市场的约束及边界，根据自身的角色定位，通过大数据分析、AI 人工智能算法的预测，通过仿真系统来为售电公司做辅助决策，为售电公司获得最大利益。

通过高门槛、高专业性的交易和金融服务切入综合能源服务业务，切入后再为客户提供全方位的综合能源服务。这是售电公司以及金融类企业进入综合能源服务业务的一个有效路径。

综上所述，综合能源服务公司要在万亿市场的综合能源服务市场中持续经营，并获得价值最大化，需要牢固地抓住客户，为客户提供最经济的电源供应、分布式能源应用、配电网的投资、设备运维、交易和金融服务等综合能源整体解决方案，并利用好信息化的工具，通过大数据分析、人工智能的算法，利用金融资本的杠杆作用，不断为客户创造价值，持续服务于客户，获得永续经营。

1.4 市场分析小结

通过对案例集的市场趋势、产业生态和商业模式分析，结合对重点项目的调研，得出以下几点结论和建议。

（1）经济发达的沿海省份综合能源服务市场相对成熟，并已开始向内陆经济发达省份辐射，中型企业更利于市场开拓。江苏、浙江、广东、河南、上海 5 个地区收录的案例数占比 50%，这些案例中公共机构能源托管、客户投资能管系统和分布式新能源三类成熟模式项目占比 85%。2021 年 5000 万～2 亿元规模的企业最多，占比 34%，环比 2020 年增幅为 20%。2021 年中型企业实施的项目中投资类占比 46%，设备及服务供应类占比 54%。

（2）客户的用能环境和项目建设内容差异较大，上下游企业只有形成生态才能满足客户差异化的需求，资产投资机构应牵头组建不同行业的生态圈。综合能源服务项目需要生态伙伴抱团合作才能更有效地开拓市场，本书涉及生态伙伴的案例中，资产投资类伙伴涉及项目占比 41%，但资产投资类伙伴涉及的项目至少包含 3 类及以上生态伙伴的占比 91%。

（3）现阶段综合能源服务产业商业模式是以资产投资带动服务为主，专业的服务型企业还未成规模，未来投资与服务两翼齐飞产业才能持续发展。互联网平台型综合能源服务企业处于萌芽状态，商业模式在进一步的探索中。随着用户对专业精细化用能的觉醒，综合能源服务业务的规模将快速增长，融于细分产业的专业化服务型综合能源企业将会有很大的发展空间，定位于“连接和赋能”的互联网平台型综合能源服务企业将在实践中逐步摸索商业模式。在当前综合能源服务市场环境下，以用能客户的需求为中心，根据用户的负荷特性，投资光伏、供热、供冷、节能设备，提供信息化软件平台和能效提升服务，为客户降低用能成本，提高清洁能源供给能力、提升能源综合利用率和提高资产可靠性是综合能源发展的有效商业模式。

第2章

技 术 分 析

本节从案例中选取能源领域、专业技术、数字平台技术、创新技术、可复制推广技术等指标进行案例的详细数据分析，并对比2020年数据挖掘变化趋势。期望通过数据分析为产业从业单位提供未来适合应用的创新技术及方案方向，同时分析提炼出适合当前产业相对可复制推广的技术，依据案例实践，相对客观总结并提出技术分析建议。

2.1 技 术 分 类 分 析

2.1.1 技术应用分类

综合能源服务技术内涵丰富、外延广泛、种类繁多，本次收集的案例也体现了该特点。为便于读者快速了解案例集中各类技术应用的数量、分布、变化趋势等内容，本节分别从技术应用的主要能源领域、能源专业技术和数字平台技术三个维度进行统计、分析和展示。技术应用分类架构如图2－1所示。

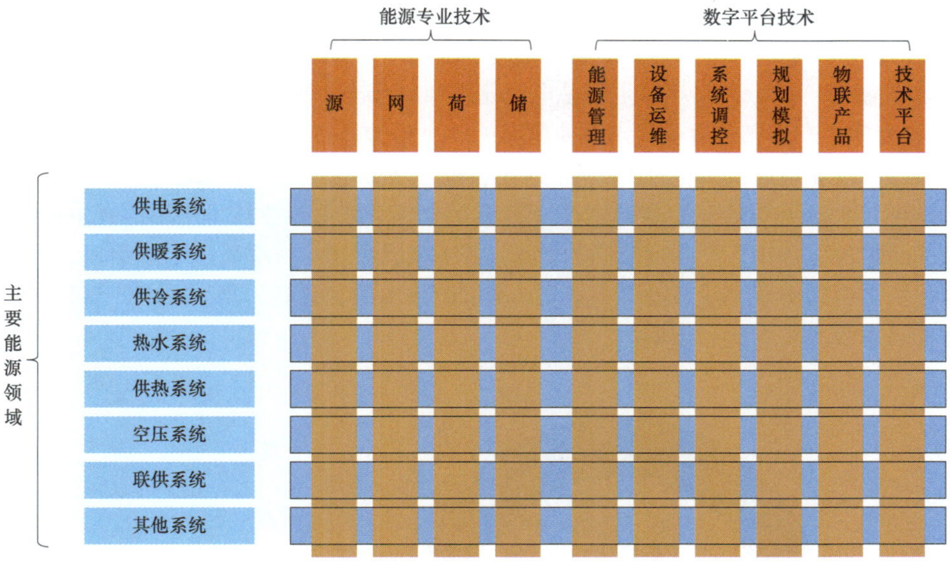

图2－1　综合能源服务技术应用分类架构图

2.1.2 案例技术应用分析

1. 主要能源领域分析

如图2－2所示，在以提高单个系统能效为核心目标的案例中，技术应用最主要的领域为供电系统、供暖系统和供冷系统；在以提高多个系统综合能效为核心目标的案例中，供电、供暖、供热和供冷同样是技术应用的主要环节；以上四项能源领域的技术应用案例数量占比超过80%；**分析得出供电、供暖、供热和供冷系统是综合能源服务的重点领域。**

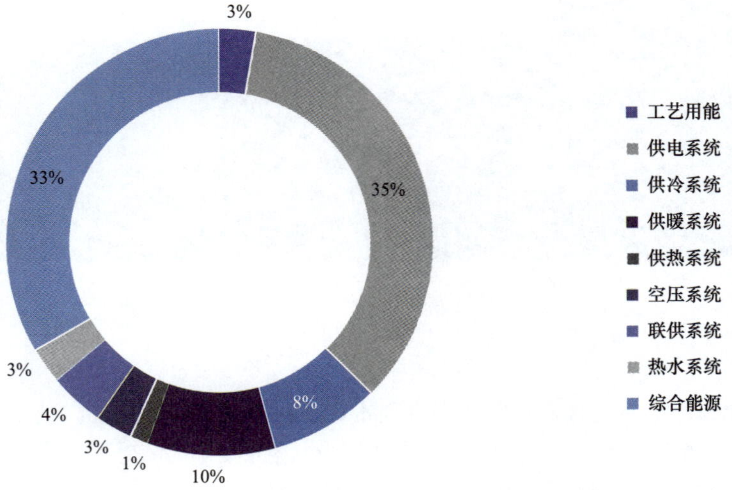

图 2－2　综合能源服务技术应用能源领域分布

此外，案例集中涉及生产工艺用能和工业公辅设备（案例中为空压系统）用能的占比均为 3%，占比较低，体现了生产工艺或工业公辅系统领域综合能源服务的复杂性和高门槛，对提供服务的机构和从业人员都提出了较高的要求。但从另一方面讲，也说明该领域有较大的增长潜力。

上述技术应用在主要能源领域的分布情况与 2020 年基本保持一致，体现了综合能源服务重点领域的多样性和稳定性。

2. 能源专业技术应用分析

如图 2－3 所示，按照能源环节划分，涉及能源生产环节的案例数量占比为 45%，涉及使用环节和存储环节的案例数量比例较为接近，均为 20%多，涉及传输环节的案例数量占比最低，约为 10%。案例集中能源生产技术主要包括分布式光伏、磁悬浮冷机、电锅炉、空气源热泵和燃气三联供等；能源使用环节主要包括充电站（桩）、空调末端、LED 照明、其他用电设备等；能源存储环节主要是电池储能和冰蓄冷、水蓄冷热等。

相较于 2020 年，能源生产环节和存储环节基本保持一致；传输环节略有下降、使用环节略有上升，主要是 2021 年的案例集中有更多地涉及充电站或充电桩的应用，这也体现了终端电气化的变化趋势对综合能源服务领域变化的引领和影响。另外，这两年统计数据均表明**能源生产环节仍然是当下能源专业技术应用的最主要领域**，主要原因既包括能源生产环节是综合能源服务中投资强度最高的领域，该领域能源技术密度高，又包括能源生产环节主要能源转换设备的效率在很大程度上决定着整个系统的综合效率，是能源技术的主要着力点。预计在未来一段时期内，能源生产环节仍然是能源专业技术最主要的应用领域。

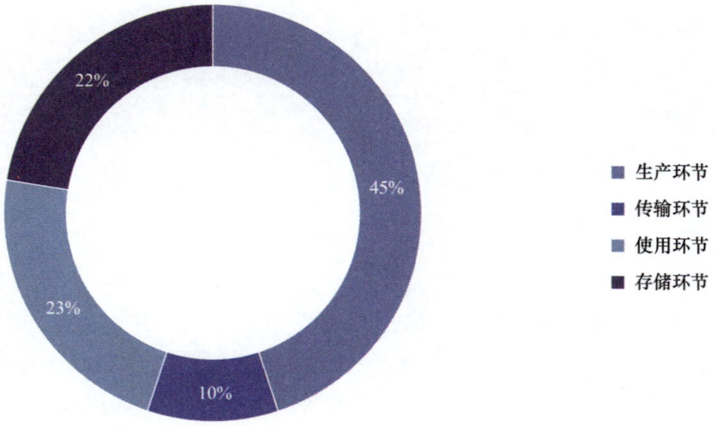

图 2－3　综合能源服务能源专业技术应用分布

3. 数字平台技术应用分析

随着信息技术和通信技术的快速发展，以云平台为主体的各类数字能源管理平台如雨后春笋般在市场中涌现。尽管平台名称多种多样，但总体架构和功能模块相似度高，或是不同的平台或功能侧重点不同，或目标客户群体不同，又或管理深度不尽相同。一般来说，根据数字平台的核心功能模块，可以分为智能控制、运行维护、能源管理、规划模拟、物联产品、基础平台等。其中能源管理（包括能源监测、数据分析、优化策略、各类报表功能）等是最基础的功能模块，应用也最为广泛；智能控制的核心是要实现控制命令下发到控制动作执行的自动闭环运行；运行维护侧重设备或系统的日常运维管理；规划模拟类似于传统的各类仿真软件或系统；物联产品侧重提供物联解决方案的软硬件一体化系统；而基础平台本身不参与能源管理，而是为能源管理提供 PaaS 或 SaaS 平台，为应用者赋能。

就目前发展来看，广义的能源管理仍然是各类平台最基础、最核心的功能，甚至是部分较为初级平台产品的唯一功能，这与本书案例反映出的情况一致，如图 2-4 所示，能源管理模块在数字技术应用中的占比高达 61%。智能控制和运行维护也是数字平台技术应用的主要模块，在本次案例中的数量占比分别为 21%和 10%，另外基础平台的数量占比约为 8%。较 2020 年，2021 年数字平台技术中能源管理的数量占比明显上升，相应的智能控制和运行维护占比有所下降。从案例提供的信息看，部分原因是在各类综合能源服务中，无论是能源生产环节、传输环节、使用环节还是存储环节，或无论是在供电系统、供冷系统、供暖系统还是空压系统，**数字平台技术性质的模块基本都成为“标配”**，而在此类“标配”中，多为提供较为基础的能源管理模块。相对的，在以数字平台技术为核心的综合能源服务解决方案中，除了基础能源管理模块外，通常还提供智能控制、运行维护等功能模块。

本书中的基础平台数量较少，主要是需求响应支撑、光伏运维平台、综合用能、城市级智慧能源管理和综合能源信息安全管理平台等。其中需求响应支撑平台预计在未来会有较多的应用场景，特别是**随着电力市场化改革的不断深入，需求响应的价值和价格不断被市场发现和承认**，将带动该类平台的应用。以华云科技为代表的城市级智慧能源管理平台作为践行国家双碳战略，迅速在城市级开展支撑政府管理的信息化管理手段建设，预计在未来的双碳建设中将逐步迭代并广泛应用。

综合能源信息安全管理平台相对而言是较为新鲜的事物，其本质上是信息安全在能源管理上的具象表现，随着云平台应用的不断广泛化，能源数据在公网上传输的场景越来越多，特别是数字平台技术从单向上行的能源参数监测到双向的控制指令直接下达和反馈，势必对能源数据安全提出了极高的要求，可以预见该类数字平台技术将有着广阔的应用场景和空间。而传统的设备运维和综合能源管理类平台则要更加明确自身的定位和优势，和各类设备供应商或节能技改措施中的“标配”数字平台技术解决方案进行差异化的竞争，为终端用户提供独有的价值，本书中收录了 2 个信息安全相关的案例，分别是“基于综合能源物理信息技术的双因子认证系统”“广西中调综合防护统一管控平台项目”。

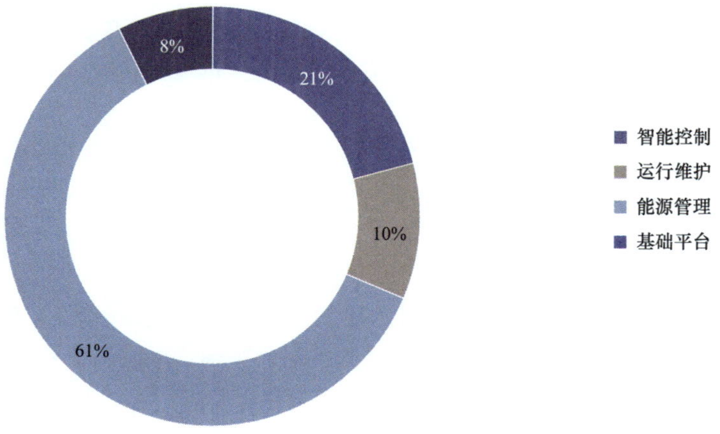

图 2-4　综合能源服务数字平台技术应用分布

2.2 创新技术分析

相较于能源领域传统的条线分割和竖井式发展的项目模式，传统项目模式通常包含系统设计、设备制造、建设安装、系统调试、运行管理、维护保养、计量缴费等模式，综合能源服务本身就是创新。这里的创新既包括了能源技术或数字技术本身的创新，还包括了将上述各个环节和各类服务组合打包的模式创新，同时也包括将上述创新技术和模式落地在不同场景中的应用创新。

基于本书的项目案例分析，总结以下两类综合能源服务技术具有一定的创新性。

2.2.1 热源塔热泵技术

1. 技术原理和特点

热源塔热泵又称为能源塔热泵，是为了充分利用冬季湿冷地区空气中水蒸气潜热而研究、开发的一种新型热泵系统。热源塔中，热媒与空气进行热交换并为热泵机组提供连续冷热源。冬季：利用冰点低于零度的热媒，高效提取低温环境下相对湿度较高的空气中的低品位热能，实现低温热能向高温热能的传递，达到制热目的。夏季：热源塔相当于是一座高效冷却塔，将热量高效率的排到大气中实现制冷。

按热媒是否与空气接触，热源塔热泵可分为：① 闭式热源塔，热媒在管道内流动，不与外部空气相接触；② 开式热源塔，热媒在管道内流动，在塔内经过喷淋装置喷洒到换热器上，与空气直接接触；③ 混合式热源塔，部分循环介质通过塔内换热器，部分循环介质通过喷淋装置喷洒到换热器上。

热源塔热泵最主要的特点是：应用于冬季湿冷地区时具有较高的能效比和较广的适用范围。冬季，由于无结霜困扰，能源塔提取低品位能的性能比风冷热泵稳定，整个冬季机组的平均能效比在 3.5 以上；夏季，由于能源塔是按照冬季提取显热负荷能力设计的，起到高效冷却塔的作用，换热效率更高。机组的平均能效比在 4.5 以上，节能效果显著。据测算，热源塔热泵可比风冷热泵机组节能 30%以上。

2. 适用领域

热源塔热泵系统特别适用于冬季阴雨连绵、空气湿度大、阴冷潮湿地区，如秦岭、淮河一线以南，该地区属于夏热冬冷区域，冬季空气含湿量大，气候“湿冷”。从气象参数条件来看，特别适用于冬季室外计算空气干球温度不低于 –8℃、计算相对湿度不低于 60%的气候条件。

热源塔热泵系统还适用于新建项目以及对采用传统电制冷机和化石燃料锅炉的供冷供热系统的节能技改项目。

3. 案例应用情况

在本次案例集中，有 2 个案例采用了该技术，分别是“来安双创产业园蓄能式能源站项目”和“冬夏双高效热源塔热泵技术应用项目”。

在“来安双创产业园蓄能式能源站项目”中，蓄能式能源站选用 2 台制热量为 1072kW、制冷量为 1372kW 的热源塔热泵机组作为供应主机，项目采用最新热源塔热泵技术，热源塔可一塔两用，夏季冷却、冬季制热，有效解决了传统热泵在冬季低温高湿环境下结霜制热效果不理想的问题，保证系统在夏季及冬季均能正常高效运转。项目运用热源塔热泵技术配合储能系统实现高效运行，初步评估，项目投运后全年可比传统中央空调系统节能 30%以上，节省能源费用 60%以上，年降低园区碳排放约 50 万 t。

在“冬夏双高效热源塔热泵技术应用项目”中，针对建筑面积约 2 万 m^2 的常州新北区政府办公楼群，能源站采用双高效一体式热源塔热泵技术方案，项目总供冷/热负荷为 1600kW/1370kW，采用 5 台一体式热源塔热泵机组。项目于 2019 年 8 月完成后投入使用，运行效果良好，节能效果显著，经过实际测试，该热源塔热泵系统相比空气源热泵，系统综合性能提升 35%以上。相比传统的冬季天然气锅炉供热，热源塔热泵的运行能源费用可节省 50%以上，具有显著的节能和经济性。热源塔热泵机组夏季制冷可实现水冷冷水机组的高效制冷，冬季从空气中取热并可彻底避免常规空气源热泵冬季制热的结霜以及由此导致的性能衰减问题，实现了机组在冬夏均能高效节能运行。

4. 存在不足和应用展望

作为一项较为创新的技术，热源塔热泵在工程领域还没有得到广泛的应用，另外基于技术自身特点和相对较短的实践应用时间，目前还存在一些不足，主要包括：相对于传统的供热方式，系统复杂，增加了一层换热系统和相应设备，热媒溶液浓度控制复杂，运维成本和故障率较高；相较于传统空气源热泵，投资增加，占地面积大；工程实践应用时间相对较短，实际运行数据积累相对较少，对工程实践指导不足等。

尽管存在以上种种不足，但鉴于热源塔热泵技术在特定气候区域的适配性和较高的综合能效，随着工程应用实践的不断积累，以及系统设计、设备制造、自动控制、运维保养等相关方面的提升和完善，预计热源塔热泵技术应用将越来越广泛。

热源塔热泵系统结构紧凑、安装便利，不受场地和水源、土地等资源条件限制，对于新建项目和改造项目均适用，预计未来将有显著的市场空间。

2.2.2 磁悬浮制冷机技术

1. 技术原理和特点

磁悬浮技术在轨道交通等领域已经有成功应用，磁悬浮制冷剂是该技术在制冷空调行业的具体引用。国际上早在20世纪90年代初就开始了磁悬浮制冷机的研究，据相关资料，2003年世界上第一台磁悬浮离心制冷机正式面世，至今经过近20年的发展，日趋成熟，国外主流品牌有丹佛斯、麦克维尔、约克、顿汉布什等，国内主流品牌有海尔、格力、美的等。

本质上是压缩机采用磁悬浮技术，无须机械轴承，没有摩擦损失，无须润滑油系统，没有额外的换热效率下降，效率较高。磁悬浮制冷机有着显著的优点，主要包括：① 效率高（较传统冷机可提高30%以上），COP可达6～7，IPLV可达11～12；② 机组调节范围大，适应能力强；③ 启动电流小，对电网冲击小；④ 体积小，重量轻；⑤ 维护成本低（较传统冷机可降低约50%）；⑥ 噪声低（约70dB），寿命长（约25年）。但较传统制冷机，由于磁悬浮冷机集成磁悬浮轴承和数字变频控制系统，故设备初期投资较普通冷机有较大提高，但从设备运行的全生命周期看，综合成本明显小于传统冷机。

2. 适用领域

基于磁悬浮制冷机的本质特点，它适用于负荷波动大，特别是部分负荷或低负荷占比时间长，同时高峰负荷保障要求又高的场合；适用于对噪声敏感的场合；适用于缺乏运行维护能力的用户；适用于更关注设备全生命周期运营成本的用户；在改造项目中，适用于冷负荷增加但供电容量不足的场合等。

3. 案例应用情况

在本次案例集中，有4个案例采用了该技术，分别是："中航光电中央空调系统能源站项目""宜兴市中医医院节能改造项目""泰州市第二人民医院能源托管项目""靖安县中医院绿色综合智慧能源系统项目"。

其中比较典型的是"宜兴市中医医院节能改造项目"，该项目把原有2台溴化锂冷水机组替换为2台制冷量为837万kJ的磁悬浮变频离心式冷水机组，项目采用综合能源服务模式，结合冷机胶球清洗系统、采用医用专用空气处理设备等，整个项目预计年节能率可达17%；此外在"泰州市第二人民医院能源托管项目"中，采用了高效的水冷磁悬浮变频离心机组替换原有的老旧水冷螺杆机组。

4. 应用展望

就技术本身而言，磁悬浮制冷机已经发展的相当成熟，唯一的问题是购置成本或初期投资相对较高，以及在改造项目中，对运行时间较短的传统制冷机进行替换的沉没成本较高。但从设备全生命周期经济指标来看，大多数项目具有较好的经济性。

据2019年统计数据，在全球大型冷水机组市场整体下滑的情况下，磁悬浮制冷机的增长达到近10%；国内磁悬浮制冷机的销量同比增长近18%。随着设备制造环节更多厂家的加入和生产成本的持续下降，无论是新建项目还是改造项目，应用磁悬浮制冷机的经济性将越来越好，可以预见磁悬浮制冷机将得到越来越广泛的应用。

2.3 典型可复制技术分析

综合能源服务创新技术指明了未来的发展方向，而处于成熟期的已经得到大规模广泛应用的典型可复制技术则是当下综合能源服务领域的核心和重点，也是综合能源服务领域相关机构和从业人员工作的主战场。结合本书案例，比较突出的几类综合能源服务典型可复制技术包括空气源热泵技术、电锅炉技术、分布式光伏和智慧能源管理平台。

2.3.1 空气源热泵技术

1. 技术原理和特点

空气源热泵是一种典型的暖通空调系统中的热源设备，热泵利用高品位的能量（通常是电能）来驱动压缩器，利用冷媒的往复循环将不能直接利用的低位热能从低温热源处（如空气、土壤、水中）转移到高温热源处，从而减少或不用传统的利用化石能源燃烧将燃料化学能转化成热能的过程，清洁、环保，能效高，碳排放低。空气源热泵以空气为低位热源，取之不尽，用之不竭，可以无偿地获取。而且，空气源热泵的安装和使用都比较方便。目前的空气源热泵产品有家用热泵空调器、商用单元式热泵空调机组和热泵冷热水机组等。

空气源热泵具有以下显著特点：

（1）冷热源一体化，无须专门的冷冻机房、锅炉房，占地面积小，施工安装简单。

（2）无冷却水系统和相应水耗，也无冷却水系统动力消耗，节水节电。

（3）无燃料燃烧的烟风系统、设备美观、安全、环保。

（4）一般采用模块化设计，自动化运行程度高，一般无须运维人员，运行高效且节省人力成本。

（5）运行工况较好，使用寿命长，全生命周期综合成本较低。

（6）在室外温度较低的环境下，空气源热泵的性能会明显下降，甚至不能满足供热的需求，此点需要注意。

2. 适用领域

空气源热泵的适用领域非常广泛，从气候条件来看，除了严寒地区和寒冷地区外，目前均有合适的空气源热泵产品可供选用，而且随着热泵技术的不断进步，空气源热泵适用的气候条件将进一步放宽。从适用场所来看，各类公共建筑如酒店、医院、场馆、交通枢纽等均可采用空气源热泵；工业园区中各类办公建筑也是空气源热泵的适用场景。从应用模式来看，无论是新建系统，还是对老旧系统的改造、更新也均适用于采用空气源热泵系统，特别是对于采用传统能源如燃气锅炉、电锅炉、市政集中供热等的系统和用户，采用空气源热泵进行替换往往可以节约 30%以上，甚至可达 50%的能耗和费用下降，同时还可大幅降低二氧化碳的排放量。

3. 案例应用情况

在本案例集中，有 7 个案例采用了该技术，分别是“鹤壁市安博外国语学校综合能源项目”“北京市房山区分布式电供暖智慧化集群管理项目”“北京丽泽商务区综合能源服务示范项目”“淀中翡翠（王家寨）绿色智能微电网示范工程”“广安小区地热井封停后蓄联热泵供热示范项目”“安徽岳西县医院气改电综合能源托管运维项目”“靖安县中医院绿色综合智慧能源系统项目”。

其中，“北京市房山区分布式电供暖智慧化集群管理项目”较为典型。2016 年，北京市要求于 2017 年基本淘汰远郊区平原地区 10t/h 及以下和建成区 35t/h 及以下燃煤锅炉，为此，房山区教委需于 2016 年供暖开始前完成对所属区域内各校燃煤锅炉供暖的清洁能源改造。此次改造项目涉及 70 所学校，总建筑面积为 35 万m²，包括幼儿园、中小学和成人技术学校等，所有项目均为改造项目，全部采用电能替代。其中 70 个子项目中，采用低温空气源热泵项目的有 9 个，即用空气源热泵替代传统的燃煤锅炉，实现了提高能效、环境保护和减排二氧化碳的目标。

2.3.2 电锅炉技术

1. 技术原理和特点

电锅炉也称电热锅炉，它是以电力为能源并将其转化成为热能，从而经过锅炉转换，向外输出具有一定热能的蒸汽、高温水或有机热载体的锅炉设备。根据热媒种类、状态和用途，电热锅炉可分为电开水炉、电热水锅炉、电蒸汽锅炉、电导热油炉等，目前电开水炉和采暖用的电热水锅炉应用较为广泛。

电锅炉可分为直热式电锅炉和蓄热式电锅炉两种，蓄热式电锅炉是为了充分利用峰谷电价差，以及在一定电热功率的条件下，可满足更大的热负荷需求而开发的一种新型、高效节能电加热设备。蓄热式电锅炉配以蓄热水箱及附属设备即构成蓄热式电锅炉系统，利用蓄热水箱中的热水采暖，从而达到全部使用低谷电力或部分低谷电力的目的。蓄热有与锅炉集成在一起的形式，也有分别设立的形式，但本质上是一致的。

电蓄热锅炉具有以下显著特点：

（1）以电为能源，无燃料系统、灰渣系统和烟风系统，结构简单，干净环保，不消耗化石能源，不在本地排放二氧化碳。

（2）全自动智能化控制技术，无须专人值守；工作方式灵活，可全自动运行。

（3）负荷调节范围广、调节速度快，可满足不同日期、不同时间段等条件下的各类负荷要求。

（4）自控和保护功能齐全，如漏电保护、缺水保护、接地保护、蒸汽超压保护、过流保护、电源保护等，锅炉运行安全系数高。

（5）锅炉炉体结构紧凑、机电炉集成式设计和装配，占用空间小，方便运输，安装简单。

（6）无噪声，无污染，热效率高，结合蓄能设施可充分利用谷电，运行费用低。

2. 适用领域

电锅炉适用领域非常广泛，特别适用于企事业单位、机关、酒店、学校、餐饮、服务性等行业的采暖、空调及生活热水等的供应。电蒸汽锅炉还可用于纺织、印染、造纸、食品、橡胶、塑料、化工、医药、钢铁、冶金等工业产品加工工艺过程所需蒸汽。

在可再生能源丰富地区，以及峰谷电价差较大的地区，电锅炉结合蓄能设施的适用性和经济性更高。特别是随着可再生能源电或绿电比例的不断提高，以及在源网荷储一体化微网中，电锅炉作为终端负荷电气化的重要构成部分，凭借其本身特点和不消耗化石燃料、不排放二氧化碳的优势，从长远看，具有非常广阔的应用场景。

值得指出的是，除本书案例提到的电锅炉在负荷侧的应用外，电锅炉在电网侧也得到了越来越多的应用。电网侧的电锅炉主要应用于供热机组的深度调峰。作为一种电能消耗设备，电锅炉可以直接降低热电厂出力，并增加供热能力，且具有功率大、可快速平滑调节等优势，是一种有效的调峰技术。但同时存在投资成本高、运行费用高等问题，尤其在调峰市场供需趋向平衡的条件下，很难获得高额的调峰收益，技改项目难以实现满意的投资回报。

3. 案例应用情况

在本案例集中，有 3 个案例采用了该技术，分别是“北京市房山区分布式电供暖智慧化集群管理项目”“泰州市第二人民医院能源托管项目”和“安徽岳西县医院气改电综合能源托管运维项目”。

其中，“安徽岳西县医院气改电综合能源托管运维项目”较为典型。岳西县医院占地面积近 20 000m^2，是一家二级甲等综合性医院。冬季原采用燃气锅炉进行供暖，主要使用能源为天然气。综合能源服务项目中，在综合楼建设 800kW 的电热锅炉及 136m^{3}的蓄热水箱，替换原有燃气锅炉供暖，同时新建一套能效管理系统，对风冷热泵系统、中央空调机房、蓄热锅炉进行综合控制，根据负荷及气候变化，优化调节冷热量，提高能源使用效率。采用低谷电加热蓄能技术，现场安装电蓄热锅炉采暖系统，夜间 23:00 至早 8:00 低谷期间进行电加热，将水加热到 95℃存储至有效容积 136m^{3}的蓄热水箱，利用板式换热器交换为 50℃热水，送入医院风机盘管系统循环到末端供采暖使用。采用低谷电蓄热技术及先进的能效控制技术，提升了医院的能源利用效率，医院每年可节约能源费用支出近 70 万元。年替代电量约 65 万 kWh，每年可减少 178.8t 碳粉尘、655.7t 二氧化碳、19.7t 二氧化硫排放。

2.3.3 分布式光伏

在本案例集中，涉及分布式光伏建设的案例有 31 个。其中较为典型的如“佛山美的洗涤 5.5MW 分布式光伏发电项目”，该光伏项目面积 50000m^2，建设规模为 5.5MW，安装在生产车间彩钢瓦屋顶上，建设地点在佛山市美的洗涤电器制造有限公司厂区内。该项目 25 年累计发电量 12438 万 kWh，平均每年发电量为 497.55 万 kWh。该项目可供给公司使用的电量占光伏年总发电量的 80%以上，可做到自发自用，发电不足时由市电补充，每年减少二氧化碳排放 390t。

综上，建设分布式光伏技术成熟、应用广泛，可复制性强，可以作为综合能源服务的构成部分向用户推广应用。

2.3.4 智慧能源管理平台

建设能源管理信息化平台也已经是较为成熟且已得到广泛应用的综合能源服务的主要内容之一。

在本案例集中，涉及能源管理信息化平台的案例有 81 个。尽管平台名称不尽相同，但核心功能模块基本一致，包括能源运行数据监测、用能数据分析、各类报告生成导出，个别案例包括一定深度的能效分析、优化运行策略生成等。其中较为典型的如“城市级智慧能源管理服务系统应用案例”聚焦经济增长、能源安全、碳排放、居民生活四个维度，围绕农业、工业、建筑、交通、能源、居民生活 6 大领域，实现全品类能源生产、供给、存储、消费数据汇聚和在线监测，融合政府决策、宏观经济、地域特色等多维度信息，打造地市级双碳平台。

“城市级智慧能源管理服务系统应用案例”面向政府职能部门提供双碳指标分析、指标预警预测、碳排放管理、监管流程管理、数据报表等功能，辅助政府开展双碳管理、双碳及能源项目管理，提供常态化数据报表。面向企业提供企业画像、指标预警预测、能耗专题分析、项目申报、能管员在线培训及考试等服务。面向社会公众提供政策法规解析、科技创新技术普及、成功案例推荐等服务。

可从区域、领域、企业等多个维度对碳排放强度、碳排放总量、能源消费总量、能耗强度 4 项重要指标进行动态预警预测。

综上，智慧能源管理平台技术成熟、应用广泛，可复制性强，可以作为综合能源服务的构成部分向用户推广应用。

2.4 技术分析小结

综合能源服务技术在保持总体稳定的同时，也在不断演进。通过对本书案例的整理分析，并与 2020 年进行对比，综合能源服务技术应用呈现出以下特点：

（1）综合能源服务技术种类繁多、应用广泛，但**重点技术和应用的重点环节明确且相对稳定。技术应用最主要在供电、供暖、供热和供冷系统，应用主要环节是能源生产环节，是服务重点**，但同时使用环节和存储环节也在增长，值得关注。以能源管理平台为代表的数字平台技术应用日趋广泛，但数据分析和应用深度仍值得探索，未来具备较大发展潜力。

（2）随着国家政策引导、电力市场化改革、数字技术及能源技术的进步，综合能源服务技术也在不断创新，本书案例中具有一定创新性的技术包括热源塔热泵和磁悬浮制冷机。**创新是未来的发展趋势和潮流，同时也是增量市场空间和高收益率产品及服务的主战场**。综合能源服务从业机构和人员应重点关注这些创新技术及组合模式，制订切合自身资源及特点的发展战略和路线图，抓住市场机遇。

（3）本案例集中典型可复制技术包括空气源热泵技术、电锅炉技术、分布式光伏和智慧能源管理平台等。这些已大规模应用的成熟典型可复制技术是当下综合能源领域服务的核心和重点，也是综合能源服务领域相关机构和从业人员工作的主战场，应重点关注和把握。

第3章
应 用 分 析

3.1 应用类型分析

3.1.1 用户行业分析

用户行业分析按照业主的类型划分为公建行业、工业行业、园区行业、区域能源、其他行业五大类，行业分析主要是从收集案例行业的数量进行分析，见图 3－1。通过数据分析可以看出，本书包含的 120 个案例中，公建行业与工业行业两大行业占比达到 61%，是综合能源服务业务发展的主要行业领域。

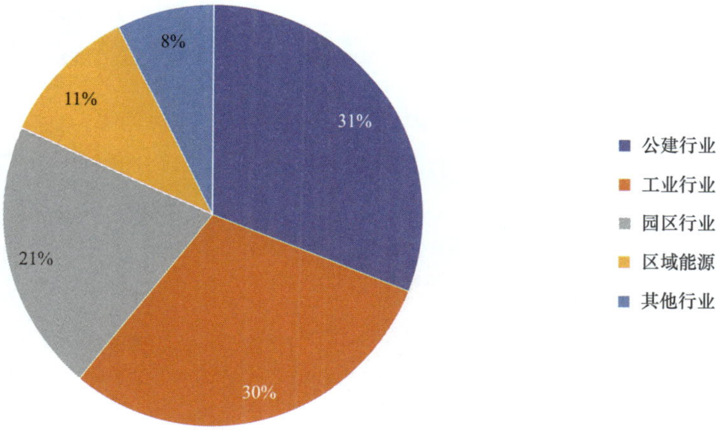

图 3－1　案例行业数量分析

与 2020 年公建行业、工业行业、园区行业、区域能源、其他行业占比 47%、27%、14%、5%、7%的结果相比较，本书案例中园区行业、区域能源有明显增加，说明**综合能源已经从单一类型建筑/建筑群、单一企业，逐步向含有多市场主体参与、多价格体系、多行业标准体系的园区行业以及区域能源快速推广应用**，为全产业带来更大的发展空间与机遇。

3.1.2 案例建设情况分析

案例建设情况分析按照新建项目与改造项目划分，分析结果如图 3－2 所示。本书案例中新建项目有 22 个，占比 18%，改造项目有 98 个，占比 82%。

新建项目与改造项目在五大行业中的占比分析如图 3－3 所示，从结果可以看出，改造项目明显占据公建行业、工业行业、园区行业、区域能源的绝大部分，说明存量项目中存在着综合能源服务巨大的市场。

3.1.3 案例规模分析

案例规模分析按照投资规模的大小分为 100 万元以下、100 万～500 万元、500 万～2000 万元、2000 万～5000 万元、5000 万～2 亿元、2 亿元以上六个投资规模区间，如图 3－4 所示。

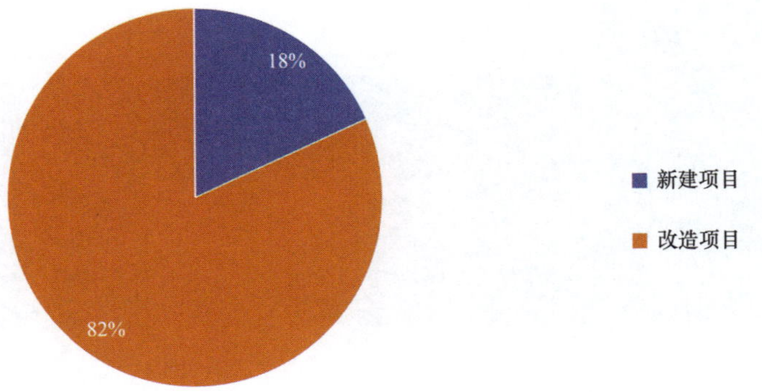

图 3－2　新建项目与改造项目数量分析

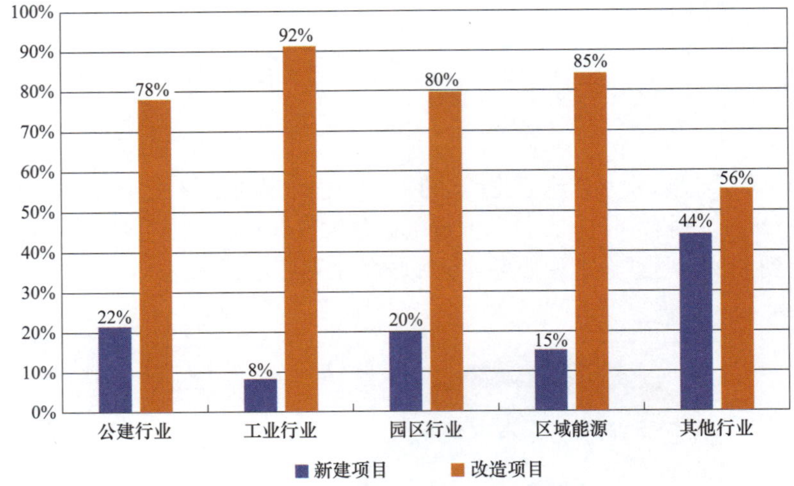

图 3－3　五大行业新建与改造项目占比分析

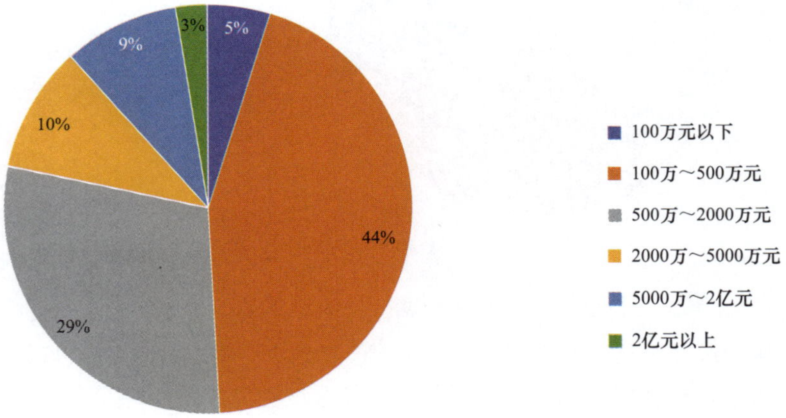

图 3－4　案例规模分析

数据统计的结果显示，100 万～500 万元区间和 500 万～2000 万元区间项目数量最多，占总案例比例的 73%。这个结果和 2020 年的 70%基本一致。100 万～500 万元区间的项目主要以投资管理平台为主，对于提升系统安全运行效果明显，性价比较高，是 2021 年综合能源服务应用的主要方向。500 万～2000 万元区间的项目主要以投资管理平台和能源供给类设备为主，在提升系统安全运行的同时，还可以与主力电网、气网、热网协同运行，进一步提升节能降耗的效果，提升系统的综合能源利用效率，减少二氧化碳、氮氧化物的排放，为国家“3060”能源战略提供有效的支撑。

新建项目的投资规模分析如图 3－5 所示，100 万～500 万元区间和 500 万～2000 万元区间投资规模的项目仍然是综合能源项目的投资主流，同时大规模硬件设备投资的项目开始越来越受到青睐，5000 万～2 亿元区间项目的增加体现出硬件设备通过技术更新、产品迭代带来的市场空间越来越广阔。

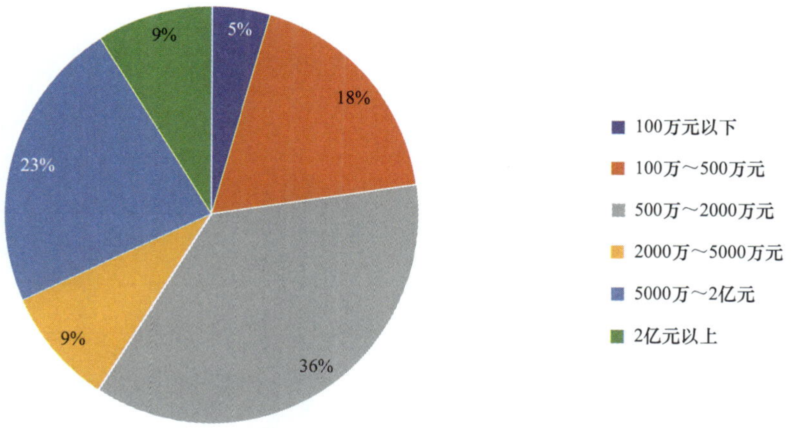

图 3-5 新建项目的投资规模分析

改造项目的投资规模分析如图 3-6 所示，100 万～500 万元区间投资规模的项目占主导地位，反映出管理平台在存量市场拥有广阔的市场空间，用户对原有的粗犷式管理关注度逐步提高，精细化管理的理念已经被大多数用户所接受。有条件用户开始在接入管理平台的同时，根据技术成熟度改造能源供给设备，添加储能设备，进一步提升综合能源服务项目的经济效益和社会效益。

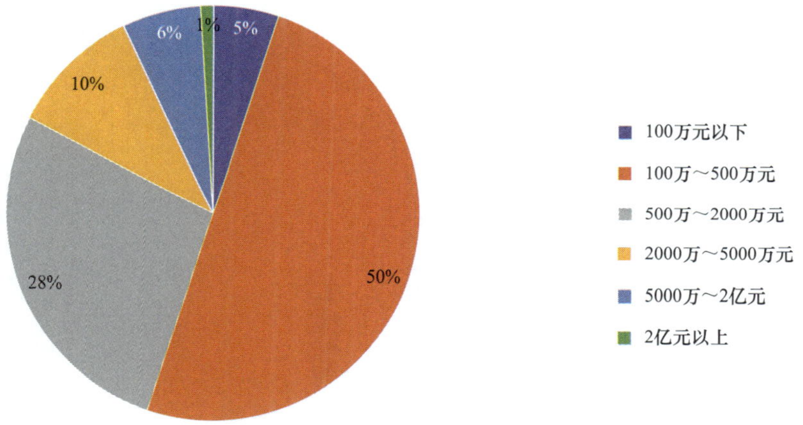

图 3-6 改造项目的投资规模分析

3.1.4 项目能源环节分析

项目能源环节分析包含能源供给、能源传输、能源消费、能源储存四大内容，分析内容涵盖了能源的全生命周期。新建项目能源环节分析如图 3-7 所示，能源供给与能源消费环节占综合能源服务的主要部分。能源传输环节考虑到特许经营许可资质和能效提升空间较小等因素，所以相关项目数量较少。能源储存环节由于储能技术的不断成熟，项目数量开始不断增长。

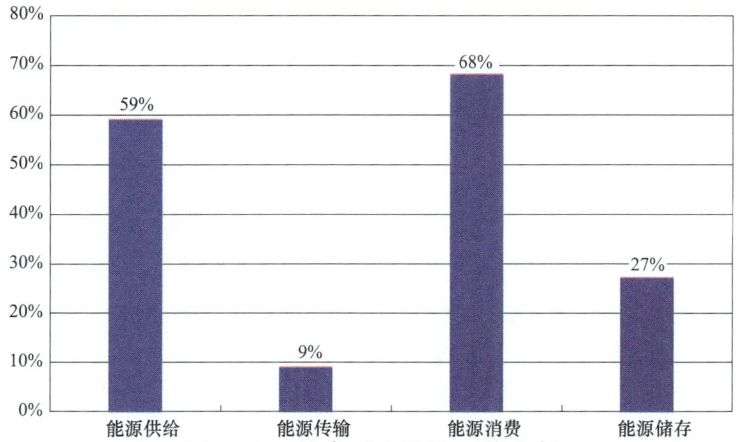

图 3-7 新建项目能源环节分析

改造项目能源环节分析如图 3-8 所示，能源供给与能源消费环节占主要部分。管理平台的大量应用对于能源供给与能源消费起到了节能减排、降本增效的作用，有助于国家“3060”能源战略的实施。

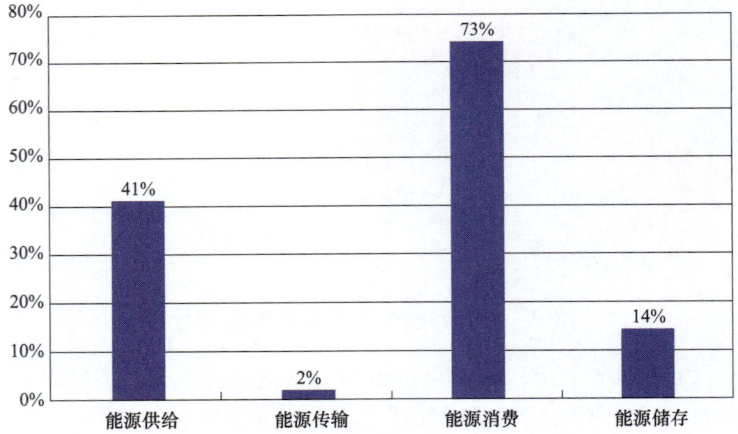

图 3-8　改造项目能源环节分析

3.1.5　项目改造内容分析

本书案例改造项目内容根据用户需求可以分为煤改电、管网改造、电能替代、储能应用、管理平台应用、余热利用、新能源发电、新能源供热八个方面，如图 3-9 所示。改造项目中管理平台应用占到了整体改造项目的 80%，说明管理平台在改造项目中具备较高的性价比，是用户首选的综合能源服务项目改造内容。其次，储能应用与新能源发电都在改造项目中发挥了显著的效果，因此这两类项目改造内容应用较多。

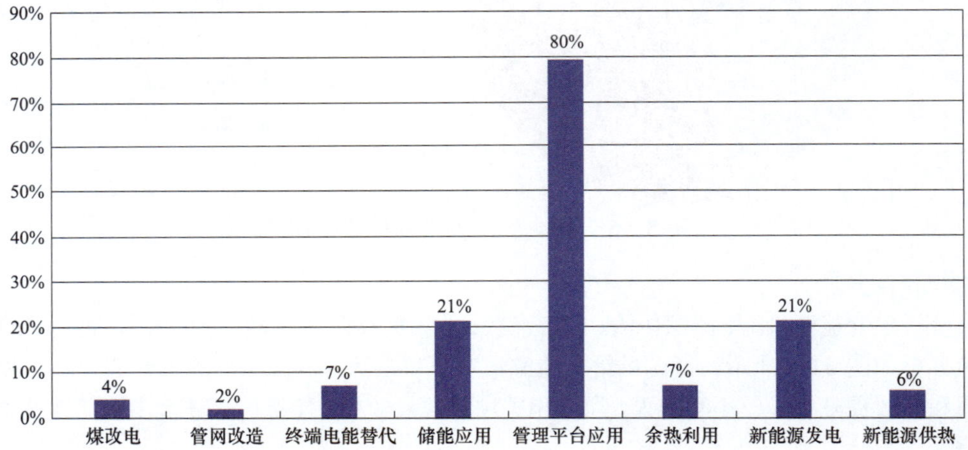

图 3-9　改造项目内容分析

3.2　应用需求分析

3.2.1　应用需求分类分析

应用需求分析从用户的实际需求角度出发，可以分为安全运行需求、降本增效需求、双碳目标需求和创新示范需求四大类。安全运行需求是指人员、设备、环境在系统运行过程中对于相关安全标准的需求。降本增效需求是指减少生产成本，提高经济效益的需求。双碳目标需求是指减少二氧化碳排放，响应国家“3060”能源战略的需求。创新示范需求是指创新型技术、机制、应用的试点示范需求。

根据图 3-10 的分析结果可以看出，降本增效需求占比最高达到 56%，体现出项目经济性还是用户最看重的部分。安全运行需求和双碳目标需求分别为 46%和 43%，体现出综合能源服务对于提高系统安全性有着很好的促进作用，金山银山才是绿水青山的发展理念已经深入人心。创新示范需求占比只有 19%，表明综合能源服务已经突破了依靠行业示范推进落地的初期发展阶段，进入以市场来检验项目成功与否的健康发展阶段。

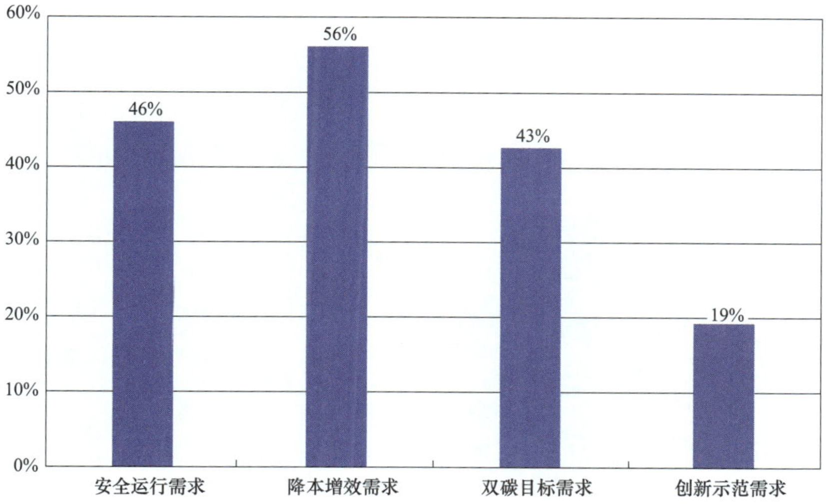

图 3－10　应用需求分析

3.2.2　应用需求与能源环节关联分析

应用需求与能源环节关联关系分析如图 3－11 所示。从分析结果可以看出，能源供给、能源消费、能源储存仍然是综合能源应用需求的主要方向。能源传输环节由于市场参与性较低，目前可落地推广的综合能源项目仍然较少。

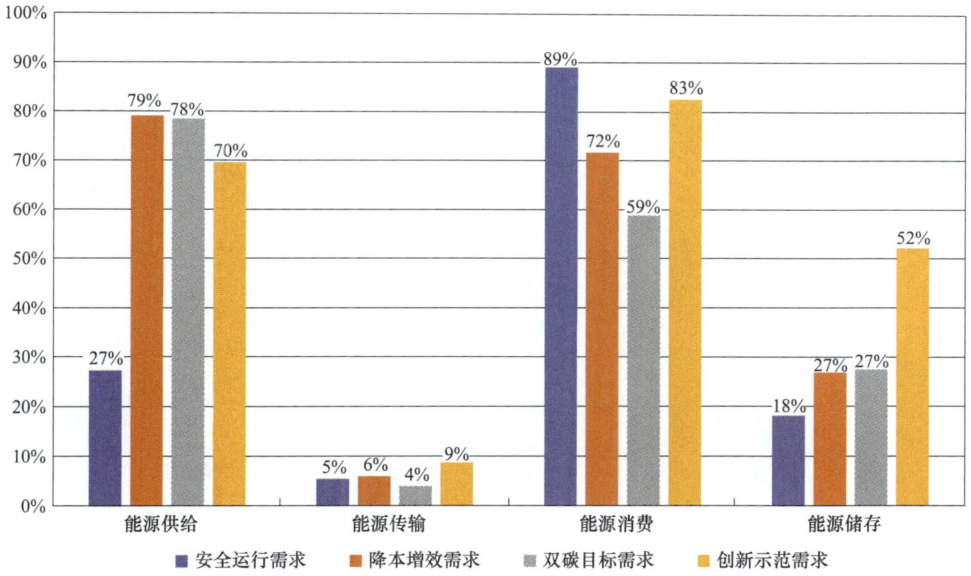

图 3－11　应用需求与能源环节关联分析

在能源供给环节，降本增效、双碳目标、创新示范是主要需求，反映出清洁能源应用以及新技术设备应用都具有较好的市场潜力，接受度高，经济效益好。

在能源消费环节，安全运行、创新示范是主要需求，反映出客户对于综合能源服务的需求不仅仅是提高运行安全，同样要求创新的技术、设备、机制、标准的应用，提高综合能源的利用效率。根据分析的结果来看，能源消费是创新示范最活跃的环节。

在能源储存环节，创新示范是主要需求，反映出用户对于储能技术的技术革新与设备迭代有更强烈的需求。储能技术经过过去几年的技术迭代，经济性已经愈发明显，具备了大规模应用的潜力。

3.3 “双碳”实践分析

“双碳”目标是指二氧化碳排放力争于 2030 年前达到峰值，努力争取 2060 年前实现碳中和。综合能源服务中清洁能源利用、可再生能源利用、能效提升、余能利用等应用对于实现“双碳”目标有着积极的促进作用。

本书中“双碳”实践案例 51 个占比 43%（见图 3－12），反映出综合能源领域积极响应“3060”国家能源战略，各类新能源、新技术的应用，不但具备较高的经济效益，同时具备可观的环境和社会效益。

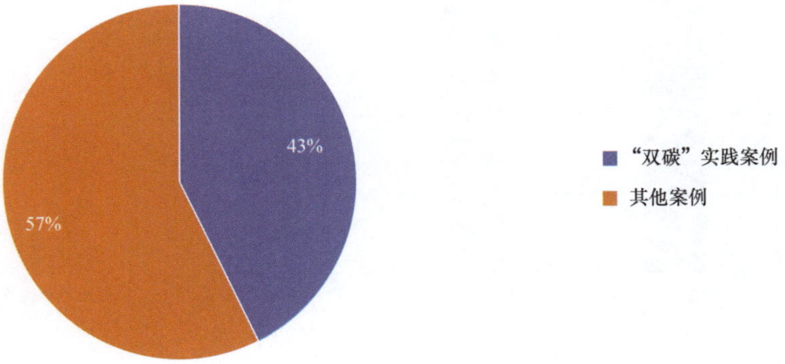

图 3－12 “双碳”实践案例占比分析

“双碳”实践案例能源环节分析如图 3－13 所示。按照分析结果从高到低的排列顺序依次为能源供给、能源消费、能源储存和能源传输。在能源供给环节，清洁能源以及可再生能源的大规模应用最大限度地减少了对传统化石能源的依赖，从能源替代的角度，“双碳”实践效果显著。在能源消费环节，智能管理平台的应用提高了能源的使用效率，从能源优化使用的角度，“双碳”实践效果显著。在能源储存环节，新型储能技术的应用优化了能源的类型转换与空间使用，从能源储存的角度，“双碳”实践效果显著。

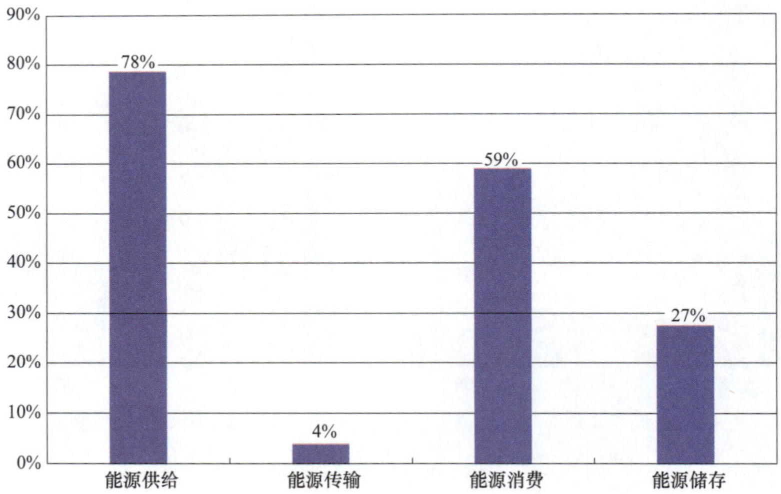

图 3－13 “双碳”实践案例能源环节分析

短期内“双碳”实践的应用还会继续集中在能源供给与能源消费环节，通过清洁能源与可再生能源的大量应用，减少对化石能源的依赖；通过信息与通信技术的广泛应用，提高系统能效与优化运行水平。能源储存与能源传输环节会随着技术迭代、体制机制创新创造出更多的“双碳”实践应用市场空间。

从长远来看，随着碳交易活动的普及，碳交易结算的国际化，CCUS 碳捕捉技术的成熟，“双碳”实践应用会呈现出重点突出、全面开花的崭新局面，助力“3060”国家能源战略的实施。

3.4 应用创新与瓶颈分析

3.4.1 应用创新

本书案例中有很多应用创新，包括光储充一体化微网、平高通用电气智慧能源服务项目、电力交易辅助决策系统、多站合一能源站、海上风电场智慧运维解决方案、需求响应资源聚合平台、智慧工地、绿色建筑、城市级智慧能源管理、铁路全线能源管理系统、省高速公路智慧能源管理平台、备用电源共享服务、全电厨房以及能源互联网岛。这些创新应用有助于综合能源服务的推广与落地，有利于“3060”能源战略的推进与实施。

1. 光储充一体化微网

案例集中采用光储充一体化微网应用案例共 8 个，包括“平高通用电气智慧能源服务项目”等。在“平高通用电气智慧能源项目”中，光储充一体化微网应用创新才用模组化集成单元，合理配置分布式光伏、储能和充电设施容量，实现“源荷储”的有序能源流动和安全高效运行，能够平抑集中充电引起的电网负荷波动、提高可再生能源消纳比例，提高经济价值。

2. 多站合一能源站

案例集中采用多站合一能源站应用案例共 2 个，包括“北京丽泽商务区综合能源服务示范项目”和“综合用能及消防安全物联网 SaaS 系统在上海复华高新技术园区的应用”。在“北京丽泽商务区综合能源服务示范项目”中，多站合一能源站应用创新是将单一变电站升级改造为集变电站、供冷供热站、太阳能光伏电站、储能站（低压换流站）、电动汽车充电站、数据中心站、5G 通信基站、环境监测站、客户服务站及丽泽商务区综合能源管控中心多功能融为一体的“9 站 1 中心”综合能源示范项目，形成“多站融合、多能耦合、多元合作”的综合能源发展新格局，推动北京丽泽商务区构建以电为中心的能源供给体系。

3. 能源互联网岛

案例集中采用能源互联网岛应用案例 1 个。在“陕鼓能源互联岛示范智能管控项目”中，能源互联网岛创新应用从全流程全区域供能、用能、能量转换的角度出发，深度挖掘节能创效点，通过多能互补梯级利用，结合智能制造、工艺流程、环境安全管理、绿色发展等用户实际需求，将可再生、清洁及传统能源高效耦合集成，以智能管控、专业运营模式，按时、按需、按质向用户端提供分布式清洁能源综合一体化的解决方案。

3.4.2 应用瓶颈

应用瓶颈分析根据本书 120 个案例反映出来的情况可以分为电价问题、气价问题、上网价格问题、过网费问题、合同执行问题、行业标准问题、碳交易问题等综合能源发展过程中面临的机制、标准、政策等瓶颈，见表 3－1。

表 3－1 应用瓶颈分类及问题说明

应用瓶颈名称	问题说明
电价问题	空气源热泵等供暖设备用电价格、储能设备峰谷差电价、部分高校医院的低电价等问题，直接影响项目收益甚至项目可行性；部分地区呼吁出台电供暖专属电价，减少行业实施压力
气价问题	煤改气、分布式燃气能源站设备用气价格问题，直接影响项目收益甚至项目可行性，部分地区已经出台分煤改气、分布式燃气能源站建设补贴政策，减少项目实施压力
上网价格问题	光伏发电、风力发电、燃气分布式发电等项目上网电价问题，直接影响项目开发规模以及清洁能源、可再生能源本地消纳能力，部分地区已采取创新的计量与结算机制，助力清洁能源、可再生能源本地消纳
过网费问题	隔墙售能项目通道使用费用问题，直接影响能源就近交易、配电网改造与经营等项目的推广与实施，全国范围内已开展增量配电网等项目的试点示范，探索过网费问题突破的方式方法与创新的体制机制
合同执行问题	EMC（能源托管）等项目在合同执行中存在客户支付能源费用没有财务列支科目、节能量频繁审计、客户负荷变化等问题，直接影响该类项目的顺利实施与行业推广，部分地区已采取创新的商业模式与结算手段避免商业纠纷的发生
行业标准问题	多市场主体、多能源耦合、多设备通信协议、多行业运营标准协同运行问题，直接影响综合能源业务跨设备类型、跨能源种类、跨行业的健康发展，多部门已联合成立各类标准专业委员会，保障综合能源相关标准的制定与发布
碳交易问题	综合能源服务项目碳排放权交易、绿电交易以及绿证交易问题，直接影响综合能源项目整体收益，部分地区已开始试点碳交易、绿电交易以及绿证交易业务，为参与国际化的碳交易活动积累相关技术与经验

分析结果如图 3－14 所示，由于案例中能源托管项目占比较大，因此，合同执行问题较突出，占总比例的 43%。另外，本书案例中空气源热泵等电制热设备使用较多，相关项目的应用效果取决于当地的电力价格，对项目的经济效益影响明显。最后，由于综合能源服务中多主体、多设备、多协议的共同参与，行业标准问题会是未来制约综合能源发展的瓶颈之一。

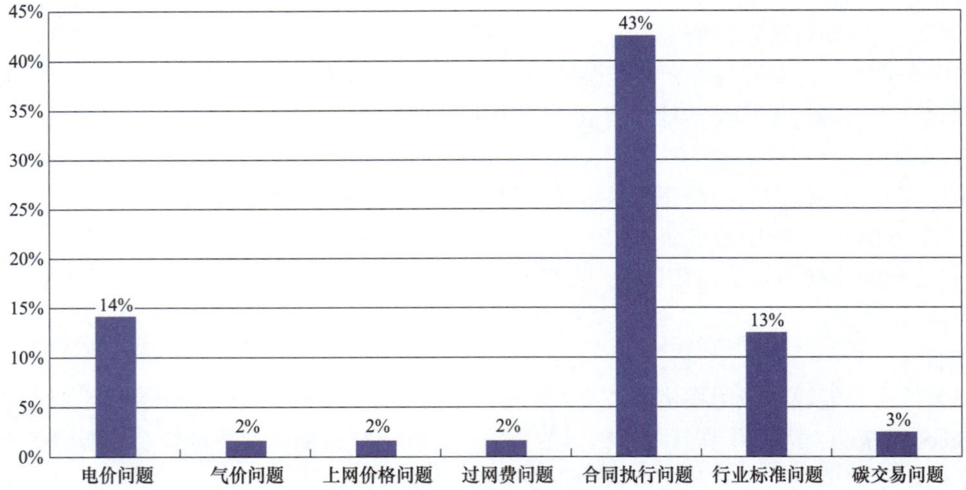

图 3－14　应用瓶颈分析

3.5　应用分析小结

（1）改造项目管理平台大比例应用，存量项目市场潜力巨大。管理平台在改造项目中性价比突出，可以通过相对少的投入，取得能效提升、节能减排、安全运行、降本增效的突出效果。考虑到目前全国范围内数十万亿规模的存量项目，综合能源服务在存量市场的应用前景巨大。

（2）多市场主体参与、多价格体系显现，行业标准呼之欲出。面对生产者、消费者、综合能源服务商、投资商等市场多主体的加入，供电、冷、热等多种能源设备的应用，源网荷储协同控制平台的运营，5G 等通信技术的采用，电力交易、碳交易的推广，急需相关跨行业、跨设备、跨通信协议的新型行业标准，助力综合能源服务的健康发展。

（3）“3060”能源战略市场响应明显，碳交易应用万众期待。能源行业是碳达峰、碳中和的主要战场，绿色、智慧、高效、低碳是综合能源发展的核心目标。未来碳交易将与绿证交易、绿电交易等交易方式一起引领能源行业低碳可持续发展，通过市场定价与价值体现，更加全面、真实地反映出综合能源服务的经济效益与社会效益。

第 2 部分
案例展示

本部分是第 1 部分分析报告提到的 120 个案例的详细介绍，案例覆盖 5 大领域，24 个小行业，重点展示了综合能源服务市场 80 余个深度案例和行业分类案例，分别从案例背景需求、案例简介、技术方案、商业模式、项目收益、项目亮点、经验总结几大维度进行阐述。第 1 章为深度案例，案例提供者进行了深入和详尽的介绍，为行业从业者和初进入市场的企业提供了很好的指导。第 2 章的行业分类案例从公建、工业、园区、区域能源等行业进行征集筛选、分类介绍，针对性更强。第 3 章为第 1 部分的分析报告中 120 个案例的其他展示案例。从整体上，本部分作为整本书的灵魂部分，为各方读者从事综合能源服务相关工作提供了参考和借鉴。

第1章

深 度 案 例

城市级智慧能源管理服务系统应用案例

浙江华云信息科技有限公司
陆沈雄 张云鹏 刘 钢

一、背景需求

随着我国资源约束日益加剧，环境承载能力已经达到或接近上限，发展与资源环境之间的不协调，已成为经济社会可持续发展的突出矛盾。为了促进经济社会发展与资源环境相协调，借助信息技术手段，全面、准确、及时地掌握各地区、各行业能源消费情况，推进宁波市智慧能源管理服务系统建设势在必行。这既是贯彻国家发展改革委及省委省政府决策部署，推进能源生产和消费革命、深化创新节能工作的需要，也是企业发掘节能潜力、提高能源管理精细化水平的需要，同时还有利于培育和发展节能环保等战略性新兴产业，为调整和优化产业结构发挥积极推动作用。

宁波是中国首批沿海对外开放城市、计划单列市和副省级城市。经济发展水平较快。然而近年来，宁波市能源“双控”形势愈发严峻。 2017 年 9 月 25 日，国家发展改革委、质检总局联合印发了《重点用能单位能耗在线监测系统推广建设工作方案》（发改环资〔2017〕1711 号）；2019 年 4 月 4 日，国家发展改革委办公厅、市场监管总局办公厅联合印发了《关于加快推进重点用能单位能耗在线监测系统建设的通知》（发改办环资〔2019〕424 号）；为贯彻落实国家发展改革委、原国家质检总局相关要求，2017 年至今，宁波市政府先后出台了《关于进一步加强能源“双控”工作的通知》（甬政办发〔2019〕85 号）、《宁波市人民政府办公厅关于印发数字宁波建设规划（2018—2022 年）的通知》（甬政办发〔2019〕34 号）等多个文件。在发文中对宁波市数字化改革、能源“双控”管理、信息化建设等方面均作出相关指示。按照打造“数字宁波”的统一部署，以物联网、云计算、人工智能等技术为支撑，强化用能数据在线监测、节能技术（产品）推广、节能目标预警等，切实提高能源管理的信息化、精细化水平。

二、案例简介

1. 客户信息

目前，宁波市重点用能企业能耗数据由企业每月按时手工填报，宁波市能源局监管的重要项目也均通过线下手段进行管理。大量的线下工作，不利于宁波市能源局开展项目监管及能源双控工作。智慧能源管理服务系统部署在宁波政务云资源共享区与公共服务区当中，平台主要面向政府能源监管部门、重点用能单位两大群体，汇聚了全市 8000 余家工业企业及非工业单位实时用能数据。

2. 建设内容

充分运用数字化手段，通过跨部门、跨层级业务协同，实现全品类能源生产、供给、存储、消费数据汇聚和在线监测，融合政府决策、宏观经济、地域特色等多维度信息，积极发挥数智引领作用，有效促进政府部门、能源行业、用能企业的用能信息互联共享，提升能源管理的数字化水平，为政府决策和工作部署提供直观、及时、科学的数据支撑。项目建设主要从以下几个方面着手：一是政务数字化转型，基于政务监管要求，把日常行政管理进行数字化，实现日常监管及相关的业务管理标准化、规范化及平台化，提升监管效率和服务水平；二是加强信息发布能力，完善信息发布管理机制，构建多手段、多渠道、多受众的信息发布功能，发布内容涵盖面向公众的能源信息、节能宣传等；

三是提升科学决策能力，充分应用能源监测和趋势等模型和情景推演，加强大数据关联分析及结果运用，为能源监测预警、指挥决策、能源调配、能源交易辅助支持等提供数据支撑。充分利用数据分析能力，为决策优化提供有力支撑；四是提高跨部门业务协同和数据共享能力，加强信息交换共享，向相关涉能管理部门共享能源数据，辅助决策参考，实现信息资源可见、可信、可访问和可理解，提高能源服务综合协调、科学调配的水平。

宁波市智慧能源管理服务系统（能源概况）

项目主要由软件系统、能耗数据接入、能耗在线监测端设备采购实施几部分构成。

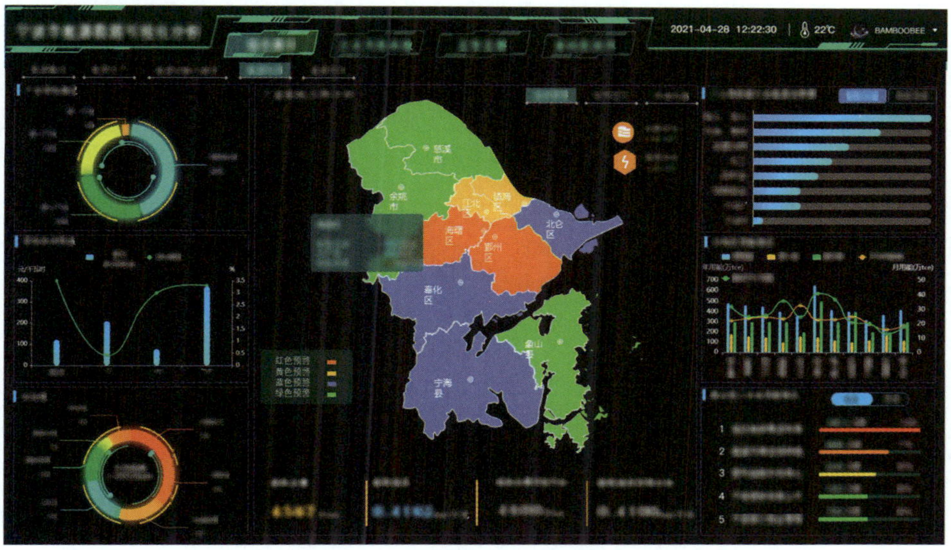

宁波市智慧能源管理服务系统（能源利用）

“宁波市智慧能源管理服务系统”是项目的主体部分。平台面向政府职能部门、涉能单位两大群体专项设计，由政务侧系统及企业侧系统共同组成。面向政府职能部门提供用能在线监测、能耗数据可视化分析、能耗预警预测、行业监管管理、基础支撑等功能，辅助政府开展能源双控、能源项目监管，提供常态化数据报表，为政府经济、能源宏观调控提供强有力的支撑。面向企业提供企业画像、指标预警预测、能耗专题分析、项目申报、在线培训及考试等服务，有效辅助企业完成政府下达指标，把企业减负放在实处。

能耗数据接入，充分运用物联网、大数据等数字化技术，通过系统集成、跨层级跨部门业务协同，实现宁波市全品类能源生产、供给、存储、消费数据汇聚和在线监测。经过数据收集、数据清洗、数据比对、数据校核，确保平台数据准确、可用、可靠，为平台双碳指标分析、指标预警预测、能耗专题分析等提供数据保障。

宁波市智慧能源管理服务系统（能源生产）

能耗在线监测端设备采购实施，严格遵循国家制定的能耗在线监测端设备技术规范，以数据安全为导向，以性能稳定为基础，严格进行设备选型及采购。遵从先考察、后安装的准则，完成设备安装，实现重点企业能耗数据实时在线监测。

3. 项目实施过程

本项目具体实施过程分三步进行：

第一步，建设平台基础支撑体系，充分运用物联网、大数据等数字化技术，通过安装采集端设备、与供能企业系统数据集成、跨部门跨层级业务协同等方式，实现全市全品类能源生产、供给、存储、消费数据汇聚，经过数据收集、数据清洗、数据比对、数据校核，完成数据初始化工作，确保平台数据准确、可用、可靠。数据范围覆盖全市8000余家工业企业及非工业单位。

第二步，基于平台完善的基础支撑体系，切合目标用户实际需求，完成用能在线监测、能耗数据可视化分析、能耗预警预测等相关应用上线。

第三步，融合政府决策、监察管理需求等要点，以工作减负为目标，打造贯穿政府多级部门至企业的全流程、无纸化线上办公审批流程，缩减以往办事流程，提高办事效率。

三、技术方案

项目采用“云平台+微服务”架构，系统应用资源、计算资源、存储资源均可根据运行情况，进行灵活而智能的分配及扩容。同时系统中高效的任务调度及灵活的服务熔断机制，为系统的业务负载提供动态支撑。

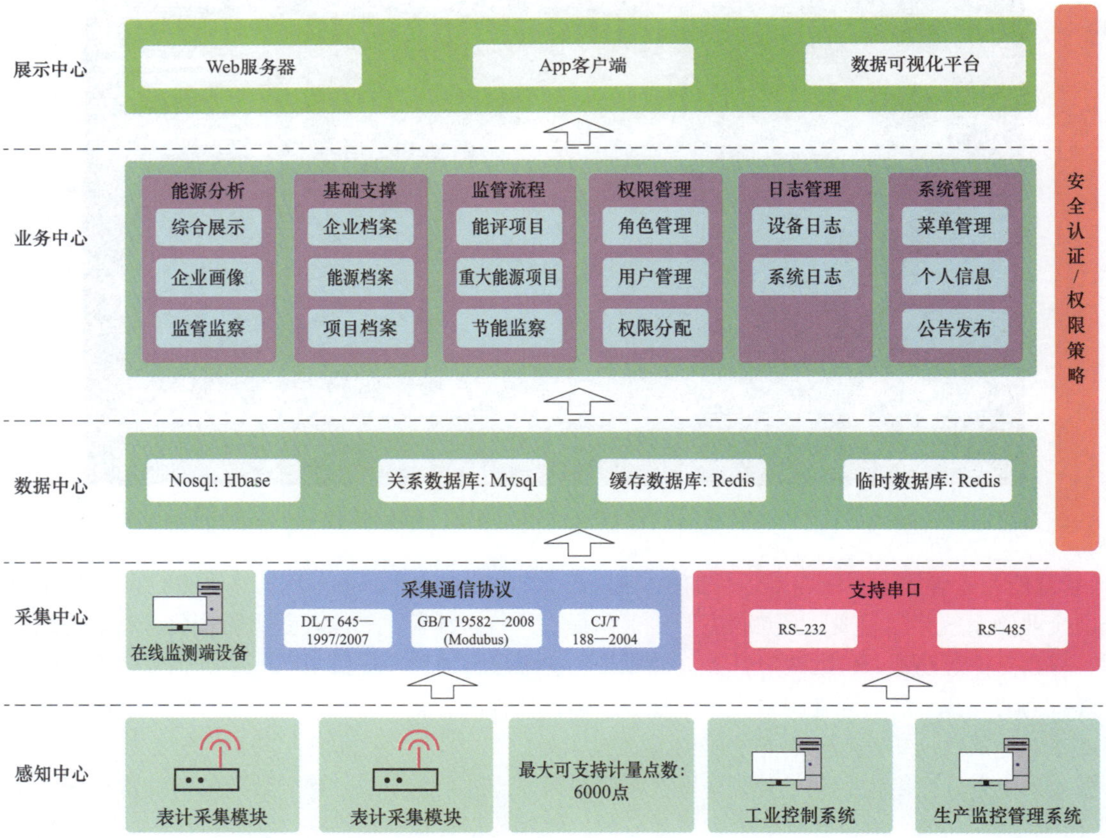

宁波市智慧能源管理服务系统技术架构图

1. 云平台

项目依托宁波政务云强大的支撑能力，可以实现随时随地、便捷按需从可配置计算资源共享池中获取所需的资源（如网络、服务器、存储、应用及服务），资源能够快速供应并释放，大大减少了资源管理工作开销。使用了 RDS 数据库集群、Redis 实时数据库集群、容器云集群等多种云服务，实现了数据库主备支撑及数据实时备份，用户实时数据内存保持实现集群保护，容器云集群支撑微服务快速可靠运行等，为本系统平台提供可靠、可信的服务支撑。

2. 微服务架构

项目围绕业务领域组件来创建应用，构建以“服务”为中心的现代应用架构（例如微服务范式、云原生范式），以及相应的服务基础设施，集中部署在宁波政务云资源环境中。各项微服务可以在“自己的程序”中运行，并通过“轻量级设备与 HTTP 型 API 进行沟通”。利用服务发现和服务健康监测功能，自动监测及管理服务应用，提供对服务实时的健康检查，阻止向不健康的主机或服务实例发送请求。以中心化、外部化和动态化的方式，利用动态配置服务管理所有环境的应用配置和服务配置。利用微服务架构提供的高效的任务调度及灵活的服务熔断机制，实现项目业务负载的动态支撑，支持业务不断的扩展与数据的扩充，同时其强大的自我保护机制，使瞬间到来的业务峰值流量得到很好的抑制，有效保护系统服务实现平峰转换。

介于项目的轻量化应用部署以及应用之间的松耦合关系，这些应用可独立地进行开发、管理和加速。如果其中任何一个服务需要增加某种功能，只需要在特定的某种服务中增加所需功能，而不影响整体进程。使用微服务构建本能源项目应用程序是很有意义的，因为它让系统通过 API 得到有机组合，且所有 API 在整个业务中可重复利用，降低业务开发的强耦合作用，既利用横向扩展架构，也利用纵向扩展架构。

四、商业模式和项目收益

该项目由宁波市发展和改革委员会投资建设，浙江华云信息科技有限公司主要负责项目的整体建设，以及平台上线后的运维工作。该项目上线后，可从能源生产、能源消费和区域、行业、企业等多个维度统计分析能源现状，并进行动态预警预测，可有效辅助宁波市能源局开展能源“双控”工作，为推动宁波地区经济可持续发展，改善全球生态环境提供卓越贡献。

五、项目亮点

1. 业务创新，能源监管提质增效

（1） 将监管部门与企业进行实时联动，监管指标、信息实时发送至企业平台，支持短信提醒，企业节能成效可实时查看。

（2） 数据来源多元化，相互校验补漏。通过端设备采集、系统集成、手工填报，实现重点用能企业全能源品种的在线监测。其中电、天然气、热力、水更是实现了 15min/次的实时在线监测，为宁波市能源局能源“双控”、节能管理工作提供了有力支撑。

2. 技术创新，能源指标精准测算

（1） 采用国际、国家热值计算标准、标煤转换标准、产品生产单耗标准，实现日实时能耗、月度累计能耗、产品生产单耗的自动测算、精准校核，并根据趋势开展有效预警预测工作。

（2） 借助大数据技术建立各项监管工作的常用指标，并支持多元组合展示，辅助宁波市能源局出具能源白皮书、能源月报、季报专题分析等，为市能源局日常工作开展节省了大量的人力物力成本和时间。

3. 数据创新，数据资源全而精

遵从国家及省级重点任务，依托宁波市发展和改革委员会强有力的协调能力，通过跨层级、跨部门协同，实现能源生产、能源消费数据汇聚，汇聚数据涉及范围广、数据精度细，数据汇聚成果遥遥领先。

公司介绍

浙江华云信息科技有限公司主营业务涵盖电网企业发、输、变、配、用全环节以及电力行业和公共服务领域的信息通信、人财物管理、企业咨询管理等，是一家涵盖“云+网+端”全方位、一体化的解决方案提供商。

浙江华云信息科技有限公司智慧能源服务分公司是浙江华云信息科技有限公司下属一大业务实施机构，主营业务涉及综合能源、储能集成及检测、新能源信息化、电商平台、平台研发、平台运营等6个运营领域，是一家综合能源服务数字化解决方案的供应商。

国网安徽省电力有限公司能源服务中心示范项目

国网安徽综合能源服务有限公司
国网电力科学研究院武汉能效测评有限公司
吴凯槟　黄　静　张良华

一、背景需求

围绕国家“四个革命、一个合作”能源安全新战略，构建清洁低碳安全高效的能源体系，实现“3060”碳达峰、碳中和战略目标，推动长三角一体化发展，强化国家电网公司办公节能减排，推广高效节能设备，充分利用清洁能源，实现绿色建筑创建，构建“互联网+”智慧能源服务生态圈，以“能源互联、智慧互动、绿色低碳、多能耦合、多站融合”为理念，建设国网安徽省电力有限公司能源服务中心，打造业务拓展和“双碳”创建示范标杆，最大化开发利用可再生能源，快速提高供电优质服务水平，带动全省综合能源服务产业发展。

能源服务中心鸟瞰图

国网安徽省电力有限公司能源服务中心包括智慧建筑能源互联网示范中心和能源服务展示体验中心两部分。智慧建筑能源互联网示范中心通过对电、冷、热等综合能源在生产、输送、转换、存储、消费和交易多环节实现协调优化和耦合控制，有效消纳清洁能源，显著提升能效水平，着力增强与电网互动，降低综合能源使用成本，实现能源智慧化管控，将其打造成集便捷办公、商务洽谈、展览宣传、综合示范于一体的智慧建筑。能源服务展示体验中心主要从“能源转型、领航发展”“能源供应、多能互补”“能源消费、智慧赋能”“绿色畅想、美好未来”四个主题展示国网安徽省电力公司推动能源革命，实现双碳目标，构建新型电力系统方面的优秀成果。

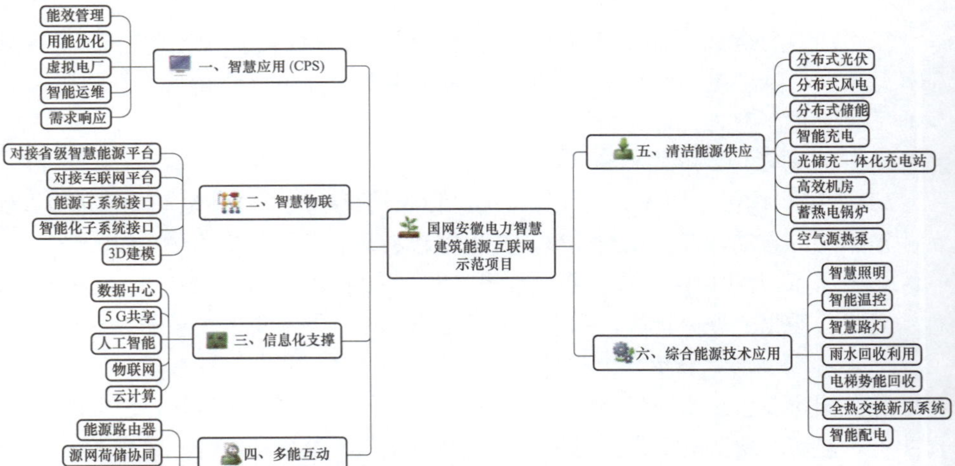

智慧建筑能源互联网示范中心六大板块

二、案例简介

1. 客户基本信息和实施场地

国网安徽省电力有限公司能源服务中心，位于安徽省合肥市繁华大道西路 590 号宏源工业园内，园区规划建设屋顶光伏 2.4MW。示范基地所用办公楼于 2019 年 10 月建成，占地面积 1426.8m^2，建筑面积 11 800m^2，为国网安徽综合能源服务有限公司、国网安徽电动汽车服务有限公司和安徽省思极科技有限公司三家单位的生产办公用房。

2. 建设内容

（1）智慧建筑能源互联网示范中心。依托宏源工业园办公大楼，建设智慧建筑能源互联网示范中心，涵盖智慧应用（CPS）、智慧物联、多能互动、信息化支撑、清洁能源供应和综合能源技术应用六大板块。

（2）能源服务展示体验中心。智能化的产业展示厅，以故事逻辑为主线，展示能源服务典型案例与创新举措；数字化的能源监控厅，汇聚全省能源供应与消费数据，实现能源大数据实时监测控制；可视化的产品营业厅，向客户推介定制化能源服务项目，就地开展业务洽谈和合作。

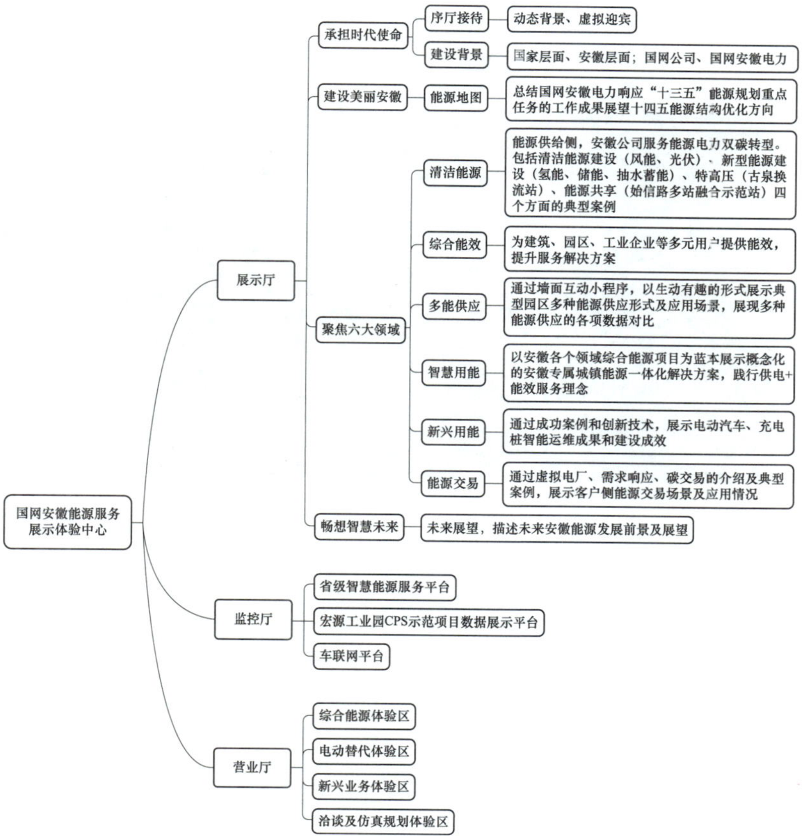

能源服务展示体验中心

三、技术方案

1. 智慧建筑能源互联网示范中心

智慧建筑能源互联网系统包括智慧层、应用层、数据层、网络层和能源系统5层结构。最底层为能源系统，为物理层和能量层实现能源的变换和使用，同时也包含感知层，实现能源系统信息的全面感知。

本项目建设的六大板块如下：

（1）智慧应用CPS。以能效管理、用能优化、虚拟电厂、需求响应和智能运维等智慧应用，实现建筑能效监测分析、多能协同优化、电网友好互动、公共用能管控，提升建筑能效水平和新能源消纳水平。

（2）智慧物联。基于“云、管、边、端”的系统构架，依托物联网、5G移动网和光纤网络，与省级智慧能源管理平台数据共享，实现智能感知终端的数据采集处理传输。

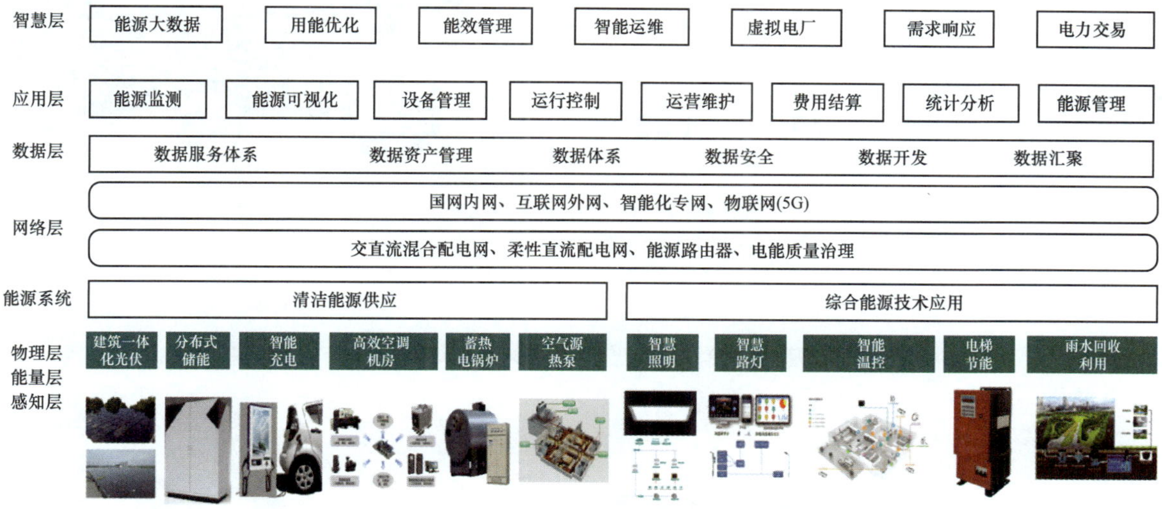

智慧建筑能源互联网整体架构

（3）多能互动。建设智慧建筑能源路由器，实现交直流混合配电，实现光伏、储能、充电、照明、供冷和供热多能融合、梯次利用，通过交直流混合配电系统实现网源荷储智能控制，提高分布式清洁能源的最大化消纳，显著提高供电可靠性和供电质量，为智慧建筑能源运行提质增效。

（4）信息化支撑。深度融合“大云物移智链”等信息化新技术，建设能源数据中心，实现能源全领域数字化动态感知、信息化综合管理、能源数据融合。

（5）清洁能源供应。构建以建筑一体化光伏站、分布式储能站、智慧冷热供应站和光储充一体化充电站等多站融合的清洁能源综合供应站，满足建筑电冷热多能需求。

智慧应用 CPS 界面

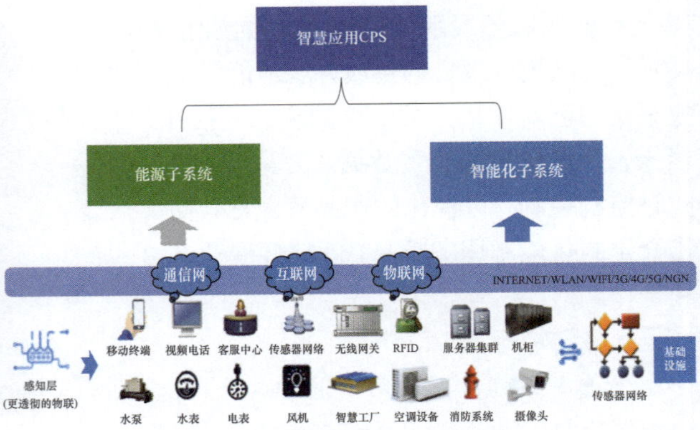

智慧物联板块系统架构

（6）综合能源技术应用。遴选高效机房、蓄热电锅炉、空气源热泵、全热回收新风系统、绿色照明、电梯势能回收等综合能源技术，集成应用实现智慧建筑节能运行。

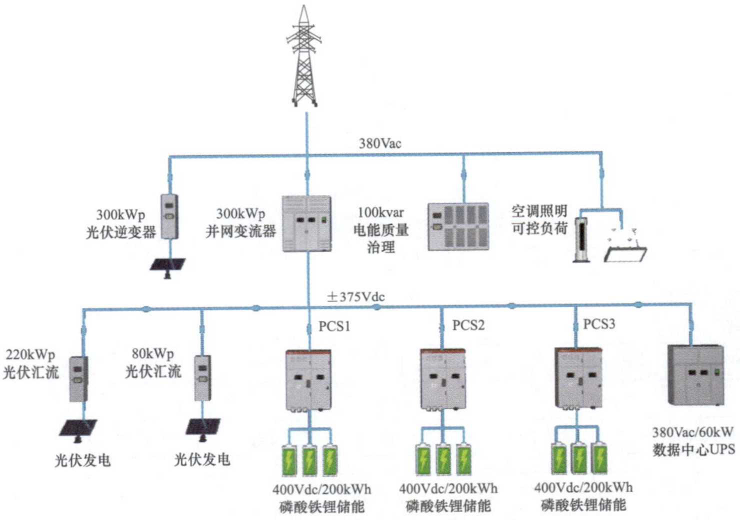

多能互动板块系统架构

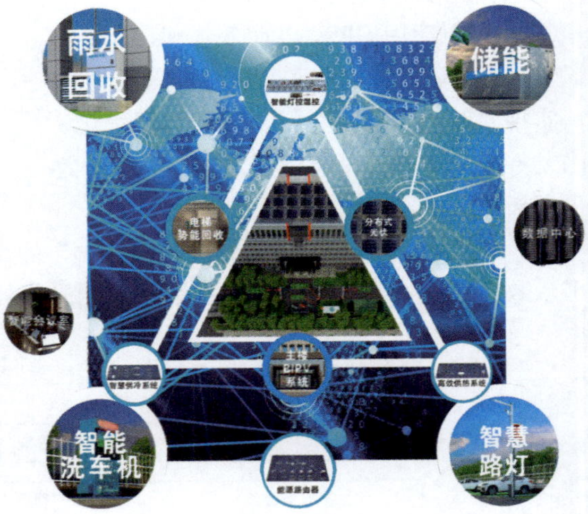

综合能源技术应用

2. 能源服务展示体验中心

能源服务展示体验中心是以建设国内领先的能源服务中心为宗旨，打造的动静相宜、虚实结合的智能化的产业展示厅、可视化的产品营业厅和数字化的能源监控厅。通过本中心的建设，可以全方位展示安徽电力能源创新发展成果，彰显责任央企形象、示范引领长三角智慧能源服务、拓展新兴产业发展、构建安徽能源服务生态圈。

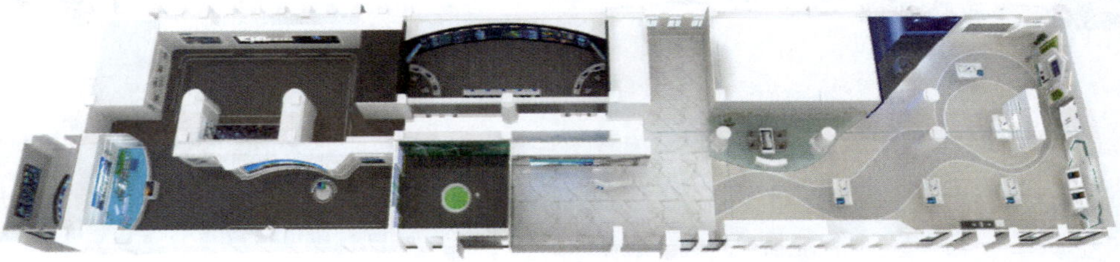

能源服务展示中心鸟瞰图

能源服务展示中心效果图

四、商业模式

本项目采用 EPC 总包模式，国网安徽综合能源服务有限公司为项目业主方，国网电力科学研究院武汉能效测评有限公司为项目工程总承包商。项目总投资 2818.2 万元。

五、项目收益

1. 经济效益

本项目由 88kWp 分布式光伏（后续接入 2.4MW 园区光伏）、主楼 BIPV 系统、300kW/600kWh 分布式储能、智慧冷热供应［1150kW 高效制冷机房（COP 达 5.0）、480kW 蓄热电锅炉系统］、交直流混合微电网系统、智能灯控温控、智能会议室、电梯势能回收、智慧路灯、22.5m^3 雨水回收、智能自助洗车机、智慧能源 CPS 系统等部分组成。经试运行，项目能效提升以及碳减排效益显著。园区光伏发电量大于建筑全年能耗，光伏发电 100%就地消纳。建立智慧建筑需求响应资源池，蓄热电锅炉 480kW/3300kWh（冬季），磷酸铁锂储能 300kW/600kWh（全年）。实现建筑整体节能超过 30%，空调系统节能大于 50%，照明系统节能大于 20%，电梯系统节能大于 20%，雨水回收利用率大于 80%，建筑内电力全部来自清洁能源。

2. 社会效益

该项目是落实国家能源发展战略、彰显责任央企形象的展示窗口。建设安徽电力能源服务中心，旨在加快综合能源服务发展，构建以电为中心、智慧应用的新型能源消费市场，有利于促进清洁能源开发利用，推动全社会节能减排，助力打赢蓝天保卫战，更好地服务生态文明和美丽中国建设。

践行“节约、清洁、绿色、安全”能源战略，推动清洁能源发展的有效渠道。建设安徽电力能源服务中心，有利于以新技术、新产业、新业态、新模式为核心，以知识、技术、信息、数据等新生产要素为支撑，打造富有活力的产业生态，推动安徽省能源生产和消费方式变革，提高能源绿色、低碳、智能发展水平。

推动能源互联网建设、保障“国际领先”企业建设的重要载体。建设安徽电力能源服务中心，有利于增强客户黏性、抢占市场先机、提升发展新能力，为国网安徽电力在世界一流能源互联网企业建设中走在前列提供有力支撑。

构建综合能源服务生态圈、领航全省综合能源服务产业发展的有力抓手。建设安徽电力能源服务中心，为各类用户、行业关联企业及社会各界提供更加高效、优质、便捷的学习、交流和服务平台，整合各方人才、资金、技术、管理等优质资源，打造开放、共生、有机生长的生态圈，以国网安徽电力领航全省能源服务产业发展。

公司介绍

国网安徽综合能源服务有限公司成立于 2011 年，注册资本金 2 亿元人民币，属地支撑机构遍及安徽省 16 个市 59 个县。致力于为客户提供涵盖“电、冷、热、气（汽）、水和能源管理平台（EMS）”等能源领域的规划、设计、咨询、建设、投资、运营、代维、托管等全寿命周期一揽子服务，公司将持续致力于构建清洁低碳、安全高效的现代能源综合服务体系，与四海宾客精诚合作，同谋发展、共创共赢！

国网电力科学研究院武汉能效测评有限公司是国家电网公司综合能源服务体系的重要组成部分，2011 年与国网节能服务体系同步成立，不断发展形成了咨询服务、综合能源服务、信息化建设、能源计量中心建设、科技研发与宣传推广等业务方向，全面支撑综合能源服务业务发展。

江苏德龙镍业能源综合利用项目

国网江苏综合能源服务有限公司
王 骏 王 庆 周 强

一、背景需求

国家发展改革委发布的《能源中长期发展规划纲要》《节能中长期专项规划》强调指出：当前我国必须“从战略和全局高度充分认识能源对经济和社会发展的支撑作用和约束作用，循环经济和节约能源对缓解能源约束矛盾、保障国家能源安全、提高经济增长质量和效益、保护环境的重要意义，要把循环经济综合利用和节约能源作为能源发展战略和实施可持续发展战略的重要组成部分”，“坚持和实施节能优先的方针”。作为节能的重要原则之一，就是“坚持节能与结构（产业结构、产品结构和能源消费结构）调整、技术进步和加强管理相结合”。为此，在能源生产领域，国家发展改革委同时推出了《能源产业结构调整指导目录》。

为贯彻落实国家节能减排战略，优化能源消费结构，提升企业综合能效，引领清洁低碳发展，按照国网江苏省电力有限公司统一部署，国网江苏综合能源服务有限公司、盐城供电公司、响水县供电公司对江苏德龙镍业有限公司进行了“能效提升服务专项行动”，旨在为客户量身定做能效提升专业方案，帮助和促进客户吨钢综合能耗降低、CO_2排放降低、节能增效，实现环境效益、经济效益和社会效益多赢。

二、案例简介

江苏德龙镍业有限公司是一家镍合金专业冶炼的民营股份制责任公司，具有炼钢、热轧、冷轧等工艺流程，年产量约 190 万 t，主要产品为各系列不锈钢。该公司炼钢车间的 4 套 AOD 炉烘烤器、9 套钢包烘烤器、4 套钢包烘烤器，以天然气为燃料，以低压空气为助燃介质，采用常规燃烧方式，无目标温度检测、无空燃比自动控制、无烟气余热回收系统，烘烤器燃烧后产生的烟气直接排入大气，排烟温度约 1200℃，能源利用效率低。全年统计数据表明，吨钢天然气消耗量约 10.687N • m^3，年消耗天然气约 2030 万 N • m^3。天然气外购，单价 2.3 元/（N • m^3）；氧气为空分自产，内部结算单价 0.43 元/（N • m^3）。

江苏德龙镍业有限公司

本项目采用全/富氧燃烧节能技术对 17 台常规燃烧的烘烤器进行节能改造，实现燃料和用电节约，降低运行成本，同时实现提升烘烤温度、缩短烘烤时间、加强燃烧安全、改善烘烤效果等目的。

项目实施后，天然气节约率超过 60%，每年可节约天然气约 1218.3 万 N • m^3；助燃风机全部取消，每年可节约用电约 50 万 kWh；同时，增加氧气消耗约 1748.7 万 N • m^3。

立式钢包烘烤器改造前效果图

立式钢包烘烤器改造后效果图

AOD 炉改造前效果图

AOD 炉改造后效果图

三、技术方案

本项目综合应用全/富氧燃烧技术、空燃比精确控制技术、温度精确控制技术、新型保温材料技术，实现最大限度的节能。

（1）全/富氧燃烧技术减少约 70%的排烟量，大幅降低排烟热损失，提高了热利用效率和燃烧温度。

空气助燃公式：$CH_4+2O_2+7.52N_2=CO_2+2H_2O+7.52N_2+$热量

氧气助燃公式：$CH_4+2O_2=CO_2+2H_2O+$热量

1）热量来源于燃料燃烧释放的化学热，空气或氧气并不带入或产生热量。

2）空气中 O_2 体积只占 21%，N_2 体积达到了 79%，氧气助燃时，烟气体积减小 70%以上。

3）因为烟气体积的减少，热效率提高，燃烧温度提高。

全/富氧燃烧技术通过减少既不参加燃烧反应，也不促进燃烧反应的 N_2，降低排烟热损失，提高燃料热利用效率，提高燃料燃烧温度。

（2）燃气流量、空气流量监测，采用 PLC 程序精确控制燃气和空气配比，减少过剩空气排烟热损失或燃料不完全燃烧热损失。

（3）增加钢包温度检测和 PLC 自动控制系统，实现目标温度控制的精确调节，减少不必要的热量浪费。

（4）采用低导热系数和低比热的纤维模块包盖保温结构，减少不必要的散热损失。

（5）采用合理的烧嘴结构，火焰刚性、火焰长度、火焰温度分布适应钢包深度的要求。

本项目实施后，可实现烘烤温度提升、自动点火、连续温度控制、保温恒温控制等，还可以实现火焰监测、燃气低压、氧燃比超限、温度超限、燃气泄漏等安全连锁控制。

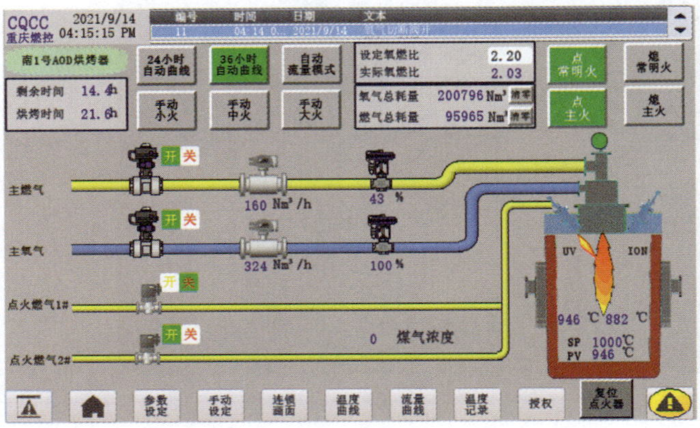

烘烤器控制界面图

烘烤器控制阀组图

烘烤器使用效果图

四、商业模式和项目收益

项目采用节能效益分享型合同能源管理模式，效益分享期 6 年。

按照项目预估的节能量计算，在当前天然气价格 2.30 元/（N•m^3），电价 0.60 元/kWh，氧气 0.43 元/（N•m^3）的价格参数下，本项目预计节约总费用不少于 2050.5 万元/年。

采用节能效益分享型合同能源管理商业模式，国网江苏综合能源服务有限公司按 75%比例分享节能收益，合同期限 6 年，税后内部收益率 79.17%，税后动态回收期 2.20 年。

项目实施后，实测节能率接近 80%，超出了预期的节能效果，对促进全国钢铁行业节能减排工作作出了积极的贡献，也为今后项目的推广打下了坚实的基础。

五、项目亮点

与其他技术比较，本项目技术方案在 AOD 炉和钢包烘烤工艺上，主要有以下亮点：

（1）节能数据稳定。蓄热燃烧技术受 AOD 炉和钢包内粉尘的影响，在换向排烟时，蓄热体逐渐堵塞，烟气回抽率不断降低，无法通过烧嘴排烟降温，节能效率越来越低。随着使用时间增加，维护不到位时，甚至比普通的常规燃烧能耗高。预热燃烧技术，受换热器材质耐温等限制，节能效率变化也比较大。全/富氧燃烧技术以烟气体积减小为节能手段，完全类似常规燃烧，其节能数据，任何时候都保持不变。

（2）节能率高。全/富氧燃烧 40%～60%的节约率，其他任何节能技术无法比拟。

（3）提温速度快。受氧气燃烧降低烟气体积对提高燃料燃烧温度的影响，在需要快速升温时，全/富氧燃烧具备快速提温的能力。

（4）烘烤温度高。即使热值仅 750kcal/（N•m^3）的高炉煤气，富氧燃烧技术也可以轻松地将烘烤温度提高到 1000℃以上，满足生产工艺的要求。

（5）操作维护量少。类似常规燃烧，除了少量电器元件的正常维护，几乎不需要维护。

（6）环境改善大。燃烧供入的 N_2 减少，以及节能影响，全/富氧燃烧后的烟气可减少 70%以上。由于烘烤都是直接排到厂房车间，无外排烟囱，烟气量大幅减少对于车间环境的改善显著。

（7）设备寿命高。除了极少数电气元件需要简单维护，其他设备，例如高温部分的烧嘴等关键设备，使用寿命在 3 年以上。阀组上的设备，正常使用寿命都在 5 年以上。

公司介绍

国网江苏综合能源服务有限公司成立于 2011 年 5 月，位于江苏省南京市，是国网江苏省电力有限公司控股、国资委国企改革“双百行动”和国家发展改革委国企混改双试点单位。公司注册资本金 6.13 亿元，属地支撑机构遍及全省各地市。2020 年公司营业收入 45 亿元，同比增长超过 100%。目前，国网江苏综合能源服务有限公司是国家电网公司系统内规模最大、资质最全、业绩最优的省级综合能源服务企业。

公司以“践行能源革命，成就客户梦想”为服务宗旨，布局能源生产、能源消费、能源交易及能源平台经济四大业务板块，助力全社会综合能效水平不断提升，全力构建清洁低碳、安全高效的现代能源综合服务体系，努力建设具有卓越竞争力的能源服务领军平台企业。

北京丽泽商务区综合能源服务示范项目

国网（北京）综合能源服务有限公司
张伍勋　刘兆阳　银　洋

一、案例简介

国网（北京）综合能源服务有限公司依托丽泽商务区综合能源服务示范项目，在传统变电站的基础上，利用边缘计算、人工智能、区块链等新一代信息技术，通过高标准打造综合能源智慧平台，实现综合能源融合汇聚、能源大数据价值挖掘及可视化展示，全面映射丽泽商务区用能特征；通过高标准开展客户侧综合能源建设，实现客户用能价值创造及智能化代维。本项目辐射整个丽泽金融商务区，通过大数据和地区集控中心综合能源管控，推动整个区域能源结构优化，促进绿色低碳能、节能减排、能源供给清洁化，全面贯彻落实“碳达峰、碳中和”行动方案。

二、技术方案

北京丽泽商务区综合能源服务示范项目涵盖客户交互、多能供应、多站融合、能源互联网应用四个展区，包括自助售电、光伏发电座椅、环境监测塔、地板发电、智慧路灯、屋顶光伏发电、玻璃发电、车棚发电、供冷供热系统、充电服务系统、储能、数据中心、5G 基站、智慧办公系统、综合能源平台、全电厨房共 16 项技术应用。将原变电站升级改造为集变电站、供冷供热站、太阳能光伏电站、储能站（低压换流站）、电动汽车充电站、数据中心站、5G 通信基站、环境监测站、客户服务站及丽泽商务区综合能源管控中心融为一体的等多功能融为一体的“9 站 1 中心”综合能源示范项目，形成“多站融合、多能耦合、多元合作”的综合能源发展新格局。

北京丽泽商务区综合能源服务项目全景图

（1） 多能供应区由变电站、能源站和太阳能光伏电站组成。

1）变电站：东管头变电站为丰台区丽泽金融商务区地区提供供电服务。按照与原有站用电物理隔离、分别计量的原则，南侧 630kVA 箱式变压器主要为储能站和电动汽车充电站供电，北侧 2×400kVA 箱式变压器主要为数据中心站和办公设施供电。

2）能源站：在箱式变压器北侧部署一套空气源热泵供暖、供冷系统，设备包括 2 台空气源热泵室外机、1 个集装箱式暖通机房（包括水泵、水箱、补水装置等），供冷功率 70kW、供暖功率 60kW；在基地楼顶部署 1 套氟利昂供暖、供冷系统，供冷功率 35kW，供暖功率 30kW，为项目供冷供暖。

变电站外景图

能源站外景图

太阳能光伏电站：包括 1950 块发电功率为 58.50kW 的汉瓦光伏发电系统、72 块 31.68kW 的多晶硅停车棚光伏发电系统、2 块 0.32kW 的玻璃发电系统以及 6 块 36W 的地板发电系统组成。

（2） 多站融合区由数据中心站和储能站组成。

1）数据中心站：按照《数据中心设计规范》B 级标准建设，上下叠放 2 台标准 40 英尺集装箱式数据中心，每台集装箱内置 13 台 IT 机柜，共计 26 台 IT 机柜。

2）储能站（低压换流站）：建成国际上第一个“多站融合”场景下的数字储能站，容量 200kW/819.2kWh，配置 200 个退役动力电池模组。储能站内集成一条 750V 直流母线，将太阳能光伏电站、储能站、电动汽车充电站、5G 通信基站“高效融合”。

数据中心站图

储能站图

（3）客户交互区由电动汽车充电站、客户服务站、5G 通信基站、环境监测站和智慧体验角组成。

1）电动汽车充电站：布置 16 个充电车位。北侧建设 8 个充电新技术应用车位，安装 3 台 20kW 可双向充放电的 V2G 直流充电桩，利用电动汽车的移动储能特性，促进电力网和交通网的融合，实现“车—桩—网”之间能量的友好互动，促进清洁能源消纳，减少电网扩建投资，降低电动汽车用户使用成本；安装 2 台 7kW 有序交流充电桩，降低大量电动汽车竞争充电时对配电变压器、配电网的负荷冲击影响，可实现电力“削峰填谷”，延缓配电网改造，提高设备利用率，实现电动汽车与电网的协调互动发展；安装 3 个 60kW 的直流母线充电桩，与储能连接，实现直流电源直接利用，提高能量的转换效率。南侧建设 8 个车位，安装 2 套功率为 120kW 一拖四群控式直流充电系统，可实现智能分配功率，单桩最高功率可达 60kW。

电动汽车充电站图

2）客户服务站：按照国家电网公司客户服务标准，内部布置 3 台自动办电终端机，构成标准化自动营业厅，方便附近客户和充电客户办电。

3）环境监测站：部署环境监测塔 1 座，可实时监测风速、风向、光照等环境参数，为本地化运行和服务提供环境数据支撑，同时为丽泽商务区提供环境监测数据服务。

4）5G 通信基站：与铁塔公司合作，建设 1 座 5G 塔，并配备 5G 设备，与周边 5G 资源组网，为基地和周边提供 5G 网络服务。

5）智慧体验角：位于基地西南侧三角地，布置 2 个光伏座椅：功率 110W，能够实现 USB 充电、WiFi 信号发送、LED 广告服务；1 个光伏发电伞：发电功率 50W、储能容量 138Wh，能够实现夜间 LED 照明；1 座智慧杆塔：将 0.5kW 垂直轴风力发电、WiFi 信号发送、360 度视频监控、760mm×380mm 双面显示屏等功能集成到统一杆塔。

（4） 能源互联网应用展示区由智能办公系统、全电厨房和能源互联网指挥中心组成。

1）智能办公系统：在基地办公用房二层办公室内安装了高清投影仪、智能空调控制器、空气净化器、电动窗帘等智能设备，实现智能、高效、舒适办公。

2）全电厨房：在基地办公用房一楼厨房安装全电厨具，包括压面机、和面机等食品加工设备，电蒸车、大锅灶、电饼铛等热厨设备，油烟风柜、轴流风机等排烟设备，实现基地内生活清洁用能。

3）能源互联网指挥中心：在基地内 5G 通信基站、数据中心站、储能站（低压换流站）等 17 个设备上都安装了智能感知终端，并在基地布置了 4 个信号采集柜，实时采集设备运行的数据并上传到综合能源平台。在基地办公用房一楼建设了丽泽能源互联网指挥中心，部署了丽泽能源互联网平台，一方面通过对接综合能源平台，实时监测和协同管控基地设备运行状态，实现“多站融合”，形成冷热电多能供应、源网荷储纵向协同、交直流平滑转换、风光储充优化运行的智慧综合能源系统；另一方面，对接丽泽商务区电力客户的智能楼宇系统，或在客户侧部署综合能源智能感知终端，打造丽泽能源互联网示范区。

三、商业模式

北京丽泽商务区综合能源示范项目建成后，一方面通过数据服务、5G 通信服务、光储充和冷热能源供应服务等实现经济收益，另一方面有效改善北京市丽泽商务区的网络通信基础设施，极大提升区域绿色能源占比，形成可复制、推广合作典范。

（1） 能源供应模式。为客户提供冷热源供应服务，获得供冷供暖费用。

（2） 租赁+售电模式。数据中心站、5G 基站为客户提供设施租赁和电力供应服务，获得租赁和电费收入。

（3） 充电服务模式。充电站为客户提供充电服务，获得电费和服务费收入。

（4） 发电模式。光伏站自发自用全额消纳，提供数据中心和充电站使用，降低全站用能成本。

（5） 峰谷价差获利模式。储能站按照电网峰谷电价充放电获得价差收益，降低场站整体运营成本。

四、项目亮点

本项目综合不同类型园区客户需求，通过建设“多站融合”的能源基础设施，搭建“多能耦合”的能源供给系统，打造“多元合作”综合能源支撑体系，形成“多站融合、多能耦合、多元合作”的园区类客户综合能源业务拓展新模式。

国网（北京）综合能源服务有限公司投资建设运营的北京丽泽商务区综合能源示范基地，通过“双新双高”，即通过合作模式创新、能源技术创新，提供高标准的能源供应服务，满足高标准的能源消费需求。

依托丽泽商务区综合能源服务示范项目，辐射整个丽泽金融商务区，通过大数据和地区集控中心综合能源管控，推动整个区域综合能源业务发展和能源结构优化，成为首都开展综合能源应用实践的典型案例。

公司介绍

国网（北京）综合能源服务有限公司是国网北京市电力公司为落实国家电网有限公司整体工作部署，于 2018 年通过内部企业重组整合的专业支撑单位。2020 年底与国网综合能源服务集团有限公司建立资本纽带关系，实现公司按新模式运行。

公司已取得高新技术企业认定。拥有电力工程施工总承包三级、城市及道路照明工程承包二级、建筑机电安装工程专业承包三级、建筑工程施工总承包三级、承装（修、试）电力设施许可五级资质。主要业务涵盖“能源托管服务、能效管理服务、多能供应服务、新能源应用服务”4 大类、20 项服务产品。2020 年，国网（北京）综合能源服务有限公司在北京地区已组建了 16 个综合能源服务事业部，推动各个行政区域内的综合能源业务发展。

医院综合能效服务示范引领工程项目

国网福建综合能源服务有限公司
孙俊敏　邱　添　郭　为

一、背景需求

2017—2019 年，国务院办公厅陆续发布《关于建立现代医院管理制度的指导意见》《关于开展建立健全现代医院管理制度试点的通知》《关于加强三级公立医院绩效考核工作的意见》，明确需要健全后勤管理制度，探索医院“后勤一站式”服务模式，推进后勤服务社会化。就医院后勤安全生产工作、推进节能降耗工作、降低万元收入能耗支出也出台了相关指南和意见，并将其纳入绩效考核。

二、案例简介

南平市建阳第一医院成立于 1949 年，1997 年被评为二甲综合医院，是福建中医药大学教学医院、福建医科大学附属协和医院。医院改造前缺乏用电计量统计系统，仅在高压进线侧安装计量仪表进行电能计量，其低压配电、分科室及重点能耗设备均无用电计量器具，现有电表需要人工抄表，无法实现用电实时在线计量监测。

分析建阳第一医院存在问题：① 能源形式多样，需要加强精细化管理；② 人员密集，服务品质要求高；③ 设备设施庞杂，维护及管理不易；④ 缺乏信息化支持管理，难度大且效率有待提升。

建阳第一医院外景图

三、技术方案

国网福建综合能源服务有限公司针对建阳第一医院用能现状，采用能源托管形式，开展LED照明改造、热泵机组变频改造、建设机电设备综合监控系统、实施运维托管服务。通过控制系统实现能源设备的自动控制，自动化、信息化程度有质的提升。通过逻辑控制、系统联动、群控等多种控制策略，降低能源消耗。通过自动控制、一键控制、系统自主运行，降低现场运维人员的工作强度。通过变配电智能运维服务，实现设备安全预警—信息推送—故障处理—闭环反馈—结果评价的全流程数字化管理，实现对院区照明系统、中央空调系统、生活热水系统、电梯等的更新、升级和改造，使其运行更高效、控制更精细、安全程度更高。

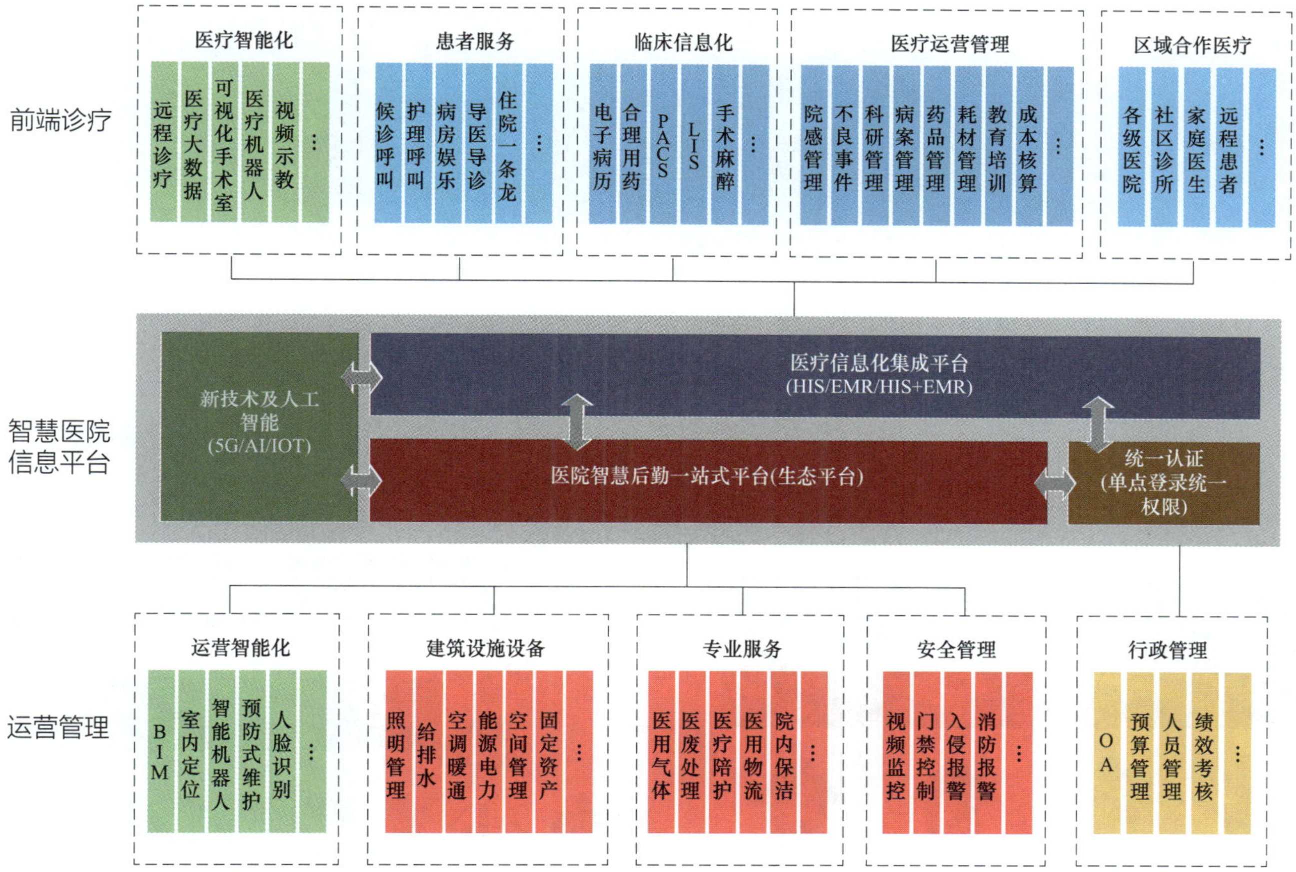

智慧医院架构

四、商业模式和项目收益

建阳第一医院开展“智慧能源管理平台+节能技改+能源托管”的综合能源改造后，医院的运维成本和管理成本持续下降。

（1）安全效益：供配电系统预防性维护，保障动力系统运行，安全运行零事故。

（2）经济效益：该项目服务期限为6年，每年托管费用311万元，通过管理和技术节能改造，每年节约电量约30.70万kWh，年节约电费22.4万元，预计3.5年回收项目投资。

（3）管理效益：通过主动预防式巡检服务，有效地减少医护人员的报修工单数达20%，减少了故障修复完成时间达15%，临床满意度明显提升。

（4）增值效益：建阳第一医院获得2019年“国家级节能示范单位”称号。

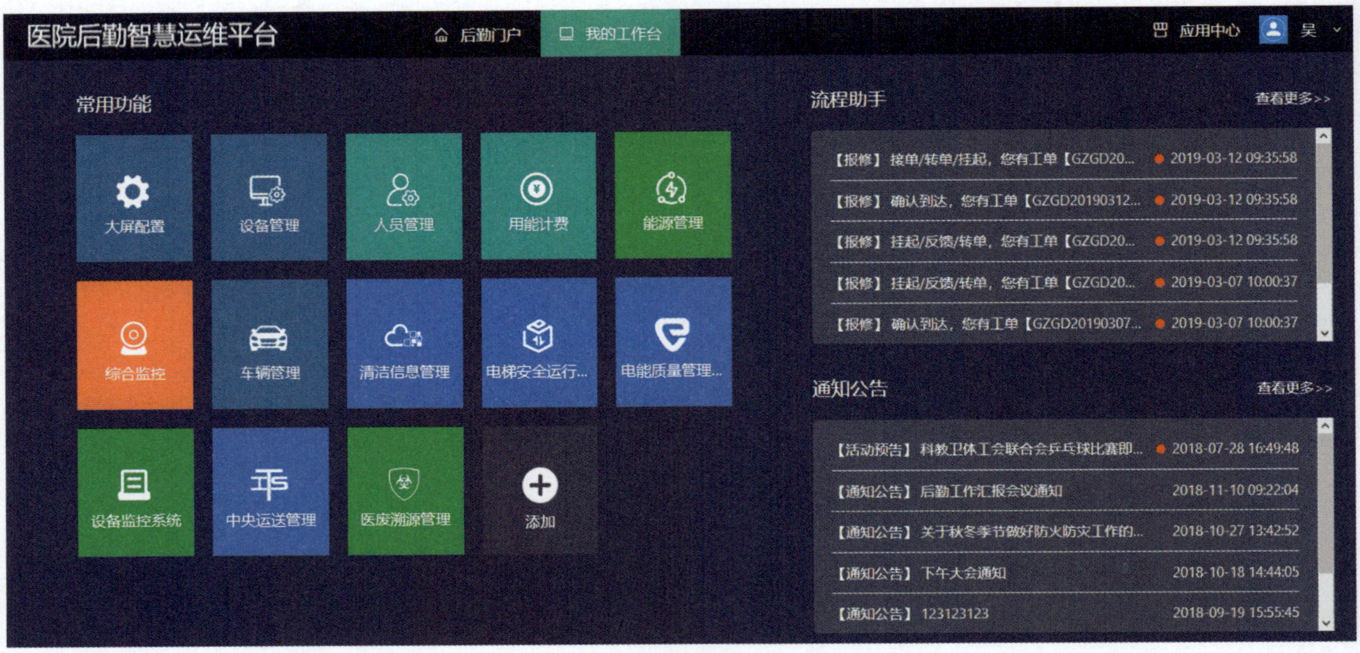

医院后勤能源管控平台

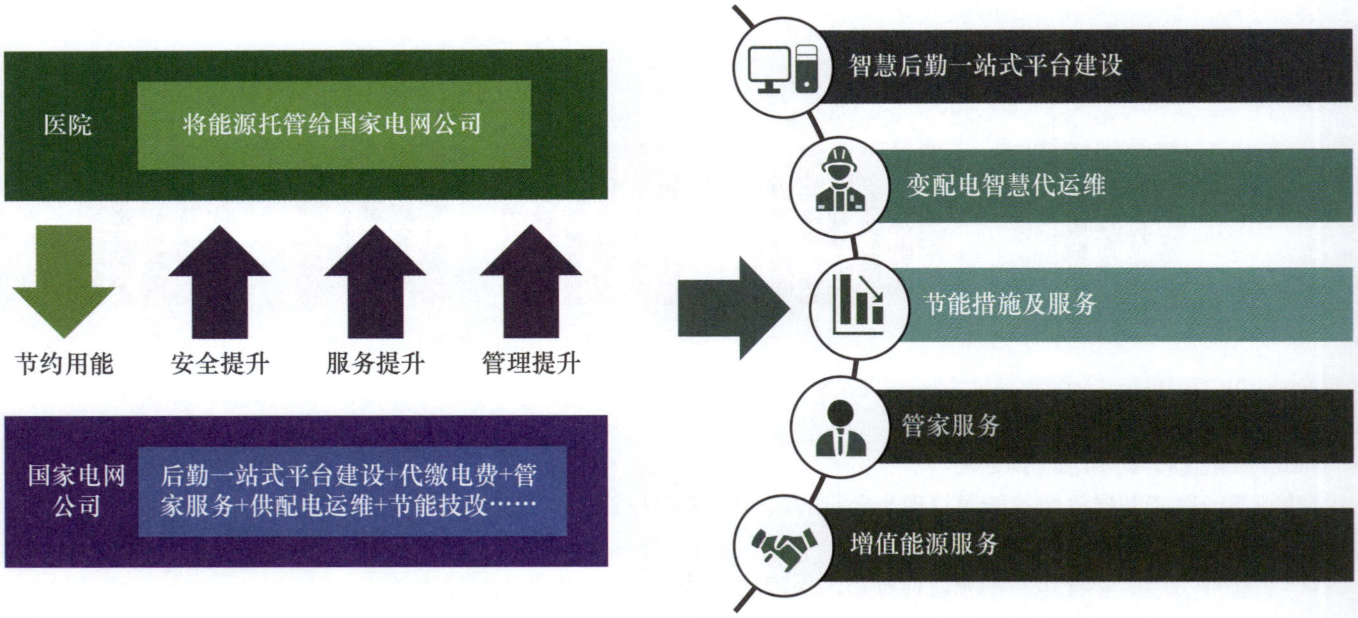

医院能源托管服务方案内容

五、项目亮点

以“智慧后勤一站式平台建设+综合能源服务”的能源托管服务模式，为医疗行业提供“一站式”高效安全的能源解决方案，具备在全省、全国推广价值。具体包括：

（1）一站式管理中心：向管理者提供及时、有效、全面、深入的管理分析工具，支持根据安全、财务、服务、品质业务维度展示报表，定期输出多维度管理报告。

（2）一站式运维中心：将全部能源业务纳入管家的管理范畴，可以及时查看相关业务告警信息，由管家托管各个管理职能部门的日常管理工作。

（3）一站式客服中心：面向综合能源用户的所有业务需求，建立一套统一入口、统一接单、统一跟踪和反馈的服务机制，形成闭环的服务管理体系。

通过智慧后勤一站式平台建设可以缓解医院财政投资不足，减少医院运营成本，同时将先进的节能技术及商业模式引入医院，提高其综合实力。对资金稳定、风险较小、能源需求旺盛的医院进行电能托管，实现规模效应、体制无障碍、现金流稳定、可复制等优势，是开展综合能源服务的理想对象。能源托管的目标客户群体涵盖节能潜力大、客户数量多的商业综合体、政府机关、机场、医院、学校、酒店、数据中心等客户及系统内办公场所。

公司介绍

国网福建综合能源服务有限公司为国家电网全资三级子公司，注册资金 20 100 万元。经营范围包括：综合能源服务；新能源、分布式能源项目投资、建设和运营服务；供水供热供气的项目投资、建设和运营服务；能源设备、设施维护服务；电力技术服务；合同能源管理服务；应用软件服务；工业节能服务；电力节能服务；建筑工程承包及工程服务；节能产品、电力产品的研发、销售、代购代销；售电；配电网投资、建设及运营。

平高通用电气智慧能源服务项目

平高集团综合能源服务公司
朱晨光　高　敏　刘　宁

一、案例简介

为助力实现“双碳”目标，平高集团综合能源服务公司在河南平高通用电气厂区开展综合能源示范项目建设，依托园区用能现状及能源设施，围绕电、冷、热、水等多种能源要素，在节能、绿色、互联、感知、运维等领域开展能源物联网建设；通过部署智慧能源管控平台，实现园区能源数字化、现代化、可视化管理，助力“智慧工厂”建设。

本项目响应“新基建”政策，围绕“物联网+综合能源”，打造智能物联的厂区综合能源系统；构建以电为中心，清洁高效、智能互动、开放共享的现代能源消费体系；实现平高集团自主综合能源新技术、新产品的示范应用；打造具有行业引领作用的综合能源示范基地和形象展示窗口。

平高通用电气厂区外景图

二、技术方案

本项目按照“1+1+6”综合能源方案开展规划设计，即 1 套园区综合能源智慧服务云系统、1 张高可靠的信息通信“数据管网”、6 类融合边缘计算功能的端级应用场景。项目包含智慧站房、智慧楼宇、智慧路灯、光储充微电网、变频节能、能源表计集抄、能源管控系统等元素，采集数据点 6500 余个。

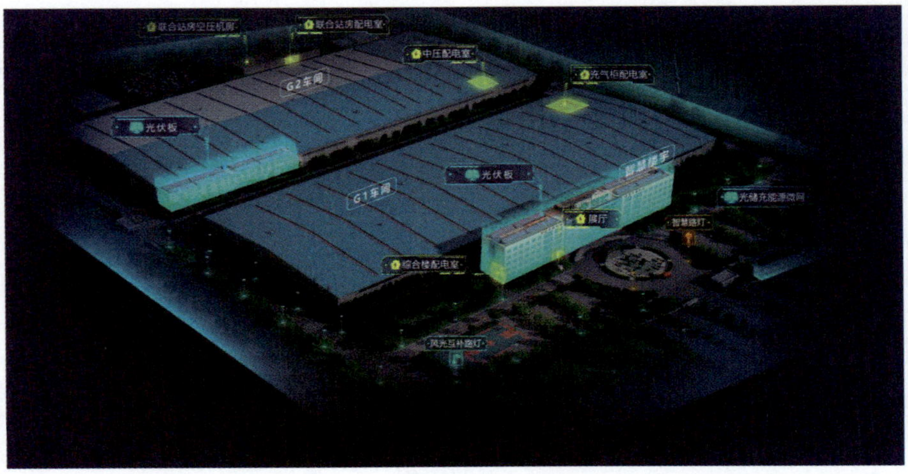

项目建设布局图

1. 综合能源管控平台

采用平高集团综合能源服务公司自主研发的综合能源管控平台，以数字技术和互联网理念，构建清洁、安全、可靠的智慧能源供应和保障体系，实现区域能源全局优化与能源互济调控，为用户提供全面、柔性、便捷的服务，实现人与能源系统的智能互动。系统采用“就地分散+区域集中”的分层逻辑，实现能源分层协同、分区自治、全局优化与能源互济调控，综合技术能力、经济预算、预期效益、用户需求等方面，涵盖能源监测、能源计量、源网荷储调控、资产运维、能源分析等功能。综合能源管控平台分为 5 个一级菜单、12 个二级菜单，满足园区对能源利用就地智慧管控的需求。

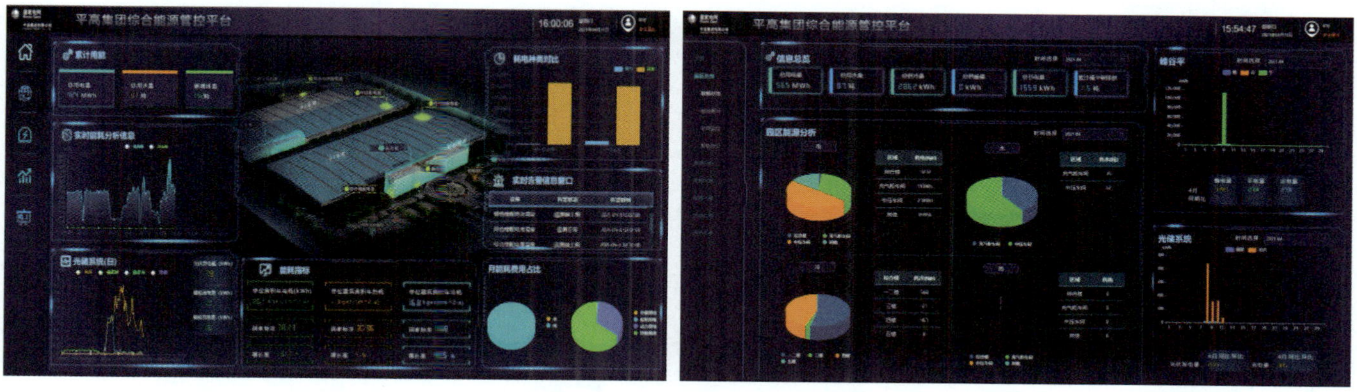

平高集团综合能源管控平台

2. 智慧配电站房

以实现配电站房数据全息感知为目标，针对通用电气厂区的 4 座配电室进行智慧化升级改造，实现站房内电气设备监测、室内环境监测、安防监测、视频监测、消防监测等功能。共安装温/湿度传感器 5 个、水浸传感器 5 个、门禁探测器 1 个、烟感报警器 5 个、人体红外线传感器 5 个、变压器无线温升探测器 7 套、分体空调控制器 1 个、视频高清枪机 2 台、数据采集箱 4 台、屏柜 1 面。创新点主要有：① 基于国家电网公司智慧物联体系典型场景设计；② 实现配电站房电气回路、站房环境、视频、安防、消防数据的全景监测；③ 对各现场数据统一管理联动，可实现精准状态运维。

智慧配电站房全景图

3. 智慧楼宇

以节能、舒适、智慧为出发点，针对综合办公楼的照明系统、暖通系统进行智能化控制和物联网通信改造。共计实施节能改造格栅灯 215 盏，LED 筒灯 34 盏，加装空调智能控制末端 226 处，光照传感器 17 个，智能网关 11 个。可实现楼宇温度、光照、灯具状态信息自动采集，通过园区能源管控系统实现节能优化控制。核心技术包括：① 综合运用 mesh、ZigBee、MQTT 物联网通信技术；② 暖通系统、照明系统的运行策略场景化设计；③ 实现源网荷互动，优化运行控制。经济效益：智慧楼宇暖通系统综合能效可提升 10%以上；智慧照明系统可节约用电量 20%以上。

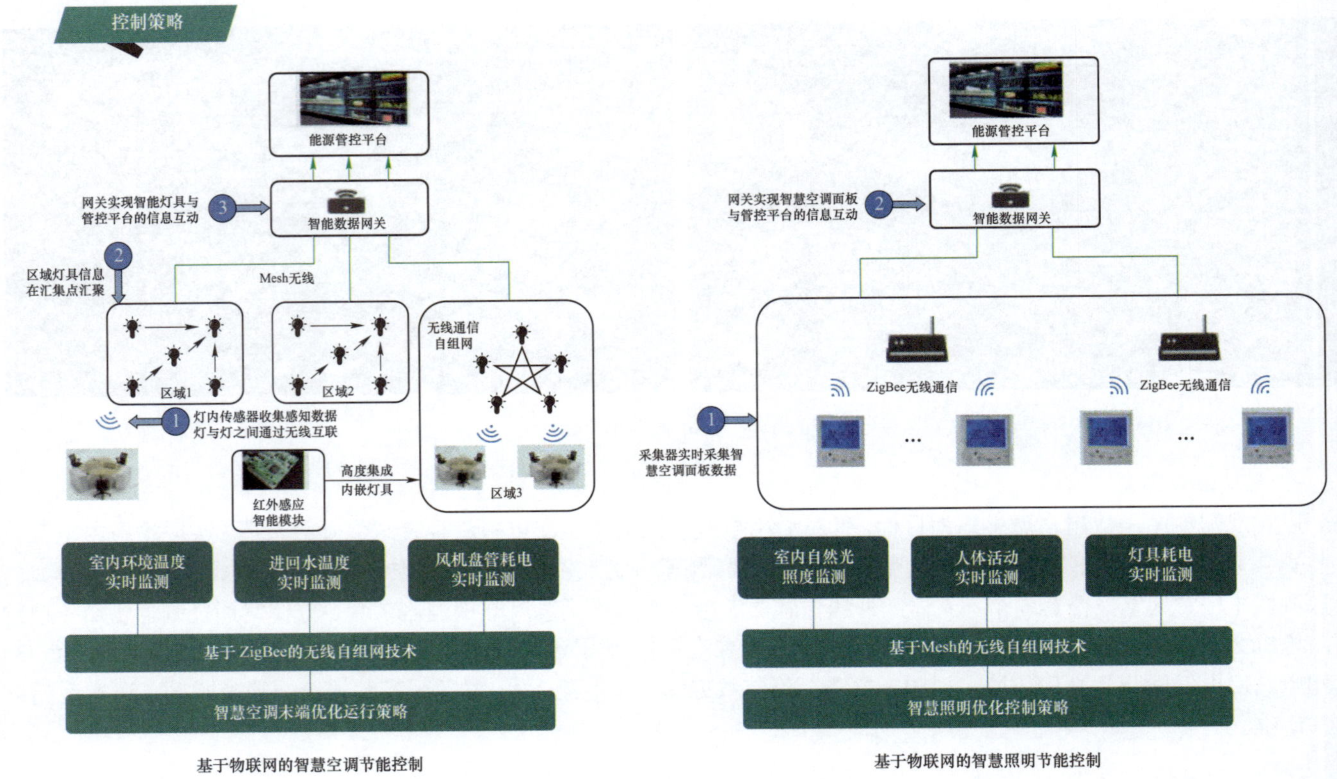

智能楼宇控制策略

4. 光储充微电网

在南门停车场建设光储充一体化车棚，在车棚顶部署 90kW 光伏发电系统，配套建设 50kW/ 100kWh 储能系统，在车棚及停车场部署 30 套电动自行车充电系统和 2 台 7kW 交流充电桩，就近接入综合楼配电室。

特点及效益：用模组化集成单元，合理配置分布式光伏、储能和充电设施容量，实现源荷储的有序能源流动和安全高效运行，能够平抑集中充电引起的电网负荷波动、提高可再生能源消纳比例，提高经济价值。

5. 智慧路灯

智慧路灯采用智慧物联网技术，实现照明、微基站、安防摄像、气象监测、充电、多媒体发布等功能一体化杆柱集成，使路灯成为智慧厂区信息采集和便捷服务的多功能信息终端。

特点及效益：功能场景化定制；一体化杆柱多功能集成；智慧物联网通信，数据兼容性强。

6. 空气压缩机变频节能改造

对两台空气压缩机组进行变频改造，加装 IR5300－90kW－Ⅱ 智能变频控制系统，使机组能够变频运行；同时，改造 $3m^3$ 碳钢储气罐，延长机组低频运行时间，降低能源损耗。

实施效果：① 节约能源。变频改造之后，空气压缩机会根据终端用气压力调节空压机转速，从而使产气量完全贴合实际用气量，减少卸载时间，实现能耗的降低。② 稳定气压。改造完成后，空气压缩机运行压力会保持在 7～7.2bar 之间，供气压力明显稳定，更有利于后端设备安全运行。同时，经过测试，压力每降低 1bar，将有效节约 7%

光储充微电网

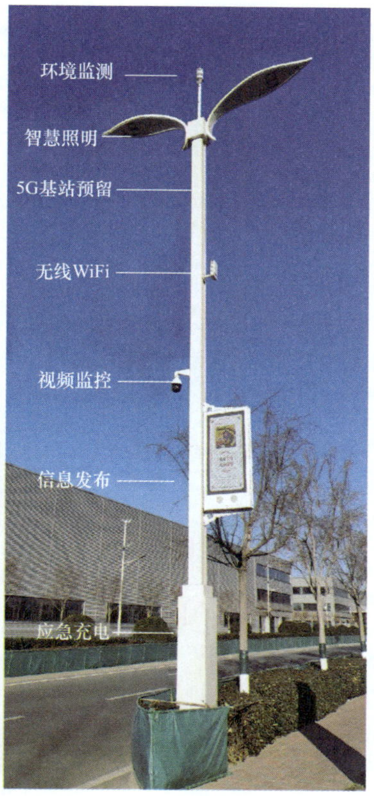

智慧路灯

的能源消耗。③ 实现软启动。改造之后，空气压缩机会从 0Hz 启动，从而实现真正的软启动，空气压缩机启动更平稳，对电网的冲击基本为零。

三、商业模式

项目采用合同能源管理模式。平高集团综合能源服务公司建设期间对项目进行融资、建设及相关服务，项目通过验收后，河南平高通用电气负责设备的运行、管理及维护，并按照协议和合同约定支付综合能源节能服务费用。

四、项目收益

本项目拥有三大显著效益。① 节能效益。通过节能改造降低能源消耗，通过规范用能行为降低能源浪费，多管齐下，保障项目节能收益达到最大值。② 管理效益。通过综合能源管控平台进行数字化、信息化、集约化管理，有效降低运维人工成本；通过精准预警告警，减少设备故障造成的生产经营损失；通过申报电网用电优惠政策和政府节能减排政策补贴，降低生产成本。③ 社会效益。提高能源利用率，助力“双碳”目标实现，提升社会效益。通过项目实施，预计年可节约电量约 21.6 万 kWh，相当于年减少标准煤 86.4t，减少碳排放 58.75t，减少 SO_2 排放约 6.5t。

五、项目亮点和经验总结

本项目拥有六大技术创新：① 微电网并离网实时切换。光储充能源微网与外部电网并离网自动控制，实时切换，保障系统稳定运行。② 冷热电能源物联网。实现园区冷、热、电能源物联；冷水机组、燃气锅炉运行状态在线监测，保障园区用能稳定。③ 能源节能技术应用。工业照明节能、空气压缩机变频节能等节能技术应用，有效降低园区能耗水平。④ 无线自组网通信。面向智慧楼宇、智慧配电房通信场景，实现 ZigBee、Mesh、LoraWAN 的无线自组网通信技术应用。⑤ 楼宇用能智慧化管控。智慧照明及智能空调系统建设，全面监测楼宇末端用能状态，优化用能行为，提升运营管理水平。⑥ 自主化产品示范应用。能源管控系统、综合能源智能终端、电力能效监测终端、充电桩等自主化产品应用，示范效益显著。

公司介绍

平高集团服务综合能源服务公司成立于 2017 年 2 月，以节能低碳、智慧物联、创新发展、服务用户为目标，专注于能源综合利用与互联融通，致力成为综合能源领域核心产品供应商、增值服务提供商、典型项目运营商及高端业务咨询商，为助力实现“双碳”目标做出积极成绩。

政务大厦合同能源管理建设项目

国网安徽综合能源服务有限公司
程 曦 林士明 李 雷

一、案例简介

安徽省政务大厦位于合肥市包河区马鞍山路 509 号，总建筑面积 66 229m²，常驻工作人员约 2000 余人。由 A 座、B 座、C 座三栋建筑物组成，2009 年投入使用。A 座是省人才服务中心，是政府为民提供就业服务的窗口；B 座是省直部分厅局办公大楼，省卫生厅等 16 家省直单位入驻；C 座是对外服务窗口，省直 40 多个厅局在窗口设立联合审批服务点，作为省政府为民服务窗口。省政务大厦有 1200 名干部职工办公，同时，每天约有 1500 名外来办事人员。省政务大厦设有职工食堂，日就餐人数约 600 人，主要用能以天然气为主。

安徽省政务大厦

1. 主要用能系统

政务大厦主要用能以电力为主，共有 2 座高压配电房，主要用能设备有 3 套冷源设备、2 套空调系统、21 台电梯、2 套水泵系统、36 台饮水设备、信息机房、办公及照明系统等，具体如下。

（1）变配电系统。共有 2 座变配电房，总供电能力 7000kVA。高压系统两路 10kV 供电，一用一备，当 10kV 侧 A 电源失压时，手动投切 B 电源，保证系统运行。配电设备为 6 台赛格迈干式变压器，其中 4 台 SGB10－1250 型、2 台 SGB10－1000 型。

（2）空调系统。冷源设备为 1 台约克螺杆机组及 2 台约克离心式机组。螺杆机单台额定制冷量为 1122kW（319RT），额定功率为 214kW，定频机组。离心机单台额定制冷量为 2461kW（700RT），额定功率为 461kW，变频机组。

空调系统配套循环水泵共计 10 台，其中冷却水泵 5 台，冷冻水泵 5 台。螺杆机配备冷冻水泵 2 台，单台水泵额定功率为 37kW，额定流量为 210T/h，额定扬程为 38m，采用一用一备形式。配有冷却水泵 2 台，单台水泵额定功率为 30kW，额定流量为 240T/h，额定扬程为 30m，采用一用一备。离心机配备冷冻水泵 3 台，单台水泵额定功率为 75kW，额定流量为 440t/h，额定扬程为 40m，采用两用一备形式。另配有冷却水泵 3 台，单台水泵额定功率为 75kW，额定流量为 540t/h，额定扬程为 32m，采用两用一备形式。

冷冻系统末端形式为风机盘管+新风系统或风柜机组+新风机组的形式。B 区及 A、C 区办公用房采用风机盘管+

新风系统，风机盘管安装有电动二通阀，风机盘管每层设总开关，人工手动调节，新风机组放置于新风机房。

（3）供暖系统。政务大厦对热量的需求仅为冬季供暖需求，无其他热量需求。冬季供暖热源为市政蒸汽，蒸汽压力为 0.6MPa，经过减压阀减压至 0.2MPa。经由汽水壳管式换热器，供应供暖热水。汽水壳管式换热器共有 2 组，每台配有 2 台热水循环泵，循环泵为变频泵，一用一备。单台循环泵额定功率为 15kW，额定流量为 114.8m^3/h，额定扬程为 34.7m，功率 15kW。冷凝水降温后直接通过污水泵排出。空调系统采用两管制，冬季供暖与夏季供冷共用空调输送水管。

（4）电梯系统。政务大厦大楼配备了 12 台客梯、8 台自动扶梯和 1 台消防电梯。

（5）照明系统。政务大厦大楼建筑设计及建造时充分考虑了采光要求，最大限度地利用自然光源。地下室自行车库采用太阳能灯具，各楼宇内办公室、会议室、大厅、走廊等均为高效节能灯具，总功率为 550kW。

（6）生活用水系统。大楼用水由市政自来水管网供应，公共用水设置专人负责，每天对供水系统进行日常维护，确保供水管线和用水设施漏失率低于 4%。

安徽省政务大厦内楼层热水和食堂热水均依靠柜式电热水器，楼道约计 32 台，厨房约 2 台，共 34 台电热水器，现工作状态为 24h 开启。

（7）可再生能源利用情况。2013 年在政务大厦 B 区安装了面积为 330m^2、总装机容量 30kWp 的光伏发电站，每年约可发电 3 万 kWh。大厦现有 9 个新能汽车充电桩，支持 7kW 慢充，6 台在地下车库，3 台在室外。外部分灯具为太阳能光伏路灯，总功率约 160W，年节电 5 万 kWh。

2. 用能统计

安徽省政务大厦日常运营消耗的能源为电力、自来水、天然气和蒸汽。每年消耗电力约 377.36 万 kWh，天然气约 5.23 万 m^3，蒸汽约 0.32 万 m^3，自来水约 3.51 万 t。

二、技术方案

为了达到综合能效提升目的，本项目进行了 8 大项节能改造，于 2020 年 8 月 1 日开工，2020 年 11 月 30 日竣工。

节能改造实施表

序号	分项	改造内容说明
1	综合能源与设施智能管控平台	构建物联网平台，建立综合能耗计量分析系统，智能管控主要机电设备包括电能、给水计量系统，变电站安全运营系统，中央空调系统，空调末端系统等
2	供配电间安全运营	安装温/湿度传感器、水浸烟感传感器、摄像机等设备，实现变电站实时监控运营
3	绿色照明	办公室、地下室、行政大厅、功能用房照明灯具更换
4	冷热源机房	对空调水泵进行变频控制改造
		增加能效平衡柜，通过室外气候温度、末端负荷变化实现空调机房全自动冷热量调节
		更换冷却塔填料，对塔体进行修缮加固
		增设气候补偿仪，通过室外气候温度、末端负荷变化实现蒸汽流量自动调节
		对集水器进行区域冷热量调节改造
5	空调末端	新增柜式空调机组智能控制柜，实现远程自动温度调节，降低末端及主机侧能耗
		更换风机盘管控制器，实现远程策略管控，降低末端及主机侧能耗
		新增分体空调智能控制器，实现对电梯机房温度安全监控
6	开水器	根据实际需求定时启停开水器，合理降低开水器待机功耗
7	食堂设备	增加储水式空气源热水系统，合理降低食堂电热水器能耗
8	数据机房	对数据机房落地玻璃进行贴膜，减少冷量流失

1. 项目实施效果

（1）综合能源与设施智能管控平台。综合能源与设施智能管控平台是政府机关智慧后勤建设的关键支撑平台，可以大大提高后期信息化管理的水平。

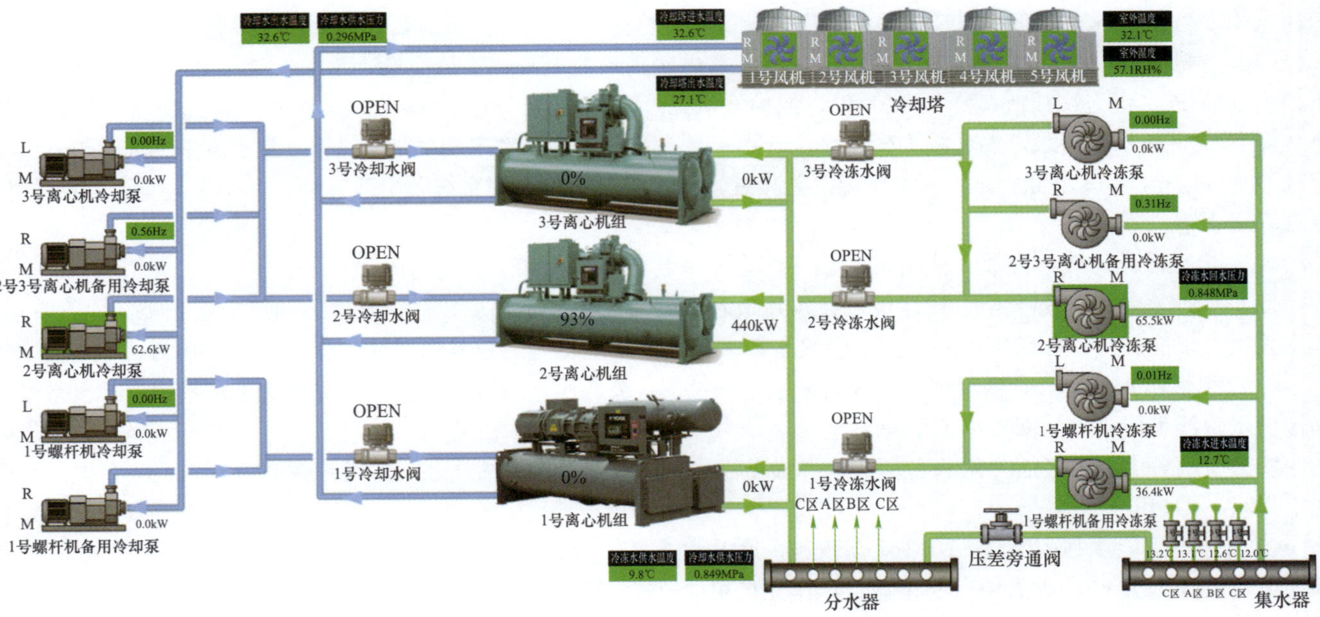

冷热源机房安全运营管控系统

（2）实现能效管理。能效管理包括 6 个子系统模块，即电能计量管理系统、给水管网计量管理系统、变电站安全运营管理系统、冷热源机房管控系统、空调末端集控管理系统和综合能效分析系统。将政务大厦内各楼栋用电纳入计量管理系统，政务大厦总进水纳入给水管网计量管理系统，将空调末端集控管理系统（风机盘管、分体空调、变风量风柜）、冷热源机房管控系统（制冷机组、供暖机组）和变电站安全运营管理系统一起纳入运营管理平台。

电能计量管理系统遵循国家相关导则的基本要求，同时结合实际情况，从建筑、部门、重点设施与场景三个维度进行计量监测，为机关能耗透明化和后续按部门定额管理提供基础数据。

给水管网计量管理系统可实时监视和采集用水管网的用水量，供能源监管中心及相关管理部门分析和决策使用，排查跑冒滴漏，提高工作效率，保障供水。

冷热源机房管控系统和空调末端集控管理系统对政务大厦所有的空调系统运行状态进行实时监测，与机关后勤管理无缝结合，最大限度保障重要设施和场景的安全智慧运行。同时系统采用先进可靠的管控技术，最大限度地节约运行能耗，降低政务大厦能源费用支出。

2. 建设内容

（1）建筑节能运营管理平台。在政务大厦数据中心内安装实体服务器和网络防火墙，安装综合能源与设施智能管控平台软件及相关子系统软件，6 个子系统模块，包括电能计量管理系统、给水管网计量管理系统、变电站安全运营管理系统、冷热源机房管控系统、空调末端集控管理系统和综合能效分析系统。

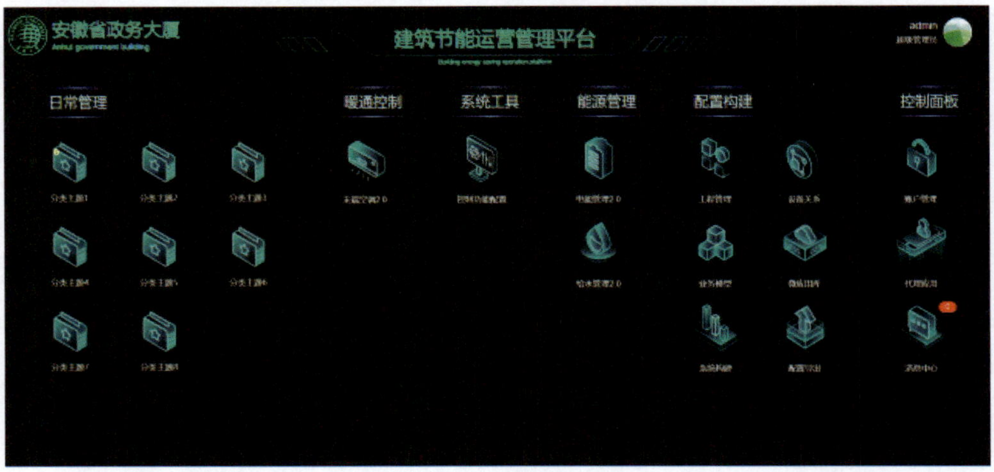

建筑节能运营管理平台

（2）电能计量管理系统。为了统计政务大厦各楼栋楼层及部分重点用能设备用电情况，在各楼层强电间加装三相互感表、单相直接表、对接三相电表。所有电表数据线经由弱电桥架敷设智能数据网关。网关数据通过办公内网上传至政务大厦数据机房能源监管平台。

（3）给水管网计量管理系统。分别在政务大厦市政总进水管路、食堂总用水、餐厨垃圾处理站用水管路加装远程智能水表。完善了水管网监测管理需求，加强了水管网的安全运行和对跑冒滴漏的排查水平。

（4）变电站安全运营管理系统。在政务大厦的变电站内安装水浸传感器、烟感传感器、视频摄像机、液晶壁挂式温/湿度变送器和视频硬盘录像机，同时将变电站变压器次总面板表进行数据对接上传电能计量系统，将变电站低压侧次总的电力参数和环境参数进行实时监测，同时在变电站安装监控显示器，与变电站运维人员实时联动，最大限度保证变电站的供电安全。

（5）冷热源机房管控系统。将政务大厦空调水系统的循环水泵改造成变频控制水泵，通过安装温度传感器、压力传感器、室外温/湿度传感器、集水器支管控制阀、气候补偿仪等设备，经过能效平衡柜，建立冷热源机房群控系统，通过相应传感器的动态数据，实现制冷机组、冷冻泵、冷却泵、冷却塔风机、各类电动阀门等主要执行设备随气候温/湿度及用户侧实际需求动态联动运行，实现各执行设备通过统一集控系统智能的自动启停及调节转速或温度，同时对政务大厦 C 区楼顶冷却塔进行填料更换、塔体修缮等工作，上述综合改造后，使冷热源机房设备运营实现节能降耗的目的。

（6）空调末端集控管理系统。将政务大厦办公室风机盘管温控器计、公共区域变风量风柜计、电梯机房计分体空调等空调末端纳入集控管理，有效提升管理水平，且通过策略管理达到节能效果。现场安装智能数据网关、智能温控器、风柜智能控制柜、分体空调控制器。

（7）综合能效分析系统。该系统在电能计量管理系统、给水管网监测系统等建设的基础上，通过对水、电等分类能源进行综合分析构建形成，并且通过对各建筑分类、能耗分项、建筑楼宇等能源数据进行同比、环比、KPI 对照、分类排序等方式，实现对机关单位建筑能源数据的综合分析，为后期能源管理决策提供充分的数据支撑。

三、商业模式和项目收益

本项目采用合同能源管理（能源托管）模式。项目由国网安徽综合能源服务有限公司投资建设，经测算，每年至少节约 10%的能源费用，多余节约费用为国网安徽综合能源服务有限公司收益；政务大厦每年支付国网安徽综合能源服务有限公司往年能源费用的 95%，可节约 5%能源费用支出。项目托管期为 6 年，期满后全部资产移交给政务大厦。

公司介绍

国网安徽综合能源服务有限公司成立于 2011 年，注册资本金 2 亿元人民币，属地支撑机构遍及安徽省 16 个市 59 个县。作为国家电网公司在安徽省设立的唯一综合能源服务业务专业机构，致力于为客户提供涵盖电、冷、热、气（汽）、水等能源领域的规划、设计、咨询、建设、投资、运营、代维、托管等全寿命周期一揽子服务。

国网安徽综合能源服务有限公司先后取得国家发展改革委和财政部备案节能公司、安徽省第三方节能量审核机构、工信部电力需求侧管理评价单位、安徽省发展和改革委员会固定资产投资项目节能评估单位、建筑机电工程专业承包、输变电工程专业承包、售电准入、电力工程设计和电力承装修试等资质，所实施项目多次得国家财政奖励。

北京市房山区分布式电供暖智慧化集群管理项目

北京京能燕开综合能源服务有限公司
刘国斌　段建军

一、背景需求

2016 年，为贯彻落实国家《大气污染防治行动计划》和《北京市 2013—2017 年清洁空气行动计划》，进一步改善大气空气质量，减少雾霾，清煤降碳目标，北京市制定了总减排目标，各区县都实施了污染物排放总量控制，将二氧化硫、氮氧化物、颗粒物和挥发性有机物排放进行总量控制；确定于 2017 年基本淘汰远郊区平原地区 10 蒸吨及以下和建成区 35 蒸吨及以下燃煤锅炉。朝阳区、海淀区、石景山区和南部四区平原地区实现基本“无煤化”。

房山区教委于 2016 年供暖开始前完成对所属区域内各校燃煤锅炉供暖的清洁能源改造，在该年度供暖开始后要全部采用清洁能源供暖，以保证房山区节能减排目标的任务顺利完成。

二、案例简介

房山区教委 2016 年度供暖清洁能源改造项目涉及 70 所学校，总建筑面积为 35 万 m^2，包括幼儿园、中小学和成人技术学校等，所有项目均为改造项目，内容包括燃煤锅炉改造和电力增容，项目分布在山区和平原，位置分散且没有集中热网，供暖情况比较复杂，据历年供暖统计年消耗燃煤约 3 万 t。项目设计为电清洁能源替代，采用智慧化集群管理模式，于 2016 年 11 月 15 日前正式供暖，项目投资总金额为 1.2 亿元。

本项目全部采用电能替代，即采用清洁能源电能替代原有燃煤锅炉，热源主要采用低谷电固体蓄热装置和低温空气源热泵作为热源，以智慧化集群管理模式，远程控制结合人工巡检的方式进行运营，采用清洁能源电能作为供暖能源，技术路线因地制宜。

本项目包含 70 个子项目，其中低谷电固体蓄热 61 个项目，低温空气源热泵 9 个项目。项目主设备及配套供电设施共计有 90 余台（套），最终于 2016 年 11 月 15 日全部实现正常供暖。

项目施工——设备安装阶段

三、技术方案

该项目热源以固体蓄热装置供暖为主，辅助以低温空气源热泵，固体蓄热项目面积为 1000～50 000m^2，空气源热泵项目面积为 1000m^2 以下。系统采用直供系统，用固体蓄热设备或者空气源热泵代替原燃煤锅炉。

低谷电固体蓄热设备——电热蓄能炉是集加热、储能、热交换及电控技术于一体的高科技产品。它将夜晚电网闲置的低谷电转换成热能储存起来，白天通过交换装置全天连续释放热能，可以完全替代燃煤、燃气、燃油锅炉等，使用过程中可实现污染物的零排放，是供热领域环保升级换代产品。本项目固体蓄热设备根据不同需要，分别采用 380V 和 10kV 电压等级的设备，其中采用 380V 设备的有 57 个项目，采用 10kV 设备的有 4 个项目。

空气源热泵是一种利用空气作为低温热源来制取高温热源的设备，空气源热泵通过消耗部分电能，把空气中的热量转移到水中制取热水的设备。它不仅是一种国家推广的节能产品，也是一种清洁的供暖方式，而且可以降低供暖成本。在项目运行阶段，我们也针对项目实际情况，对蓄热供暖和空气源热泵供热两种形式互补进行了实际的探索，取得了宝贵的经验和完整的运行数据积累。

项目施工——电力设备施工阶段

项目中应用的空气源热泵

低谷电固体蓄热设备——电热蓄能炉

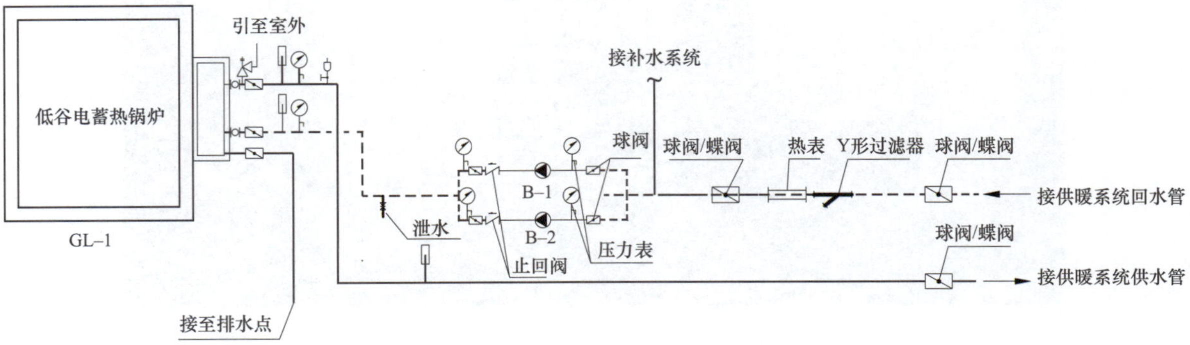

低谷电蓄热锅炉运行系统示意图

由于子项目众多且分散，为了减少后期运维难度，引用智慧化集群管理理念，采用物联网技术，项目控制系统配置了远程智能监控平台，对全部项目的设备参数、供暖参数、电力参数和设备运行状况实时监控，真正实现了机房无人值守；各项目末端配备了温度监控设备，根据末端温度实时调整供暖温度，保证供暖温度的准确性，在保证供暖效果的情况下实现节能，并配置了室外温度补偿系统，自动调节供暖温度。

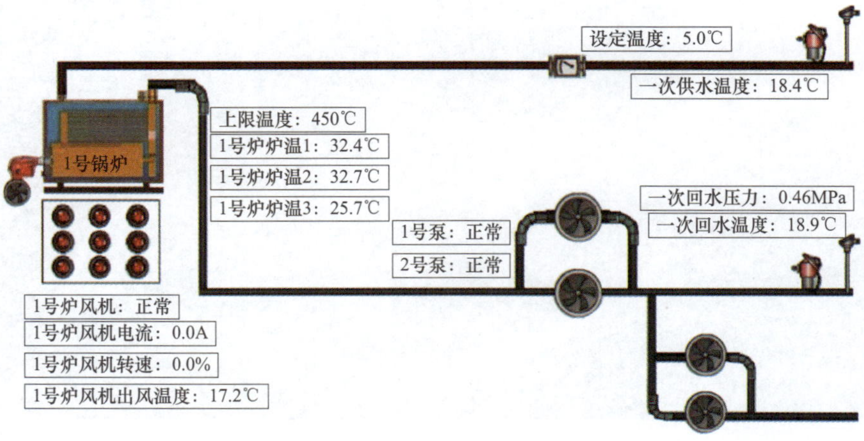

远程智能监控平台示意图

四、商业模式

项目采用 BOT 模式建设。北京京能燕开综合能源服务有限公司投资并负责建设和运营，房山区教委购买供暖服务，运营周期 20 年，运营结束后全部资产移交给房山区教委。据实际运行数据测算，项目投资回收期约 8 年。

五、项目收益

项目实现约 3.5 万 kW 的高峰用电负荷转移，每年可以消纳冬季低谷电量 3000 万 kWh，真正实现降低成本、移峰填谷的目标。

根据综合测算，项目可每年减少房山区燃煤消耗约 3 万 t，减少二氧化碳排放 7.5 万 t，减少二氧化硫排放 700t，减少氮氧化物排放 220t，减排飞灰 6000t，减少炭渣 8000t，减排烟气量 30 万 t。

六、项目亮点和经验总结

项目子项目多，分布广，供暖情况复杂，对固体蓄热装置和低温空气源热泵在北方供暖有很好的实践作用，对不同气候、地理条件下的不同用暖需求有很好借鉴价值，为清洁能源替代燃煤供暖起到了很好的示范作用，并且对电网移峰填谷有重要参考意义。

项目采用远程智能监控平台，监控系统软件通过动态热网监控系统画面，实时监测热网运行状态；通过对运行参数设定，达到与自动系统进行交互从而实现热网的自动控制功能；通过多种丰富的历史曲线及报表为监控提供有力的依据；通过报警系统确保整个热网系统的安全运行。同时还具备负荷预测、能耗对比分析等功能。

项目采用电力作为供暖能源，采用低谷电蓄热技术和热泵技术，低成本、高能效、零排放地解决了能源供应问题，为清洁能源供暖做出了重要的探索。

公司介绍

北京京能燕开综合能源服务有限公司为京能集团下属混合所有制企业，是注册于中关村北京高端制造业基地的国家高新技术企业。专业致力于可再生能源、电储能技术、储能介质的开发、利用和推广，同时向客户提供综合能源服务项目的规划、设计、投资、建设及运营服务等全产业链服务。

北京京能燕开综合能源服务有限公司成立以来，已开发的绿色能源应用项目共涉及近 100 家单位和地区，可为县市区、各类园区、企事业单位等提供投资、建设、运营全方位的综合能源服务。

绿色低碳雄安高铁站片区综合能源服务典型案例

国网雄安综合能源服务有限公司
赵 鹏 史 洋 罗晓东

一、案例简介

1. 背景需求

雄安新区具备丰富的地热、光伏、污水余热等可再生能源，外来电力以可再生清洁能源为主，充分保障雄安用能需求，新区适宜探索建设清洁、低碳的多元化供能模式，形成协同互补的智慧能源体系。新区的能源发展方向自规划阶段就以近零碳为主要目标，可以更有效地从城市级能源层面入手，支撑我国“双碳”目标的实现。

随着“四纵四横”高铁路网提前建成，“八纵八横”路网的加密成型，一方面，中铁电气局等头部企业主要精力聚焦于牵引系统等铁路传统系统，在能源服务领域尚未形成国内领先的核心技术。另一方面，铁路工程体量巨大，市场准入门槛高，大量传统的中小综合能源服务企业难以参与其中。国家电网公司充分了解行业规则、运作模式及铁路用能特点，凭借能源央企品牌效应，积极开发京雄高铁综合能源服务项目。

国网雄安综合能源服务有限公司作为国家电网公司布局在雄安新区的综合能源企业，业务聚焦于轨道交通综合能源服务领域整体解决方案，充分理解高铁行业客户需求，以雄安高铁站为基础，在四个方面量身打造能源利用解决方案。

（1）光伏发电方面，高铁站屋顶面积大、载荷强、产权清晰，满足开展光伏发电建设的基本条件，目前雄安高铁站实际利用率不高，有很大的市场空间。

（2）能源管理方面，仍以区间、站所独立管控为主，缺乏全线综合能源管控体系，缺乏能耗整体分析与能源调度等系统功能，不利于提质增效。

（3）能源种类优化利用方面，能源站路网可使用的能源种类较多，如何保障供能安全、优化能源结构、科学调度多种能源，是必须面对的问题。

（4）雄安新区着力打造绿色低碳及智慧交通体系，开展“互联网+交通运输”新业态的应用，构建以电动汽车、新能源汽车为主的公交车、出租车体系。国网雄安综合能源服务有限公司依托雄安高铁站城市交通枢纽功能，打造了雄安站停车场（CEC）绿色出行充电站工程。

2. 基本信息

雄安高速铁路有限公司投资建设的雄安高铁站是雄安新区新地标，雄安站 2020 年 12 月 27 日投入使用，建筑面积 47.52 万 m^2，高 47.2m，屋顶面积 16 万 m^2。雄安高铁站位于雄县昝岗镇，是京津冀地区路网性的主客站、交通枢纽站。站房主要用电负荷为站房的动力照明用电及配套设施用电，包括电梯、客服信息、车站旅服、车场配套等生产生活用电。根据雄安站站址位置及规划效果图，雄安站站房南北两侧为铁路线路，东西两侧为站前广场，无高大建筑物遮挡，建设条件较好。

高铁站屋顶光伏实景

针对铁路企业客户痛点，基于统一的软硬件平台开发了围绕铁路全线的综合能源服务系统，促进高铁片区绿色发展。一是充分利用国网销售渠道，率先对接客户需求，与知名头部企业合作，加强技术研发团队交流，拓宽产品营销渠道。二是依托牵引动力所需变电站的便捷供电，服务延伸到铁路沿线其他能源的服务，依托地、市、县的供电公司，能够覆盖铁路全线各区域的能源服务。三是整体解决方案避免了各分系统建设带来的重复投资问题，规模化的应用推广进一步摊薄了开发成本，可有效降低成本 20%。

3. 建设内容

按照综合能源业态特点，国网雄安综合能源服务有限公司从设计方案阶段就与高铁公司对接，涉及四个重点领域，一是全力打造“水滴上的明珠”——雄安高铁站屋顶光伏精品工程，二是依托城市智慧能源管控系统（CIEMS），建设“铁路线网上的能源大脑”——京雄铁路全线能源管理系统，三是跨界突破做好高铁片区供热（冷）建设运营管理服务，四是谋划“三网融合下的充电网络”——建设高铁 CEC 充电桩。同时补充智慧路灯、直流生态应用场景等内容。最终以能源互联网为核心，打造高铁站片区低碳精品示范工程。

京雄铁路全线能源管理系统

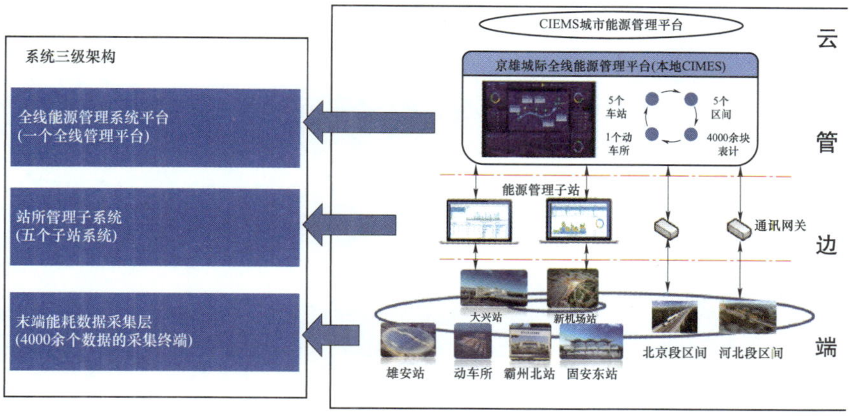

全线能源管理架构

（1）依托站房屋顶光伏和智能充电设施打造站房级绿色能源供应体系。为了实现光伏电站精细化管理与运营，依托智慧管控平台打造了包含光伏电站概览、能源监测、能源服务、能源分析等功能的光伏 BIM 可视化运维监控系统。

（2）依托全线能源管理系统的建设，实现铁路全线能源的灵活调配。京雄全线能源管理系统从 2020 年 6 月 25 日启动，12 月 25 日投入运行，实现了能源单点管理到全线管控新的突破。系统采用三级架构，自上而下依次为：全线能源管理系统平台（系统管理层）、站所管理子系统（子站及区间管理层）、末端能耗数据采集，第四层是云端。系统涵盖北京、河北段全线 6 个站房（大兴站、新机场站、固安东站、霸州北站、雄安站、动车所）和 5 个区间段 4000 多个能源数据的采集、分析处理。

（3）采用多元主体、多供应区、多能源服务模式，打造高铁沿线片区级多能供应体系。高铁站片区供热（冷）建设运营管理服务项目由雄安集团基础建设有限公司投资，共建设 3 座综合能源站、1 座监控中心、24.6km 一级供热管网及 51 座热力站，集中供暖面积 751.68 万 m^2，集中供冷面积 148.38 万 m^2。

（4）提供集全线管理、功能模式、经营服务于一体的围绕轨道全线的综合能源服务整体解决方案。雄安站配套停车场（CEC）是雄安站交通组织的重要构成部分，共有 804 个停车位。国网雄安综合能源服务有限公司成功取得北侧停车场公交车位、社会车位配套充电设施建设、运营权。一期在公交车位建设 10 个 160kW 直流充电桩，社会车位建设 1 个 V2G 充电桩、5 个 120kW 直流充电桩、4 个 7kW 交流充电桩；二期在公交车位建设 10 个 160kW 直流充电桩，社会车位建设 1 套 S2G（1 机 12 枪）、1 个无线充电、1 个数字货币充电桩。

二、技术方案

1. 总体技术路线

（1）光伏项目电站概览模块，通过对高铁站屋顶光伏 BIM 建模，以三维可视化的形式，直观呈现电站发电量、发电时长、累计收益、系统效率、社会效益等重要信息。能源监测模块，基于三维立体场景，实现三维设备及数据的联动，以信息牌的形式展示气象站、光伏组串、逆变器以及变压器的实时监控信息及告警信息。能源服务模块，实时了解电站异常信息，实现故障研判、精准定位和智能派单，有效降低运维成本，提升光伏电站管理水平和经济效益。

（2）全线能源管理系统重点解决铁路系统能源管理存在单站孤立管理，数据不透明，无法实现全线精确的分类、分户、分项计量等问题；数据采集涵盖站、线、段的水、电、油、冷、热，通过分层一体化管控，满足能源数据的采集和统计要求，更好地服务全线能源管理。

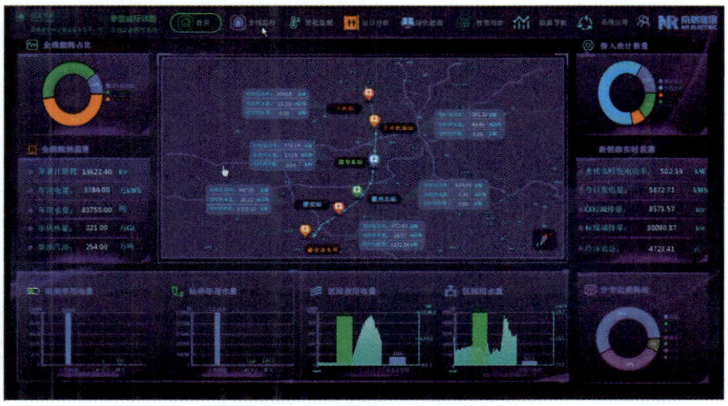

全线能源管理系统界面

系统包含了全线监控、智能监测、运行分析、绿色能源、智慧用能、能源导航六大模块。横向“水、电、冷、热、油”多能一体化，纵向“线、段、站”分层管控。全线监控聚焦全线实时数据监测，智能监测聚焦全线仪表实现电能表、水表、热量表的监测、统计、查询、智能诊断功能，运行分析聚焦全线设备，实现水泵、风机、暖通空调等关键设备关键参数的运行优化，实现全线能效的综合指导，绿色能源聚焦全线能源结构，绿电组成、光伏、充电桩等新能源形式比例及社会效益，实现全线能源社会效益分析，智慧用能聚焦能耗统计分析、对标，梳理能源流向，实现全线用能的合理引导和对标考核。

（3）国网雄安综合能源服务有限公司组建联合体，于 2020 年 7 月 7 日成功中标高铁能源站建设运营管理服务项目，项目服务期为 7 个采暖季，实现了国家电网公司在雄安新区供热（冷）领域业务的跨界突破。高铁片区 1 号能源站是保障高铁主站房 2020—2021 年供暖的一级综合能源站，也是新区第一个投入使用综合能源站，现已经完成首个供暖季保障工作。

（4）高铁 CEC 充电站作为“交通网、信息网、能源网三网融合”下的智慧充电网络，以充电桩作为能源互联网的智能载体，通过“大云物移智”等新技术，协助电网削峰填谷，为绿色交通出行提供动力源泉。

为实现充电站智慧、可视化运营管理，建设了充电桩运营管理平台，实时监控充电全过程数据，多层次、多维度、全方位呈现充电站运营情况，为站内运营人员、电动汽车充电用户提供优质服务。高铁站 CEC 充电桩支持电动公交车即插即充、无感充电，实现车、桩、网的互联与高效互动，为公交用户提供简单、便捷、可靠的全新充电体验。

能源站效果图

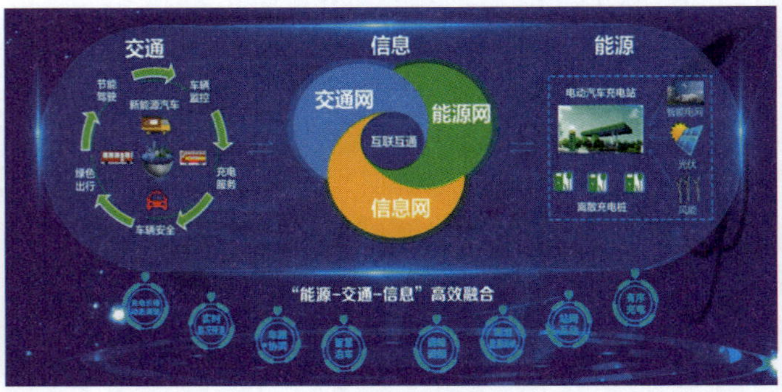

充电桩系统功能

2. 实现功能

（1）屋顶光伏三维可视化系统以光伏设备信息为核心，以大数据分析为手段，有效解决了光伏电站预警能力差、故障研判时间长问题。为了实现电站全生命周期高效运行管控，开发了能源分析模块。通过灰尘分析功能，自动分析各逆变器下组串灰尘累积率，综合考虑灰尘损失，指导电站清洗策略。通过阴影分析可识别不同类型阴影，评估阴影损失；结合光伏组件材料、使用年限、区域环境等因素构建光伏发电衰减曲线，深度挖掘衰减原因。通过逆变器停机损失及停机时长分析，快速发现故障逆变器，针对实际情况给出处理建议。通过指标分析，对发电时长、系统故障数量、系统效率按时间维度纵向对比分析，从而指导电站安全可靠运行。

（2）在全体量、多维度采集电、热、水等能源数据及关键设备参数的基础上，开发了能源导航模块，实现数据增值，透过数据分析看到车站的实时动态及全线能耗的组成、能耗总量和能耗趋势，实现全线看能源；采用站－段－线的三级分析，实现车站用能排名、呈现各级关键指标，实现各级看能源；通过表计健康状况和历史趋势，以及全线各站的告警数量和告警等级，开展对标管理，判断全线的管理水平，实现能源看管理；依托车站总能耗、单位面积能耗、单位人流能耗等指标的变化，初步了解雄安城市人流、能流的增减，记录雄安发展轨迹，实现“能源看雄安”。最后，系统展现京雄全线绿色电力能源占比、京雄高铁屋顶光伏发电量等实时信息，以及二氧化碳减排等社会效益，实现电气交通绿色化，实现“能源看社会”。

（3）先期投运的 1 号能源站项目主要具备以下三个特点：一是以天然气作为供能保障能源，因地制宜利用浅层地热、绿电、余热等可再生能源，供能方式包括燃气锅炉（供热）、燃气三联供（发电、供热、供冷）、浅层地温+水蓄能（供热、供冷）和电锅炉+固体蓄热（供热）。二是能源站为地下布置，分为两层，基坑深 21m，有效利用了地下空间，采用管廊敷设方式，节约城市用地，方便设施的维护和检修。三是建立全系统可视化数字信息模型，设立热网监控中心，分析多热源热网的压力、流量、温度、压降以及热负荷等数据，对运行工况进行诊断与分析，提供在线优化运行决策，保证热网安全、高效、智慧运行。

（4）依托高铁站智慧出行，把传统充电站拓展为“充放电+配套服务”商业运营模式，融合 V2G、S2G、无线充电等三大核心功能，丰富数字货币应用场景，打造多模充电、多模支付场景，辅以智能充放电、车网智能互动等增值服务，探索“1+3+X”充电服务生态，支撑新区智能高效交通需求及“90/80”（绿色交通出行比例 90%，公共交通占机动化出行 80%）出行目标。

三、商业模式和项目收益

1. 商业模式

（1）模式创新。根据项目四个方面不同侧重点，采用能源托管、合同能源管理、能源运营等多种商务服务模式。投资上，利用 BOT、BT、EPC、项目公司运作等模式。

（2）服务费用。屋顶光伏收取售电费用，智能充电站收取充电服务费，能源站收取供热、供冷费用，全线能源管理收取运维费用。

（3）数据增值。已投运的系统积累了高铁站片区的大量能源实际运行数据，可进一步挖掘数据价值，凭借数据增值服务提升利润。

2. 项目收益

屋顶光伏发电输出绿色电力，能源就地消纳、高效利用、清洁低碳，打造了光伏 BIM 可视化运维监控系统。累计发电 427 万 kWh，就地消纳比例超过 80%。每年可节约标煤约 1800t，相应减少二氧化碳排放 4500t，相当于植树 12 万 m^2。

全线能源管理解决了铁路系统能源管理存在的单站孤立管理问题，实现全线精确的分类、分户、分项计量。全线一体化建设较分站建设节省投资 370 万元，实现了高铁建筑整体能耗的实时监测和细致化管理。

能源站实现多能协同供应和能源综合梯级利用，成立了全系统可视化数字信息模型与热网监控中心。综合能源利用率超 70%，降低线损 6%～7%，年均收入 1826 万元。实现多级综合能源供应，清洁低碳、多能互补、安全高效，体现国家电网公司能源央企的责任担当。

智能充电站配套建设充电桩运营管理平台，为站内运营人员、电动汽车充电用户提供优质服务。日均充电次数 117 次，日充电量 5991.59kWh，平均日服务费收益 3594.95 元。打造了绿色低碳及智慧交通体系，协助电网削峰填谷，为绿色交通出行提供动力源泉。

四、项目亮点和经验总结

（1）在高铁站房建设屋顶光伏，可就地消纳绿色清洁能源。采用建筑一体化设计理念，基于 BIM 技术，严格确保组件发电效率。创新组件安装方式，解决了屋顶曲面弧度大等难题，实现光伏组件与站房建筑的有机融合。使用了灰尘分析、阴影分析、衰减分析等技术，实现三维可视化及光伏电站精细化管理与运营。改变了传统高铁区间、站所独立管控模式，通过分层一体化管控，满足能源数据的采集和统计要求，减少重复投资。

（2）高效运营综合监控事前预测、事中控制、事后分析优化设备运行方案，提高设备效率，加强计划管理。对全线能源消耗的分类、分户、分相在线计量，自动向用能单位上报相应能耗数据，满足铁路各级节能管理的需要。能源调度使用了站房设备的优化控制、管网平衡分析、站间协调调度等关键技术，促进高铁站能源系统的绿色高效运营及区域能源的闭环管理。多能互补以电能作为供能保障能源，因地制宜利用可再生能源，利用了多能互补、云端智慧调控等技术对高铁站房进行清洁能源供应。

（3）统筹开发、互补利用传统能源和新能源，优化多能供应形式，布局建设一体化集成供能基础设施，实现多能协同供应和能源综合梯级利用。增强能源供需协调能力，推动能源清洁生产和就近消纳，提高能源系统综合效率，打造片区级多能供应体系典范。

（4）创新多能互补体制机制与商业模式，引入社会资本，提出能源供应业务“央企+国企+民企”合作体系及“能源托管+合同能源管理+能源运营”能源服务模式。

（5）引入社会资本，创新合作模式，把传统充电站拓展为“充电+放电+配套服务”商业运营模式。支持灵活多样充电，使用了直流充电桩、交流充电桩、V2G 充电桩、S2G 充电桩，支持无线充电及数字货币充电技术。充电桩支持电动公交车即插即充、无感充电，实现“双机并充+单机双充”。可视化系统平台参与电网需求侧响应，将充电站作为可调节负荷参与电网互动，参与削峰填谷。

公司介绍

国网雄安综合能源服务有限公司经国家电网公司批复成立，2019 年 3 月 8 日完成工商注册，注册资本金 2 亿元，是国家电网公司在雄安新区设立的从事综合能源市场化业务的投资、建设和运营平台，旨在助力雄安新区建设，赋能新区智慧城市运营。

成都空港花田新兴用能示范项目

国网四川综合能源服务有限公司
邵　楠　刘　达　刘力玮

一、案例简介

1. 项目背景

在能源行业向绿色、低碳方向转型过程中，汽车行业通过向电动车转型助力实现碳中和，这就需要配套建设更多的充电设施，故国家大力鼓励企业加入充电桩新基建中去。在乡村振兴战略目标下，要实现百姓生态宜居，必须坚持绿色发展和生态环境优先战略，补齐农村公共设施和公共服务短板，大力投入农村水利、电力、道路、网络等公共基础设施，打造农民安居乐业的美丽家园。

基于以上“双碳”和乡村振兴的主旋律，国网四川综合能源服务公司依托国网四川省电力公司成都市双流供电分公司供区内丰富的客户资源，逐一走访排查，锁定空港花田景区所辖的元华社区。通过排查了解到，景区游客、社区居民乃至物流园区都急需一座大型充电站，来满足日常出行基本需求。而且景区内 90%面积以上均为绿植，是纯天然氧吧，为低碳奠定良好的基础。社区管理人员思路清晰，思想前卫，有强烈的清洁能源微网需求，追求绿色、环保、低碳，与国家战略目标高度一致，预想在社区内加入清洁能源因素，充分利用天然氧吧优势。国网四川综合能源服务公司致力于综合能源服务，在新兴用能方面有突出的专业能力，双方一拍即合，充分发挥各自优势，打造空港花田新兴用能项目。

2. 基本信息

双流空港花田位于机场跑道下降通道限高区域，横跨成都双流牧华路，采用“自然生态本底+熊猫农业景观+健康绿道风光”方式，大面积种植莜麦牧草形成“大地绿毯”，是游客观赏飞机的绝佳景区，日均游客 2 万人次，高峰期达 5 万人次。

景区所属元华社区，位于景区正门入口处，社区内有 200 余户居民。景区对面，是物流园区，已入驻菜鸟驿站、圆通速运、德邦物流等大型物流企业。据粗略统计，日均来往城市配送新能源货车达 500 余辆。

结合元华社区的实际情况，国网四川综合能源有限公司因地制宜为其配套新能源产业，包含光伏发电清洁能源、电动汽车充电站、“双碳”体验区等，打造绿色、低碳的生态微型能源网，助推乡村振兴。

二、技术方案

1. 整体架构

项目分为三个子项目，分别为电动汽车充电站、屋顶分布式光伏发电和“双碳”体验区。

（1）电动汽车充电站建设规模为新建 5 台 120kW 一体式一桩双枪充电机，该充电站是面向社会的集中式公共充电站，可同时为 10 辆车提供充电服务。

（2）光伏发电站选取合适的街边摊位的屋顶来布置光伏组件，预测发电容量约 26.88kW，年发电量约 2.71 万 kWh。

（3）双碳体验区预计在社区中心旁边设置二层框架结构，将景区内碳排放量，包括电动汽车减排量、光伏发电量、景区绿植吸收碳排量等数据展示出来，并设置一些小游戏、体验场景、展板介绍等。

下图所示为拟建充电站场地，场地左边即是车辆进出口，同时可满足社会车辆充电和社区、游客充电，非常便捷。同时，考虑充电场地至物流园区的便捷性，在社区内部设置指引牌，择优选择一条快速通道，满足物流配送车充电便捷，也不影响居民生活。

成都双流空港花田

2. 总体技术路线

电动汽车充电站、屋顶分布式光伏发电均有自己的运营管理平台，在每一个平台上设置数据接口，将电动汽车减排量、光伏发电量等数据传送至“双碳”体验区，景区内植被的碳吸收量也可计算出来，所有数据均可实现可视化数字化展示。

3. 实现功能说明

（1）电动汽车充电站可满足景区游客、社区居民和其他社会车辆充电需求，方便出行，同时可为社区带来经济收益，切合乡村振兴主题，这也是老百姓所期盼的收益来源。

（2）屋顶分布式光伏发电可直接供街边店铺照明、空调等使用，剩余电量直接上网结算，可以直接降低个体户用电成本，为社区带来清洁绿色的能源。

（3）“双碳”体验区可视化展示让用户深入感知和了解碳中和、碳排放，未来整个社区包含景区可参与碳交易，这部分预期也将实现经济收益。

三、商业模式和项目收益

1. 商业模式

以上三个子项目由国网四川综合能源有限公司和国网四川省电力公司成都市双流供电分公司共同投资。电动汽车充电站项目以充电服务费分成的商业模式与社区进行合作，作为社区的场地运营费。元华社区主要负责充电站场地的清洁卫生，疏导电动汽车用户充电，防止油车占位等日常的秩序管理。国网四川综合能源服务有限公司主要负责设备的运行维护以及日常的运营管理。屋顶式光伏发电直接供街边店铺照明、空调等使用降低用电电费，剩余电量通过上网售电获得收益。“双碳”体验区是非盈利性质的，起到示范展示作用。

电动汽车充电站

2. 项目收益

元华社区通过电动汽车充电站服务费分成获取收益，经测算，预期收益大于纯租地的收益，同时解决了社区居民充电难题。分布式光伏发电降低摊位商户的电费均价，可自发自用，甚至可以上网结算获得收益，实现一举多得。“双碳”体验区会让客户更加切身的感受国家的战略目标的意义，推动每一位公民助力“双碳”达标。

四、项目亮点和经验总结

本项目地处四川省成都市双流空港花田景区，有天然的绿植优势，国网四川综合能源服务有限公司因地制宜，通过多次沟通交流了解客户的需求，结合自己的擅长领域，制订出一套可行的综合能源服务方案。四川乃至全国还有许多和空港花田相似的景区，急需建设充电站，该项目有良好的示范价值。同时，在拥有更好的光照资源地区，推广分布式光伏发电带来的效益会更明显。“双碳”的宣传也是国有大型企业应该有的企业责任，让更多的人参与到双碳行动中来，早日达成碳达峰、碳中和目标，为子孙后代提供一个低碳绿色清洁的生活环境。

公司介绍

国网四川综合能源服务有限公司是国家电网有限公司在四川开展综合能源业务的窗口。重点以园区、工业企业、公共建筑等为对象，统筹运用售电、能源托管、新能源等多种技术，以市县供电公司为业务支撑，全面开展综合能源业务。

黑龙江综能智能运维监测中心项目

国网黑龙江综合能源服务有限公司
刘 畅 王 宇 董德天

一、背景需求

为落实国家能源安全发展“四个革命、一个合作”战略思想，助力“碳达峰、碳中和”战略目标，全力推进电力物联网高质量发展，国网黑龙江综合能源服务有限公司本着“人民电业为人民”的宗旨，“为美好生活充电 为美丽中国赋能”的使命，充分运用“平台+托管”的服务理念，依托智能运维平台、物联网、大数据和云计算等技术，形成“线上+线下”的能源托管服务模式，从而解决用户侧用能困扰。智能运维满足多元化市场需求，满足客户对用能规划、电能替代、智能运维监控等多元化托管服务生产需求，满足高质量服务需求，满足客户对能源托管服务的成本、安全、舒适、便捷、速度等方面存在的要求，为我国绿色低碳转型、为全球气候治理向前迈进注入了新动能。

二、案例简介

1. 客户基本信息和实施场所

智能运维监测中心坐落在黑龙江省哈尔滨市哈尔滨松北（深圳龙岗）科技创新产业园内，该监测中心于 2020 年初建成，监控大厅占地约 200m^2，投资约 500 万元，涉及大工业、食品加工业、水力发电、商场、酒店、办公楼、政府机关、系统变电站、数据中心、公交充电桩等企业。

2. 建设内容

黑龙江综能智能运维平台是基于最新的计算机技术、通信技术、数据采集技术，采用云计算方式，将智能网关采集的各类现场设备数据实时上传到云平台。在开展用户侧变配电设施全景信息监控平台后，用户可通过 7×24 小时实时监测用能数据及系统运行情况，通过线上提示，用户可第一时间发现故障，并有平台及时为用户提供诊断服务，通过用能月报，用户了解风险隐患，根据其需求亦可提供综合能源业务，做到一体化服务。

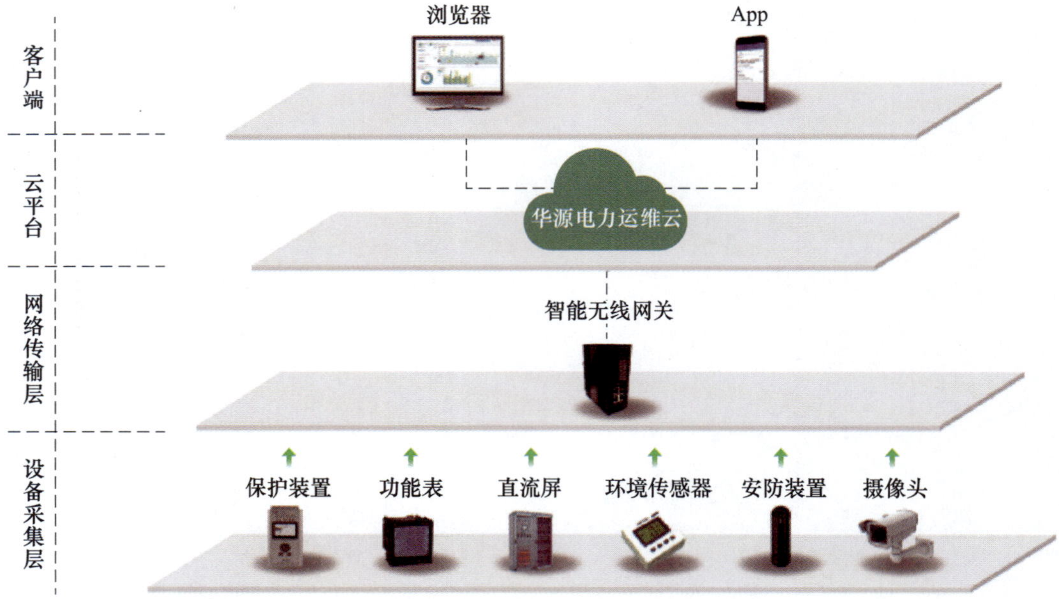

黑龙江综能智能运维平台系统架构图

3. 应用情况

截至 2021 年 7 月 31 日，黑龙江综能智能运维平台安全稳定运行 497 天，接入用户 20 家，共计使用智能网关 20 块，安装智能采集表共计 160 块，采集 1.9 万个变量；接入用户端智能采集表 68 块，采集 214 个变量。已为多家企业提供能效分析，并为部分企业提供了用能改进方案，预计能为企业节省用能费用 20%～30%。

三、技术方案

1. 黑龙江综能智能运维平台功能架构

系统完全遵循物联网分层分布式物理体系，即感知层、网络传输层、应用层，构建而成完全一体化的智慧管理平台系统。

黑龙江综能智能运维平台功能分为三层：底层为平台能力，这些能力不会对用户产生直接价值，但是其他应用的基础；第二层是基础应用，为一些行业相关性弱的应用，也即通用的基础应用；三是电力应用，包括能效分析、电能质量等专业应用。

2. 黑龙江综能智能运维平台物理架构

从物理架构上，整个平台分为四层。底层是各类传感器和仪表，上一层是物联网关，网关上层为云平台服务层，黑龙江综能智能运维平台之上是电脑手机或平板电脑（运行 Web 应用或 App 应用）。

3. 黑龙江综能智能运维平台主要功能

黑龙江综能智能运维平台包含实时监控、事件告警、数据分析、能源管理、电能质量、设备管理、运维管理、控制中心、可视化大屏。下面主要介绍实时监控和能源管理功能。

黑龙江综能智能运维平台实时监控

（1）实时监控功能。

1）自定义看板：该基于 Web 组态思想和 BI 技术，用户可在数分钟内设计一个专属的站点看板。平台提供了大量的可视化组件可供用户选择。

2）站点看板：通过图形化的方式直观呈现一段时间内的用能情况。内容包括用量、趋势、占比、排名等。

3）一次系统图：采用最新的 H5 技术，在平台上实现传统 SCADA 的监控效果，用户可通过浏览器和 App 随时查看实时动态画面。

4）视频监控：通过视频实现远程实时巡检、一键画面巡检功能。同时保证实时性、可追溯性和经济性。支持视频与告警联动。

5）告警类型管理：可针对站点或某个设备的变量进行设置，一个触发规则包含变量信息、告警类型、触发，在一个运维公司的所有站点中共享。即每一个运维公司，管理维护一份告警类型表。自带一些基本的告警类型。各运维公司，可根据业务需要，定义更多的告警类型。

6）告警触发配置：用户可自定义的告警类型，自定义的告警策略和告警参数。

（2）能源管理功能。

1）电能质量监测：监视谐波和三相不平衡等电能质量问题，实时告警。

2）用能统计：呈现一段时间内的用能情况。

黑龙江综能智能运维平台系统采用 SOA 平台化架构，底层服务平台化，包括数据访问、消息总线、安全、可视化技术等基础服务由平台层实现并封装，通过接口向上层应用开放。通过平台化将平台与应用进行分离，确保平台运行稳定、应用开发快捷。

四、业务模式

（1）线上服务：平台实时监测用户用能数据及系统运行情况，将用户侧的所有数据整合，系统通过对用电网络和设备实时监控和诊断，并生成数据报表反馈，确保用电系统安全的同时，又可将运维信息完善，提高用户的管理效率。

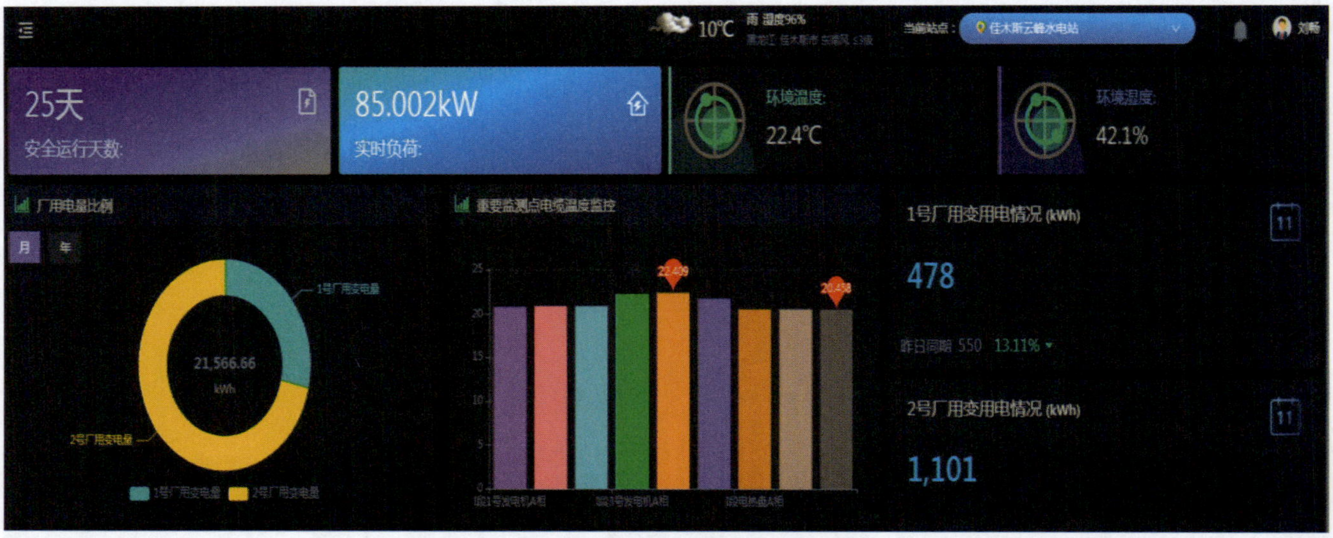

黑龙江综能智能运维平台温度监控图

（2）线上+线下代维服务：平台提供巡视、检修、试验、抢修、消缺等各类作业任务的线上管理功能，实现监控中心和运维作业班组的在线交互和流程闭环管理，同时结合线上实时监测、能源分析诊断等功能，依托专业化的团队、智能化的管理，构建“平台+专家团队”的运维服务支撑体系，从而为用户提高安全管理水平、降低人力成本、专业化用能指导、延长设备寿命、用能清晰合理、提高设备能源利用效率。

（3）能效分析及综合能源方案服务：利用对用户运营情况的数据采集，基于大数据技术，为用户提供用能审计、能源托管、综合能源方案设计等各项综合能源增值服务。

五、项目收益

1. 经济效益

智能电力运维平台的接入，相当于为用户安装上“最强大脑”，根据客户具体需求提供公用平台服务和定制化平台服务，用户可随时随地通过浏览器或 App 远程对设备进行监控管理，使用户的电力运维系统更高效，并为用户节省人工成本。目前，智能电力运维平台的推广使用，得到电力系统及社会用户的一致好评，直接为公司创造收益 150 万元，并通过定制化节能方案，间接为综合能源服务创收 256 万元。

2. 社会效益

政府当前大力倡导降低能耗指标和开展节能工程，电网企业要发挥自身的独特优势，强化网络互联互通，积极争取成为政府重点用能企业的能源监测平台的建设者，通过智能电力运维平台对重点用能单位进行能耗监测，加强数据分析与应用，确保平台成为准确可靠的能源计量器具。智能运维服务能够有效强化政府部门能源宏观管理和综合能源服务能力，促进能源行业企业协同创新发展，满足社会公众个性化能源服务需求，构建共建、共享、共赢的能源生态。

六、项目亮点和经验总结

黑龙江综能智能运维平台可以满足多元化市场需求，满足客户对用能规划、电能替代、智能运维监控等多元化托管服务生产需求，满足高质量服务需求，满足客户对能源托管服务的成本、安全、舒适、便捷、速度等方面存在的要求。黑龙江综能智能运维平台是黑龙江省国网运行的唯一“线上数据智能分析，线下设备一体运维”的综合能源服务平台。

公司介绍

国网黑龙江综合能源服务有限公司成立于2020年11月30日，注册资金8646万元，是一家集综合能源服务、能源交易、智能运维、水电生产于一体的综合能源服务公司，根据国家电网有限公司总体部署与国网综合能源集团有限公司建立资本纽带关系，转型为省级综合能源服务公司。

公司面向园区、医院、学校、工厂、行政机关办公楼、商业综合体、大数据中心等客户提供综合能效服务、“一站式”报装接电、电力设施承装、以电代煤、以电代油等服务。同时，还可以为客户提供线上用电信息实时监控、能效监测评估，线下设备运维及电动汽车充电等全方位智能服务。

泰州市第二人民医院能源托管项目

国网江苏综合能源服务有限公司
张海云　丁　强　周　强

一、背景需求

为积极贯彻落实习总书记关于能源“四个革命”和国家“走节约、清洁、安全的能源之路”的战略，适应能源供给侧改革和电力体制改革的新要求，江苏综合能源服务有限公司将公共建筑能源托管作为综合能源服务重要内容之一，提升用户综合能效的同时满足用户“节能改造零投入，能源费用零增加，管理水平上台阶”服务需求。能源托管项目的推广能够充分发挥电网公司品牌价值，对扩大综合能源服务市场、增加用户黏性、提升服务能力具有重要作用。

医院具有能源消耗大、能源类型多、安全和保障需求高等特点，节能降耗的同时，医院也关注用能安全性、供能保障可靠性和运维效率。因此能源费用、设备、人员、运行维保的全托管模式更有利于顶层管理系统的规划和医院供能、用能、设备的运维管理。泰州市第二人民医院建筑单位面积能耗逐年上升，整体能耗处于偏高水平，且当前能源管理系统不健全，建筑用能管理、分析和诊断存在较大困难，具有较大节能降耗空间和潜力。江苏综合能源服务有限公司采用国家倡导的能源费用托管型合同能源管理方式，利用最新能源及信息技术发展成果，推进泰州市第二人民医院建筑能效提升工作，实现楼宇单位能耗指标显著降低，以及能源利用高效化、清洁化、智能化、数字化。

二、案例简介

泰州市第二人民医院（原姜堰市人民医院）始建于 1950 年 4 月，是一所集医疗、急救、教学、科研、保健于一体的三级乙等综合医院及泰州市医教研中心之一。医院总规划土地面积 12 万 m^2，现院区占地面积 8 万 m^2，建筑面积 13.6 万 m^2。现拥有 16 层外科病房大楼、21 层内科病房大楼、12 层科研教学楼、现代化的门诊医技楼和急诊急救中心。医院核定床位 1490 张，实际开放床位 1297 张，在职职工 1528 人。

项目主要消耗能源包括电能、天然气、电厂蒸汽及自来水，用电部分包括空调、照明、电梯、办公设备等系统；天然气、电厂蒸汽主要用于锅炉供应蒸汽、生活热水以及冬季空调采暖。

泰州市第二人民医院

本项目实施范围包含泰州市第二人民医院供能系统改造及改造后系统的运行维护与设备维保，主要建设内容包括外科楼空调机房和热水机房改造、门诊楼空调机房改造、内科楼空调机房和热水机房改造以及医院的综合能效管控平台等几方面的综合节能改造。

三、技术方案

1. 空调冷热源机房改造

医院门急诊楼、医技楼及外科楼现有制冷机房内主要设备使用年限较长，主设备及动力系统能耗高、故障率高，存在安全隐患。管壳式汽水换热设备供暖时未做热回收、冷凝水排水温度高，存在极大的能源浪费。此外，各供能系统不具备根据末端负荷及室外气候变化自动调节出水温度功能，需要人为调节供回水温度；现场各循环泵仍然采用手动工频启动，系统整体能耗高。

针对医院门急诊楼、医技楼及外科病房楼的原有中央空调系统，本项目采用 9 台制冷量为 528kW 高效的水冷磁悬浮变频离心机组替换原有的老旧水冷螺杆机组，并更换配套的水泵、冷却塔等辅助设备，更换老旧的汽水板式换热器及相应的管道阀门控制系统。针对集中供能系统的水冷冷水主机及锅炉/板换系统进行群控改造，根据末端实际负荷调整主机运行策略，动态调整冬季采暖热水供水温度，降低系统运行能耗。

磁悬浮变频离心机组利用磁悬浮轴承技术替代常规轴承，压缩机采用永磁同步电机直接驱动转子，在不产生磨损且完全无油运行情况下实现高能效的制冷功能，可利用智能控制安全保护技术保证机组节能运行。磁悬浮离心机组制冷季运行综合能效较常规机组节能约 50%，可实现 2%～100%负荷连续智能调节，出水温度控制精度达±0.1℃。

空调冷热源机房

2. 生活热水系统改造

本项目生活热水集中供应区域主要为外科、内科两栋住院楼，采用汽－水换热包供应生活热水。外科楼生活热水换热设备 2002 年投入使用，设备老旧、保温层老化，存在大量热损失；内科楼生活热水设备较新，但是存在热水供水压力不稳定、供水温差变化大等问题，且汽水换热机房存在跑冒滴漏现象。

针对外科、内科两栋住院楼生活热水系统，采用 3 台蓄热式电锅炉替代汽水换热设备供应大楼生活热水，并配置相应的恒压变频供水设备。经测算，原系统加热生活热水需耗天然气 232 322m^3，改造后耗谷电 1 803 100kWh，节约费用约 33.6 万元。

3. 能源管理平台建设

根据泰州市第二人民医院实际管理及今后发展的需求，本项目投资建设了集医院能源监控、重点设施智能控制与运营、业务管理和决策支持等功能于一体的运营管理平台。

运营监测系统包括楼宇安全运行天数、当月用能统计、告警统计、主体建筑图、每日能耗趋势、用能 KPI 等总体概览数据。

电能计量管理系统可展示项目地图下各个建筑的点位和建筑的用电能耗信息，包括楼宇信息、用能信息、单位用能等，同时从不同维度给予建筑的能耗画面，便于操作人员针对重点耗电负载进行控制分析。

能效公示系统将结合用户建筑、部门、部门面积、部门人比方面，进行能耗指标公示，支持按月度、建筑、部门、面积、人比等各个维度进行排序。

冷热源机房管理系统主要功能是对主机、循环系统重点运行参数进行采集监测，一方面为运维人员对设备安全、可靠运行提供保障的工具，另一方面为管理人员对设备运行、人员工作提供信息透明，可监、可统、可管的工具。

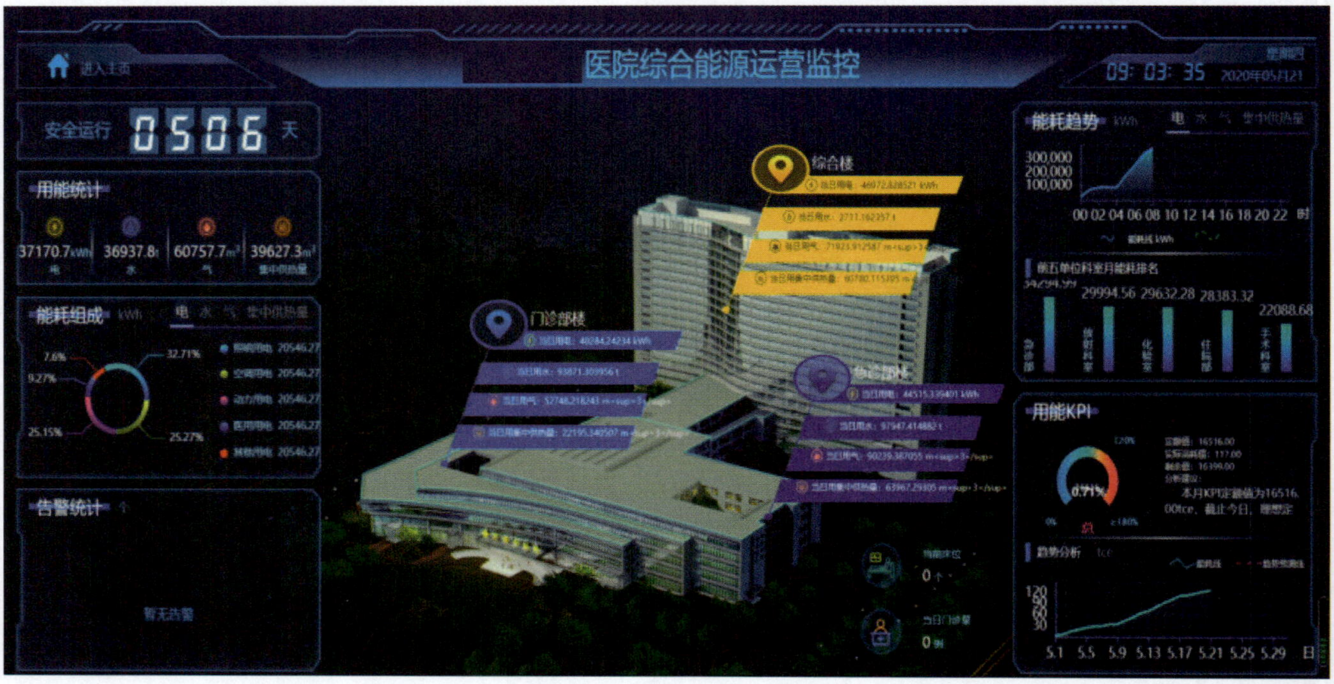

医院综合能源运营监控系统图

四、商业模式和项目收益

1. 商业模式

本项目采用能源费用托管型合同能源管理商业模式，托管期总计为 10 年，由国网江苏综合能源服务有限公司全额投资、负责项目改造及运营。

2. 项目收益

本次综合节能改造建设完成后，泰州市第二人民医院预计每年可减少平电电能约 72.23 万 kWh，增加低谷电能 180 万 kWh，节约天然气约 48.3 万 m^3。通过节能技改，医院每年预计可节约能源费用约 170 万元、节约标准煤约 318.23t，在建筑能效提升的同时提高医院的用能稳定性和安全性，经济效益与社会效益显著，整体来说，本项目具备较强的推广性。

五、项目亮点和经验总结

医院建筑内存在医疗办公人员及就医人员共同使用情况，因行业特殊性，用能需求较复杂，电、冷、热、热水、蒸汽需求均涵盖，且对能源供应安全性要求高于其他公共建筑。泰州市第二人民医院是江苏综合能源公司在医院领域实施能源托管的重要探索性项目，为医院领域的综合能源服务项目积累了丰富的经验。

（1）能源托管的服务范围涵盖能源规划咨询、方案设计、投资建设、运营维护等能源系统全生命周期。

（2）以技术节能为核心，利用磁悬浮高效节能技术、中央空调群控技术及峰谷电价政策，充分发挥各项技术优势，实现较高的系统综合能效和显著的节能经济效益。

（3）以管理节能为抓手，充分利用智慧能源管理平台做好能源系统设备运行维护和日常管理，有效提高医院的能源设备及运营管理水平。

公司介绍

国网江苏综合能源服务有限公司成立于2011年5月，位于江苏省南京市，是国网江苏省电力有限公司控股、国资委国企改革“双百行动”和国家发展改革委国企混改双试点单位。公司注册资本金6.13亿元，属地支撑机构遍及全省各地市。2020年营业收入45亿元，同比增长超过100%。目前，国网江苏综合能源服务有限公司是国家电网公司系统内规模最大、资质最全、业绩最优的省级综合能源服务企业。

公司以“践行能源革命，成就客户梦想”为服务宗旨，布局能源生产、能源消费、能源交易及能源平台经济四大业务板块，助力全社会综合能效水平不断提升，全力构建清洁低碳、安全高效的现代能源综合服务体系，努力建设具有卓越竞争力的能源服务领军平台企业。

靖安县中医院绿色智慧能源系统项目

国家电投集团数字科技有限公司
张从昕　袁　琳　周卓宏

一、背景需求

随着国家对节能减排的重视以及对新能源技术的支持，天然气分布式能源和光伏发电等技术已经在国内得到广泛应用。在新建或改造项目中，如有适当条件，应尽可能采用国家积极推广的天然气分布式能源、光伏发电、风力发电等清洁、高效的能源利用技术。

本项目供能对象为靖安县中医院，位于江西省宜春市靖安县，属于异地新建项目。医院全年具有稳定的冷、热、热水和电负荷需求，并对周边环境品质有较高要求。因此，能源利用形式宜采用清洁、高效、经济的能源利用技术，并结合多能互补高效绿色智慧能源系统。

二、案例简介

靖安县中医院始建于 1957 年，后几经调整更名，1979 年正式恢复为靖安县中医院。由于基础设施仍严重滞后，房屋陈旧老化、室内条件极其简陋，已不能满足病员需求。根据医院实际情况，从长远发展考虑，决定进行异地整体搬迁。新建院区地址位于环城南路，占地面积约 4 万 m^2。项目按照二级中医医院建设标准进行规划，项目一次规划，分期实施。

靖安县中医院异地新建项目从 2017 年起，预计 3～5 年，分两期新建一所建筑面积约 5.5 万 m^2，包括住院大楼、医技楼、门诊楼、行政综合楼、中医治疗中心、康养楼在内的中医医院。此项目得到省、市、县各级领导的关注和大力支持，住院楼、医技楼列为 2016 年中央预算内投资县级医院建设项目，并于 2017 年 6 月 15 日开工建设。

（1） 一期工程为住院楼、医技楼、门诊楼、行政综合楼，建筑面积 35 760.1m^2，其中地上建筑面积 32 888.2m^2，设置病床 300 张。

（2） 二期工程为中医治疗中心和康复楼，建筑面积 19 153.6m^2，其中地上建筑面积 13 272.9m^2，设置病床 300 张。

靖安县中医院作为现代化中医医院，有稳定的冷、热、热水、电和汽车充电桩等综合能源服务需求，非常适合采用基于天然气分布式能源、光伏发电、风力发电等在内的多能互补高效绿色智慧能源系统来满足自身的用能需求。

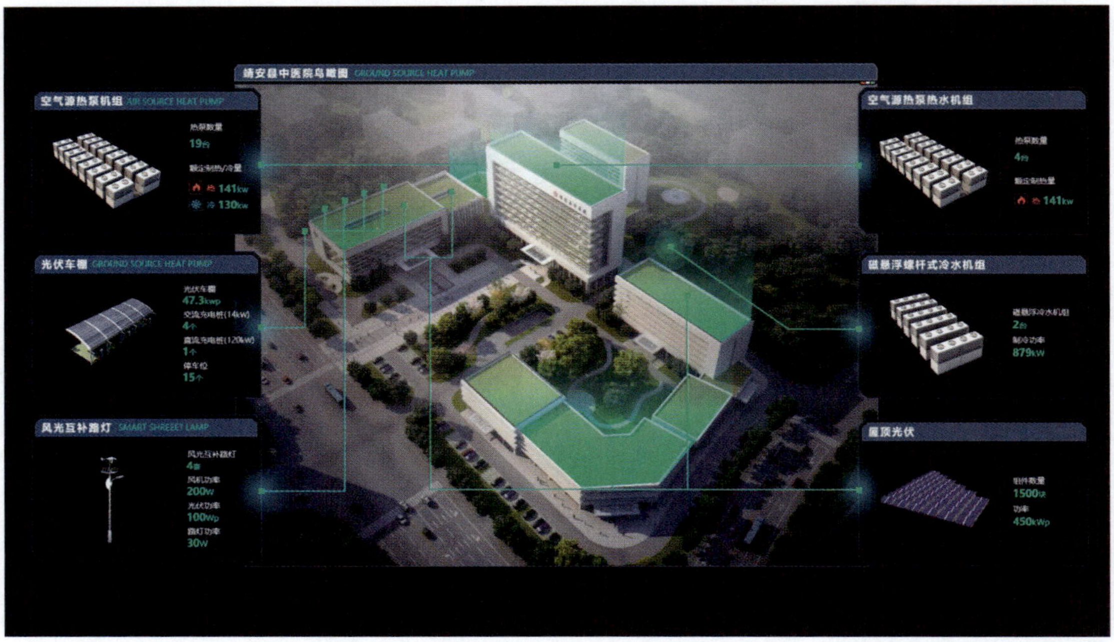

靖安县中医院效果图

三、技术方案

1. 设计依据

本项目采用绿色智慧能源系统，是以电力系统为核心与纽带，整合传统供能方式和新型能源技术，在综合考虑了区域或城市的各种能源的输入、生产、转化、传递、消耗、排放和输出等全过程后，构建的一个在结构、规模、效果和经济诸方面最优化、高度智能化、具有充分可实施性的区域能源体系。它以“创新、协调、绿色、开放、共享”发展理念为基础，用互联网的跨界思维和方法，通过一体化建设理念建设智慧能源系统，摒弃行业规划孤立封闭的传统模式，实行开放共享的创新发展模式。

2. 技术路线

本项目建设基于磁悬浮冷水机组、空气源热泵、屋顶光伏、光伏充电桩一体化车棚的多能互补高效绿色智慧能源系统，可与市电和常规供能系统一起，共同保障用户的用能需求。本项目设计冷负荷 3602kW、热负荷 2315kW。采用空气源热泵系统满足热负荷需求，主要由磁悬浮冷水机组供冷，在供冷不足时用空气源热泵机组进行补充。

冷热负荷依据医院分期建设情况，对项目冷热负荷分期预测如下表所示。

冷热负荷分期预测表

序号	不同功能	供能面积（m^2）	空调面积（m^2）	冷负荷指标（W/m^2）	冷负荷（kW）	热负荷指标（W/m^2）	热负荷（kW）
1	一期（住院、医技、门诊、综合）	32 888	27 955	108	3019	70	1957
2	使用系数	0.85					
	一期负荷	—	—	—	2566	—	1663
3	二期（医养、健康、中医）	13 273	11 282	108	1218	70	790
4	使用系数	0.85					
	二期负荷	—	—	—	1036	—	652
	合计	46 161			3602		2315

一期冷负荷 2566kW，热负荷 1663kW；二期冷负荷 1036kW，热负荷 652kW。

（1）一期：2 台磁悬浮螺杆式冷水机组（单台制冷量 879kW）、14 台空气源热泵机组（制冷量 130kW，制热量 140kW）、5 台空气源热泵热水机组（制热量 41kW）、1 台空气源热泵热水机组（制热量 19.2kW）、屋顶光伏 120kWp+光伏充电一体化车棚（47.3kWp 光伏、4 个 14kW 双枪交流充电桩、1 个 120kW 双枪直流充电桩、15 个停车位）、4 套风光互补路灯（单套风机额定功率 200W、光伏 100Wp、路灯 30W）、1 套绿色智慧能源管控与服务平台。

（2）二期：5 台空气源热泵机组（制冷量 130kW，制热量 140kW）、5 台空气源热泵热水机组（制热量 41kW）、屋顶光伏 330kWp。

本项目全年耗冷量 514.6 万 kWh，单位供能面积冷耗 111.5kWh/（m^2·a）；全年耗热量 205.9 万 kWh，单位供能面积热耗 44.6kWh/（m^2·a）；全年生活热水耗量约 0.81 万 t。

19 台空气源热泵总供热能力 2300kW，满足热负荷需求；空气源热泵总制冷量 2470kW，2 台磁悬浮冷水机组制冷量 1407kW，系统总供冷能力 3877kW，完全满足冷负荷需求；医院一期、二期生活热水负荷各约 400kW，采用空气源热水机组作为热源。生活热水系统内设置生活热水蓄热水箱，尖峰用水时段可以采用水箱+空气源热泵联合供热的方式，减少空气源热泵装机容量，则一、二期各自设置 2 台制热量 120kW 空气源热泵热水机组+蓄热水箱即可满足医院的生活热水需求。

（1）磁悬浮电制冷。

电制冷机组由压缩机、蒸发器、冷凝器、膨胀阀组成，采用蒸汽压缩式制冷循环的原理制取冷水。制冷系统由冷冻水系统、冷却水系统、制冷主机构成。制冷主机压缩机形式为离心式。

与传统冷水机组相比，磁悬浮冷水机组具有如下特点：磁悬浮机组无润滑油系统及机械传动摩擦，较常规机组可节省机械磨损维护及润滑油系统维护，一般较常规的冷水机组可节省运行费用 30%以上。

（2）空气源热泵系统选择。

空气源热泵机组区别于常规冷水机组，不但可以夏季制取冷水供冷，冬季还可以通过机组制冷剂管路切换制取热水供热。

在医院目前能源站用地紧张条件下，采用空气源热泵系统可有效解决能源站空间不足的问题。此外，空气源热泵系统投资低于磁悬浮冷水机组+燃气锅炉，供暖运行费用低于燃气锅炉，供冷可作为磁悬浮冷水机组的调峰。

（3）光伏组件设备选择。

本项目在医院住院楼（一期）、综合楼（一期）、医养康复（二期）建筑屋面布置屋顶光伏。其中，住院部屋面 1200m^2，综合楼屋面 700m^2，医养康复（二期）屋面 3000m^2，屋面合计面积约 4900m^2。采用光伏组件单片最大功率 410W（单晶），组件尺寸 2015mm×996mm，重量 22kg。考虑屋面遮挡及设备占用空间等因素预计屋顶光伏装机 450kWp。

（4）供生活热水设备的选择。

生活热水系统采用的设备包括：常规燃气真空锅炉、太阳能集热器、空气源热泵等。本项目充分考虑建筑可再生能源的利用、投资和运行成本，建议采用空气源热泵机组作为生活热水系统热源。

医院住院楼共有病床 300 张，医养康复楼共有病床 300 张。在热水定额 140L/（床·d），小时变化系数取 3.54，冷水供水温度 5℃，在设计温差 50℃条件下，得到医院住院部生活热水的设计小时耗热量为 389kW，医养康复中心生活热水负荷也为 389kW，合计 778kW。

（5）绿色智慧能源服务中心。

项目应用了能源物联网 AIOT 技术（物联感知、大数据、AI 计算）构建绿色智慧能源管控平台，实现多种能源实时监测、负荷预测、优化调度，降低运营成本，能效提升约 16%。

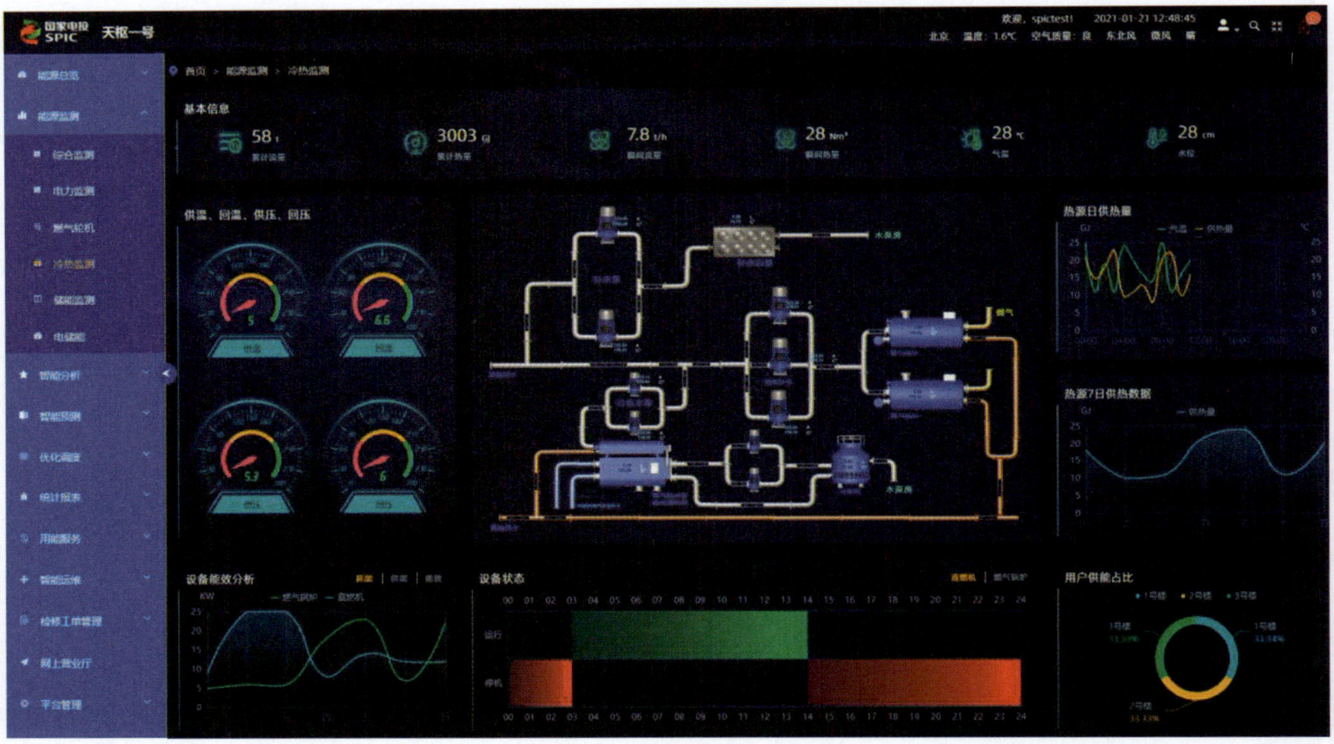

绿色智慧能源管控平台

四、商业模式和项目收益

1. 商业模式

本项目采用能源托管的方式，按面积收取一定配套费，由专业的综合能源服务商投资、建设、运营供冷供热系统，用户除了可减少冷热源系统初期投资或运行费用以外，还可更加专注于主营业务的经营管理，更有利于促进企业发展，而专业能源公司则将充分利用其专业优势，承诺满足用户的用能需求，保证用户的用能品质。

2. 项目收益

（1）保障用能需求，提高供能可靠性。本项目建设由磁悬浮冷水机组、常规冷水机组、屋顶光伏、风光互补路灯、光伏充电桩一体化车棚组成的多能互补高效绿色智慧能源系统，可与市电一起，共同保障用户的用能需求，在提高能源利用效率的同时，相当于增加了用户的用能可靠性。

（2）践行双碳战略，有利于节能环保。绿色智慧能源系统通过转变传统的能源利用方式，发展资源、能源、环境一体化模式，最大限度地利用太阳能、天然气、地热能等清洁能源，能够切实地推进绿色循环经济，对于项目所在地降低污染水平，改善空气质量，保护生态环境，促进社会经济的可持续发展有极大的帮助。

本项目积极响应国家的碳达峰、碳中和战略，建设由磁悬浮冷水机组、常规冷水机组、屋顶光伏、风光互补路灯、光伏充电桩一体化车棚组成的高效绿色智慧能源系统，有助于加快调整传统燃煤供能和分散供能的能源结构，保证区域内能源供应安全可靠性的同时，实现“低碳、高效、低成本、可持续”发展，从而保证政府节能减排指标的落实和完成，有助于实现区域内能源资源得到最合理的配置，实现供能和用能的一体化、智能化和最优化，为项目提供清洁、高效、经济的能源服务。

（3）减少管理工作量，降低用能成本。通过采用高效的绿色智慧能源系统，并由专业的综合能源服务公司负责运行管理，可以减少医院的管理工作量和管理费用，降低每年的总体用能成本。节约的资金医院可进一步用于新型医疗设备的采购，提升医院的硬件水平，为当地及周边提供更好的就医环境。

本项目全投资税后内部收益率为 8.22%，资本金内部收益率为 10.35%，高于行业基准收益率。每年可节省运行费用约 40 万元、节省维保费用 60 万元，每年共计节省 97 万元。

五、项目亮点和经验总结

（1）绿色智慧能源是我国政府积极倡导的先进的能源高效利用方向，在我国推动绿色智慧能源的发展，于国于民均有重要意义。

（2）本项目具有稳定的冷、热、生活热水及电负荷需求。采用多能互补高效绿色智慧能源系统，可以提高医院供能的经济性、安全性和可靠性，有力地推动当地的节能减排工作。

（3）本项目推荐采用绿色智慧能源方案，一期装机方案为：磁悬浮冷水机组+14 台空气源热泵机组+空气源热泵热水机组+光伏充电一体化车棚+交流充电桩+风光互补路灯+智慧能源管控平台；二期装机方案为：空气源热泵机组+空气源热泵热水机组+屋顶光伏。

（4）本项目具有较好的节能减排效益。与常规“市电+电制冷机+燃气锅炉”供能方式相比，绿色智慧能源方案每年可以减少一次能源消耗折标煤约 295t，节能率约为 28.7%；年减少 CO_2 排放约 532t，减排率约为 23%。

该项目绿色智慧能源系统的建设符合国家节能减排的政策，有良好的社会效益和经济效益，同时能源站建设各项外部条件具备，本工程作为靖安县中医院新建院区配套的绿色智慧能源供应系统，项目建设具有良好的社会价值和经济价值。

公司介绍

国家电投集团数字科技有限公司聚焦综合智慧能源、风电、光伏等产业，依托电投物联 AIoT 平台推动以生产运行为代表的生产端和以消费端为代表的综合能源服务实现数字化转型，实现与消费侧用户连接、供需直接对接，通过人工智能（AI）和专家知识（人类智能 HI）融合实现平台赋能和数据使能，打造生产端以设备资产管理为基础的数字化资产运行体系和降本、增效为主线的智慧大脑，通过“线上+线下”模式，为用户提供设备托管、能源托管、虚拟调度、用户服务等综合智慧能源服务，致力成国内产业数字化的技术领跑者和市场主力军。

世博 B 片区央企总部能源中心示范项目

国网上海综合能源服务有限公司
施宏毅　窦真兰　韩　冬

一、案例简介

世博 B 片区央企总部能源中心是在“智慧、绿色、可持续发展”的上海后世博开发理念下应运而生的。能源中心根据世博 B 片区央企总部的冷、热负荷需求及特点，在鲁能国际中心 D 座的地下空间建设天然气分布式能源中心，为片区内 14 家央企总部 28 幢办公楼及附属商业设施共计 64.7 万 m^2 的建筑提供能源供应服务。

世博 B 片区央企总部能源中心鸟瞰图

二、技术方案

世博 B 片区央企总部能源中心采用天然气冷热电三联供技术，在能源梯级利用概念基础上，将制冷、制热及发电过程一体化。方案采用了冷热电三联供系统，配合电制冷机组、燃气锅炉、蓄热和蓄冷水箱，以及管网系统等组成的集中综合供能系统。燃气内燃发电机做功发电后排出的高温烟气和缸套水进入溴化锂机组生产冷水或热水，电制冷机组以及燃气锅炉分别作为供冷及供热高峰负荷时的补充，蓄冷、蓄热系统，起到削峰填谷、调节出力与负荷作用。

主要设备为 2 台 4282kW 燃气内燃发电机组+2 台 3900kW 烟气热水型溴化锂机组、6 台 7000kW 电制冷机组、3 台 7000kW 燃气热水锅炉、6700t 冷水罐、1000t 冷热同罐。

此技术拥有以下优势：

（1）以热定电、并网上网，可 24h 连续运行、常年无休。

（2）经济运行、削峰填谷。

（3） 可反季节供能，供能稳定可靠。
（4） 发电效率高、废热回收利用、综合能源利用率高、线路损耗小。
（5） 能源梯级利用、节能环保、个性化强。
（6） 优化区域能源结构。

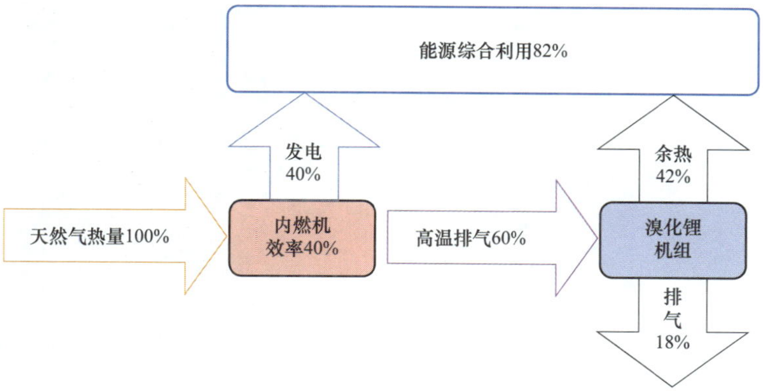

天然气冷热电三联供技术原理图

系统设计最大供冷负荷为 56.8MW，设计最大供热负荷为 34.3MW，设计年供冷量为 60GWh，设计年供热量为 25GWh，设计年发电量为 25.6GWh。

系统设计综合能源利用率达 85%，节能率提高 30%，预计每年可节约标准煤 4107t，减少二氧化碳排放 10 542t，减少二氧化硫排放 82t。

能源中心的冷热电三联供系统接入省级综合能源云平台进行管控，通过综合供能模式向央企总部基地的楼宇和商业设施提供能源及服务。省级综合能源云平台不仅可以远程实时采集燃气内燃发电机、溴冷机、热水发生器的相关数据，实时掌握能源中心能源系统运行状况，在线统计分析能源中心的能源利用率、溴冷机转换效率等，还能为能源中心的运行提供优化决策方案。此外，运维人员通过省级综合能源云平台可以更加便捷地开展运维工作，大幅缩短故障处理时间。

天然气冷热电三联供主要设备图（一）

天然气冷热电三联供主要设备图（二）

三、商业模式和项目收益

本项目由国网上海综合能源服务有限公司运营，投产年份为 2016 年 11 月。到目前为止，机组已持续供能 5 年，运行情况良好。

能源中心系统部分投资约 1.9 亿元，项目年收益率 8%，投资回收期 10.5 年，获得市政府设备和节能补贴扶持，经济效益良好。

四、项目亮点和经验总结

世博 B 片区央企总部能源中心采用分布式冷热电三联供的方式，为整个央企总部园区供能，实现了天然气冷热电三联供的“能量梯级利用”，并体现了以下优势。

（1）供能连续性：能源站三联供设计原则“以热定电”“并网上网”。供能系统以烟气热水型溴化锂机组为主，不足部分由电制冷机组/热水锅炉为补充。根据用户负荷需求，能源中心可每天 24h 连续供能，常年无休。

（2）供能经济性：由于世博 B 片区办公楼存在较大的负荷高峰和负荷低谷差异，晚间低负荷段由溴化锂机组对蓄能水箱蓄能，在白天负荷量大时释放储能对用户进行补充，起到经济运行和对负荷削峰填谷的作用。

（3）供能可靠性：世博B片区能源站的供能管网系统采用的是四管制闭式系统，冷冻水和热水均从能源站引出后沿干管送到各个支路的用户计量站，在各家计量站中通过用户侧的板式换热器进行热交换。此外，能源站还具备反季节供能能力，可以24h不间断地给用户提供稳定可靠的冷、热源。

（4）供能高效性：能源站建设在用户附近，不但可以获得40%左右的发电效率，还能将中温废热回收利用供冷、供热，其综合能源利用率可达80%以上。另外，与传统长距离输电相比，它还能减少6%～7%的线损。

（5）供能紧凑性：能源中心建设在地下，充分利用地下空间实现地下空间联通共享，并引入低碳生态规划指标，是城市建设的创新和突破。

公司介绍

国网上海综合能源服务有限公司主要从事清洁能源服务、多能供应服务、综合能效服务、新兴用能服务、智慧用能服务、能源交易服务等六大核心领域业务，积极为用户提供以电为核心、多能互补的“1+N”综合能源服务解决方案，全面助力推动上海能源系统低碳、高效、多能、智慧化发展，致力于成为能源高效利用示范效应佳、绿色能源技术力量强、低碳产业覆盖面广的能源互联网企业。

宏达钢铁集团数智化工厂能源管理项目

天合云能源互联网技术（杭州）有限公司
鲁　石　樊旭雯　徐慧艳

一、背景需求

钢铁工业是世界工业化过程中最具代表性的产业之一，也是推动世界各国国民经济增长的重要产业，对国家国防及基础建设具有重要意义。中国拥有最全、最完整的产业体系，钢铁产业是中国最具国际竞争力的产业之一，是国民经济发展的重要支撑。然而，据中国钢铁工业协会数据显示，中国钢铁业能耗占全国能耗的 15%左右，能源成本在钢铁行业中占比平均在 25%以上，能源效益不尽人意。另外，钢铁工业也存在产能过剩、结构失衡、环境恶化、高碳排放等严重问题，面对日益严苛的环保要求，亟须进行从高污染、高能耗到低排放、高质量的转型升级。

21 世纪以来，中国大多数钢铁企业建设了水平不一的能源管控中心或能源管控系统，普遍实现了数据采集、能源监控、潮流显示、事件及故障记录等功能，具备较好的网络和数据基础，但在能源管理智能化模型方面仍十分欠缺，尤其是能源动态预测、优化调度等模型的开发应用。钢铁生产过程工艺复杂，能源系统随生产状况波动频繁，用能设备数量多，能源介质种类多，煤气、蒸汽、电力等能源介质之间又相互耦合、相互影响，是一个复杂多变的系统。因此，钢铁企业对能源管理越来越重视，能源生产和管理已逐渐从“配角”向“主角”转变，能源效率、能源成本的深度分析成为钢铁企业成本分析的主要需求。

山西宏达钢铁集团鸟瞰图

二、案例简介

1. 项目需求和基本信息

山西宏达钢铁集团是一家集炼铁、炼钢、轧钢、铁合金、发电、贸易、运输为一体的国家级大型民营企业，具备年产 300 万 t 铁、300 万 t 钢、200 万 t 钢材完整生产工艺流程的大型综合钢铁生产能力，主导产品为高线和棒材等。

然而，钢铁企业庞大的生产力背后却是一系列能源管理问题：

（1）能源使用种类涉及范围广，能源数据分散，能耗统计未实现自动化抄表。

（2）配电自动化系统还不够完善，10kV 及以下电压等级未涉及配电自动化系统。

（3）计量仪表数量少，部分型号老旧，不具备远传功能。

（4）能效评估不清晰，难以对车间进行能效考核和评比，无法有效监测各工艺的单产能耗。

（5）安全运行可视程度低，安全隐患不直观，设备故障无法提前预防。

（6）煤气的管控模式落后，需要建立全新的智能控制系统。

2. 项目建设和内容描述

针对钢铁企业能源数据分散、自动化程度低的现状，开发能源管理系统，将所有分散的能源子系统进行统一数据采集、集中展示；建立能源动态预测模型，优化能源调度，建立能源间的联动机制，以实现更为精细化的管理。基于云平台视角下的钢铁企业能源管理系统，打破了传统系统开发模式，无须投入大量人力财力即可进行系统开发与维护。钢铁企业在运行过程中产生的大量工业数据来自不同的工艺流程，其数据的采集、分析与存储是企业生产过程中的重要依据，对钢铁企业生产运行具有重要意义。

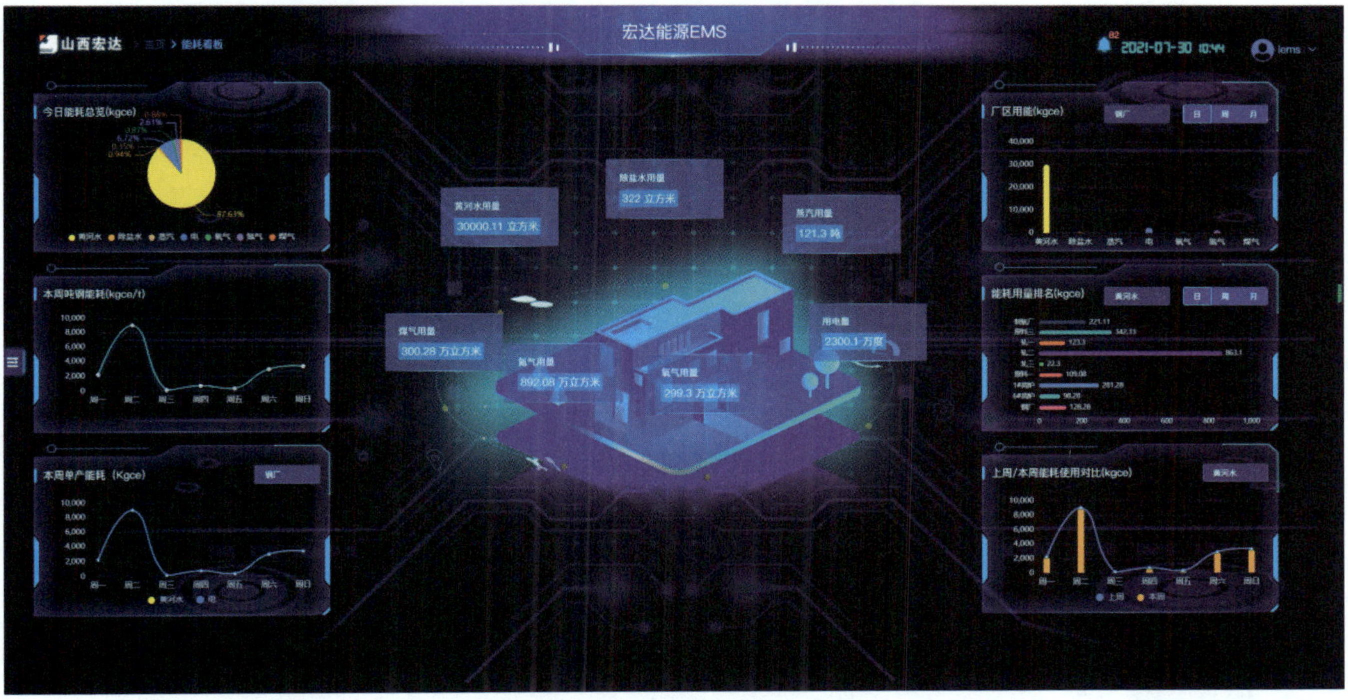

宏达能源 EMS 首页

建立配电自动化系统，实现工厂自动化管理和负荷、电量、电压、电流等信息的实时采集及分析，实现配电室设备运行状态的监控和异常报警信息的采集。保障配电系统安全运行，对核心设备进行设备全生命周期运营管理。

建立煤气调度系统，使调度人员实时掌握整个煤气管网的平衡状态；解决调节工艺系统状态切换的时候，煤气用量变化比较大，经常导致煤气放散或者管网波动大的问题；精确关键管网节点的计量，辅助调度操作，确保操作的准确性；提供基于调度规则的报警和预警功能；综合考虑煤气柜移谷填峰带来的经济效益。

建立企业大屏及厂区集控中心，制作精细化到设备的全厂 3D 视图，完整呈现厂内建筑、道路、桥梁的分布及全部设备。制作全面的生产流程演示动画；整合厂内各平台信息，实时展示厂区内突发情况，加快事件处理速度；集中显示生产、能源、销售等实时数据，使工作人员可以实时、全方位了解厂区情况。

三、技术方案

1. 数智化工厂能源管理系统建设

现有带远传功能表计数据采集、旧表计改造、原有 2 套 DCS 系统、3 套 SCADA 系统、1 套用电需求侧系统及新建 MES 数据对接，实现一级、二级能源数据采集。通过翔实可靠的能源数据，比对建筑区域、用能设备的能源投入产出比，挖掘各用能子系统的效能指标，持续不断地为管理人员提供合理的运行调节建议。

自动获取各重要用能单位和产能单位的生产计划和计划变更实时信息，结合不同产品工艺产/耗能的数据、设备状态、环保排放约束、经济性要求等数据形成能源计划功能，用数据+AI 的方式实现能源的最小成本可行计划功能。

2. 建立配电自动化系统

建立覆盖全厂的配电自动化系统，对厂区内计量仪表进行整体升级，实现三级四级能源数据采集。平台以生产运行设备、设施的自动化基础为保障，依托 EMS 平台，融合 SCADA 系统、光纤网络，实现数据采集、过程监控、动态调节、分析优化等全过程高效管理，实现能源监控、环境监控、系统预警、能流分析、能耗分析、远程控制、系统预测、设备状态监控和事故处理辅助决策等功能。

3. 建立煤气优化调度

基于工艺数据的相关性实时计算煤气生产量和消耗量，实现对故障仪表数据的辨识和校正，适用范围：高炉、转炉等生产负荷煤气发生量；锅炉等调节负荷煤气消耗量；烧结、热风炉、加热炉等稳定负荷煤气消耗量。

通过实时反映各个生产工艺系统的煤气使用现状，基于工艺数据的相关性实时计算煤气生产量和消耗量，计算整个管网的平衡状态和煤气富余量（短缺量）等关键信息；针对现有高炉煤气柜柜容控制无序的状况，改为有序控制高炉煤气柜的容量；利用峰与谷时段的电价差异，通过谷段储气、峰段发电产生利润；支持煤气柜与电厂自动协调控制。

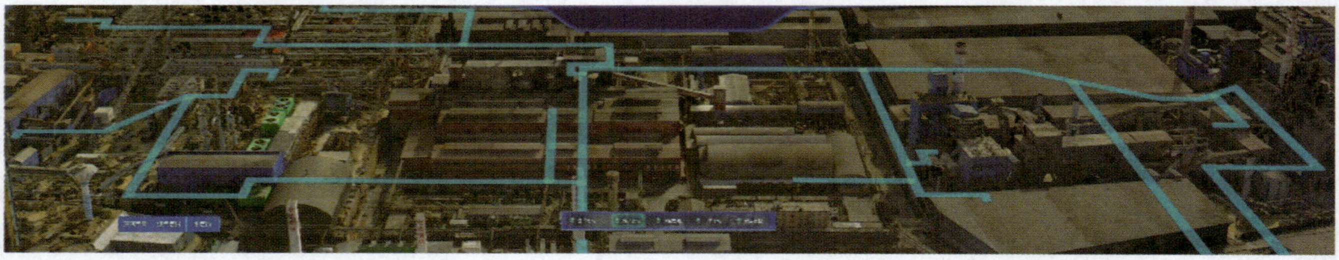

宏达钢铁集团数智化工厂煤气管网

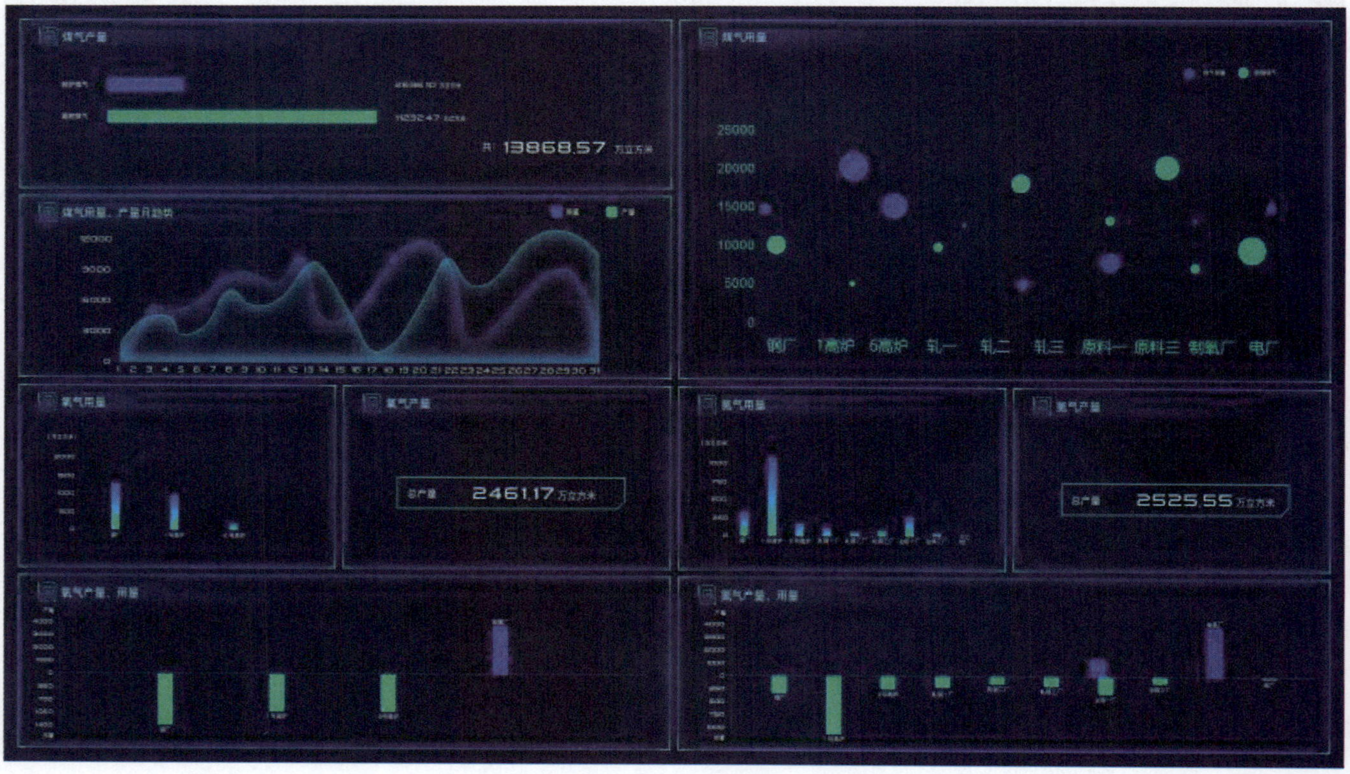

宏达钢铁集团数智化工厂总览

4. 建立企业大屏

实现场景化运营管理，完整呈现企业内部建筑及周边建筑、道路、桥梁分布，实现从企业外部到内部结构的多层级管理。同时，与各平台进行信息整合，联动企业日常整体态势及突发事件，辅助管理人员增强管控力度，提高处置突发事件的效率。

实时收集设备、信息系统等数据，实现数据融合，并运用云计算和大数据技术实时整理分析数据，帮助客户快速建立动态企业画像，随时随地掌握企业用能状态，为企业决策提供数据化支撑，助力企业跨越增长瓶颈，提升企业核心能力，实现可持续改善。

四、项目收益

通过建立能源管理系统，用户可以对各类能源进行精细化、定量化管理，确保能源安全稳定供应，以计量数据分析能源成本构成，优化各类设备运行组合，为企业降本增效。

其中，煤气的精细化管理帮助用户减少了放空，优化了煤气利用率，每日约增加 10 万 kWh 发电量。建立电厂与煤气柜的联动机制，优化了煤气使用时段，减少峰段外购电消耗。同时，也为用户进一步建立数字化工厂与完整的能源调度系统提供基础。

项目应用物联网、大数据、云/雾计算、深度学习等技术，承担能效监测、管理、控制的一体化运营的多区域的能源及基础公共设施物联网管理运营职责，其所统筹的资源与分析评价，通过数据融合统一，可实现社会综合体各个系统的状态可视、业务可管、事件可控，使管理更安全、更舒适、更高效，降低社会运营成本，关联与共享生态圈。

应用的智慧化与平台的集约化，使得本项目可以通过传感采集、智能控制等手段，进行合理高效地创新管理，其平台可应用于生产运维、能源管理、工厂数字化等多项应用场景，多维度助力企业实现效益化运营。

公司介绍

2018 年天合光能率先发布天合能源物联网“TrinaIoT”品牌，以帮助企业实现数字化运营与管理效率提升为使命。依托天合光能雄厚的新能源行业背景，应用物联网传感技术和互联网大数据技术，以自主开发的 PaaS 平台和丰富的 SaaS 应用进行模块化的灵活组合，为不同领域客户提供综合能源管理系统及能源+物联网解决方案，致力于成为一流的智慧物联网应用整体解决方案服务商。

天合云能源互联网技术（杭州）有限公司

中新天津生态城不动产登记服务中心零能耗智慧建筑项目

国网（天津）综合能源服务有限公司
曹晓男 韩慎朝 于 波

一、案例简介

1. 背景需求

2020 年 9 月，习近平总书记在第七十五届联合国大会一般性辩论上的讲话中指出，中国“二氧化碳排放力争于 2030 年前达到峰值，努力争取 2060 年前实现碳中和”。我国建筑领域建造和运行相关二氧化碳排放占全社会排放比例约 38%，其中建筑建造占比约 11%，建筑运行占比为 27%。建筑节能是我国实现“双碳”目标的重要路径。

2019 年 1 月，《近零能耗建筑技术标准》（GB/T 51350—2019）颁布，首次界定了超低能耗建筑、近零能耗建筑、零能耗建筑等相关定义，明确了室内环境参数和建筑能耗指标的约束性控制指标。《绿色建筑创建行动方案》《“十四五”规划和 2035 年远景目标纲要》都提出推动、开展近零能耗建筑项目示范。但建筑本地发电量不足、缺乏系统性解决方案、项目经济效益不佳、对电网冲击等问题，制约了零能耗建筑的发展。

2020 年 11 月，天津市委书记李鸿忠来到生态城考察零能耗智慧小屋时，对零能耗智慧建筑建设取得的成效给予肯定，要求不断提高产品功能和品质，加快推动市场应用，努力打造生态宜居智慧建筑示范品牌。为此，国网天津市电力公司与中新天津生态城管委会（以下简称管委会）密切合作，双方前期通过充分调研与详细论证，以具备实用功能、一定规模以及较大社会影响力为筛选条件，选取中新天津生态城不动产登记服务中心为改造对象，进行零能耗建筑的推广应用。

2. 基本信息

不动产登记服务中心于 2012 年建成投运，项目位于天津市中新生态城和风路与和畅路交口。项目占地面积 8000m^2，总建筑面积 3467m^2，其中地上 3013m^2，地下 454m^2。项目业态为政府办公，主要为居民和企业提供不动产登记服务，年均办理业务 2 万余件、服务 5 万人次。

中新天津生态城不动产登记服务中心卫星图

项目配有光伏、储能、地源热泵、太阳能热水等，依靠市政电网满足建筑冷、热、电、热水等用能需求。项目建成后获得国家绿色建筑三星级标识和绿色建筑创新一等奖。年单位面积能耗为 30kWh/m^2，远低于其他公建能耗水平。其中年用电量为 25.54 万 kWh，年分布式光伏发电量为 15.12 万 kWh。

3. 建设内容

项目改造目标为实现建筑零能耗运行，并提升建筑与电网的互动友好性以及经济性。按照《近零能耗建筑技术标准》（GB/T 51350—2019），需要保证可再生能源年产能大于或等于建筑全年全部用能。针对建筑需求侧能耗偏高、供给侧供能不足的问题，从产能、储能、控能、用能、节能 5 个方面开展改造，实现零能耗目标。其中国网（天津）综合能源服务有限公司（以下简称天津综合能源服务公司）负责产能、储能、控能部分的改造。管委会负责用能、节能的改造，确保建筑全年用电量不大于 23.4 万 kWh。项目投资 281 万，施工周期 3 个月。改造内容与投资见下表。

改造内容与投资表

改造内容		容量配置	投资（万元）
产	屋顶光伏	367kW	120
	光伏清扫机器人系统	1 套，共 11 台	13
	其他产能设备	1.2kW 风力发电、1 个光伏座椅、1 个光伏垃圾桶、560W 光伏路面、光伏玻璃	23
储	锂离子电池储能	50kW/150kWh	50
控	能量管理系统	1 套，含分项计量	57
设计监理		—	18
合计		—	281

（1）绿色产能。

1）分布式光伏系统。因遮挡、光伏组件效率降低、光伏板清理不足等原因，导致光伏发电量大幅衰减。应用高效光伏组件以及光伏智能机器人清扫系统，利用 2200m^2 屋顶以及车棚顶资源，将原有光伏更换为 445W 高效单晶硅光伏组件，光伏系统容量由原来的 303kW 增至 367kW，提高 21%，年发电量由 15.12 万 kWh 提升至 23.4 万 kWh，提高 55%。

光伏智能机器人清扫系统。在屋顶、车棚部署屋顶型清扫机器人，针对光伏建筑一体化组件结构特殊、距离地面较高、清洗不便的特点，专门研发了一款悬空型清扫机器人。机器人系统每分钟最大清扫面积达到 274m^2，折合光伏容量为 52kW。

项目屋顶光伏

2）其他产能设备。为进一步提升建筑发电量，丰富可再生能源利用形式。在建筑屋顶部署了 4 台风力发电机组，额定发电功率 1.2kW，年发电量约 1400kWh。在室外部署了 80W 光伏座椅、560W 光伏路面、150W 光伏垃圾箱等景观示范，提升可再生能源使用体验。

风力发电

光伏座椅、光伏垃圾箱、光伏路面

（2）灵活储能。项目原有储能系统已经无法正常运行。考虑重要负荷应急供电、提高光伏系统消纳比例、提升负荷可控性，部署了 50kW/150kWh 高效锂离子电池储能系统。

（3）智慧控能。对公屋进行楼宇优化控制系统改造，在本地部署智慧能源管理系统，实现对建筑产、储、用能各个环节的实时监测、协调优化以及智能运维。

依托计算机网络技术、通信技术、云技术、物联网、BIM 和大数据分析等技术，对能源系统源网荷的运行现状进行实时、量化、准确的可视化监测，整体展现零能耗运行效果以及能源系统的运行状态。并网模式下，内置绿色低碳、经济最优、需求响应等多种控制策略，通过对光伏、储能、暖通系统、照明等设备协调控制，可分别实现可再生能源产能最大，用电量最小；用能成本最小；需求响应收益最大等目标。离网情况下，能够实现孤岛运行，通过基于负荷重要程度的分级控制，保障公屋重要负荷长时间持续可靠供电。

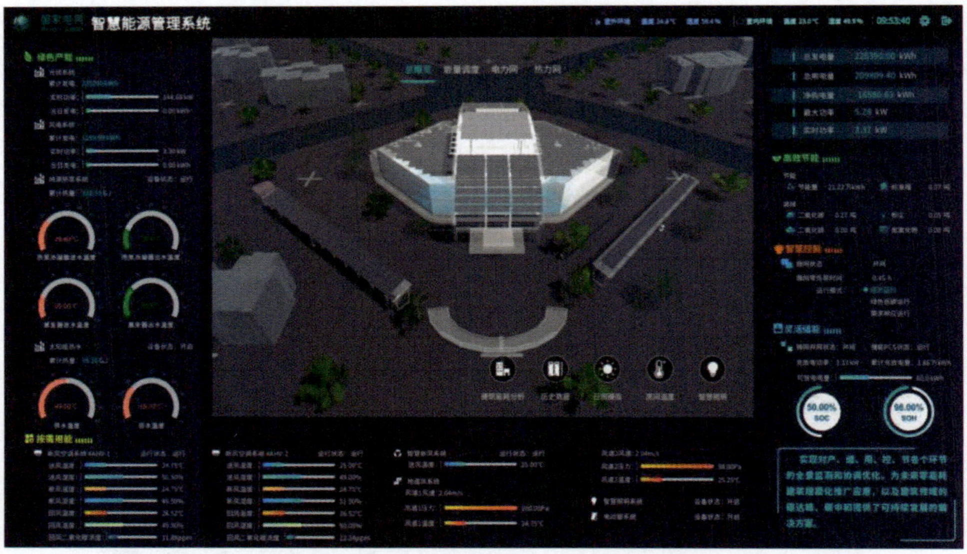

本地智慧能源管理系统主界面

二、技术方案

1. 整体架构

以本地部署智慧能源管理系统作为零能耗建筑的“能源大脑”，对产、储、用、节能进行全景监测，按照绿色低碳、经济最优、需求响应等协调控制，构建建筑级虚拟电厂。

本地能量管理系统通过两层调控，包括优化配比层和就地控制层。基于用能、产能预测，根据绿色低碳、经济最优、需求响应等不同优化目标，对光伏、风力发电、储能、暖通系统、照明进行协调优化控制。

2. 总体技术路线

本项目应用基于太阳光照模拟的光伏组件成组优化设计，考虑不同时段阴影影响，对光伏组件串并联进行优化。

应用源－荷－储协调控制技术，根据不同优化目标和控制策略，对光伏、风力发电、储能、暖通系统、照明进行协调优化控制，实现绿色最优、经济最优、需求响应最优等运行目标。应用光储微网技术，在外部电网停电时，进行并离网切换，孤岛运行持续为建筑供电。

3. 实现功能

项目实现了零能耗运行。通过光伏清扫机器人配置，实现了光伏自动清扫并提升了 15%光伏发电量；结合光伏组件优化设计，共提升了 55%光伏发电量。

通过本地能量管理系统，实现了设备运行实时监测与零能耗运行预警。

依据设定的不同控制策略，实现经济最优、绿色最优、需求影响自动优化运行，以及基于线上监测+线下巡检的智能化运维。

三、商业模式和项目收益

1. 商业模式

本项目采用合同能源管理（能源托管）模式，由天津综合能源服务公司投资光伏、风力发电、储能、本地能量管理系统，并负责上述系统的运维以及建筑的全部用能成本（20 万元/年）。在实现零能耗的情况下，用户每年支付综合能源公司 85 万元。项目投资 281 万元，静态投资回收期约 4.3 年。天津综合能源服务公司与管委会签署 8 年合同，8 年后综合能源公司无偿将设备移交给客户。

2. 项目收益

本项目帮客户每年节约 62.6 万元运行费用，其中包括 8 万元电费成本，43.2 万元运维人工成本，11.4 万元设备维保成本。帮助管委会打造了首个规模化、实用化的零能耗智慧能源建筑。考虑到光伏等本地可再生能源发电量，每年节约电能 25.54 万 kWh，减排二氧化碳 254.6t。同时，项目提升了对电网的友好互动性。

四、项目亮点和经验总结

1. 项目亮点

本项目打造了首个规模化、实用化的零能耗智慧能源建筑，以产、储、控、用、节为主线，在项目前期设计、后期运营中进行设计、运行优化，保障建筑零能耗运行的基础上，进一步提升与电网的友好互动性以及经济性，为零能耗建筑提供了可持续发展的国网方案。

（1）基于光照模拟的光伏组件优化设计。针对项目周边建筑、建筑自身高差等原因产生的遮挡，而屋顶资源有限的问题，通过专业光照模拟软件进行光照模拟，结合阴影遮挡，对光伏组件串并联进行优化设计，尽量使阴影对有限组串进行遮挡，降低对整体发电量的影响。

（2）面向光伏建筑一体化的悬空型光伏清扫机器人研发。针对光伏建筑一体化组件结构特殊、距离地面较高、清洗不便的特点，专门研发了一种悬空式自供电紧凑型光伏清扫机器人，通过自带光伏板、储能电池自主供电，利用钢丝为导轨，避免清扫机器人对光伏板的遮挡，大幅提升光伏板清洗效率。

（3）基于源荷储的建筑级虚拟电厂优化控制。通过发电、用电、储能预测评估，对建筑内光伏、储能、可控负荷进行协调控制，提升对电网的负荷响应能力。

2. 经验总结

针对零能耗建筑发电量不足的痛点，在存在遮挡的情况下，必须要对建筑进行光照模拟，基于模拟结果对光伏组件串并联进行优化设计。同时，光伏设计要考虑清扫机器人的布置，预留好清扫机器人轨道空间，尽量减少清扫机器人对光伏装机容量的影响。运行阶段，结合设计阶段发电、用电模拟或历史数据分析，定期评估项目零能耗运行风险，当评估期（如 1 个月）内发电量低于预测值 10%，或用电量高于预测值 10%时，进行零能耗运行告警，查找原因并降低储能充放电电量以避免储能损耗。非采暖季，控制储能系统日间充电，提高光伏发电本地消纳，降低上网电量，减少对电网冲击；晚高峰放电，减少购电成本。

本项目适用于容积率较低、屋顶资源丰富的公共建筑，如政府办公、学校等，以及别墅等高端住宅项目。

公司介绍

国网（天津）综合能源服务有限公司是国网系统内首家注册成立的综合能源服务公司，为客户提供集规划、设计、咨询、施工、投资、运营等服务于一体的综合能源整体解决方案。打造了国网客服中心北方园区综合能源服务项目、天津智慧能源小镇等多个典型项目，并多次在世界智能大会上对外展示。

双杰电气合肥基地智慧工厂综合能源项目

双杰新能有限公司
国网电力科学研究院武汉能效测评有限公司
孟永斌　刘家骥

一、背景需求

在“中国制造 2025”的战略背景下，中国制造企业智能化发展步伐加快，智能制造和绿色制造、大规模个性化定制也已成为当今全球制造业的发展趋势。

双杰电气合肥有限公司是双杰电气集团第二总部暨智能电网高端装备研发制造基地，于 2018 年签约落户合肥，项目规划 7 栋厂房及 1 栋仓储用房，1 栋综合办公楼及生活服务中心，总建筑面积约 26 万 m^2。厂区正式投运后，计划员工人数达 2000 人，2022 年实现年产值 30 亿元。园区变压器容量 15MVA，年度用电量预计达 1500 万 kWh。双杰电气合肥有限公司作为用能大户，为响应国家“碳达峰、碳中和”战略目标，构建清洁低碳安全高效的能源体系，双杰新能有限公司与国网电力科学研究院武汉能效测评公司共同合作，以打造双杰电气合肥基地“零碳工厂”为出发点，通过厂区建设光伏系统、储能系统提供绿色、环保能源，并通过建设交直流充电站，利用综合能源管理系统、电力运维系统、空调群控系统、路灯智能控制系统、空压机余热利用系统等实现能源优化利用、节能减排，减少 CO_2、SO_2 等有害气体排放。大力推进智能制造、绿色工厂的建设，让工业生产更清洁，推动新能源与信息技术迭代互联，实现物质经济循环与能源的综合利用。

双杰电气合肥基地鸟瞰图

二、案例简介

1. 客户信息

双杰电气合肥有限公司成立于 2018 年 11 月，注册资本 20 000 万元，属于北京双杰电气股份有限公司全资子公司，位于安徽省合肥市长丰县下塘镇凤麟大道东侧。是一家拥有较强自主创新能力的高新技术企业，专业致力于智能配电、新能源、新能源汽车三大领域相关产品的研发、生产、销售及运营。主要产品包括环网柜、箱式变电站、柱上开关、高低压成套开关柜、配网自动化监控系统及其他配电自动化设备，适用于电力、铁路、石化、地铁、市政建设、军工、钢铁、煤炭等行业。

2. 建设内容

能源供给及综合利用是双杰合肥基地整个园区规划的重要组成部分，通过增加光伏、储能应用，并对各类用能设备实现远程化、智能化管理。在园区配套建设分布式光伏系统、光储充系统、电力运维系统、暖通空调系统、智慧照明系统、空压机余热回收系统，以双杰电气合肥基地用能需求为核心，深化能源系统和互联网融合应用，实现最大限度开发利用可再生能源、最大幅度提高能源综合利用效率、为企业提供便捷可靠优质的综合能源服务，打造以电能为中心，能源互联、智慧互动的智慧能源示范中心。

屋顶分布式光伏系统

（1）分布式光伏发电系统。设备制造企业屋顶资源丰富、屋面承重能力强，电力接入设施完备，耗能高，耗电量大，是分布式光伏电站的最佳载体。厂区车间屋顶共约 15 万 m^2，园区内规划建设光伏系统总装机容量 15MWp，储能系统规划装机总容量 1250kW/2500kWh。现阶段一期共建设屋顶分布式光伏发电系统 5.9MWp，系统采用单晶硅组件和组串式并网逆变器。并将 5 号厂房屋顶打造为一个光伏的实验基地，从组件的工艺材质、安装方式、逆变器品牌三个维度来对比分析影响光伏发电量的因素，为公司日后投资其他光伏项目提供重要的基础数据支撑。

组件类型	多晶硅 450W	P 型单晶 perc 450W	铜铟镓硒 110W	碲化镉 110W	N 型单晶 TOPcon 555W	异质结 350W	钙钛矿
安装方式	20° 固定角	20° 固定角	20° 固定角	20° 固定角	20° 固定角	20° 固定角	20° 固定角
逆变器	华为 40kW	华为 40kW	华为 40kW	华为 40kW	华为 40kW	华为 40kW	华为 40kW
安装容量	45.36kW	40.5kW	38.28kW	38.28kW	36.6kW	31.5kW	30kW 待定

光伏试验项目区域

厂区光伏车棚系统

同时局部使用华为优化器辅助治理，通过实测数据印证优化器的使用效果。对比增加优化器的成本与发电量增加的收益，考察优化器的经济性。

（2）光储充系统。双杰电气合肥基地充电站车棚光伏系统 240kWp，储能系统 250kW/500kWh，充电桩共建设 24 个直流充电车位、44 个交流充电车位。其中交直流充电桩由双杰电气集团自主研发，集充电控制、人机交互控制、通信、计量计费于一体，具有安装调试方便、运行维护简单等特点。

20 个直流充电车位主要对外运营，作为长丰县下塘镇社会化充电站站点之一，主要满足周边小区以及合水路主路过往电动车充电。其他车位供给公司内部员工自用。

（3）电力运维系统。双杰电气合肥有限公司以电力系统四级监控为基础，以智能在线监测及运行数据分析为基础，辅助促进智能电力运维服务。在线智能监测系统方案具有成熟化、模块化、监控软件和核心联网采集产品自主研发的特点，易于实施和扩展，易于根据客户的需求定制化调整，并具有很强的性价比特点。实现电力系统设备的全生命周期管理。

监视界面显示整个电力监控系统的网络图，动态刷新各电气设备的实时运行参数和运行状态，并且支持现场设备的远程控制功能。监控系统的画面根据现场实际状况进行组态。

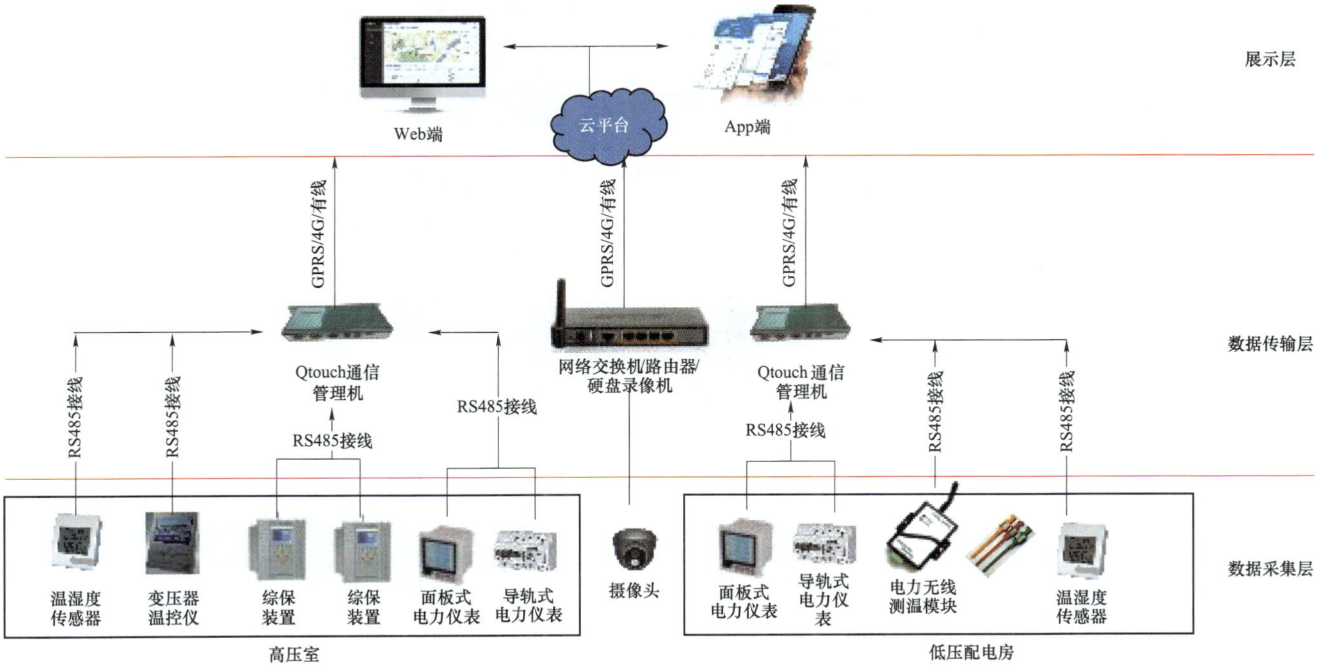

电力运维系统架构

（4）暖通空调系统。双杰电气合肥基地共有 7 个厂房和综合办公楼，其中暖通设备繁多，既有多联机系统，又有水系统。其中水系统包括了多套风冷涡旋机组，末端既有新风机、组合式空调，还有射流机组及风机盘管，是一个多元化的暖通空调系统。

对整体中央空调系统的能耗参数采集监测，并利用平台软件进行数据汇总和趋势分析，作为运营团队针对不同阶段操作改进策略的有力依据，避免国内普遍存在的“只监不控”“只控不改”的低效运营策略，使得系统处于可持续性运行的优化状态，把自控系统的节能优势不断展现出来，为业主创造节能经济效益。

暖通空调设备

（5）智慧照明系统。园区内环道路建设 72 套 AS 类（市电）路灯、在园区外环道路建设 36 套 AT 类（太阳能）普通路灯、在园区道路交叉口及车间大门口建设 B 类智慧路灯、在园区大门口和办公楼广场建设 14 套 C 类智慧路灯，根据智慧路灯的种类依托一体化智能硬件及智能控制平台，集成智慧照明、光伏组件、视频监控、LED 屏、WIFI、环境感知、5G 基站等多种智能化终端设备。

智慧路灯布局图

（6）空压机余热回收系统。双杰电气合肥基地共有 2 台 110kW 空压机和 2 台 75kW 空压机，组成两组（工频+ 变频模式）空压机余热回收系统。空压机运行油温 90℃，每天运行 24h，压缩机工作时的热量回收使用，替代其他热源（如煤、天然气、柴油、锅炉等）以节省能源减少公司运营成本，解决目前供热水问题。

厂区利用空压机余热供应热水作为办公楼、食堂用热水补充，原制热水系统作为主系统。空压机余热（称为废热）被风扇或冷却水带走，排放于周围环境内中，产生温室效应，污染环境，加装空压机热能回收系统装置后，大部分热能得到充分利用，保护环境，降低工厂能耗。

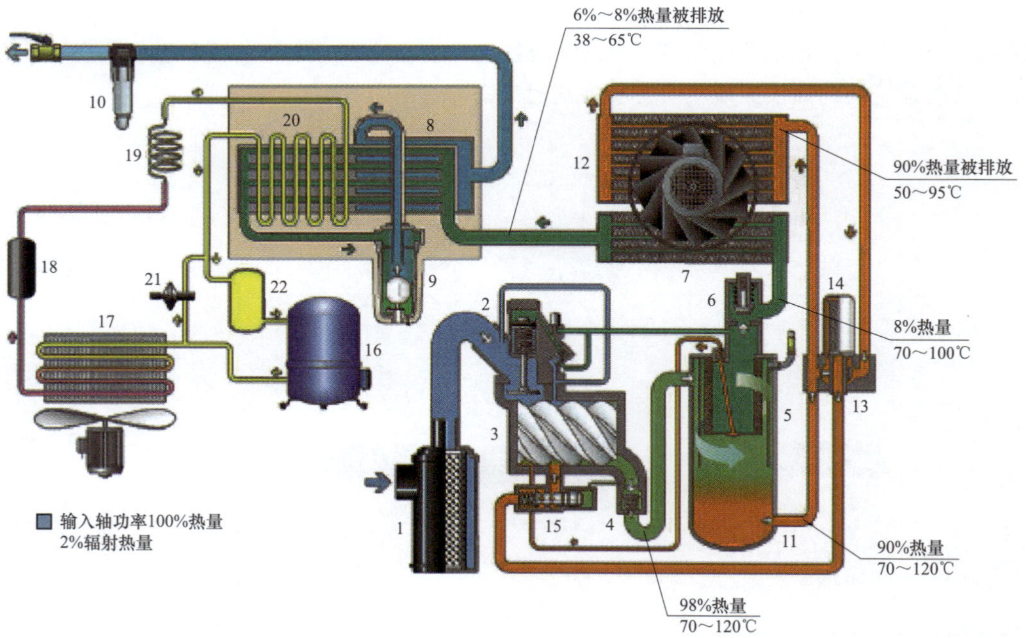

空压机系统热量分布图

（7）综合能源管理系统。双杰电气合肥有限公司利用企业资源计划、制造执行系统、能源管理系统、仓储管理系统、供应链管理系统、客户关系管理系统，实现数字化设计、数字化仿真、数字化制造、数字化装配、数字化检验、数字化仓储物流等，实现服务响应主动化、产品设计标准化、材料供应敏捷化、产品制造柔性化、经营决策智能化、企业园区互联化，兼具智能制造、智慧园区、绿色环保、数字化工厂的功能。

通过对能源数据的大数据分析和能耗深度分析，智慧能源管理系统能从根源上降低能源消耗，保障系统正常可靠运行，从而降低企业单位产品生产能耗、节省人工成本、提升能源供应安全品质保障，实现企业节能降耗、减员增效、安全生产的目标。

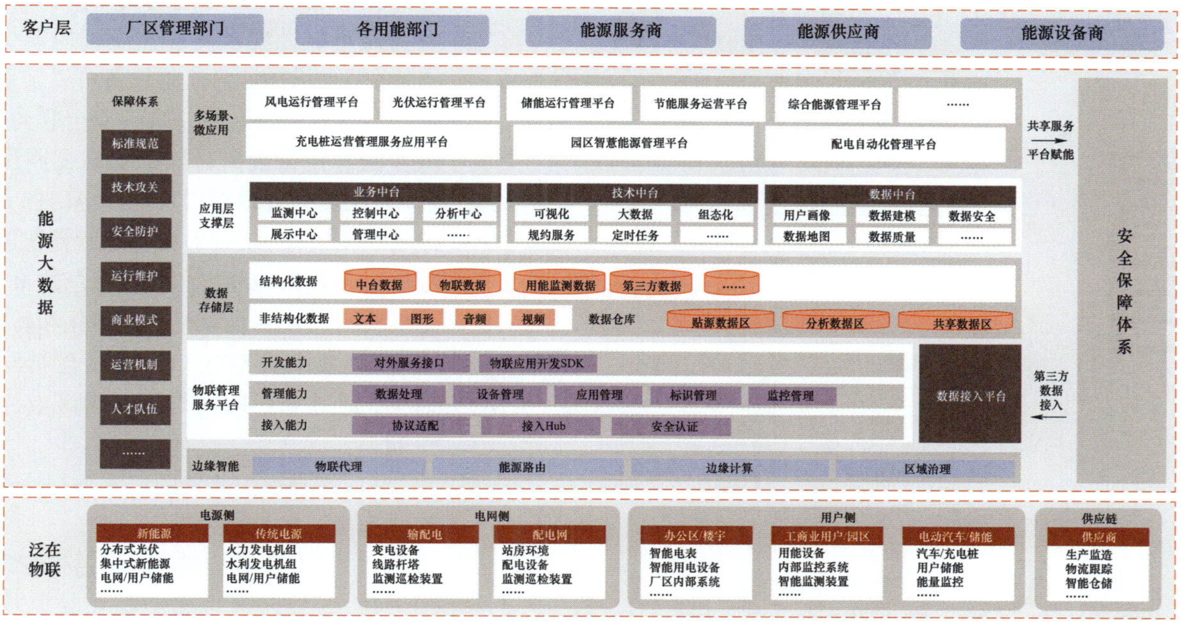

综合能源管理平台架构图

三、技术方案

1. 分布式光伏

一期分布式光伏系统可接入变压器有7台，总容量6MVA。为了减少传输及变压损耗，本项目将以380V电压等级就近接入各自厂房变压器低压侧，使光伏所发电能就近消纳。根据国家电网公司要求，单个光伏并网点容量不能超出400kW，本项目将以15回接入。每一回在箱变预留位置增设一台并网柜，并网柜内配置光伏专用断路器、隔离开关、双向计量电表、互感器、浪涌保护器等。

2. 光储充系统

光储充系统中共有3个光伏车棚，社会化充电站为对外运营光伏组件总装机容量240kWp（533块×450W），直流充电桩功率120kW×10（个），锂电池储能500kWh，能量转换系统PCS容量为250kW×1（个）。厂区光储充系统利用现代电子技术、通信技术、计算机及网络技术，实现对光伏、储能配电系统中运行及事故情况下的监测、保护、控制、

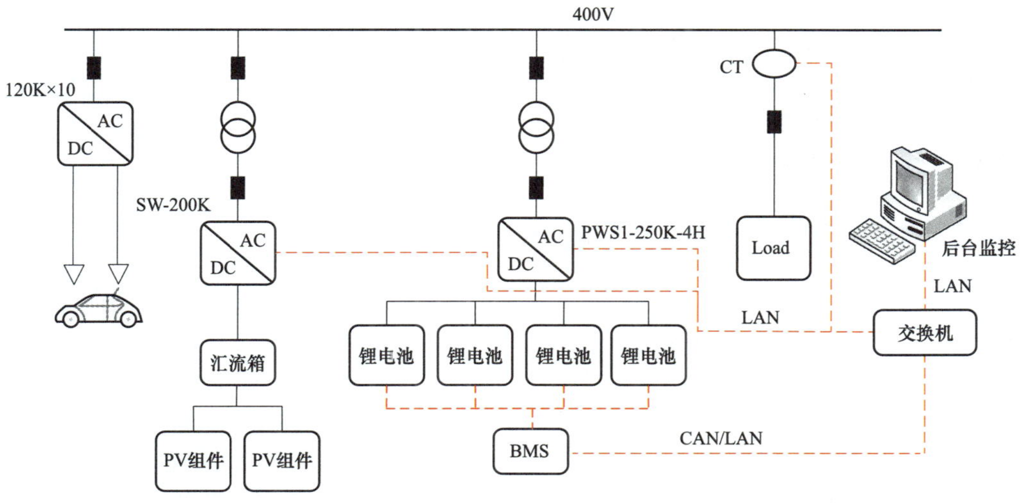

光储充系统示意图

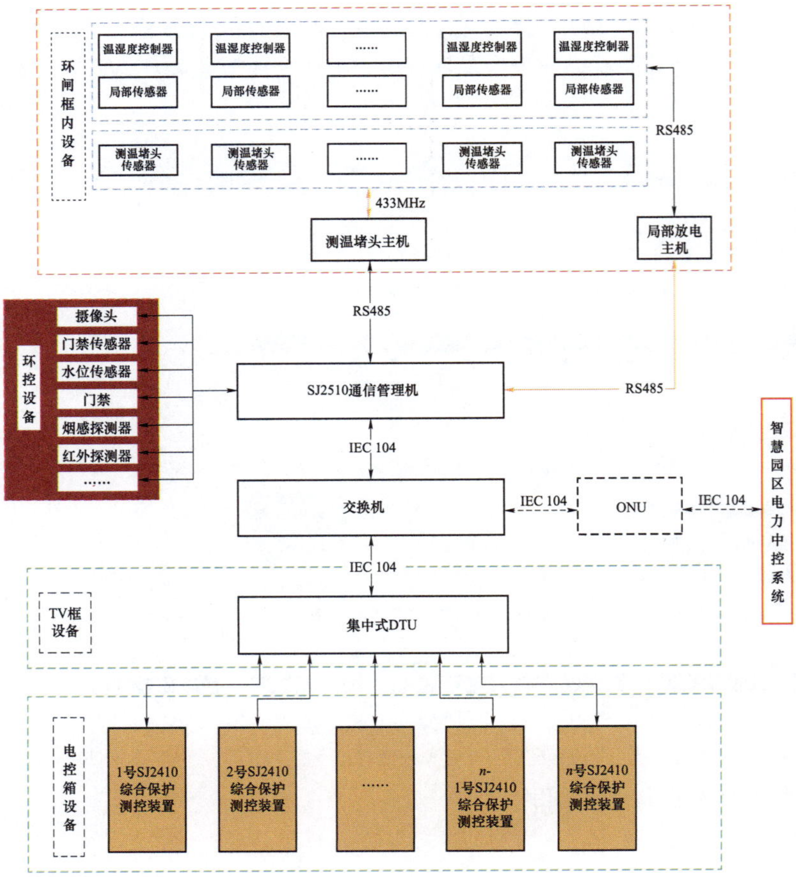

电力运维系统架构图

用电和配电管理的 SCADA 自动化系统。主要实现运行模式控制和并网控制与模式切换。

3. 电力运维系统

在双杰合肥基地电网线路中各联络、重要负荷及可靠性要求高的分段点为馈线重要节点，各节点增加计量监控设备可以实现故障隔离、故障定位、及时处理、安全联动等功能，减少故障定位隔离时间、提高配网供电可靠性。帮助电力管理部门实现配电房的无人值守或者少人值守。实现对配电运营情况的实时监控、运营数据的分析和故障信息的报警提示，推动电力监控的自动化、集中化和智能化。

1）集中式 DTU、通信管理机与交换机通信，通过光纤联网与智慧园区电力中控系统通信。

2）综合保护装置的三遥数据通过 RS485 汇总到集中式 DTU。

3）环境变量数据汇总到通信管理机。

4）智慧园区电力中控系统监控所有能耗设备运行情况，根据二遥数据判断是否遥控联络开关分合。

4. 空调群控系统

中央空调节能控制中心通过对系统负荷的准确预测，实现对中央空调设备、空调水泵、阀门一体化的同步控制，实现空调主机、冷冻水泵等主要能耗设备的智能、节能运行。

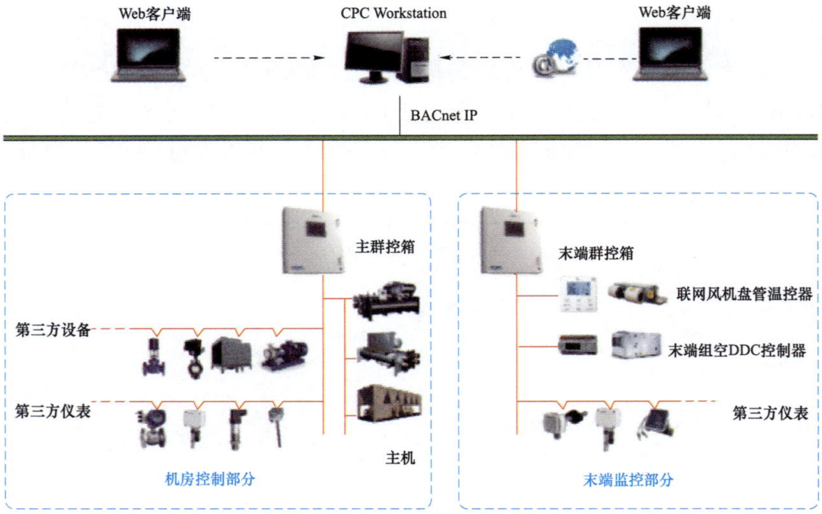

空调控制系统拓扑图

中央空调节能控制中心依据所采集的实时数据及系统的历史运行数据，计算出建筑需用制冷量及最佳温度、温差、压差，并与检测到的实际参数做比较，根据其偏差值控制冷冻水泵的转速，改变其流量使空调水系统的供回水温度、温差、压差趋于最优值。

5. 智慧照明系统

园区内道路和篮球场、堆场等区域共 195 盏户外路灯以及园区广场景观照明灯具 75 盏，其中所有路灯增加单灯控制器，景观照明灯通过智能控制模块统一控制。智慧照明系统集摄像头、广告屏、环境监测仪、WiFi 等多种设备控制功能于一体，并可以采集每盏灯的运行数据，并根据天气状况，智能调节灯光的亮度和色温，每盏灯都可自主根据时间段调节灯光亮度，大幅降低能耗。

6. 空压机余热回收系统

双杰合肥基地空压机共有 2 套，第 1 套配置 1 台工频+1 台变频 75kW，第二套配置 1 台工频+1 台变频 110kW。将空压机油路进行改造，使润滑油在气油分离器中分离后，将高温的润滑油经过管道引出，进入换热设备中，与水换热后，再由管道引出，并再增加一条回路做旁通，直接将高温油连接到换热设备的回油端。第 1 套热水作为办公楼及食堂用热水的补充，第 2 套作为 8 号厂房办公室及淋浴房供热水使用。

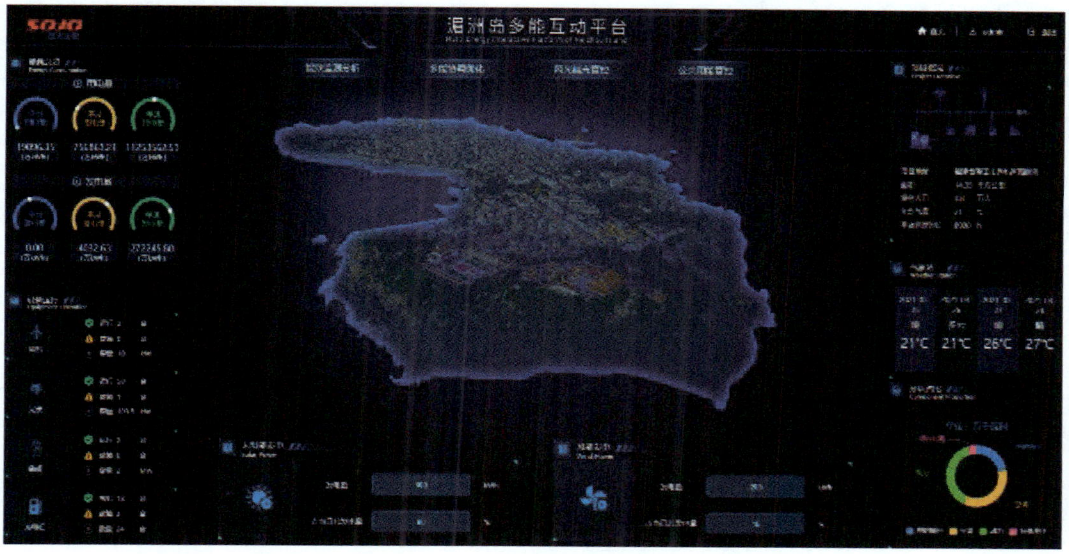

综合能源管理系统展示

7. 综合能源管理系统

综合能源管理系统结合生产计划、基本负荷预测数据及外部因素等，通过神经网络学习算法，生成能源需求计划，进而结合园区能源库存情况，统筹制定能源采购计划及能源生产计划，保证园区能源及时供应、能源成本最低。

四、商业模式

双杰新能有限公司为 EPC 总承包方，且包含后续整个项目的运行维护管理。电动汽车充电站正式运营后收取服务费或者接入合肥市电动汽车充电设施投资运营有限公司监管平台领取补贴。

国网电力科学研究院武汉能效测评有限公司作为项目策划及信息化建设支撑方参与整个项目的建设。

五、项目收益

双杰电气合肥有限公司一期 5.9MWp 光伏电站可实现年度发电量 676.02 万 kWh，初步估计可实现电费节省 304 万元。光储充系统实现节能量 30 万 kWh，初步估计可节省电费 13.5 万元/年。空调群控系统可优化节能 15%～30%，预计节约电能约 90 万 kWh/年，节约电费约 65 万元/年。智慧照明系统经过优化设计，可节约电能约 6 万 kWh/年，节约电费约 4 万元/年。空压机余热利用可实现日回收热量 397 万 kcal，相对于可节省天然气耗费 73 万元/年。

六、项目亮点和经验总结

（1）光储充系统能够通过光伏发电储存电能，光伏、储能和充电桩构成一个微网系统，根据需求与公共电网智能互动。不仅实现了清洁能源供电，还能缓解大功率、容性、感性负载大电流充电时对区域电网的冲击。光储充智慧车棚集成一体化设计，直流终端额定输出电流 240A；顶棚的双玻光伏组件双面受光发电，相比较传统光伏组件发电效率提高 15%。打造光伏+储能+充电桩系统，构成智能光储联合供电系统，解决了光伏发电系统供电的间歇性问题，提高了清洁能源的利用率，实现了削峰填谷应用。

（2）工业企业的生产数字化与能源数字化的融合，依托于电子信息技术、互联网技术、5G 通信技术等现代化手段，对厂区内发电设备、输电设备、用电设备进行逐级管理，并结合生产运营过程中采购、存储、加工、转换、输送、消耗等全部环节进行分级别、分主次监管，围绕着供能、用能数据采集、监视、计量、计费、对标、统计、网损等方面的管理，实现“用能最优化、能耗可视化、管理智能化、运维实时化”。

公司介绍

双杰新能有限公司隶属于北京双杰电气股份有限公司，主要从事分布式光伏项目的 EPC 总承包，工商业、企业综合能源管理，电力工程以及电力运维项目。可以对该类项目进行投、融资，技术咨询及后期运营维护等服务。

国网电力科学研究院武汉能效测评有限公司是国网综合能源服务体系的重要一环，发展形成了咨询服务、综合能源服务、信息化建设、科技研发、展厅建设和实验室建设等业务方向，全面支撑国家电网公司“碳达峰、碳中和”方案目标的实现。

第2章

行业分类案例

北京海淀冬奥场馆综合能源示范项目

国网（北京）综合能源服务有限公司
马 建 赵 翔 刘晓琦

一、案例简介

为落实习近平总书记对办好北京冬奥会作出“要坚持绿色办奥，提升全社会环保意识，加强环境治理和污染防控，把绿色发展理念贯穿筹办工作始终”重要指示、创造奥运会碳普惠制的“北京案例”，国网（北京）综合能源服务有限公司与北京五棵松文化体育中心有限公司联手打造北京海淀冬奥场馆综合能源示范项目，着力促进能源供给清洁化，全面贯彻落实“双碳”行动方案和部署，助力北京率先实现碳达峰、碳中和的示范项目。

五棵松冰上运动中心全景图

本项目全力支撑打造的北京冬奥会低碳场馆，高标准建设五棵松冰上运动中心光伏项目，努力实现所有场馆达到低碳节能节水标准，综合实现 100%可再生能源满足场馆常规电力消费需求，助力冬奥场馆打造超低能耗新名片。

二、技术方案

五棵松冰上运动中心是 2022 年冬奥会北京赛区的一个重要赛场，是单体面积最大的被动式超低能耗体育建筑，通过在建筑围护结构、能源和设备系统、照明、智能控制、可再生能源利用等方面综合选用各项节能技术进行集成，能耗水平远低于常规建筑。建成之后与国网（北京）综合能源服务有限公司联手打造“绿色”场馆，结合屋面建筑结构特点，国网（北京）综合能源服务有限公司组织专业设计团队，组织多作业面施工，现场组织开展风阻、拉力等相关测试并出具报告，为最大限度保持屋面原造型，屋面太阳能光伏组件根据各部分屋面倾角情况，采用平铺方式安装，充分利用太阳能清洁能源。五棵松冰上运动中心光伏发电项目通过设备选型、反复对比选用单晶硅优质组件、华为逆变器，并采用多点并网方式满足冰上运动中心的用电需求，节约能耗。

三、项目收益

项目建成之后每年可产生的清洁电力相当于节约标准煤252t，减少二氧化碳排放约697.8t。

光伏系统年发电量约为70万kWh，电价根据北京市发展改革委公布的郊区非居民销售电价表中1～10kV一般工商业电价，通过加权平均计算法得出白天均价1元/kWh。同时，根据《国家发展改革委关于2020年光伏发电上网电价政策有关事项的通知》（发改价格〔2020〕51号）以及《北京市发展和改革委员会、北京市财政局、北京市住房和城乡建设委员会关于进一步支持光伏发电系统推广应用的通知》（京发改规〔2020〕6号）要求，申请光伏发电补贴。

四、项目亮点和经验总结

五棵松冰上运动中心光伏项目的如期建成，标志着国网（北京）综合能源服务有限公司综合能源业务在服务冬奥场馆方面提供了坚强有力的支撑，成为在首都开展综合能源应用实践的典型案例，实现了综合能源服务以客户为中心的核心价值，提升区域绿色能源占比，形成可复制、推广合作示范。

五棵松冰上运动中心光伏项目建成

五棵松冬奥场馆

公司介绍

国网（北京）综合能源服务有限公司是国网北京市电力公司为落实国家电网有限公司整体工作部署，于2018年通过内部企业重组整合的专业支撑单位。2020年底与国网综合能源服务集团有限公司建立资本纽带关系，实现公司按新模式运行。

公司已取得高新技术企业认定，拥有电力工程施工总承包三级、城市及道路照明工程承包二级、建筑机电安装工程专业承包三级、建筑工程施工总承包三级、承装（修、试）电力设施许可五级资质。

主要业务涵盖“能源托管服务、能效管理服务、多能供应服务、新能源应用服务”4大类、20项服务产品。2020年，国网（北京）综合能源服务有限公司已组建16个综合能源服务事业部。

北京云湖会议中心综合能源服务示范项目

中国航空工业新能源投资有限公司
王 东 张伟峰 李鸿坤

一、背景需求

北京云湖时代会议中心坐落在北京密云水库湖畔，现有建筑面积约 8.97 万 m^2，共有建筑物 13 栋，是一所拥有酒店客房、独栋别墅、会议中心、游泳馆、网球馆、餐厅等功能的综合性商务酒店。

北京云湖时代会议中心外景

在改造前，其采用 2 台燃煤和 2 台燃气蒸汽锅炉提供冬季采暖、全年热水、洗衣房蒸汽和泳池恒温。主要能耗类型为电、水、煤和燃气。这样的能源结构不符合环保要求，而且管理难度大，为确保锅炉安全运行，至少投入了 20 余人管理。为实现“煤改气”目标，若直接全部改为燃气蒸汽锅炉，可预想每年能源成本将成倍增长，因此需要一整套的综合能源改造方案。

二、案例简介

2016 年，北京云湖时代会议中心与中国航空工业新能源投资有限公司签订了 EMC 综合节能改造合同，于 2016 年 5 月 11 日开工，一期项目于 2017 年 1 月 15 日竣工验收；二期项目于 2018 年 12 月竣工。主要实施内容为：模块化燃气锅炉采暖系统、太阳能生活热水供应系统、绿色照明 LED 节能改造、洗衣房电蒸汽发生器改造、基于物联网的能源管理云平台建设、用电调峰储能改造等，总投资约 2156.5 万元。改造完成后，能源结构变为电、水和燃气，符合北京环保要求。

三、技术方案

本项目采用“分散布置、集中管理”的理念，对供热系统进行改造，提高能源转换效率，改蒸汽为热水供暖，并分散布置，降低输配损耗；采用“开源节流”理念，开发利用太阳能资源，以太阳能集热生产热水，减少燃气消耗；以“智慧园区”理念，建设能源管理系统，实现高效、智能管理。

（1）以 6 台模块化 1.1MW 天然气全预混冷凝热水锅炉供冬季采暖。经测定锅炉燃烧效率达到 97%以上，相比于原燃煤锅炉（燃烧效率 50%），极大提高了能源利用效率。其中氮氧化物排放达到 30mg/m^3 以下，符合世界范围内最严格的锅炉氮氧化物排放标准——北京市《锅炉大气污染物排放标准》（DB 11/139—2015）中对氮氧化物排放的要求。

热水锅炉

太阳能板

照明系统

（2）生活热水系统主要使用太阳能集热装置作为热源，太阳能热光照条件不足时使用房炉辅助加热。太阳能集热装置使用金属热管式真空管集热器，设计光热转换效率可达到 45%以上，实现了生活热水供应和泳池恒温运行。

（3）照明采用节能率高、寿命长的 LED 光源代替荧光灯、节能灯等传统光源，共计替换光源三万余盏，节电率达到 50%以上。

（4）独立设置0.45t/h电蒸汽发生器，解决洗衣房少量灵活的蒸汽需求，降低设备管理难度。

（5）建设基于物联网的能源管理平台，全部能源系统数据直接上云，以大数据、云计算技术，实现运营专家远程管理、实时运行在线监测诊断、维修工单派发、能源消耗大数据分析等功能。

（6）积极探索其他新能源应用的实施可行性，设置了激光测风仪收集数据，并安装了50kWh储能系统。

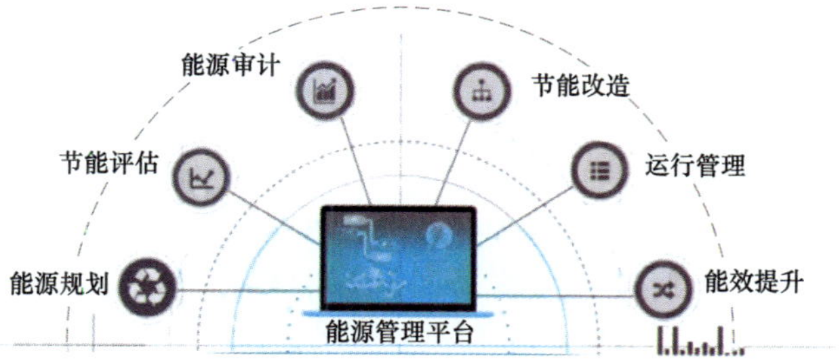

能源管理平台

四、商业模式

本合同采用合同能源管理模式实施，为能源费用托管型，为北京云湖时代会议中心提供节能诊断、节能方案、投融资、设计、安装调试、运营维护等全价值链服务。

合同约定，节能改造后的10年合同期内，北京云湖时代会议中心每年支付合同能源管理服务费（包括年运营维护费）。中国航空工业新能源投资有限公司确保其年能源费用不超过设定值，超出部分由新能源公司承担。

五、项目收益

1. 节能效益

本节能改造项目以提高能源利用效率及运营管理水平为主旨，项目实施后，将能源消耗由改造前的3240tce/年降低至2280tce/年，实现年节约能源960tce，节能率29.63%，节能效果显著。

2. 环境效益

由于锅炉燃料由煤炭改为了天然气，可极大地减少二氧化碳、烟尘及氮氧化物的排放量。本项目年节约标煤960t，按1t标煤释放2.8t二氧化碳，0.075t二氧化硫、0.68t粉尘、0.0375t氮氧化物测算，年减少二氧化碳排放2688t，减少二氧化硫排放72t，减少烟尘排放652.8t，减少氮氧化物排放36t，对治理园区空气污染现状起到立竿见影的效果，有着明显的环境效益。

3. 社会效益

本项目实施后，消除了密云水库区内燃煤的使用，锅炉运行水平大大提高，减少了大气污染物排放，消除了堆煤、炉渣、水体污染对周边环境的影响，提高了供暖质量，具有良好的社会效益。

4. 经济效益

改造完成后，运营人员由原20余人降至5人，年节约人工成本150万元。另外，设备维护保养成本大幅下降。年能源消耗成本约1000万元，与改造前燃煤成本相当。

六、项目亮点和经验总结

从近六年的运行情况来看，该系统以合同能源管理的方式，实现了综合智慧能源典型场景供能。

（1）区域内的负荷需求明确。综合了各类用能特点，根据域内资源情况，将光热燃气、风电、储能与能源管理系统相结合，达到了高效节能的效果。

（2）技术路线合理得当。采用“分散布置、集中管理”的理念，整体需求解决方案实现了煤改气、汽改水，减少能源损耗，能源成本基本保持不变。

（3）合同能源管理商业模式值得借鉴。通过基于物联网的能源管理云平台，实现“远程运维+就地操作”的运行管理新模式，能够轻松查找能源消耗源头，分析能源消耗原因，降低能源管理运营成本，有效保证了合同能源管理项目的实施可行性。

公司介绍

中国航空工业新能源投资有限公司1989年1月成立，主营业务包括清洁能源和综合能源服务两大板块。公司逐步向“基于物联网的综合能源管理服务”转型，从能源战略安全、绿色能源供应、智慧能源管理等多维度拓展业务。

裕隆爱之城空调系统数字化升级与运行托管项目

亿联鑫工程科技有限公司
张　懿　朱正华　陈爱兵

一、背景需求

目前，建筑耗能已与工业耗能、交通耗能并列，成为我国能源消耗的三大“耗能大户”。在我国城市化水平提高和能源需求激增的背景下，建筑能耗占社会总能耗的 30%，为了创造舒适的室内环境，公共建筑往往消耗大量的能源，其中暖通空调系统占据公共建筑能耗 60%左右，是建筑能耗的关键因素。让暖通空调系统实现数智化升级，已成为推动建筑低碳化、节能化的根本路径之一。

二、案例简介

鹤壁市裕隆爱之城，位于鹤壁市鹤煤大道北，兴鹤大街东。本工程建筑总面积为 84 238.39m^2，其中采暖空调面积 6 万 m^2。爱之城采用集中能源站供冷供暖。制冷季起止时间为 5 月初～10 月底，采暖季起止时间为 11 月中旬～4 月中旬，每天运行时段 8:00～21:00。

裕隆爱之城外景

制冷系统设备选型偏大，存在“大马拉小车”；缺乏统一的监控平台，系统启停、参数设定、设备群运行不合理，无法做到精细化管理；缺少专业的运营人员和智能的管理工具，管控难度大，造成了爱之城每年空调能耗成本不断攀升。

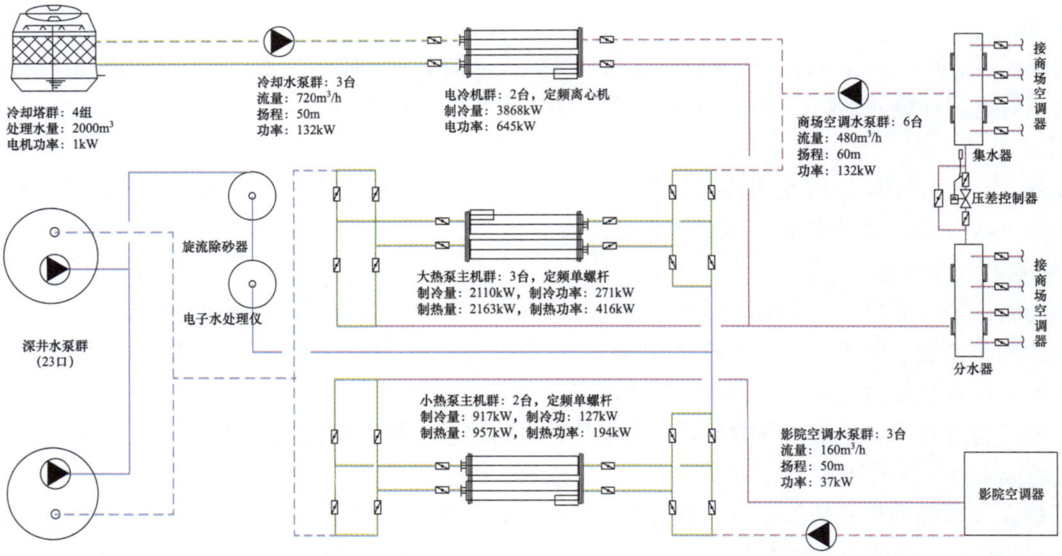

制冷系统工艺流程图

针对上述情况，基于泛能网平台，亿联鑫工程科技有限公司为裕隆爱之城提供空调系统数字化升级和节能诊断、工程设计、升级改造等服务，并且针对空调能源站能源管理和节能运行提供运营服务。

三、技术方案

通过泛能网平台部署，裕隆爱之城冷水机组、热泵等设备和空调系统，将商场制冷站主机的能源运行数据上传至泛能网 PaaS 平台，进行数据的筛选、整合和分析，并嵌入了多种 AI 优化算法和专家模型，进行全局监测、控制系统优化和局部改造。

（1）平台部署，控制升级。依托泛能网平台嵌入的最优控制策略集：空调系统配置策略、采暖系统配置策略、影院系统配置策略，实现冷机与热泵运行优化控制。通过平台和手机可实现设定参数的下发和设备远程启停。

（2）能源系统设计重构，提高全系统综合能效。增加井水自由冷换热系统，在冬季充分利用商场采暖用井水尾水，为影院提供免费冷源。同时，亿联鑫工程科技有限公司管理人员实现了对能源系统精细化管理，基于平台 AI 算法，为爱之城提供设备能效和运行等方面的智能诊断，智能推送运行优化和节能改造策略，以提高全系统节能降耗。

（3）基于平台的预测性维护，运维管理数智化。亿联鑫工程科技有限公司通过泛能网平台进行 7×24 小时在线设备监控，分析关键参数，实时掌握制冷设备和系统健康状况，及时发现设备及系统运行异常情况，形成预测性分析，对裕隆爱之城给出维护建议和设备实时预警，实现制冷系统的预测性维护服务和高效运行。

四、商业模式和项目收益

裕隆爱之城将空调系统的运行托管给亿联鑫工程科技有限公司，托管年限 10 年。亿联鑫工程科技有限公司携手泛能网部署空调系统智慧运营平台，对能源站工艺流程和控制系统进行优化改造。

1. 经济效益

实现基于数字化升级的公共建筑能源托管。裕隆爱之城是鹤壁市最大的商业综合体，通过对空调系统进行数字化升级，并基于大数据分析形成个性化算法，不断优化空调系统的运行参数及设备组合，自动下发至本地控制系统，实现系统高频次自动调优运行，空调系统能耗降低了 25%，人员效率提升 50%。

预计年节电 135 万 kWh。全电价为 0.65 元/kWh，疫情补贴后，当前电价为 0.58 元/kWh，年节电费金额约为 78 万元；若电价恢复到 0.65 元/kWh，年可节电费金额 87 万元。

2. 社会效益

裕隆爱之城商场作为鹤壁最有影响力的商场之一，通过引入数字能源新技术、托管服务新模式，可提升业内影响力，进一步强化商场品牌形象。改造项目会降低商场能源消耗，符合国家节能减排、绿色发展大政方针，并可向政府申请一定数量的节能补贴。

公司介绍

亿联鑫工程科技有限公司成立于 2006 年，是一家专门致力于中央空调系统、净化空调系统设计和设备安装、智能维保、节能改造、智慧能源管理的国家高新技术企业，施工技术及装备实力居行业先进地位。多年来，公司遵循“积极、稳妥、精细、协调”的管理方针，持续推动项目管理和企业管理全面升级。同时，随着物联网、大数据等智能技术的兴起，公司提出“智能技术加持的预测性维护”业务理念，通过对设备实时监测、提前感知、远程指导，帮助用户有效降低故障率、大幅缩短故障排查时间、全力保持业务稳定性。

住总大光明中心无功补偿与谐波处理工程项目

威司克股份有限公司　威司克电能有限公司
郑巨式

一、背景需求

住总大光明中心建筑面积约 10 万 m^2，作为全业态体验式购物中心，其包含四大核心主力店，分别为中国传统文化与虚拟现实等潮科技融合的央视动画体验馆、有着“民生超市，百姓永辉”之称的永辉超市、打造“学中有趣，玩中有益”的菜鸟益趣以及横店影城。配置 8 个变压器室，由于负载多样化，大量的自动化设备和计算机、空调机组、冷冻机组、节能照明灯、办公用电设备等非线性负载的存在，各个配电室功率因数偏低，谐波含量大以及三相不平衡等随之而来，导致传统无功补偿设备 LC 故障频出，明显增大了设备故障的风险，影响用户用电安全。

住总大光明中心外景图

二、案例简介

针对住总大光明中心存在的传统的无功补偿设备通过 LC 电容器组响应负荷变化滞后，投入后放大系统谐波含量，威司克股份有限公司在结合原有 LC 电容器组补偿设备的特性上，提出和设计了基于 SVG+LC 的 VSKIN-ZK 控制的混合补偿系统。该混合系统能够协调控制 LC 与 SVG 对负载无功精确补偿，同时通过独有的核心算法，在满足常规功能外，可以通过电平形式控制复合开关、智能电容器，还可以对 25 次以下的特定次谐波进行补偿，并可补偿由不平衡负荷导致的配网三相不平衡，达到消除不平衡及补偿无功的作用，模块响应时间达到 5ms 以下。

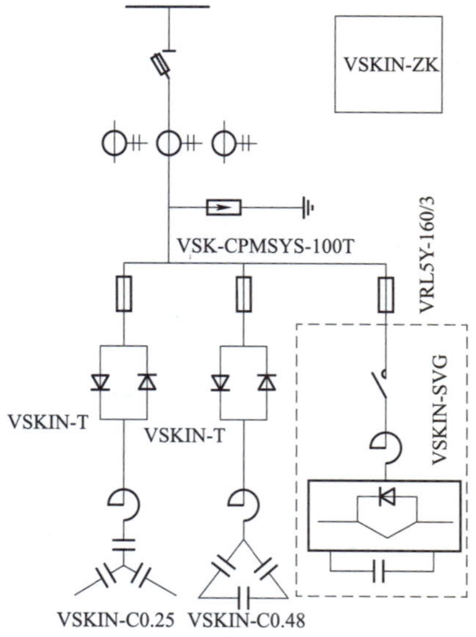

SVG+LC 混合无功补偿系统原理图

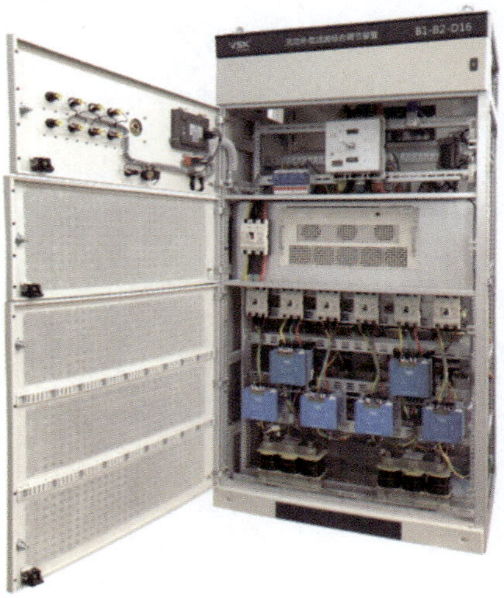

无功补偿设备

三、技术方案

本项目的无功补偿系统是由一台 SVG 和多组 LC 组合而成，其中传统 LC 装置进行有级投切，提供了大容量的容性无功，SVG 对负载变化作出快速反应，提供较小容量的感性无功或容性无功，实现无功功率的盲点覆盖，同时抑制电网电压闪变，两者协调配合能够对负载无功功率进行实时、迅速、低成本补偿。SVG 结构逆变器的输出侧接有一组低通滤波器，是为了消除逆变电路产生的高次谐波，LC 结构电容支路中串联有电抗器，是为了防止系统存在谐波时 LC 与系统产生谐振。

该混合系统原理为：首先利用检测装置实时测得电网电压、电流以及负载侧功率数据，根据潮流计算求出电力系统所需的无功，设每组 LC 能补偿的无功电流为 I_c，SVG 能补偿的最大无功电流 $I_s\max=I_c$，负载所需无功电流为 I_a，当 $kI_c<I_a<(k+1)I_c$ 时，投入 k 组 LC，其余少量的无功用 SVG 来补偿。

SVG+LC 无功补偿系统在进行联合调节时需：① 负载无功突变时，LC 来不及动作，SVG 要快速实时响应≤5ms，然后 LC 启动有级投切，SVG 完成最后一级 LC 投切后逐渐减少输出对所缺无功精确补偿。② 系统补偿无功达到动态平衡后，SVG 需要保留足够的无功补偿余量，为下次的负载无功突变做准备。

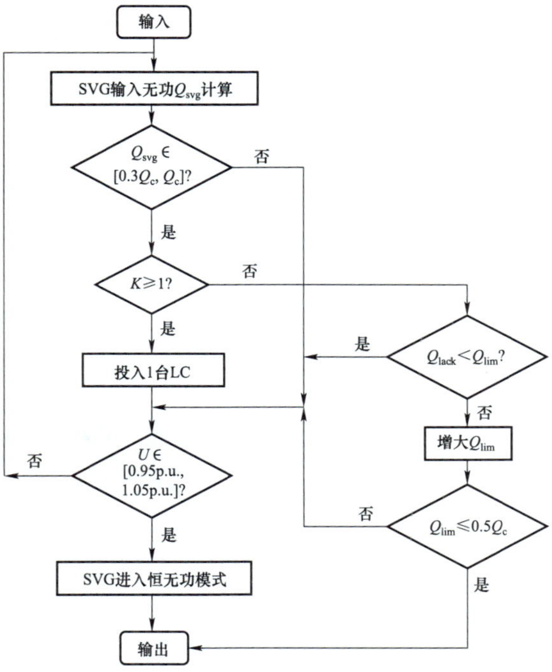

SVG+LC 协调控制方案流程图

为满足以上控制目标，本项目采用了右图所示的协调控制方案，图中 Q_{svg} 为 SVG 的无功输出值，Q_c 为一台 LC 的无功输出值；Q_{svg} 的最大无功输出值为 Q_c；K 为系统中未运行的 LC 组数；Q_{lim} 为 SVG 的初始限值；Q_{svg} 为 LC 投入运行后系统所缺无功。其控制策略首先检测 LC 组数的投切状态，当系统任意相电压 $U\notin[0.95\text{ p.u.}, 1.05\text{ p.u.}]$ 时，而 SVG 输出已达容性上限时，若 LC 没有投入运行，则可根据无功功率缺额投入相应的组数，若 LC 均处于闭合状况，则可将 SVG 的输出容性上限逐渐上调，为了使 SVG 保持有充足的无功余量，一般 SVG 容性上限的峰值不高于负载额定容量的一半，处于这种协调控制策略下，SVG 的无功输出值根据系统电压的变化实时调整，同时留有充足的备用余量应对负载无功的突变，该协调控制策略下的补偿效果时序图见左图。

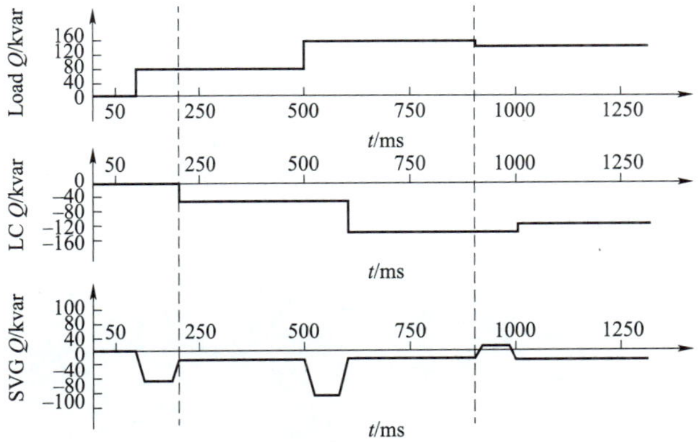

SVG+LC 无功补偿效果时序图

从左图中可以看出，100～200 ms 负载的无功突增，LC 反应速度慢，不能实时响应，此时 SVG 会迅速动作补偿无功，900～1000 ms 系统无功开始减少，由于 LC 来不及切除则会产生一个过补问题，那么此时 SVG 的作用就是将 LC 过补产生的多余容量吸收掉。

四、商业模式和项目收益

无功补偿和谐波治理方案由威司克股份有限公司设计、安装和调试，所有核心元器件均使用威司克股份有限公司产品，设备安装后一次性验收通过。到 2021 年 6 月底该项目已运行 3 年，功率因数始终保持在 0.96 以上，各项电力指标均优于国家相关标准。

五、项目亮点和经验总结

本项目中使用的 SVG 和配电网原有 LC 的混合无功补偿系统在节省电网公司资源的同时又能够实现大容量无功的连续调节，弥补了 SVG 成本高以及 LC 只能有级投切的缺陷，引入改进型 VSKIN-ZK 双模控制器，显著改善系统的动态性能，提出基于二者的协调控制策略，通过 3 年的运行表明，该混合无功补偿系统既能发挥出 SVG 快速无功补偿的优势，又能达到谐波治理的效果，节能降损效果明显，因此该方案有着很好的潜力，值得广泛推广。

公司介绍

威司克股份有限公司是一家专业研发、制造电容器电抗器组件、有源滤波器等无功补偿核心器件与电能质量谐波治理装置的国家级高新技术企业，参与国家标准制定单位，依托于德国威司克股份有限公司的强大技术支持与品牌支持，以优质的产品来满足客户的需求，进一步提升电力用户能源利用率，优化用电结构，节能降损降本增效，不断研发和制造优质无功补偿与电能质量系列新品，服务于国网综合能源服务事业。

福建大型机场综合能源站示范项目

国网福建综合能源服务有限公司
李 凌 陈悦平 黄 琳

一、背景需求

厦门某机场位于厦门翔安区南部大嶝岛，定位为我国重要的国际区域性枢纽、货运及两岸交流门户机场，将建成我国最大的单体航站楼之一，计划于2023年实现竣工通航。厦门全年供冷时长可达9个月，机场用冷流量大且需求稳定，进行区域集中供冷综合能源项目开发具有极大示范意义和推广效应。

厦门某机场规划图

二、案例简介

2020年5月，国网综合能源服务集团有限公司与厦门翔业集团有限公司签署战略合作框架协议。合作协议涉及某机场航站区、航空服务区、配套商务区的综合能源服务项目。这是首个国家电网公司投资的交通领域制冷能源站项目，未来可望建成国内规模最大的水蓄冷系统综合能源站项目。

厦门某机场俯瞰图

三、技术方案

厦门某机场能源站项目采用高效冷水机组+水蓄冷系统技术，主管网入机场管廊铺设，能源站供冷半径控制在2km之内。机场能源站为航站楼、交通中心及停车场、南办公楼等供冷。对比常规分散式供冷方式，区域集中供冷技术能源利用率更高，包括运行维护费用和设备在内的用能成本更低。此外，由于制冷机组可在夜间电网负荷低谷时段工作蓄冷，在白天用冷需求高峰时段释放，将有效实现电网运行的削峰填谷，利于实现能源梯级利用及能效提升，对城市能源安全水平和区域发展品质也具有重要意义。

四、商业模式和项目收益

本项目的投资、建设、运营由厦门翔业集团有限公司与国网综合能源服务集团有限公司、国网福建综合能源服务有限公司、厦门电力成套设备有限公司四方出资组建合资公司共同负责。厦门翔业集团负责航站区综合能源站项目的土建工程建设，待土建完成后，将能源站所在土地及地上建筑物以租赁方式提供给合资公司使用，合资公司通过向终端客户收取供冷费用的方式获得回报。该项目运营年限 15 年，预计年均营业收入 3700 万元。

五、项目亮点和经验总结

以厦门某机场为切入点进行区域供冷项目开发具有极大的示范意义和推广效应，符合国家电网公司总体战略部署和发展方向，也是深耕厦门乃至福建区域供冷市场的理想切入点。

公司介绍

国网福建综合能源服务有限公司为国家电网公司全资三级子公司，注册资金 20 100 万元。经营范围包括：综合能源服务；新能源、分布式能源项目投资、建设和运营服务；供水供热供气的项目投资、建设和运营服务；能源设备、设施维护服务；电力技术服务；合同能源管理服务；应用软件服务；工业节能服务；电力节能服务；建筑工程承包及工程服务；节能产品、电力产品的研发、销售、代购代销；售电；配电网投资、建设及运营。

上海浦东国际机场 1 号能源中心智慧运维服务

双良节能系统股份有限公司
姚余善　罗　平　赵清砚

一、背景需求

上海浦东国际机场 1 号能源中心，占地面积 29 825m²，主要为 T1 航站楼、航空货运区（楼）、配餐中心、消防救援中心、金融中心、机场华美达宾馆、机场当局办公楼等共约 60 万 m² 建筑提供冷、热、电能源保障。

基于习近平总书记提出的全面建成“平安、绿色、智慧、人文”为核心的“四型机场”规划建设要求，双良节能系统股份有限公司以多年自主知识产权的能源装备设计、制造、调试和运行维护经验，全面助力上海浦东国际机场 1 号能源中心实现“四型机场”目标要求。

上海浦东国际机场 1 号能源中心

二、技术方案

双良节能系统股份有限公司提供“燃机、溴冷机、离心机、锅炉、电气设备及管廊一次管线”在内的全套运维服务保障，包括供冷系统、供热系统、燃气轮机热电联供系统、10kV 及以下供配电系统、燃料系统、站房及场区管网设施、消防喷淋及监控系统、安保安防系统等。

1. 优化能源站软硬件管理

以建设机场行业标杆为驱动，在项目管理团队合力下，双良节能系统股份有限公司高效完成了本项目组织保障、体系建设、运行规范、设备管理、SLA 服务标准、项目培训等各项工作。团队累计编写岗位职责 63 份，制订规章制度 2000 余条，制作设备台账 130 本，各类应急预案 12 套，经整理并开设培训课程内容 7 项，整理汇编各类技术资料 85 项，分专业整理汇编台账 95 套，并细化职责、规范管理，使整个能源中心的管理面貌焕然一新。除此之外，双良节能系统股份有限公司在与机场集团的合力协作下开展《智慧化无人值守能源站的改造课题》，将数字化赋能落到实处，使智慧化理念深入细节。

2. 持续开展安全精细运维

作为平安运行落地的重要抓手，双良节能系统股份有限公司运营团队强化机场能源预测和用能计划管理，通过历年能源数据的采集、处理、分析，在能源有效保障基础上确保能源质量管理不断提升，并以数据互联共享与资源最优配置，提供“专家+管家”“专业+系统”的一站体验式运维管理服务，实现能源管理与机场运行调度管理的精准协同。

3. 实现智慧能源高效管控

双良节能系统股份有限公司智慧能源大脑“双良云”，从运行合理性、设备技术性和管理优化性三个层面挖掘系统中的隐性节能因素，对机房进行负荷预测、节能诊断、节能评估，确定科学、合理的运行策略。利用机场原有的燃气轮机余热锅炉系统结合溴化锂制冷机组系统，实现高效的热电冷三联供 CCHP 模式，在能量的梯级利用的基础上，将制冷、供热及发电过程一体化、系统化实现碳中和的多联产能，显著提高能源利用效率，减少碳化物及有害气体的排放。

专业的智慧技术运维

三、项目收益

通过专业的智慧运维技术对能源中心进行管理，在当前全球防疫安全及国家环保节能政策驱动下，提供管理、操作、维修、保养、节能、保值、增值的一站式系统服务解决方案，为这扇公众窗口提供绿色高效、稳健有力的服务与支持，是企业对积极履行社会责任、充分发挥示范作用的生动实践。也为浦东机场设备设施全生命周期管理提供发展动力，提升设备管理品质，全生命周期节能降费，提高设备运行效率，节约系统运行能耗，实现节能机场、绿色机场建设。

四、项目亮点和经验总结

（1）全方位诊断方案。从运行合理性、设备的技术性和管理的优化性三个层面挖掘系统中的隐性节能因素，结合客户实际负荷情况和当地环境、天气状况，精确跟踪并确定科学、合理的运行策略。

（2）人性化体验服务。大量节省客户的时间和精力，使客户能够集中资源至核心业务的增长上，实现非核心业务剥离，提升客户主营业务竞争力。

（3）灵活设施管理服务。以科学管理方式发挥设备的优良性能，将管理制度化、系统化、规范化、流程化，规避运行过程中潜在的各种风险，确保系统及设备安全性、高效性，降低运行风险。

（4）项目顺利运维接管，建立起机场行业市场拓展及智慧运维管理升级，再树新标杆、新高度、新示范，为客户平台价值延伸树立了新的典范。

公司介绍

双良节能系统股份有限公司（600481）以绿色环保为己任，致力于成为领先的零碳绿色综合能源解决方案提供商，在“节能节水、光伏新能源”数字化智造、服务型智造领域形成核心竞争力。为航天、电力、核能、石油、冶金、化工、纺织等工业领域以及医院、商场、写字楼、交通设施等民用领域量身定做集安全可靠、节能环保与经济效益为一体的综合能源服务系统解决方案。

拉萨贡嘎机场空港岸电合同能源管理项目

国网西藏综合能源服务有限公司
加 央 王 康 陈 凯

一、案例简介

拉萨贡嘎机场是西藏机场之首，位于西藏山南市贡嘎县甲竹林镇，坐落在壮丽的雅鲁藏布江南岸，海拔 3600m，跑道长 4000m，宽 45m，机场等级 4E，可供波音 757、空中客车 A330 等大型飞机起降。2017 年再次改扩建，旅客吞吐量从 300 万人次提高到 900 万人次。改扩建工程概算投资 39.07 亿元，按照到 2025 年满足旅客吞吐量 900 万人次、货邮 8 万 t 规划设计，预计届时飞机起降 5.85 万架次，将建设 21 个机位的站坪，新建 8.8 万 m^2 的 T3 航站楼和 5.6 万 m^2 的停车场，该航站楼于 2021 年建成并投入使用。

拉萨贡嘎机场在飞机地面供能方面存在的问题：一是需求增长迅速，供能保障难以满足。贡嘎机场旅客吞吐量、航班数量以及未来引进宽体客机等需求，将为地面供能服务带来较大压力，依托车辆辅助 APU（auxiliary power unit，辅助动力装置）的模式不具备可持续性。二是规模效应问题凸显，运营压力与日俱增。航班数量增长、机型升级以及停靠时间的缩短，势必导致人员配置、车辆调度压力上升，进一步提高机场运营成本。另外，辅助动力装置的使用会带来一系列检修、维护成本，不利于贡嘎机场在航空市场中竞争力的提升。三是空气、噪声污染严重，不利于服务质效提升。随着旅客对候机、乘机过程中舒适性、满意度重视程度的提高，飞机、地面车辆噪音、空气污染将受到旅客的广泛关注，若不采取提升措施，将一定程度影响机场客户服务美誉度。

综上所述，伴随机场业务的快速发展，无论从提高乘机旅客的服务质量上，还是从降低机场的噪声危害、污染排放的角度上看，采用桥载设备替代飞机 APU 的工作刻不容缓。同时，实现国家电网公司和民航局节能减排的目标，加快转变经济增长方式，强化燃油节约和能源高效利用，加快建设资源节约型、环境友好型民航，推进电力与机场行业持续、健康、协调发展。

二、技术方案

本项目主要是在贡嘎民航机场建设机场桥载设备。贡嘎机场航站楼的 4 条廊桥实施桥载设备的安装，配置 2×90kVA 的 400Hz 静变电源 2 台和 90kVA 的 400Hz 静变电源 2 台。静变电源工作原理如下：

电源系统输入市电 380V/50Hz，输出为三相四线 115V/400Hz，采用独立控制，方便操作灵活使用，可分为功率主电路和控制电路两大部分。

1. 主电路

主电路包括整流、滤波、逆变、交流滤波、变压器等组成部分，经过 AC→DC→AC 变换，其中整流后的脉动直流由直流电解电容滤波后变成平滑直流。

直交逆变部分采用单相全桥结构，三相系统分别为三个单相独立的逆变单元，用主动元件 IGBT 模块设计，以隔离变压器输出来增加整机稳定性，具有负载适应性强、输出波形品质好、操作简便、体积小、重量轻等特点，具有过压、过流、过载、过热等保护功能，以保证电源可靠运行和输出波形的稳定性。

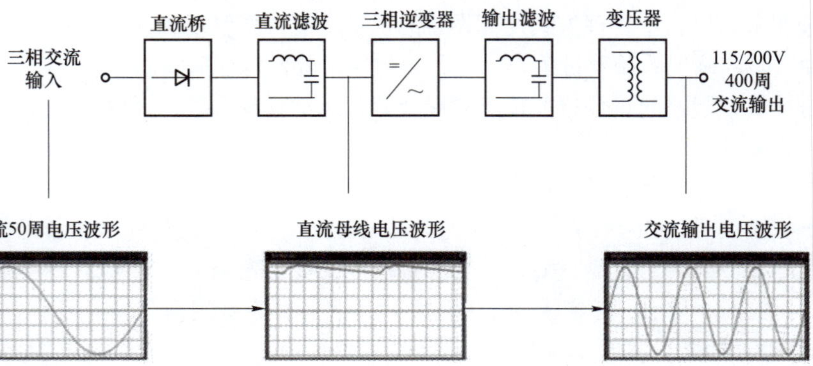

电源原理图

2. 控制电路

控制电路可分为主控制部分和驱动部分。

（1）主控制部分包含波形合成、反馈电路、保护电路、死区调整电路。

波形合成主要是采用计数寻址查表方式，经过 D/A 转换形成 400Hz 基波，再和由比例调节积分电路而来的三角波叠加，形成两路 SPWM 波。然后两路 SPWM 波分别经过反相器，形成两组驱动 IGBT 上下桥臂的 SPWM 驱动信号，从而驱动信号的合成。反馈电路，将输出电压电流信号分别去采集，从而保证输出电压的稳定和输出过流的保护。保护电路主要是在输出电流，电压超过设定值时，通过锁存电路产生低电平，来封锁 SPWM 波，达到保护 IGBT 的效果。死区调整电路，不让死区时间过短，上下桥臂同时导通，形成直通而损坏 IGBT，也不能调整死区时间过长，而波形畸变，实现输出稳定。

（2）驱动部分包括信号放大和 IGBT 保护。

信号放大，是将反相而成的 SPWM 波经过 57962 驱动片隔离放大为正 15V 导通，负 10V 关断信号。IGBT 保护，通过驱动过流信号，由 57959 内部完成，产生低电平，封锁 SPWM 波。

三、商业模式和项目收益

本项目采用 EMC 模式，由国网西藏综合能源服务有限公司与拉萨贡嘎机场签订节能服务合同，合同有效期 20 年。其中国网西藏综合能源服务有限公司负责机场岸电项目的设计、设备采购和安装调试，拉萨贡嘎机场负责提供建设场地和必要的协助。项目投运后，经双方共同确认节能率后，在项目合同期内，前 10 年双方按比例 7:3（国网西藏综合能源服务有限公司 70%，拉萨贡嘎机场 30%）分享项目收益，后 10 年双方按比例 5:5（国网西藏综合能源服务有限公司 50%，拉萨贡嘎机场 50%）分享项目收益。

预计该项目投资方前 10 年，年收益 91.7 万元，后 10 年，年收益 65.5 万元。机场方前 10 年，年直接收益 39.3 万元，后 10 年，年直接收益 65.5 万元。航空公司而言，按每条廊桥停靠 8h/日、每年 360 天，E 类廊桥停靠率为 10%计算，则一年收益为 1158 万元，20 年总收益约为 23 160 万元。该项目实施，切实实现了合作多方共赢。该项目实施每年可减少的能耗折标煤量 4136.6t（节约 1kg 标准煤=减排 2.493kg “二氧化碳”，减排 0.68kg 粉尘，减排 0.075kgSO_2，减排 0.0375kgNO_x），折合减少排放二氧化碳 10 312t，二氧化硫 310t，氮氧化物 155t，粉尘 2812t，节能减排成效显著。

四、项目亮点和经验总结

西藏首个高原机场空港岸电项目——拉萨贡嘎国际机场廊桥桥载电源替代航空辅助动力装置（APU）项目顺利投运，实现飞机着陆后从消耗航空煤油到使用清洁电能的转变。这是民航西藏自治区管理局与国网西藏电力有限公司全面践行新发展理念，服务西藏自治区打造生态文明高地的一项具体举措。

西藏拉萨贡嘎国际机场廊桥桥载电源替代 APU 项目是国家电网有限公司投资建设的首个高原机场空港岸电项目，也是民航西藏自治区管理局创新商务模式，引入第三方投资建设的西藏首个空港岸电项目，填补了西藏空港岸电领域的空白。该项目在拉萨贡嘎机场 2 号航站楼的 4 个廊桥共安装 2×90kVA 的 400Hz 静变电源 2 台和 90kVA 的 400Hz 静变电源 2 台，实现廊桥岸电全覆盖。飞机机载 APU 实施“油改电”后，可降低噪声、减少二氧化碳排放，为航空公司减少燃油成本，同时促进光伏发电、水电等清洁能源消纳，具有良好的经济效益、社会效益和环境效益。

案例适用于机场、船舶港口、名胜风景区等。

公司介绍

国网西藏综合能源服务有限公司是由国网西藏电力有限公司和国网综合能源服务集团有限公司共同出资设立的专业化综合能源公司，成立于 2019 年 6 月，注册资本 4000 万元。

公司是中国综合能源服务产业创新联盟成员单位。公司始终秉承“节约、清洁、安全”能源发展理念，以市场为导向，聚焦六大主营业务，致力于分布式能源、微电网、储能、电能替代、综合能源供应、能源托管等项目的规划、设计、建设运营及产品研发和节能服务，着力满足客户多元化能源消费需求。

公司现有电力施工总承包三级资质、机电工程施工总承包三级资质、建筑机电安装工程专业承包三级资质，承装（修、试）电力设施许可证四级

浙交投碳中和智慧高速管理平台项目

杭州中恒云能源互联网技术有限公司
徐炳炳　陈　茜　周　慧

一、背景需求

为深入贯彻落实“双碳”重大战略决策，推动交通领域尽早实现碳达峰，促进交通运输全面绿色低碳转型，推动行业高质量发展，浙江省制定《浙江交通领域碳达峰专项行动方案（2021—2030)》。行动方案提出，目标在 2027 年，全省建设零（低）碳公路服务区数量 20 个，充（换）电桩 49 万根，碳达峰数字平台 1 个，低碳技术推广 2 项/年。

为在工作标准、创造性张力、最佳实践等力争走在前列，当好“重要窗口”先行官，服务交通强国和社会主义现代化先行省建设，浙江交投新能源投资有限公司携手杭州中恒云能源互联网技术有限公司，积极推进搭建碳中和智慧高速综合能源管理平台。

二、案例简介

杭绍甬高速杭绍段全长约 53km，起点位于杭州市萧山区南阳街道，止于上虞与余姚交界处。路线采用隧道形式穿越拟扩建的萧山机场北侧后，以“高架高速公路+地面辅道”形式建设。

三、技术方案

本项目采用中恒云能源智慧能源管理系统，系统通过物联网、云计算、大数据技术，为收费站或管理处提供专业、精准、高效的在线能源管理服务；无缝结合收费站的生产过程，提供持续的节能增效咨询服务，评估及优化工业能源管理体系，分析能源数据，发掘节能潜力。

停车场雨棚光伏

屋顶光伏

集装箱储能

1. 智慧高速绿色能源规划

高速服务区：停车场雨棚光伏+屋顶光伏+集装箱储能。

互通收费站：大面积光伏面板+集装箱储能。

路灯：分布式光伏面板。

大面积光伏面板

集装箱储能

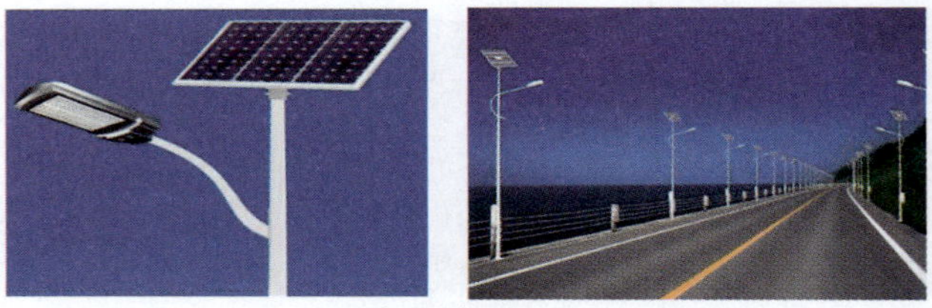

光伏式路灯

隧道及管理处：接入统一管理平台。

隧道及管理处接入统一管理平台

2. 智慧能源综合管理平台

智慧能源综合管理平台将高速公路电源网络中存在的分布式电源、储能、柔性负荷等各类可调可控资源均纳入调控范围，基于各类可调控资源的特征和性能分析，对分布式电源有功、储能充放电及柔性负荷减载量、减载时段从日前、日内、实时多个时间尺度进行协调优化控制，确保在电网安全可靠运行及可再生新能源利用最大化的前提下，实现整个优化周期内的电网运行成本最低（运行成本包括分布式电源发电成本、储能充放电成本、柔性负荷减载补偿成本、上级电网与园区电网之间的购售电成本及网损成本）。

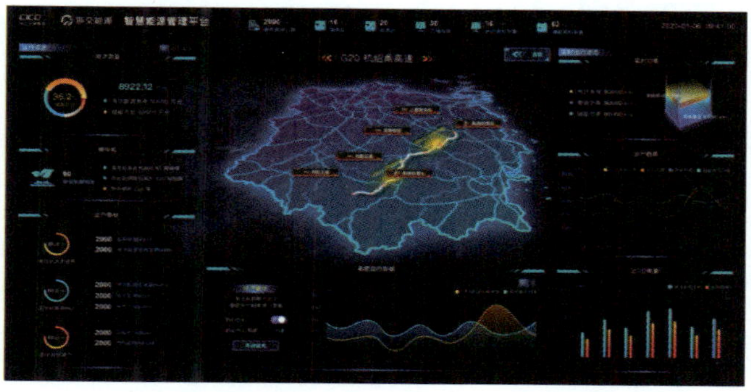

高速公路智慧能源综合管理平台

高速公路智慧能源综合管理平台功能：

（1）在线监测：实时监测分类、分项能耗信息，并对用能设备运行状况、系统故障信息等进行在线管理，以便进行及时处理。

（2）电能质量分析：对收费站或管理处配电网进行实时分析，覆盖电压偏差、三相不平衡、功率因数等各项电能质量指标。

（3）能效分析：对收费站或管理处的能源输入、转换和利用环节进行深入分析，实现能源基线管理，指导班组参照基线进行生产，推进节能工作的有效进行。

（4）成本分析：能够根据收费站或管理处工作计划，开展能源的成本计算，用于加强能源消费管理和能源平衡管理。

（5）用能策略调整：具有需求侧管理的功能，能够指导收费站或管理处根据能源电力的峰谷电价，合理的安排计划，节约电费。

（6）用能优化：能够通过能效对标、用能考核和单位面积能耗/人均能耗测算等功能，推动能源管理体系的开展和落地，提升收费站或管理处的能源管理水平。

四、商业模式

本项目采用设计-采购-建设（EPC）管理模式，杭州中恒云能源互联网技术有限公司主要负责整个项目的设计、建设用料的采购及施工工作，建设完成后移交业主运营。

五、项目收益

1. 清洁能源100%消纳

预测、仿真、优化，人工智能技术深度应用，实现清洁能源高渗透率多能源类型分布式用能负荷的能源系统100%清洁能源消纳，助力高速公路用电脱碳。

2. 高速公路智慧管控

针对高速公路隧道照明以及风机管理展开研究，构建完善的场景适用控制策略，实现隧道管理自动化，进一步降低高速功能能耗。

3. 节能降耗潜力挖掘

针对收费处、服务区展开综合能源全感知，用电安全监测。基于大数据技术进一步挖掘潜在节能降耗空间，助力高速公路碳中和。

六、项目亮点和经验总结

杭州中恒云能源互联网技术有限公司通过对各类能源的综合利用以及智能调控，将能源连成“线”，为未来监理高速公路绿色能源“网”打下了坚实的基础，助力实现全路网“碳中和”“零排放”“智能化”的绿色高速。

公司介绍

杭州中恒云能源互联网技术有限公司是国内最早涉足能源互联网的公司之一，依托母公司中恒电气（股票代码：002364）20年来在电力电子制造、电力信息化行业的深厚积累，于2015年6月正式成立，全面布局能源互联网。公司主营能源互联网基础设施和技术平台的建设、投资和运营，利用核心产品“知能”云平台及App结合线下服务，采集用户用能数据，通过数据挖掘及专业分析技术，为用户进行设备管理、能量管理、交易管理。目前已在全国17个重点区域城市实现落地，为合作伙伴提供全方位的能源技术支撑，能源互联网生态初具雏形。

安徽岳西县医院气改电综合能源托管运维项目

国网安徽综合能源服务有限公司安庆分公司
潘学文　张仁标　余志林

一、背景需求

节能降耗是绿色发展过程中的永恒主题，国务院《“十三五”节能减排综合工作方案》（国发〔2016〕74号）文件要求全面加强公共机构节能，推进公共机构以合同能源管理方式实施节能改造，积极推进政府购买合同能源管理服务，探索用能托管模式。医院能源种类多、综合能耗高，节能空间大，以合同能源管理模式推进医院节能降耗市场潜力巨大。

二、案例简介

岳西县医院占地面积近20 000m²，编制床位480张，是一家二级甲等综合性医院。医院现有门诊楼、综合楼两栋大楼。其中门诊楼建筑面积18 000m²，采用溴化锂空调机组供冷供暖。综合楼建筑面积16 000m²，夏季采用螺杆式空调机组供冷，冬季采用燃气锅炉进行供暖，主要使用能源为天然气和电力。2019年医院能源费用358.3万元，年单位面积能耗达210kWh/m²，节能空间巨大。

三、技术方案

1. 整体技术架构

（1）蓄热电锅炉及热泵机组。结合现场场地情况，在门诊楼楼顶建设10台空气源热泵机组供暖供冷，替换原有溴化锂空调主机；综合楼建设800kW的电蓄热锅炉及136m³的蓄热水箱，替换原有燃气锅炉供暖，保留原有螺杆式空调制冷主机。

医院供冷采暖技术方案表

建筑类型	医院（门诊楼+综合楼）		
供暖（冷）时间	冬季供暖120天，夏季供冷150天		
门诊楼空调面积	10 800m²	综合楼空调面积	12 000m²
夏季制冷	空气源热泵机组	夏季制冷	螺杆式空调机组
冬季采暖	空气源热泵机组	冬季采暖	电蓄热锅炉

（2）能效管理系统。新建一套能效管理系统，对风冷热泵系统、中央空调机房、蓄热锅炉进行综合控制，根据负荷及气候变化，优化调节冷热量，提高能源使用效率。

2. 总体技术路线

由于医院建筑面积较大，为确保用能供应的经济性及稳定性，结合现场实际条件，最终选择了“电蓄热锅炉冬季供暖+空气源热泵机组+螺杆式空调机组夏季供冷”的全电冷热源方案为医院提供综合能源托管运维保障服务。

（1）电蓄热锅炉系统。采用低谷电加热蓄能技术，现场安装电蓄热锅炉采暖系统，夜间23:00至早8:00低谷期间进行电加热，将水加热到95℃存储至有效容积136m³的蓄热水箱，利用板式换热器交换为50℃热水，送入医院风机盘管系统循环到末端供采暖使用。

（2）空气源热泵机组。选用技术成熟、能效比高的空气源风冷热泵机组，共安装10台，总制冷量1340kW，制热量1400kW，负责门诊楼制冷采暖。

电蓄热罐

空气源热泵机组

四、商业模式和项目收益

1. 商业模式

项目采用合同能源管理（EMC）模式，由国网安徽综合能源服务有限公司安庆分公司投资，对医院空调制冷、锅炉采暖系统进行改造，并对医院全部空调系统托管运维。

2. 项目收益

采用低谷电蓄热技术及先进的能效控制技术，提升了医院的能源利用效率，医院每年可节约能源费用支出近 70 万元。年替代电量约 65 万 kWh，每年可减少 178.8t 碳粉尘、655.7t 二氧化碳、19.7t 二氧化硫排放。

五、项目亮点和经验总结

项目使用蓄热式电锅炉代替传统燃气锅炉进行供热，蓄热式电锅炉通过利用低谷电进行蓄能，在高峰期进行放热，起到了削峰填谷的作用；空气源热泵机组较原溴化锂机组能效比大大提高，具有运行经济、安全可靠的特点。

综合能源托管运维项目，提供采暖、供冷、热水等供能服务，使用夜间低谷电蓄能，提高能源使用效率，为用户节约能源费用。本方案广泛适用于医院、酒店、商业体、办公楼、高铁站等冷热需求量大的公共建筑。

公司介绍

国网安徽综合能源服务有限公司安庆分公司是安庆地区综合能源服务龙头企业，主要从事多能供应服务、设备节能改造、新能源开发利用、电力设备运维等业务。

宜兴市中医医院节能改造项目

双良节能系统股份有限公司
姚余善 罗 平 赵清砚

一、案例简介

宜兴市中医医院创建于1951年，占地44 000m²，总建筑面积 72 596m²，是集医疗、教学、科研、预防、保健等为一体，中西医协调发展的综合性三级乙等中医医院。

医院空调设备老化比较严重，手术室空调设备故障，现有后勤管理系统效果不佳，影响能源系统安全、稳定、高效运行。

宜兴市中医医院外景图

二、技术方案

（1）数字化高效机房建设：采用高效机房设计理念，更加注重运行能效提升。设备层面，采用 2 台磁悬浮变频离心式冷水机组替换原有溴化锂冷水机组；新增自主研发胶球在线清洗系统和自动加药系统提升系统换热效果；更新高效冷却塔提升散热能力；更新采暖换热器排除安全隐患；系统层面采用双良 SL6000 智能控制系统实现暖通空调系统全过程集中监控，实时智能调节优化运行策略，并接入后勤管理平台实现一站式管控。

磁悬浮变频离心式冷水机组

双良胶球在线清洗系统及双良自动加药系统

高效冷却塔

高效板式换热器

（2）手术室空调系统改造：把11台老化故障设备替换为高效医用空气处理机组和医用新风机组，提升空气净化品质，保障手术室安全运行。

（3）照明系统改造：原有照明灯具全部替换为LED照明灯具。

（4）医院后勤管理系统升级：对原有的后勤管理系统进行升级，增加暖通空调、电气和给排水能效管理系统，对接双良智慧能效云平台并打通各子系统间接口，实现信息互联、在线控制等功能。

后勤管理平台

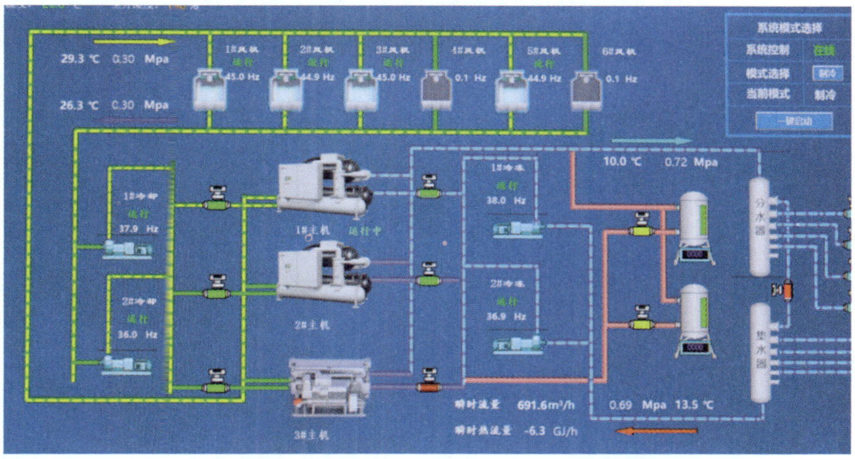

能效管理系统

三、商业模式和项目收益

本项目采用托管型合同能源管理模式，合同年限 10 年，改造后每年节约标煤 930t，综合节能率为 17%。

高效机房建设可显著提升医院空调系统能效，同时提升舒适性、保障安全性。后勤智能化管理平台升级后，通过数据采集、分析，进一步保障能源系统运行的安全和高效。通过能源系统托管服务，减轻了医院的后勤部门压力，聚焦于提高医疗服务水平，实现医院与资源环境的协调、可持续发展。

四、项目亮点和经验总结

（1）高效机房以磁悬浮变频离心机组为核心，集成优化输配电系统、冷却系统及水质协同管理技术，极大地提升了机房能效。

（2）双良节能系统股份自主研发的胶球在线清洗系统和冷却水自动加药控制系统，获得国家专利认证，全自动化智能控制并进行实时监测，减轻设备运维难度。

（3）基于双良智慧能效云平台，医院后勤信息化平台维护和升级后，通过能效管理系统自动对关键设备进行能效管理，并对建筑能耗建立各种数据模型，进行大数据分析，从而对建筑能耗进行精确管控，实现客观地以数据为依据的能源消耗评价体系，最终达到智慧建筑、节能建筑的管理诉求。

公司介绍

双良节能系统股份有限公司（600481）以绿色环保为己任，致力于成为领先的零碳绿色综合能源解决方案提供商，在“节能节水、光伏新能源”数字化智造、服务型智造领域形成核心竞争力。为航天、电力、核能、石油、冶金、化工、纺织等工业领域以及医院、商场、写字楼、交通设施等民用领域量身定做集安全可靠、节能环保与经济效益为一体的综合能源服务系统解决方案。

数据中心空调能耗节能项目

浩鲸云计算科技股份有限公司
李百成　郭永楠　陈双禾

一、案例简介

2020 年 9 月 22 日，中国国家主席习近平在第七十五届联合国大会一般性辩论上发表重要讲话，“二氧化碳排放力争于 2030 年前达到峰值，努力争取 2060 年前实现碳中和”。各大城市也先后发布 PUE（Power Usage Effectiveness）限制，上海规定存量改造数据中心 PUE 不高于 1.4，新建数据中心 PUE 限制在 1.3 以下，节能任务严峻。

数据中心能耗高，成本大。以国内某省运营商 IT 数据中心为例，每年空调电费约七八千万元。随着数据中心计算力的提高，对于新建的数据中心而言，最大的资金投入不是建筑本身，而是保证电力供应的设备成本以及数据中心制冷成本。

在数据中心能耗节能探索中，空调系统的控制优化因其投入小、见效快备受关注，但是空调系统结构复杂、设备参数繁多、受外界环境影响大导致节能优化管理仍处于起步粗放状态，急需引入 AI 技术实现数据中心空调的精细化控制与管理。

二、技术方案

通过控制策略优化算法模型和 AI 技术，实现数据中心空调数据的统一适配接入、数据预处理、场景管理、策略管理、态势监测。通过前沿的强化学习控制优化模型，构建安全、智能、高效的空调节能优化体系，实现数据中心节能的端到端、闭环的解决方案。

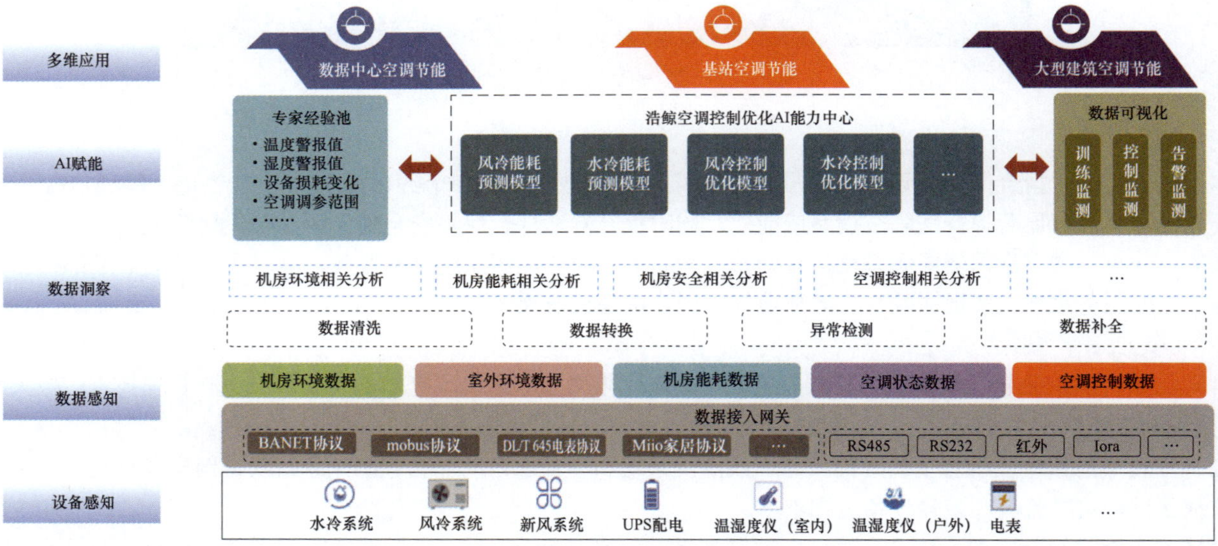

数据中心空调节能整体架构

以数据中心空调能耗节能为目标，根据数据中心环境实时变化通过 AI 模型自动生成空调最优控制策略，从而最大限度地挖掘数据中心能耗潜力，实现数据中心能耗节能。

（1）支持多租户接入：支持集团集中部署，各省以租户形式接入，数据隔离；支持租户内的多数据中心接入和管理：各租户支持接入多个数据中心；支持数据中心场景配置及管理。

（2）利用 AI 强化学习模型定义数据中心的环境参数、空调控制的动作区间；根据环境变化进行自学习，迭代优化，输出空调控制参数策略；数据中心用电量预警。

（3）数据中心温度热力可视化呈现；数据中心核心设备告警实时监控；空调、传感器告警监控。

（4）数据中心空调远程控制。

三、商业模式和项目收益

1. 商业模式

支持多种模式与客户合作，打造面向风冷数据中心和数据中心的智能感知节能系统，为客户数据中心节省用电，降低成本，实现产品和客户之间的互惠互赢。主推按 License 模式售卖，同时也支持私有化部署和运营分成模式。

2. 项目效益

项目建设在上线一个月后，数据中心温度变化范围约维持在 1℃，并且整体温度较之前有所提升，但均保持在警报值 30℃以下；空调能耗和 PUE 均实现明显的下降。PUE 下降约 6.5%左右，空调能耗下降约 17%。

公司介绍

浩鲸云计算科技股份有限公司（简称“浩鲸科技”）是一家全球领先的数字化技术和服务的提供商，致力于帮助全球企业客户实现向数字经济的跨越。浩鲸科技成立于 2003 年，迄今已为全球 80 多个国家和地区的电信运营商、公共服务部门及其他行业客户提供优质的数字化转型解决方案和产品服务。浩鲸科技一方面加强在云计算、数据、智能方面的技术积累，发挥自身在复杂场景下系统构建的经验优势，另一方面充分汲取互联网领域技术和业务创新的思维逻辑，为数字化转型提供先进的方法论、工具及行业经验，降低数字化技术的使用门槛，助力企业数字化转型进程。

太原市 5G 基站基础设施建设项目

国网山西省综合能源服务有限公司
郑永义　史　添　张晓波

一、背景需求

第五代移动通信（以下简称“5G”）作为新一代信息通信技术演进升级，是实现万物互联的关键信息基础设施、经济社会数字化转型的重要驱动力量。5G 既是网络强国建设的重要内容，也是制造强国建设的关键支撑。加快 5G 网络部署，推进 5G 普及应用，对山西省推动新一代信息技术与实体经济深度融合、构建现代产业体系、推进经济高质量发展具有重要意义。基站基础设施建设作为 5G 通信设备部署的先决条件，成为适应及推动 5G 发展的关键一环。

5G 基站图

二、案例简介

本项目在太原城区、太原南、太原东、太原西四大片区选取机场、产业园、大学等重点区域开展相关基站基础设施建设。同时本项目针对太原市通信网络信号弱覆盖区域进行补充建设。项目建设规模为：通信基站地面站 23 座、楼面站 19 座、应急基站 6 座。

三、技术方案

1. 技术路线选择

（1）太原城区。本项目在太原城区以机场为核心范围内共规划 5G 通信铁塔基站 11 个，其中地面站 6 个、楼面站 4 个、移动应急基站 1 个，待新基站建成后实现太原城区以机场为核心现有区域及改扩建区域的全覆盖。

（2）太原南。本项目在太原南以山西转型综合改革示范区为核心规划北格街、小牛线、大运路等道路使用智慧路灯杆基站覆盖；德志汽车厂区周边建设一体化塔房宏站；京东工业园区利用园区楼顶建设楼面站覆盖。本工程规划建设共 16 个，其中地面站 7 个、楼面站 8 个、移动应急基站 1 个作为补充，达到无死角、高质量通信网络覆盖。

（3）太原东。本项目在太原东以山西大学东校区为核心共规划 5G 铁塔通信基站 11 个，其中地面站 6 个、楼面站 4 个、移动应急基站 1 个，其中校区主干道、操场以灯杆景观塔为主，教学楼、宿舍楼以美化抱杆为主，不影响学校教学、正常学习生活、校园交通和整体美观实现通信覆盖，兼顾施工条件的便利性。

（4）太原西。本项目在太原西以晋机为核心共规划 5G 铁塔通信基站 10 个，其中地面站 4 个、楼面站 3 个、移动应急基站 3 个，实现覆盖。

2. 基站建设方案

本项目根据地面站、楼面站、移动应急基站设计不同的建设方案。

通信基站地面站样式

通信基站楼面站样式

移动应急基站样式

四、商业模式

本项目采用固定资产投资模式，与中国联通、中国移动太原公司签订经营租赁合同，合同期 10 年，项目总投资 976 万元，实施太原市 5G 基站基础设施建设项目。

五、项目收益

本项目建成后，可有效改善太原市网络通信基础设施。项目投产后，每年可实现稳定营收，项目投资财务内部收益率（所得税后）10.45%，资本金内部收益率 21.88%。另外项目中部分基站可以采用共建共享模式，在满足通信规划的前提下可以与多家运营商签订租赁合同，取得更好的经济效益和社会效益。

通过本项目的实施，可极大提升公司业务竞争力和企业形象，未来可在全省范围内开展类似项目，具有很好的示范作用。

六、项目亮点和经验总结

目前综合能源服务公司已经将电网规划与 5G 基站规划全面对接，极大提升了基站的建设效率。特别是针对运营商的疑难站点，发挥电网企业的供电优势、技术优势、属地协调优势，主动解决用户的痛点难点问题。本项目后续重点聚焦 5G 技术深层次应用，包括 5G 基站与智慧路灯设施共建共享、大数据中心机房综合能源服务、基于 5G 切片技术的电网智能巡检等多个方面。

本项目的顺利实施，不仅积累了数字新基建的宝贵经验，还建立了与运营商之间良好的商业合作机制，实现了企业间互利共赢的新模式。一是充分发挥电网企业的供电优势和属地服务优势，快速推进疑难站点的基站选址及供电配套，为运营商排忧解难，提升用户的信任度和满意度。二是积极盘活电网资产，实现共建共享。提前谋划，将电网规划和通信规划紧密衔接。积极引导运营商合理利用电网设施，开展 5G 建设。目前已和运营商共同完成了太原市 2021 年 10kV 城市开关站 5G 机房、农村 380V 电杆普遍服务基站的两个专项建设方案。三是发挥电网企业技术优势。针对 5G 能耗大，运营成本高的难题，开展 5G 光伏基站、直流高压远供电基站、储能调峰基站等试点建设，努力降低 5G 能耗和建设运营成本。四是以 5G 基础建设为切入点，布局 5G 深层次应用。目前正在开展 5G+智慧综合能源、5G+动力环境巡检等项目开发，未来将与运营商展开全方位深入合作，助力开启 5G 新时代。

公司介绍

国网山西省综合能源服务有限公司是国网山西省电力公司和国网综合能源服务集团有限公司合资控股的公司，主要致力于电网节能改造、大型园区及建筑综合能源服务、充电设施建设、节能产品设备、节能技术和新能源前沿技术的推广应用，致力于以电代煤、以电代油、以电代气等电能替代项目的推广实施，拓展售电市场，是立足电网、面向社会，市场化运作、专业化管理的综合能源服务商。

基于智慧用能管控平台的清洁供暖项目

国网青海综合能源服务有限公司
祁寿贤　张　晶　张怡雪

一、背景需求

2018 年以来，青海省委省政府、国家电网公司全面开展“三江源”地区清洁取暖的工作，国网青海省综合能源服务公司发挥技术优势，与地方政府密切合作，吹响了蓝天保卫战的号角，紧锣密鼓实施河南县、班玛县、玛多县、玛沁县 115 万 m^2 煤改电工程，赢得了政府、企业和广大农牧民的信任和好评。截至目前，带动三江源清洁取暖电能替代改造面积 400 万 m^2。

国网青海综合能源服务有限公司在建设中不断总结经验，全面开始了“三江源”清洁供暖智慧用能建设，将以能源互联网、大数据、云计算为基础，通过智能分析，实现电网运行、新能源消纳与电锅炉运行联动和智能调控，最大限度应用需求响应，减少电网投资，增加光伏、风电新能源消纳。

二、案例简介

本项目通过建设智慧综合用能管控平台，实现电锅炉、配电设备、供暖、供水的实时监控及其他系统的监控，主要包括：

智慧综合用能管理平台

（1）对热水锅炉进行控制，确保出水温度在合理范围内。同时将安装的分散式电暖器片进行智能控制，做到人进供暖，无人停机，实现按需供暖的目的。

（2）通过在供热管网关键节点上加装电动调节阀与分时分温控制器，系统可根据预置策略及当前实时温度动态调节电锅炉主机的出水温度、各水泵变频器的转速以及动态管理电动调节阀的开度，在满足各建筑物不同时间、不同情景下供热需求的同时让整个供热系统的运行更加经济可靠。

（3）系统将政府、小学、卫生院、幼儿园及水源站的能源数据进行整合，实现供暖单位重点设施电、水、热的自动远程采集、存储、统计、分析，基于多级计量体系，自动计算各环节的能源平衡情况，偏差过大时，自动预警，从而第一时间发现故障点，便于准确及时维修。

（4）系统依托智能预警引擎，通过在电锅炉房安装电气火灾预警装置、温/湿度传感器及视频监控装置，实时监控锅炉房室内温度、电缆温度、视频等环境数据，将传统的“动服务”变为“主动服务”，充分发挥系统保安的职能，消除传统周期性人工值守巡检，提高效率、防患未然。

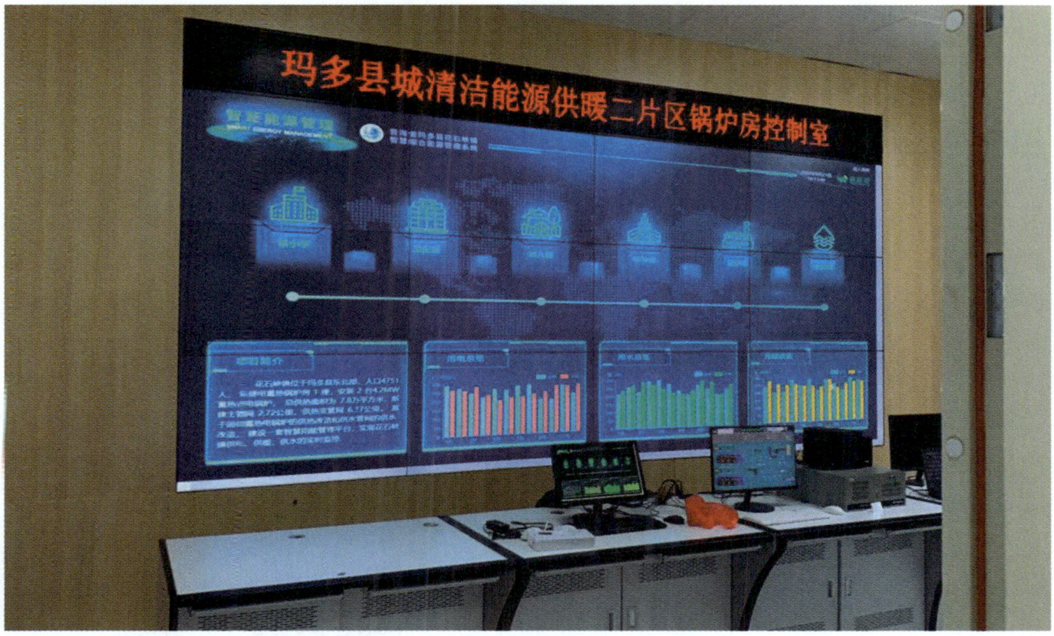

锅炉房控制室

三、项目收益

“三江源”地区21县1乡是青海省决战决胜脱贫攻坚的重点区域，实现“以电代煤”“以电代油”“以电代粪”，有利于藏区人民创造高品质生活提升，有利于促进民族团结和藏区社会稳定，是电力企业履行政治责任、社会责任、经济责任的必选之路。

（1）通过该系统的集中控制，对各个供暖用户实现分场景、分时间段的差别供暖，降低了用户用能成本。

（2）通过该系统，对公建用电、供暖管网、供水管网实现了监控，可以根据监控数据分析用能情况，为做好节能工作提供了参考数据。

（3）通过该系统，实现了对锅炉房的集中控制，可以将全县锅炉集中控制，大幅度减少运维人员成本支出。

（4）目前青海地区新能源电量富裕，通过该系统的集中统一控制，所有在该系统中的锅炉可以统一打包参与新能源弃风弃光电量消纳，可进一步降低用电成本。

四、经验总结

目前，青海省的新能源发展已经从“风生水起”走向“风光无限”，全省新能源装机容量已达2445万kW，占比达到全网总装机规模的60.7%，推广清洁能源发展，促进新能源就地消纳成为新的课题。以清洁能源供暖为突破口，立足民生需求，让“绿电”飞入“寻常百姓家”，全民共享发展成果是清洁能源破题的必由之路。

清洁能源发展只有融合新能源技术才能体现最大潜力。在“三江源”清洁能源供暖的改造过程中，智能用电技术、智慧控制技术、锅炉新材料技术走入创新、实践、再创新的螺旋式上升通道。深化应用“大云物移智链”，发挥市场之手的作用，持续扩大“朋友圈”，巩固提升青海清洁能源发展优势，是电力人必趟的先锋之路。

公司介绍

国网青海综合能源服务有限公司成立于2018年，注册资金2亿元，为国网青海省电力公司与国网综合能源服务集团的合资子公司，是青海省经济和信息化委员会节能、碳排放核查支撑单位，拥有建筑工程施工总承包和输变电工程专业承包三级、承装、承试四级、售电业务等资质。公司依托国网综合能源服务集团、国网青海省电力公司在资金、技术、人才、管理等多方面的优势，集咨询、施工、投资，运营服务等为一体，致力于打造以电为中心、多能互补、安全高效的现代能源消费新业态。公司坚持一流标准，坚持协同发展、开放共享，围绕综合能效、多能供应、清洁能源、新兴用能、智慧用能、能源交易领域，为用户提供多元化的综合能源服务，构建“供电+能效服务”“售电+运维”业务体系和新型能源消费市场，助力青海省“新型电力系统”和清洁能源示范省建设。

上海市张江能源服务中心智慧楼宇项目

平高集团综合能源服务公司
杨 芳 毛 宁 周艳丽

一、案例简介

1. 项目背景

张江能源服务中心位于上海市浦东新区李冰路 251 号基地 2 号楼，是国网上海市电力公司浦东供电公司电力物联网户端建设的重要示范点，也是电力物联网建设成果的集中体验与展示窗口。本案例选取张江能源服务中心建设新一代智慧楼宇。

2. 基本信息

项目整体建筑面积 5740m^2。大楼地上 4 层，地下 1 层。地下 1 层为园区整体地下停车场，1 层东侧为对外客户服务区，接待国家电网公司客户、个人客户；1 层西侧、2 层、3 层为办公区；4 层为电力物联网建设成果展示及综合应用区、智慧能源云平台。

3. 建设内容

智慧楼宇以楼宇智慧化、大楼管理智能化、能源管理可视化、平台管理集成化、用户体验扁平化为目标，融合多种元素。内容包含：智慧访客管理系统、智慧会议系统、智慧楼宇自控管理系统、绿色节能管理、IBMS 楼宇智慧综合操作系统平台、RAYDATA 可视化平台以及配套大屏建设。

张江能源服务中心

二、技术方案

张江能源服务中心智慧楼宇项目架构由展示层、管理层、场景层、感知层组成，通过移动互联、人工智能等现代信息技术和通信技术，配套开发移动端 App，形成多元触点的智慧楼宇管理系统，使楼宇管理更加节能、便捷、安全、易管理。

智慧楼宇项目架构框图

（1）综合大屏展示：重点展示张江能源服务中心用能与能效、访客管理、安防信息、运维告警等应用场景及信息。

（2）综合楼宇管理系统：包含数据中台、负荷预测、智能运维、手机小程序等内容，为各类智慧应用提供数据服务，实现场景数据化、数据网络化、网络智能化、控制智能化。

综合大屏展示

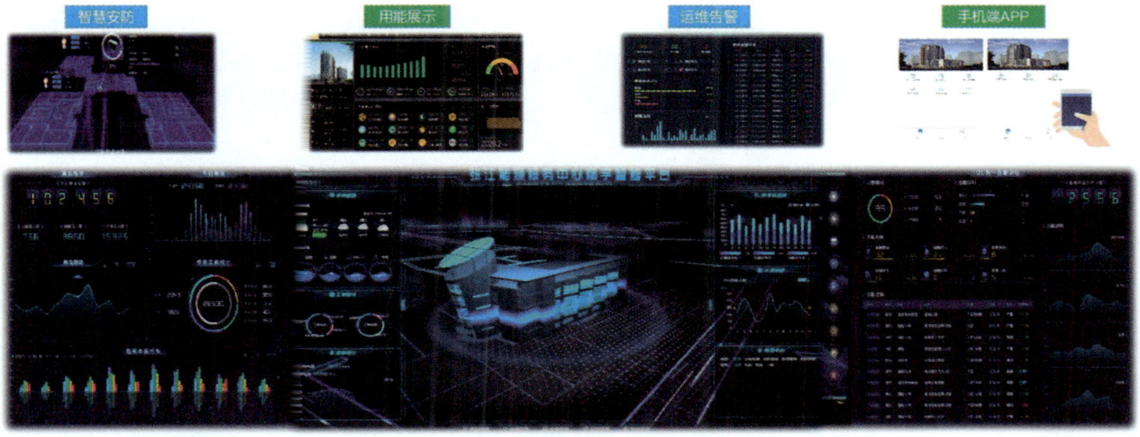

综合楼宇管理系统

（3）楼宇自控系统：通过与综合能源系统进行对接，获取楼宇内用电、用水、用冷、用热等能耗信息，并对这些信息进行采集、存储、统计，对楼宇机电设备系统进行优化管理和控制，达到统一调度和节能的目的。

（4）智慧应用场景：以提升人员舒适度和管理智能化为目标，构建智慧访客管理系统、智慧会议系统以及智慧工位。

三、商业模式

本项目采用经营性租赁模式，平高集团综合能源服务公司建设期间对项目进行融资、建设及相关服务，工程建成后出租给国网上海市电力公司浦东供电公司使用。项目投资 1966 万元。

四、项目亮点和经验总结

本项目共有 5 大亮点：① 应用暖通智控系统，通过前端室内环境检测感知系统收集数据，控制新风系统、空调系统，在保证人员舒适度的前提下，降低能源损耗。② 通过楼宇智慧综合操作系统平台，采用 3D 建模技术，实现整栋楼宇能源、安防、环境等信息可视化。③ 采用基于大数据和暖通模型相结合的负荷预测方法，大幅提升负荷预测的准确度。④ 开发手机小程序，对接智慧楼宇各类智能化子系统，实现设备及应用的轻量化操作。⑤ 经济效益显著，相较于传统楼宇，采用照明、空调系统智能控制后的节电率约为 30%，年节约电费约 40 万元。

该项目作为国网综合能源服务领域智慧楼宇建设的重要实践和良好示范，建设要素全、技术方案先进、智能化程度高，为在企业楼宇、商业楼宇、医院、学校等场景推广提供了样本。

公司介绍

平高集团综合能源服务公司是平高集团服务国家能源发展战略，2017 年 2 月在电网系统成立首家综合能源服务公司，以节能低碳、智慧物联、创新发展、服务用户为目标，专注于能源综合利用与互联融通，致力成为综合能源领域核心产品供应商、增值服务提供商、典型项目运营商及高端业务咨询商，为助力实现碳达峰、碳中和“双碳”目标做出积极贡献。

冬夏双高效热源塔热泵技术应用项目

东南大学
梁彩华　赵善国

一、背景需求

我国建筑作为能源消耗大户，占全社会能源消耗的 30%以上。随着经济发展和人们生活水平的不断提高，建筑中空调采暖和卫生热水的需求急剧增大，空调系统能耗已占建筑总能耗的 50%以上，且所占比重不断提升。建筑空调系统的节能降耗成为实现建筑领域碳达峰、碳中和目标的重中之重，而建筑冷热能源供应系统能耗又占建筑空调系统总能耗的 70%以上，因此实现建筑冷热能源供应系统低碳节能降耗成为迫切需求。

传统建筑冷热能源供应方案主要有三种：冷水机组+锅炉、空气源热泵、水/地源热泵，其中冷水机组+锅炉方案存在冬季冷水机组闲置，锅炉燃烧天然气一次能源综合利用效率不高、运行经济性较低等不足；空气源热泵夏季制冷效率远小于水冷冷水机组，冬季制热存在室外翅片管换热器不可避免的结霜问题及由此导致的供热量及热舒适性下降等弊端。水/地源热泵兼顾制冷制热同时具有较高的效率，但存在初期投资较大，推广应用受地理地质条件限制等局限。因此，探索并发展低碳绿色的新型高效建筑冷热能源方案成为实现建筑领域碳达峰、碳中和的重要突破口和必然途径。

为此，瞄准这一国家重大需求，东南大学“低碳型建筑环境设备与系统节能”教育部工程研究中心团队针对传统建筑冷热能源供应方案不足的问题不断探索，发展出一种新型的建筑冷热能源供应方案——冬夏双高效热源塔热泵技术。并通过产学研合作，最终形成面向既有建筑节能改造、新建建筑以及区域能源站的双高效热源塔热泵冷热综合能源解决方案。

二、案例简介

1. 项目简介

能源站

该项目地址为常州新北区政府办公楼群，位于常州高铁新城区域范围内，由既有建筑功能提升改造而成，总建筑面积约 20 000m^2，项目建筑群存在夏季供冷和冬季供热需求。考虑原有建筑结构和布局，项目采取设立集中供冷供热的能源站模式，办公楼室内采用风机盘管末端。能源站冷热能源方案经综合论证采用双高效一体式热源塔热泵技术方案，项目总供冷/热负荷为 1600kW/1370kW，采用 5 台一体式热源塔热泵机组，热源塔热泵机组及其成套设备由江苏源泽新能源科技有限公司提供并集成。项目实现无人值守，通过手机 App 或计算机对该系统的运行进行远程监控及其节能优化运行。

2. 技术方案

该项目为既有建筑功能改造提升，由 5 栋楼组成，各建筑相对分散，考虑到空间布置要求和场地限制，采取可露天灵活放置、模块式组合的一体式热源塔热泵组成冷热能源集中供应的能源站方案，能源站通过热源塔热泵制取冷/热水，利用管网系统直供到各建筑内，建筑室内通过风机盘管末端进行制冷制热。本项目主要核心技术有：

（1）双高效热源塔热泵冷热能源设备：一体式热源塔热泵机组是江苏源泽新能源科技有限公司与东南大学在长期合作研究的基础上研制出的冬夏双高效的新型空调热泵机组，根据负荷需求，灵活便捷的模块式组合构成项目所需要的冷热综合能源供应系统。一体式热源塔热泵机组夏季制冷可实现水冷冷水机组的高效，冬季从空气中取热并可彻底避免常规空气源热泵冬季制热的结霜以及由此导致的性能衰减问题，保障了项目的冬夏双高效节能运行。

（2）高效的系统溶液浓度再生调控技术：项目所采取的热源塔热泵系统冬季运行时，系统不需要进行额外的溶液添加且不对外排放，通过系统所配置的溶液再生装置，高效的对系统溶液浓度进行再生调控，同时在运行过程中，系统可根据工况、负荷以及环境参数变化自动调整溶液运行浓度，保障系统高效安全可靠的运行。

（3）智慧云平台与智能运行技术：基于物联网+云平台+人工智能的智能网络架构，实现手机 App、微信端、电脑网页端远程实时对设备及系统运行状态、能耗及性能水平查看、自动记录和系统预警、报警信息及时收报，可对机组及系统远程启停控制或智能设定时间自动开停，并实现在工作过程中的系统智能节能优化运行，保障项目系统的综合高效，项目在运行过程中实现无人值守。

一体式热源塔热泵机组示意图

三、商业效益

该项目在实施运行过程中运行效果良好，节能效果非常显著，经过实际测试，该热源塔热泵系统相比空气源热泵，系统综合性能提升35%以上。同时相比冷水机组+锅炉的冷热能源方案，夏季可实现制冷效率与水冷冷水机组相当，冬季相比天然气锅炉供热，热源塔热泵的运行能源费用可节省50%以上（按电价 0.7 元/kWh，天然气价格 3.6 元/m^3 测算），表明热源塔热泵方案具有显著的节能和经济性。

商业模式可采取根据项目需求提供完整的热源塔热泵系统解决方案：可涵盖既有建筑性能诊断，改造方案设计，系统设备供应，改造效果或新建系统性能评估及长期运行维护与智能优化节能调控的全生命周期综合解决方案。

四、经验总结

该项目将冬夏双高效热源塔热泵应用于既有建筑的节能改造，基于一体式热源塔热泵方案构建了项目所需的能源站，满足了项目的供冷供热需求，实现了系统的综合高效，产生了良好的经济效益和社会效益。同时因热源塔热泵具有良好的经济性和使用便利性，不受场地条件限制，不仅适用于既有建筑的节能改造，也非常适合新建建筑，同时针对供冷供热的区域能源站，可实现不受江河湖海等可再生能源的限制，根据项目需要灵活设置和分步建设，大幅提高项目投资的经济性。

公司介绍

东南大学是国家“985 工程”和“211 工程”重点建设大学之一，入选世界一流大学建设 A 类高校名单。东南大学下设有“低碳型建筑环境设备与系统节能”教育部工程研究中心，长期从事建筑节能与冷热综合能源技术的研究，取得了较为丰硕成果的同时非常注重产学研合作与成果转化服务行业，形成了可提供既有建筑性能诊断，改造方案设计，系统设备供应，改造效果评价或新建建筑及区域能源站的系统规划、设备供应、系统运维与节能优化调控的全生命周期综合解决方案。

用电信息服务项目

国网辽宁综合能源服务有限公司
陈明月　穆晓楠　樊　磊

一、背景需求

近年来，国家发展改革委、能源局在《关于推进“互联网+”智慧能源发展的指导意见》《国家战略性新兴产业规划》等纲领性文件中多次重点明确：推动建设智能化能源生产消费基础设施，加强多能协同综合能源网络建设，推动能源与信息通信基础设施深度融合。2020 年，国网辽宁综合能源服务有限公司配合用户需求侧改革，率先在辽宁省内推出了用电信息服务项目，实现了省内集团用电客户用电信息自动采集、高效共享和实时监控的各项突破，该里程碑项目在省内甚至全国综合能源用电信息服务方面都起到了良好的引领和示范作用。

用电信息管理平台虚拟展示

二、案例简介

1. 客户基本信息

本项目实施目标为辽阳市区及灯塔地区 306 个换热站，总容量 49 055kVA。企业换热站网点存在分散、点多、面广等特点。公司针对用电信息采集系统的业务应用及数据特点，面向用电业务的服务架构、服务类型，设计了基于面向信息服务架构的用电信息服务系统，通过开发用电信息服务系统，实现定时发布各换热站用电全参量信息，实现各换热站电量有效监控、增强用能分析、辅助检测等用电管理功能，为省内首个用电信息服务典型示范项目。

2. 项目建设内容

用电信息服务平台是一款以企业用电数据为核心，以用电管理为导向的平台化数据服务产品。该产品应用性强，应用行业广泛，面向具有规模不一、重视用电安全、需要提升能效管理的企业提供专业化的企业用电数据服务。目前，该用电信息服务系统可按日调取客户的分时用电量、功率因数、日用电最大序列、电压电流波动、状态提示等 16 项常用用电数据。企业的电气工程师、生产主管及专员可通过用该电信息服务系统实现每日在线查询用能数据、能效分析等技术需求。

3. 项目实施成效

（1）剖析用电成本。

了解自身用电能耗情况，合理选择容量，降低基础电费。根据峰谷平用电情况，调整生产排期，节省电度电费。监测、发现功率因数异常，有效避免无功补偿不足引发的力率电费增收情况。

（2）完善用电管理。

随着社会的进步和发展，对用电设备的不断普及，人们对用电的可靠性和稳定性要求越来越高，这就要求提高用电质量来保证社会的稳定发展。要随时随地查勘企业用电情况，用电信息变透明，方便企业管理。多角度统计企业用电情况，为企业评估生产效益，落实节能降耗决策提供支持。

（3）保证安全生产。

实时推送重要参数异常告警通知，及时发现安全隐患，快速响应，确保安全生产。监测电能质量，结合生产管理，提高产品质量，增强生产可靠性。

三、技术方案

该项目集现代数字通信技术、计算机软硬件技术、用电异常智能判断告警技术、电能计量技术、电力负荷控制技术和电力营销技术为一体的综合实时信息采集与分析处理系统，以移动通信网络、230MHz 无线、公用电话网、光纤网为主要通信载体，通过多种通信方式实现系统主站和现场终端之间的数据通信，具备数据采集、远程控制、用电异常信息报警、电能质量监测、线损分析、无功电压管理和负荷监控管理等功能。为客户提供精细和及时的数据信息，是企业实现降本增效的有力措施。

平台展示内容如下：

（1）用电信息服务平台可提供客户的基本用电信息、电流、电压、功率、峰谷平电量等重要数据，每日零点冻结数据，数据日更新时间为每日零时。客户要提供所有换热站计量点明细，技术人员将信息维护到用电信息服务系统，通过与采集系统端口对接，实现用电信息的日统计。

（2）用电信息服务平台具备用户编号及日期检索功能，且数据可以电子表格形式导出，方便客户进行数据比对。客户可以通过绑定手机号获取验证码方式进行登录，此方式可提供安全、便捷的登录环境。登录后界面简单直观，客户可以轻松进行数据查询工作，线上验收每日用电信息。

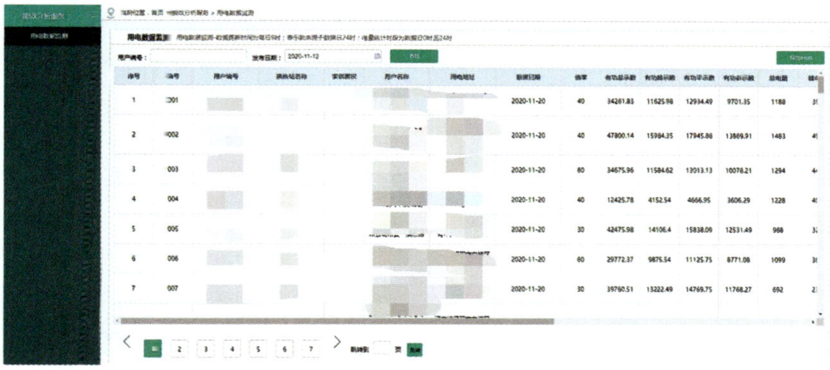

平台用电数据监测

四、项目收益

1. 经济收益

该项目从实施至今共为客户节约用电成本 200 余万元，项目资源的利用满足了客户所预期的效果，节约了传统的技术监督现场监测时间和人力资源的投入，切实达到了为客户节能减排、降本增效的目的。

2. 社会收益

通过对用电信息的提取，实现完成用户峰谷平用电成本优化、力率电费监测、各用电网点用电质量检查、用电安全预警巡查、企业用电数据汇编统计、交叉对比洞察等多项工作。用能平台的搭建，实现了全数据统一管理、全业务云上运行。该项目的典型经验可复制推广至全省，针对类似集团用户实现业务打包服务，为客户个性化定制服务项目，同时推动社会经济高质量发展，社会效益显著。

五、项目亮点和经验总结

用电信息服务以用电企业为单位建立线上线下联合的服务支持体系。通过线上平台运营支持，线下服务团队支持，为企业客户提供产品服务的全方位保障。

（1）便于用电精细管理：通过建立用电信息服务平台，实现企业供暖区域内换热站的电量实时传输功能，打造数字化发展成果，为客户提供更优质便捷的综合能源服务。

（2）调整企业用电成本：此项目跨界融合打造“能源+”服务，创新实践综合能源服务策略，后续可从节能管理、综合能源利用、能源托管等谋求深入合作，从而为公司创造更大效益。

（3）商业示范引领性强：此用电信息服务项目具有较强的示范性和推广性，引领作用显著。项目依靠管理创新和技术创新，打造数字化发展成果，充分利用现有系统和数据，挖掘数据价值，此项目的顺利开展可作为典型经验复制推广至全省乃至全国有类似用能需求的用电客户，以实现互惠双赢的目标。

公司介绍

国网辽宁综合能源服务有限公司成立于 2018 年 5 月，注册资本 3 亿元，2020 年 7 月，成为国网综合能源服务集团有限公司和国网辽宁省电力有限公司共同持股的省级综合能源企业。

公司拥有电力工程施工总承包二级、机电工程施工总承包三级等 14 项资质，经营业务覆盖综合能源服务、多能供应服务等六大业务领域，具备综合能源服务领域规划设计、系统集成、投资建设、运行维护的全产业链能力，在综合能效提升、能源综合利用、供冷供热、智能运维等方面突出优势。

中航光电中央空调系统能源站项目

国网河南综合能源服务有限公司
南国良　王孝军　张露江

一、案例简介

中航光电科技股份有限公司是中国航空工业集团公司控股的股份制企业，总部设在洛阳，专业从事中高端光、电、流体连接技术与设备的研究与开发，是全面提供整套连接器应用解决方案的知名军工企业，产品广泛应用于航空航天和军事领域、通信网络与数据中心、轨道交通等高端制造领域。

本项目为新建项目，在中航光电洛阳厂区，采用水冷式冷水机组作为冷源，夏季为新建成的 A7、A8 号厂房提供冷量，冬季采用市政供热，本项目针对夏季空调制冷部分提供项目建设运营服务。A7 号厂房面积约 38 100m²，A8 号厂房面积约 28 600m²，总建筑面积为 66 700m²。

二、技术方案

项目采用 2 台高效变频离心冷水机组、1 台磁悬浮水冷冷水机组，冷却水塔组置于 A8 号厂房楼顶，冷水机组及其他辅助设备（冷却泵、冷冻泵、水处理、定压补水装置、分集水器）置于 A8 号厂房负一层机房内。高效变频离心机组供回水温度为 7～12℃，机组之间采用并联连接，冷却水进出水温度为 30～37℃，输配系统采用两管制，冷暖采用同一套管路，末端厂房生产线区域为全空气送风方式，生产线周边办公区域采用风机盘管方式送风。能源站夏季供冷时间 150 天，每年 5 月 1 日～9 月 30 日，厂房工作温度要求为 26℃及以下，周六、日也有供冷需求。

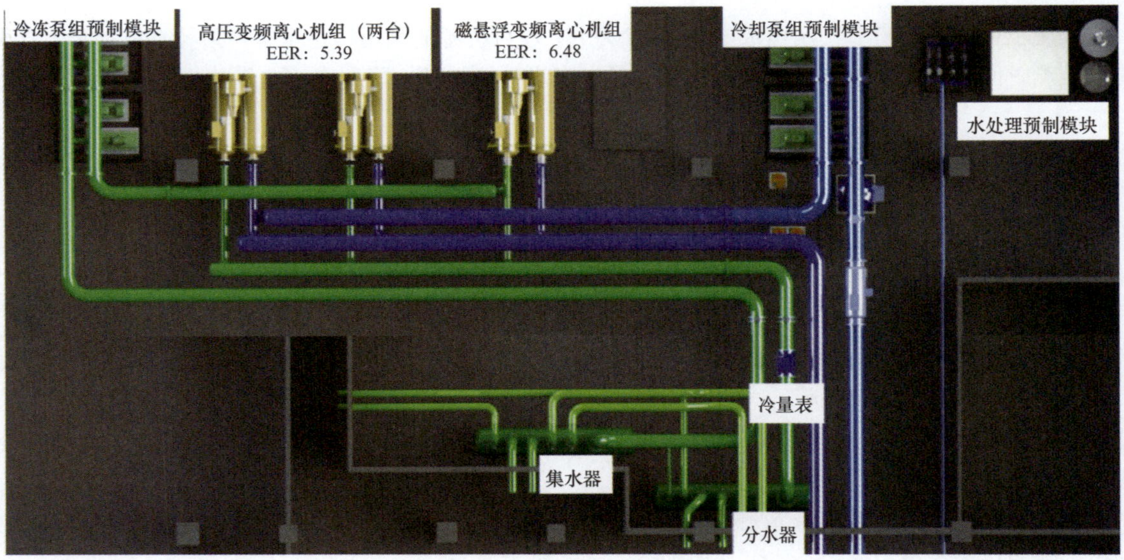

能源站技术原理图

三、商业模式

项目采用 BOOT 模式建设，即建设—拥有—经营—转让。国网河南综合能源服务有限公司出资承建整个能源站系统（包括制冷主机、冷冻泵系统、冷却泵系统、冷却塔、管道、阀门、机房内配电系统、节能控制系统等），运营期 15 年，合同期内国网河南综合能源服务有限公司拥有机房产权。

该项目已建成，中航光电按照“基础费+流量费”支付供冷费，国网河南综合能源服务有限公司支付实际电费、水费，自负盈亏。项目静态投资回收期约 7.5 年，动态投资回收期约 12 年。

四、项目亮点和经验总结

1. 基础费+流量费

用户按照“基础费+流量费”支付供冷费用。每年供冷季保底收入为基础费，流量费根据实际使用量收取。该收费模式下，既保证了综合能源公司的保底收益，又可以促进用户节约用能，符合双方的利益。

2. 投资界面清晰

综合能源服务公司仅投资制冷机房设备，包括制冷主机、冷冻泵系统等，不含末端和管道，有利于降低运维成本，降低投资规模，便于项目运营。

传统的能源站项目，一般采用工程模式或单位面积收费模式，前者无法形成有效的业务支撑，并且市场竞争激烈，综合能源服务公司优势不明显；后者虽支撑了业务长远发展，但是无法有效掌控用户的用能行为，容易造成能源浪费，甚至可能亏损运营。而本项目采用的基础费+流量费的运营模式，有利于 BOOT 模式下的供暖供冷项目的开展，建议在工业企业、办公楼宇、综合商业体等场景推广此类业务。

公司介绍

国网河南综合能源服务有限公司为国网河南省电力公司和国网综合能源服务集团有限公司的子公司，是一家专门从事综合能源服务的集成商、服务商和投资运营商。成立于 2012 年 9 月，注册资本金超过 1.9 亿元。

自成立以来，公司积极响应国家倡导的“绿色发展”“节能减排”政策，依托国家电网公司的供电服务网络，整合各方技术和资金，致力于开展综合能效服务、冷热电多能服务、新能源开发及利用、电能替代、电力需求侧管理等多领域的服务，采用多种商业合作模式，为工业、商业、建筑等领域各类用户提供全面系统的节能解决方案和综合能源利用方案。

鹤壁市安博外国语学校综合能源项目

紫泉能源技术股份有限公司
王育华　刘春丽　蔡治贤

一、案例简介

鹤壁市安博外国语学校是北京安博教育集团与鹤壁市外国语中学于 2019 年联合创办的全日制中学，坐落于鹤壁市泰山路。该校一期工程建设教学楼面积约为 8800m^2，学生宿舍面积约为 13 840m^2。2020 年初，学校委托紫泉能源技术股份有限公司建设空调、热水系统，旨在打造“低能耗绿色智慧校园”。

鹤壁市安博外国语学校

紫泉能源技术股份有限公司以保障在校师生工作学习环境品质为基础，以低碳节能为导向进行合作推进，为学校量身定制综合能源服务，提供低能耗的冷气、暖气和热水。

二、技术方案

项目方案以“安全、绿色、智慧”为要素建设空调、热水系统，并通过云平台及专业能源管理人员智慧运维，最终实现技术先进、管理节能的目标。

1. 空调系统

采用高效 VRV 多联机系统，增设云中心，通过运用互联网+数据监测、分析+节能空调的系统思维，融合暖通技术、物联网技术、自动控制技术、计算机通信技术和大数据分析技术，实现对中央空调系统的智能控制，使中央空调系统运行在能效最佳状态点，实现智能按需供应冷/热量，并根据学校的特定环境进行匹配，实现高效节能的新一代中央空调 AI 节能系统。

中央空调云中心监测图

2. 生活热水系统

采用空气源热泵热水机组定时供应热水，利用空气热能和电能，从空气中获得大量的免费热量，消耗的电能仅仅是压缩机用于搬运空气能源时所需的电量，更为高效节能、绿色环保。增设智能刷卡热水系统，采用了先进的硬件技术和高效软件编程，改变传统用水管理模式，提高了学校的节水管理效率和管理手段，减少水资源浪费。

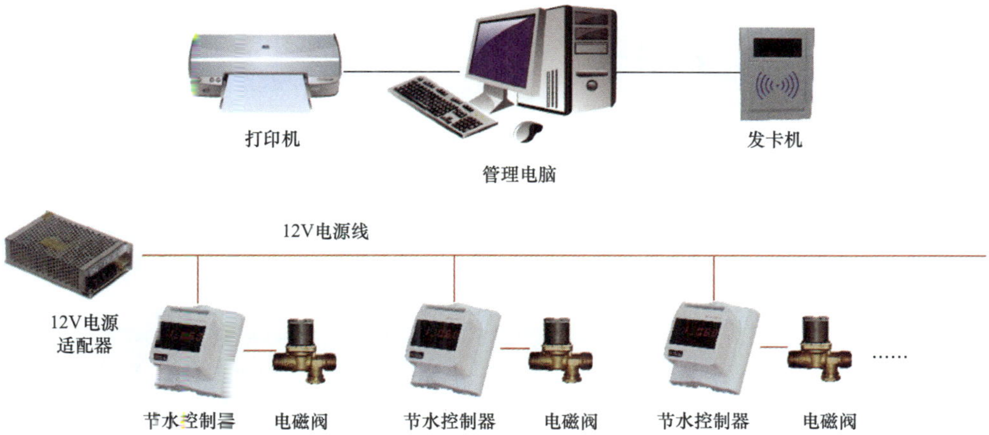

热水智能刷卡控制系统图

3. 日常用能精细化管理服务

通过云中心采集环境参数、能耗数据、系统负荷、算法系数等，实时监控项目的运行状况，智能控制设备运行，实现节能算法自动优化迭代、能耗数据统计分析、节能量自动统计、远程系统维护、故障预警和告警等功能。通过派驻专业能源管理人员，提供专业化、精细化能源管理服务。

空调、热水设备布置图

三、商业模式和项目收益

学校有寒、暑假期，因此用能需求及时间段较为特殊，紫泉能源技术股份有限公司定制化推出 BOT 型的合同能源管理商业模式，紫泉能源技术股份有限公司进行项目的投资、建设、运营，通过收取能源服务费用实现公司财务平衡。本项目对校园类综合能源服务项目的工作拓展具有示范意义。

公司介绍

紫泉能源技术股份有限公司成立于 2009 年 2 月，是一家具有合同能源管理和节能服务资质，以设计为龙头，集研发、勘察、设计、装备、施工、检测、调试、服务为一体，能力齐全的管理规范的能源服务公司。主要致力于综合能源、电力服务，业务覆盖发电厂、电网，以及燃气、太阳能和风力等新能源领域。

亚洲大酒店综合能源低碳数智化管理和智能运维项目

广东力田科技股份有限公司
钱金祥

一、背景需求

近年来，随着我国城市化水平提高和能源需求激增，公建楼宇所面临的高碳排放、低空间利用率、抗压小、弹性差、舒适度低等问题愈发明显。具体到酒店，除了这些问题，在疫情影响下企业经营收入和利润下滑，竞争环境也变得越来越复杂。

在这样的行业大挑战下，酒店经营者更加注重成本和能耗的控制。因酒店的特殊性，建筑能耗一直是酒店成本非常重要的一项支出。因此，酒店经营者纷纷借力专业化的能源服务团队和智能化的能源管理平台，升级能源管理方式，提高能源利用效率，控制能耗成本。

二、案例简介

1. 客户基本情况

亚洲大酒店位于广州市越秀区，成立于 2002 年，是一家集住宿、餐饮、商务、会议、旅游等服务为一体的大型会展商务酒店。酒店不仅致力于为客户带来舒适的入住体验，还紧随时代的脚步对各类软硬件设施持续完善和智能化升级，提升运营管理水平。

亚洲大酒店外景图

在能源管理方面，酒店的配电系统已配置智慧配电房，部署有多功能智能电表、变压器母排测温系统以及中央空调制冷主机监测系统。

但现有的系统信息处理能力有限，各模块相互孤立，不能充分利用和挖掘数据信息，对于酒店进一步升级能源管理水平、挖掘节能空间、实现降本增效提出挑战。

2. 主要内容和应用情况

针对上述情况，基于泛能网平台，广东力田科技股份有限公司为亚洲大酒店提供能源系统数字化、智能化解决方案，实现用能总览、变压器监测、制冷系统监测、配电回路监测、用能报表和电费分析等功能，以及线上+线下的一体化智能运维。从安全、高效、经济、便捷等方面，系统化地帮助酒店打造运行可靠高效、舒适安全、节能低碳的智慧酒店。

三、技术方案

通过泛能网平台，将亚洲大酒店已有的配电监测系统和空调制冷监测系统的能源运行数据上传至泛能网 PaaS 平台，实现云端系统部署，进行数据的筛选、整合和分析，并嵌入峰平谷电量计算、用能总览计算、制冷设备健康度评价算法、电费考核等多种 AI 优化算法和专家模型，进行全局监测、控制系统优化和智慧运维。

1. 提升酒店能源系统数字化管理水平（高效）

通过配电室电能监测，实现能耗数据数字化统计和远程抄表，减少电工工作强度，提升工作效率。实时监测变压器用电需量，为后续的节能、配电系统负荷调整等一系列工作开展提供基础的能耗数据。汇总统计多种能源系统的数据，结合定制化报表功能，为客户能源管理精细化提供高效工具。

2. 提升客户能源系统运行的安全水平（安全）

通过实时监测供配电系统的谐波水平，及时提醒系统谐波的发生，减少因谐波带来的设备发热和跳闸，提高客户供配电系统的安全运行水平。

利用智慧算法评估设备运行健康度，对大修、日常维保等工作进行提前告知，将潜在故障提前暴露，降低设备故障停机的风险，提升设备运行安全度和可靠程度。

3. 提升客户能源系统运行能效（经济）

通过实时监测供配电系统的功率因素，及时提醒客户注意，以免带来额外的经济损失。同时监测各分支路的功率因素，对于大负荷的线路，功率因素低于 0.6 时，应考虑就地的无功补偿，减少线路损耗。

通过监测供配电系统的三相不平衡，及时提醒客户注意，可减少零序电流损耗、变压器损耗和发热，提升供配电系统的整体能效水平。

综合分析设备运行能耗以及健康度水平，确保维保工作进行精准化，避免不必要的巡检和零部件更换，降低巡检运维成本。

4. 提升客户能源系统智慧运维水平（便捷）

通过泛能网平台数字化管理工具，广东力田科技股份有限公司及时远程监视酒店设备运行情况和故障预告警，并向就近的运维基地站派发运维任务工单，跟踪运维进展和结果，提升运维管理的便捷性。

四、项目收益

广东力田科技股份有限公司通过泛能网平台，以线上+线下的智能运维方式，帮助亚洲大酒店实现综合能源管理和设备运维的智能化升级。

1. 经济效益

项目实施后，可帮助酒店节省人力成本 30 万+/年，综合能源利用效率提升 25%。

2. 社会效益

通过引入数字能源新技术，可提升酒店服务水平，为顾客带来更舒适的入住体验，品牌形象向智慧酒店迈进。

通过数智化的能源管理，降低酒店能源消耗，符合国家节能减排、绿色发展的大政方针，为“双碳”目标的实现做出积极贡献。

五、项目亮点和经验总结

项目利用数字能源平台实现多种设备的集中管控，平台海量数据处理能力，可以帮助用户及时实现异常报警、故障诊断和可预测性维护；基于模型和 AI 的优化策略，提高用能运维水平和设备效率；支持定制化维保记录和设备健康分析报告，结合线下专业运维团队和专家支持，让能源管理和运维工作变得高效智能。

公司介绍

广东力田科技股份有限公司成立于 2003 年，注册资金为 5016 万元，坐落于广州市黄埔区科学城，是一家专业致力于电能管理技术研究与智慧能源解决方案的研发型、实用型高新技术企业，旨在为电力用户提供能源管理、节能管理、安全运行管理及合理用电管理等一系列高端服务。目前形成了电力项目可研、设计、项目施工、智能运维、技术改造、智慧能源等六大方向的全产业链闭环。公司拥有管理人员 160 余人，技术工人近 200 人。

公司秉持 ALL FOR YOU 全时为您的服务理念，为广州市及全国千余家著名上市公司、知名企业提供服务。

民用配电台区电能质量综合解决方案应用案例

苏州爱科赛博电源技术有限责任公司
高　鹏　王　森　庞　森

一、案例简介

该项目属于居民用电系统改造。苏州市某小区配电室两台变压器，容量分别为 800kVA，配电室内空间狭小，可使用空间有限。该配电变压器存在以下电能质量问题：配电负载属于居民用电，用电时段较为集中，容易出现三相严重不平衡现象，三相电流不平衡也导致了零线电流过大，增加了零线过载风险；同时非线性的家用电器造成配网功率因数低、谐波含量高，对变压器的安全运行，对居民的可靠用电、安全用电构成了潜在的威胁。

通过集中式混合补偿装置和分布式电能质量装置综合应用，治理变压器及线路中的无功、谐波、三相不平衡及中线电流问题，现场安装应用如下图。

配电房内集中式混合补偿装置现场安装图

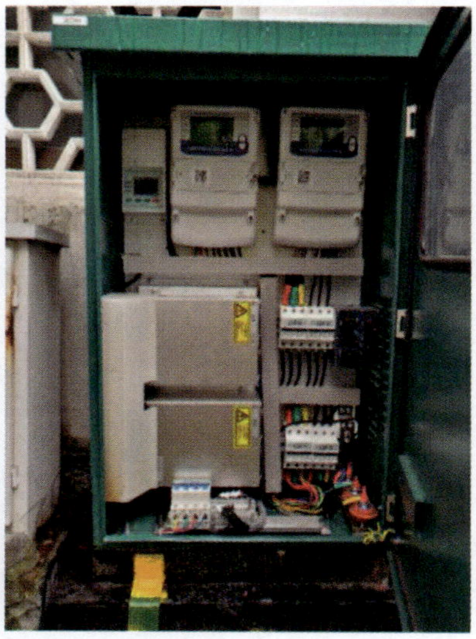

分布式电能质量治理装置现场安装图

二、技术方案

1. 方案简介

针对该台区居民用电存在的问题，考虑到配电室空间以及线路中的电能质量问题，在配电室内安装一台采用插拔式模块的紧凑型混合补偿设备（170kvar×2），柜内两套补偿系统，分别对两台变压器二次侧（400V 侧）存在的三相不平衡、无功及谐波问题进行集中治理；同时在各变压器下线路终端分支箱旁安装分布式电能质量治理装置（20kvar），对线路中的三相不平衡、无功、谐波进行就地治理，所有治理设备接入配用电物联网，可控可调。该方案减少了配电室使用面积，且从线路末端开始，彻底解决线路中以及变压器侧的三相不平衡、无功、谐波及中线电流过大等问题。

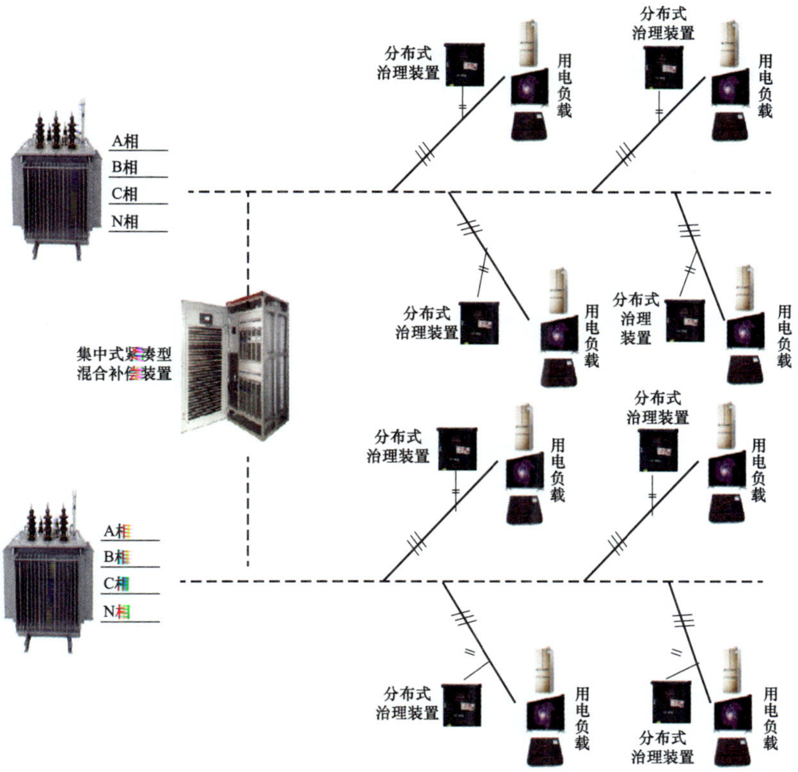

集中式+分布式电能质量治理系统方案示意图

2. 应用效果

1号变压器在设备投运前三相电流最大相差64.5A，N线电流73.6A，设备投运后，三相电流趋于一致，相差2.2A，N线电流降低到16A；谐波电流畸变率由最大22.1%下降到7%，治理效果明显。

2号变压器在设备投运前三相电流最大相差49.6A，N线电流56.5A，设备投运后，三相电流趋于一致，相差2.4A，N线电流降低到6.1A；谐波电流畸变率由最大28.8%下降到7.1%；功率因数由0.72提高到1，治理效果明显。

三、项目效益

该方案切实结合配电台区实际情况，并考虑解决实际电能质量问题，通过紧凑型的户内插拔式混合补偿和分布式电能质量治理装置结合应用，节约了配电室空间，减少客户投资。此外，可以很好地解决线路及配电变压器的三相不平衡、无功、谐波及中线电流过大等问题，减少因此带来的损耗，保障用户用电安全，提高供电公司供电可靠性。

四、项目亮点和经验总结

（1）集中式+分布式统一协调治理，可解决配电线路及变压器整个台区的电能质量问题。

（2）集中式治理采用紧凑型插拔式模块设计，节约空间，减少设备占地面积；方便安装、检修及扩容，减少运维成本。

（3）集中式治理采用电力电子+智能电容的混合式补偿设计，同时兼容电力电子和电容补偿的优点：低损耗、多功能，高性价比。

（4）分布式治理采用小型化电力电子模块，模块尺寸书本大小，单机容量10kvar，可方便安装于配电系统末端，治理线路中的电能质量问题。

（5）所有治理设备接入配用电物联网，可控可调。

公司介绍

苏州爱科赛博电源技术有限责任公司是西安爱科赛博电气股份有限公司于2012年成立的全资子公司，位于苏州高新区，自主园区占地25亩，厂房面积22 000平方米，员工150人。公司专注于电力电子电能变换和控制领域，为用户提供有源电能质量控制产品、精密特种电源产品和解决方案，用于新能源、电力、交通、航空工业、科学研究诸多领域，是相关行业领先的设备制造商和解决方案提供者。

铸造公司节能降耗示范项目

西安西电高压开关有限责任公司
王　莉　杜　涛　金　猛

一、案例简介

西安西开精密铸造有限责任公司（以下简称铸造公司）位于陕西省咸阳市秦都区世纪大道东段 13 号，主要经营输配电设备用铸件的研究、开发、生产、销售和售后服务及技术咨询服务。公司内部主要建筑物有机加车间厂房、铸造车间厂房、宿舍楼、配电室、热交换站、空气压缩站等。

目前该公司主要用能来自供电公司的电力供应、燃气公司的天然气；耗能设备为溶解炉、保温炉、铸造机、烘炉等。园区内部无能源监控装置、车间用能较为粗放，缺乏科学的用能监控、用能管理等手段。通过为客户建设能量管控一体化平台，监测、分析用户用能信息、为用户重点用能路径进行数字化画像呈现等形式，解决用户用能粗放、跑冒滴露、提供节能措施等系统解决方案，达到为用户节省能源消耗、提高单位产值的目的。

针对以上情况，通过分析该企业用能形式，配置合理新能源接入系统（屋面光伏、固定+移动式储能系统）、余热回收系统以降低高耗能企业用能成本。企业园区 I 期储能项目主要通过部署储能及能量管理系统，实现削峰填谷电价差、需量控制、需求侧响应等功能。目前，500kW/2.29MWh 储能系统通过两充两放的充放电策略，每年约节省电费 450 000 元。另外，储能系统可以在用户不减负荷作业的情况下参与陕西省新发布的需求侧响应政策，每次响应可获取相应的电费补贴（约 5000 元/次）。

能量管理一体化平台 I 期主要对用户用能进行精细化管理，对用户侧储能系统进行充放电策略管理和电池状态进行精细化管控，为打造智慧化、低碳化园区做充足的技术准备。II 期拟根据能量管理一体化平台监测的信息，对空压站余热进行有效回收，作为公司洗澡堂热水供给源，达到能源的回收再利用。

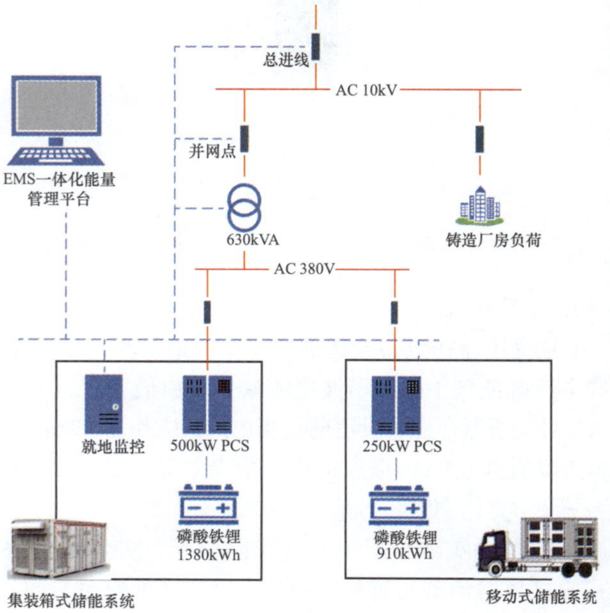

铸造公司用户侧储能系统主拓扑

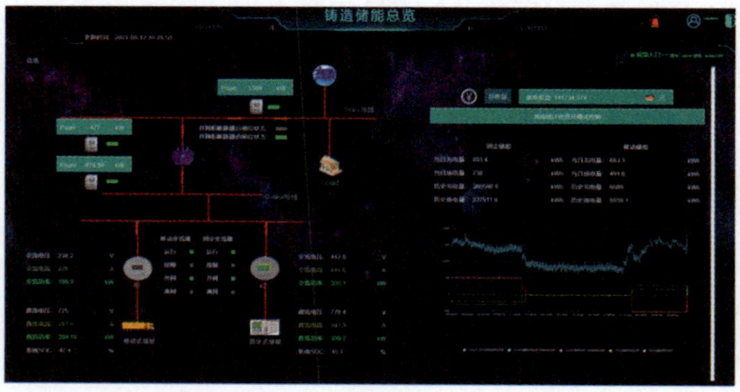

用户侧储能系统总览

移动式储能系统

二、技术方案

根据铸造公司厂区当前用能结构、用能方式、厂区结构等现有资源，合理利用、分配现有资源，以铸造公司节能降耗为目的，打造绿色智慧化工厂管控平台，实现铸造公司年能耗降低 10%的目标。

目前，铸造公司厂区主要耗能以电力为主，通过电力采集数据分析发现，用电负荷曲线较为平稳，电价存在峰谷差价 0.6334 元，拟采取合理配置电化学储能系统，结合厂区用能时段，合理调配储能在电价低谷段存储电能，在电价高峰段释放电能，以达到降低用电成本的目的；另外，可在铸造厂区未建设厂房区域和水泥屋面敷设太阳能发电系统，利用当地充沛的太阳能绿色能源，为工厂节能降耗添加纯绿电资源，一方面有助于降低工厂用能费用，另一方面可提升工厂节能减排指标。

铸造公司员工宿舍和车间更衣室有热水供应需求，目前采取市政供热水，可考虑采取铸造锅炉余热回收和辅助厂房空气压缩机余热回收制热水技术来满足员工的用热水需求。

综上所述，西电铸造园区拟建设园区微能网及其管控平台一套，微能网采取配置合理储能接入铸造厂房高压配电侧，在宿舍楼、配电房、热交换站屋面敷设太阳能光伏板，合理利用屋面闲置资源，在规划停车位布置新能源充电桩，为员工提供便捷服务，拟利用铸造锅炉和空气压缩机进行余热制备热水供员工生活使用；微能网控制器对生产车间、办公楼、宿舍楼的屋面光伏发电系统和园区新建设储能系统分别汇集控制，并且对园区供职工新能源车辆充电的充电系统进行合理配电调度，同时对微能网系统进行监测、管理和展示，并将主要运行数据上传至微能网管控平台。管控平台具备展示环节，具有良好的人机交互界面，实时反映系统运行情况。

项目分 2 期建设，用户侧园区多能互补节能改造系统主拓扑图如右图。

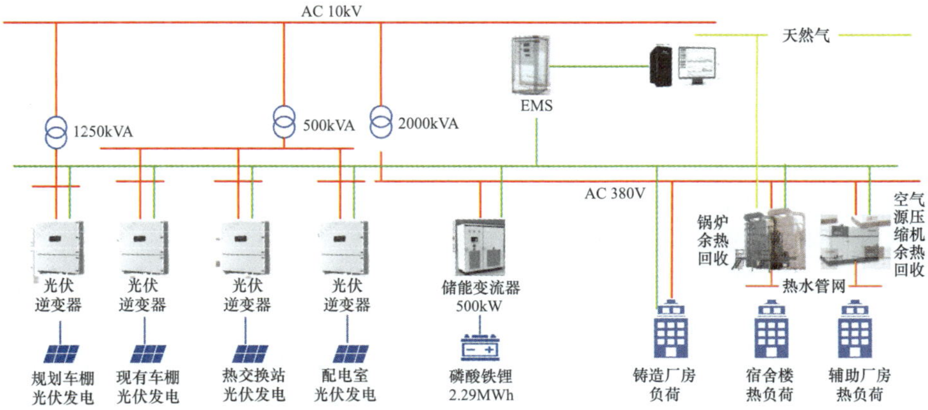

用户侧园区多能互补节能改造系统主拓扑图

三、商业模式

项目采取投资、建设、运营、管理的商业模式，西安西电高压开关有限责任公司主要负责储能站、空气压缩站的设计、建设、投资、运营，收益与用户按照比例分成，签订合同能源管理合同。

四、项目收益

1. 经济效益

本项目有较好的经济效益，详见储能投资收益表和空气压缩站收益表。

储能投资收益表

序号	项目名称（单位）	两充两放
1	装机容量（MWh）	2.29
2	年均放电量（kWh）	1 269 600
3	建设总投资（万元）	358.40
4	年均销售收入总额（放电收入）（万元/年）	110.06
5	充电总成本费用（万元/年）	56.3
6	年均放电利润额（万元/年）	53.76
7	投资回收期（所得税前）（年）	7.31
8	全部投资内部收益率（所得税前）（%）	8.58
9	累计净现金流量（税前）	179.18

空气压缩站收益表

序号	项目名称（单位）	空气压缩站余热回收
1	外购热水（万元/年）	24
2	年运行费（万元）	11.07
3	建设总投资（万元）	26
4	回收年限（年）	2.01

2. 社会收益

本项目减少了能源损耗，实现不同供用能系统间的有机协调，减少供能系统运行成本，带动清洁能源产业发展改善社会福利水平，提高社会用能系统基础设施的利用率。

公司介绍

西安西电高压开关有限责任公司始终秉承“客户至上”这一朴素理念，孜孜以求为客户提供高性价比的产品和模块化变电站、车载变电站、储能系统、微电网、直流配网及园区节能服务等智慧能源系统解决方案。

压缩空气系统节能托管项目

立俭节能科技（上海）有限公司
雷　鸣　万　钧　褚书良

一、背景需求

按照《“十三五”节能减排综合工作方案》，在“十三五”期间，加强工业节能，实施工业能效赶超行动，加强高能耗行业能耗管控，在重点耗能行业全面推行能效对标，推进工业企业能源管控中心建设。2020 年，工业能源利用效率和清洁化水平显著提高，规模以上工业企业单位增加值能耗比 2015 年降低 18%以上，钢铁、有色、建材等重点耗能行业能源利用效率达到或接近世界先进水平。在工业领域中耗电量比较大的是压缩空气系统、中央空调系统、锅炉系统等，压缩空气系统耗电量占比达到 30%～70%，所以针对该系统的节能降耗尤其重要。

二、案例简介

上海某企业有限公司坐落于上海市松江区，主要生产、加工精密轴承及轴承配件，是领先的球轴承供应商之一，为全球提供大量定制球轴承，涉及家电、电动工具、摩托车、汽车等行业。压缩空气系统年耗电量近千万度，该系统能效提升对于企业来说尤为重要。

该企业压缩空气系统分为 4 个能源站房，设备较多，全年每日 24h 运行。2018 年针对该项目进行节能改造，新节能系统能实时将供气管网各节点的流量、设备耗电及压力信息采集上来，并根据历史各时段用气记录，智能预测未来用气流量需求，并据此实时匹配空压机群组合进行精准供气，使高效空压机工作在高效率区，同时通过小型空压机或辅控空压机进行动态调整。减少空压机空载时间，优化运行压力，降低空压站整体耗电及压缩空气综合成本。压缩空气系统节能方案具体如下表。

压缩空气系统节能方案表

序号	问题点	解决对策	对应模块及产品
1	手动开关机	自动开关	空压节能管控系统
2	上下限加卸载方式	读取储气罐压力	空压节能管控系统
3	压力不均衡	分压供气	增压控制系统
4	压力波动范围大	稳定在压力下限±0.1Bar	空压节能管控系统
5	长时间高压运行不卸载	辅控降至低压	空压机辅控节能控制柜 辅控器监控功能模块
6	手动记录空压机状态	每分钟自动记录	空压节能管控系统
7	干燥机手动操作	联动控制	冷干机联控功能模块

三、技术方案

1. 总体技术路线

本项目通过以下几个措施来实现。

（1）新增立俭节能智能物联网系统，包含电能表、流量计，对空压机、后处理设备、全面监控和管理，可实现安全、能耗、运维、品质的全方位管理。

（2）新增智能联控系统，进行设备的自动恒压管理。

（3）新增局部增压系统，降低整体 4 个空压站的管网压力。

（4）增加系统核心算法，实时计算出 4 个站房平均单位立方压缩空气的使用成本，对标改前节能率和节省电费，提供精细化管理。

（5）新增本地控制柜，收集空压机、干燥机、压力值、气体实时流量、气体累积流量、电量等数据。

（6）新增定制本地压缩空气效益分析系统，实时记录该项目的累积节能收益、单位立方压缩空气耗电、实时节能率等。

（7）节能系统新增自学习自进化技术，根据负荷变化不断动态寻找系统最佳效率点。

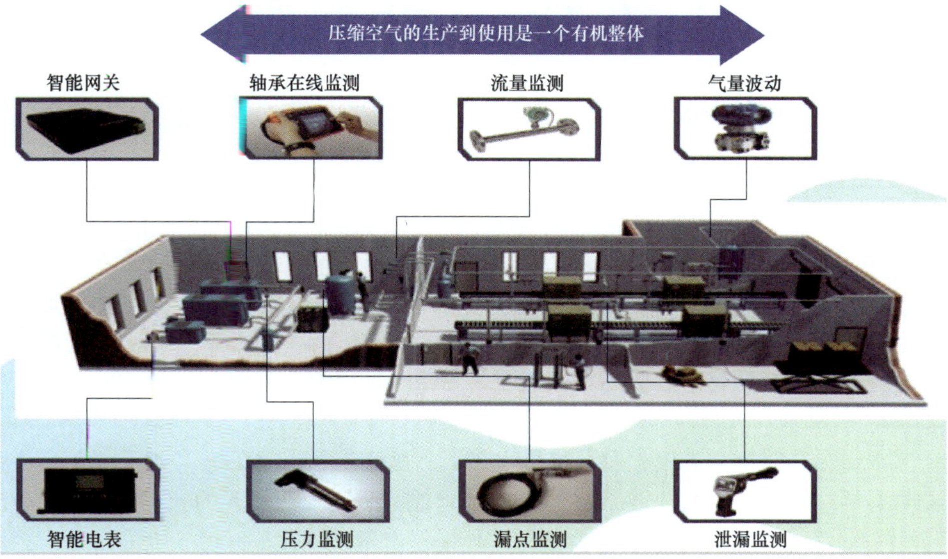

压缩空气系统节能项目框架节点简图

2. 实现功能说明

项目应用实现了系统无人值守监视控制管理、能效数据采集、自动抄表、自学习精准计算系统效率、无限寻优、自动预警、提高系统综合能效，根据负荷需求供给压缩空气、持续节能、节能空间可视化等。

四、商业模式和项目收益

该项目前期是按照压缩空气站能源托管 10 年售气业务模式推进，由于回报周期较短，客户直接买断采购。

该项目年节能电量近 200 万 kWh，年节约运维费用 20 万元；改善了压缩空气的供气品质和使用成本，能源站节能数字化也使客户对压缩空气系统的管理更科学、更精细化，帮助客户提高生产管理水平，实现压缩空气对标产能吨耗或单耗。投资回报周期在 2 年。

五、项目亮点和经验总结

该项目在不更换客户现有压缩机等设备的状态下，系统节能率 17.05%；由于压缩机设备采购成本较高，设备没有进入更新期前，该方案更容易让客户认可。目前该节能系统已经运行近 3 年。

该方案适合在钢铁、冶金、化工、煤矿、铁矿、零部件加工、电子制作等 24h 密集生产型企业推广，节能效果明显。商业模式推广压缩空气站能源托管 10 年以上售气业务，该模式边界清晰分工明确。

公司介绍

立俭节能科技（上海）有限公司位于上海市嘉定新城首建智谷上海金融科技中心，是一家以大中型压缩空气系统能源托管、大型中央空调系统能源托管、鼓风机、余热余压利用、多能互补等合同能源管理为主的专业节能服务公司。公司致力于成为国内领先的智慧综合能源管理领域节能解决方案提供商。公司有多种先进的节能解决方案，广泛应用于工厂、医院、公共建筑、轨道交通、商业综合体等场景。

立俭节能科技（上海）有限公司全景图

中车集团某机车公司智慧能源管控系统

钛能科技股份有限公司
金启超　王江林　汪　熙

一、案例简介

中车集团某机车公司从事地铁高铁车辆研制、生产与高级检修、铁路客车检修、改造等业务。公司拥有较为雄厚的造修经验和技术实力、全球领先的设备装备、全方位的生产工序节点、最全面的产品结构。公司占地面积 90 万 m^2，厂区纵向大于 2km。企业 110kV 供配电系统负责供应各厂房车间变配电站和牵引变电站，为车间、动车组、地铁车辆试验供电。公司主要消耗的其他能源有水、天然气、氧气、氩气、丙烷气、二氧化碳等，并有若干个压缩空气站，为生产提供压缩空气。

企业从自身发展需求、国企的社会责任出发，需要建立一套智慧能源管控系统，实现：① 集中监控，基于自主可控国产化 SCADA 实现主站集控、子站无人化；② 设备安全监测，提高能源供配的安全性，及时发现故障隐患，杜绝发生大事故；③ 能效管理，各车间用能全面自动监测，并且根据产量指标化，再进一步根据数据挖掘实现技术节能和管理节能。

二、技术方案

钛能科技股份有限公司打造了智慧能源管控系统三剑客——综合监控系统、设备安全监测和智慧能效系统，项目包括数据采集系统建设和定制化的软件系统开发。

数据采集系统建设中，自动化系统按照 SCADA 系统的规范建设，电力计量采用 SCADA 系统通信管理机采集，经网络隔离装置，数据送智慧能源管理系统。而其他能源计量，分散在整个厂区，通信布线很难实施，因此，在厂区架设了 LoRa 低功耗广域物联网基站，使得信号覆盖整个厂区，优点是：① 传输频段免费，建设成本和使用成本低；② 信号自适应能力强，可穿透可变的多辆机车以及高大金属墙体的厂房；③ 信号频段和带宽自适应调整；④ 整个厂区物联网化，可随时增加物联网节点。

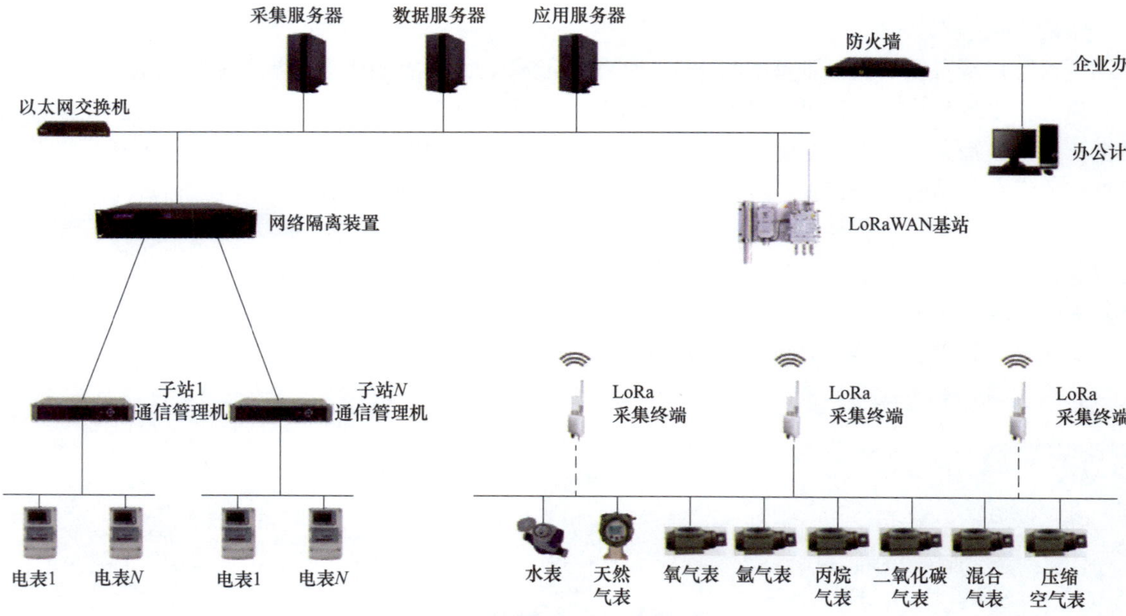

智慧能源管控系统架构图

定制化的软件系统开发中，采用公司先进的 TV12/TV12+自动化融合信息化平台，系统支持百万点实时数据库，包含实时计算逻辑、流程引擎、可视化组件等高性能组件。根据客户能源节点建立了编码规范、节点属性结构、组织管理结构，并从管理出发，建立从总公司到车间的能效管理页面，从时间轴、组成、差额损耗、能效、产能、最大需量、力调电费等多个维度分析能耗情况以及节能潜力。

三、项目亮点和经验总结

企业在生产中使用大量的能源，能源管控最核心的目标就是安全性和经济性。安全性就是及时有效地发现事故隐患，避免发生大的事故；经济性就是要通过技术和管理方法提高能效，节省能源，使企业更具竞争力。智慧能源管控系统就是帮助客户通过新技术和管理创新实现用能过程的安全性和经济性。

1. 安全性

将涉及安全的关键点上安装安全传感器，如温度、湿度、局放、振动、声纹、影像等。由系统自动实现实时监测和定期巡检，及时发现潜在的故障隐患，将故障消灭在萌芽之中。同时，降低一线巡检人员的工作强度、减少疏忽带来的事故，将能力强的员工从周期巡检中脱离出来，用他们的经验帮助企业建立巡检计划，确定巡检故障阈值、处理异常事件等。这样，既减少了故障隐患，提高了安全性，又提高了人力资源效能。

通过智慧能源管控系统，我们也可以实时看到当前安全监测的数据，既可以通过时间轴发现安全裕度变化的趋势，又可以通过不同相别、同一设备不同参数、不同设备同一参数的横向比较，在细微中发现故障隐患。

通过智慧能源管控系统，供配电系统、能源自动化系统的画面可以秒级刷新，紧急情况下，可以满足调度指挥运行的实时响应需求。

2. 经济性

将用能过程全部记录下来，并且记录的颗粒度达到探索发现异常耗能、寻找节能空间、开展管理改进创新。又由于分析能效，仅从能耗本身出发是不够的，我们需要把用能过程的工况参数记录下来，大数据为挖掘节能潜力提供了很好的基础。

通过系统：① 可以监测到从关口运行总数据到分厂、工段的汇总数据，从进线到供配电设备、到用电设备，全覆盖进行耗能和工况运行数据。② 可以横向对工况数据、同类设备进行联合分析，探索用能异常，发现节能潜力，又可以沿着时间轴探索不同时间段的用能异常变化，发现节能空间。③ 可以看到能耗、计算的损耗、能效的分析。④ 可以将用能指标列入管理指标，按照 PDCA 的过程管理起来，不断根据用能指标，提高改进创新的空间，将集团目标，通过有效的管理手段落实到各级部门和班组。⑤ 各级管理人员可以实时看到各供配电设备的运行状态，如电压数据、开关的分合、电流大小、负荷大小、功率因数、最大需量等数据。⑥ 自动形成各类能源管理方面的报表，节省了大量统计工作所需的时间，减少了工作差错。特别是，企业关键的能源数据统一送省平台后，为更好地满足政府相关指标要求，更有效地与政府沟通，系统可以帮助企业做到心中有数。⑦ 集团公司和每个部门可以将关键指标和运行数据实时显示在大屏或电视屏幕上，让人人关注指标完成情况，人人成为管理创新者、献计献策者。

智慧能源管控系统，作为智慧工厂的重要组成部分，采用实时数据库、关系数据库、消息队列、容器、流程引擎、自动化引擎等最新的先进技术，结合多年智慧能源管控的先进经验开发的新一代的自动化和信息化深度融合的平台，具有先进性、前瞻性。为最高管理者、能源管理者、运行管理者、基层工作者提供技术创新、管理创新和重大决策支持。

公司介绍

钛能科技股份有限公司，以能源智慧控制和工业能效管理、水资源高效利用和水生态环境保护为使命，致力于发电和供配电、环保和水生态行业、水利和农业的产品研发、设备制造、工程设计、技术咨询、运维服务和工程总承包，融合云平台和物联网（水联网/站联网）、自动化和信息化、大数据和人工智能等技术，实现“水”“能”“环”领域的控制自动化、管理信息化、运维平台化与决策智慧化。

佛山美的洗涤 5.5MW 分布式光伏发电项目

港华能源投资有限公司
吴　斌

一、案例简介

佛山美的洗涤 5.5MW 分布式光伏发电项目总规模为 5.5MW，分别安装在 3 个生产车间彩钢瓦屋顶上，建设地点在佛山市美的洗涤电器制造有限公司厂区内，定位为港华能源投资有限公司光伏示范项目，为美的工厂提供安全可靠、稳定节能环保的清洁能源，助力企业绿色低碳转型，实现可持续发展。

佛山美的洗涤 5.5MW 分布式光伏发电项目鸟瞰图

该项目整合光伏分布式能源，利用清华、港华联合研究中心共同开发的综合能源方案设计平台和绿色能源综合解决方案服务，满足企业安全、清洁、高效、经济的用能需求。

二、客户基本信息

美的 5.5MW 光伏项目面积 50 000m^2，并入 10kV 电网运行，设置 1 个 10kV 并网点，年均发电量为 497.55 万 kWh，本项目可供给公司使用的电量占光伏年总发电量的 80%以上，可做到自发自用，发电不足时由市电补充，每年减少二氧化碳排放 390t。

美的洗涤电器制造有限公司厂区位于佛山市顺德区北滘镇，是一家集科研、开发、生产、销售于一体的民营上市企业，致力家电研发生产、智能制造等，是中国南方最大的生产基地。厂区负荷主要为连续性三级负荷。现公司厂区内共设有专用配电站 1 座，总配电变压器容量为 11 000kVA。

三、技术方案

本光伏发电项目接入系统设备包括 7 台 10kV 开关柜、1 台 2000kV 变压器相应的低压配电柜，及 2 台户外箱式光伏升压站及相应的低压配电柜；微机保护装置；通信系统装置；光伏发电系统监控系统 1 套；新增各类 10kV 连接电缆及低压电缆。

工程并网主要设备表

序号	名称	型号规格	单位	数量	备注
1	高压光伏并网柜	XGN-15，　630A	面	1	
2	高压开关柜	KYN-28，　630A	面	6	
3	变压器	2000kVA	台	1	
4	低压柜	GGD	面	4	
5	光伏升压站	箱式户外	台	2	1000kVA, 2000kVA

本项目设计的光伏并网发电系统采取配电侧并网方案。

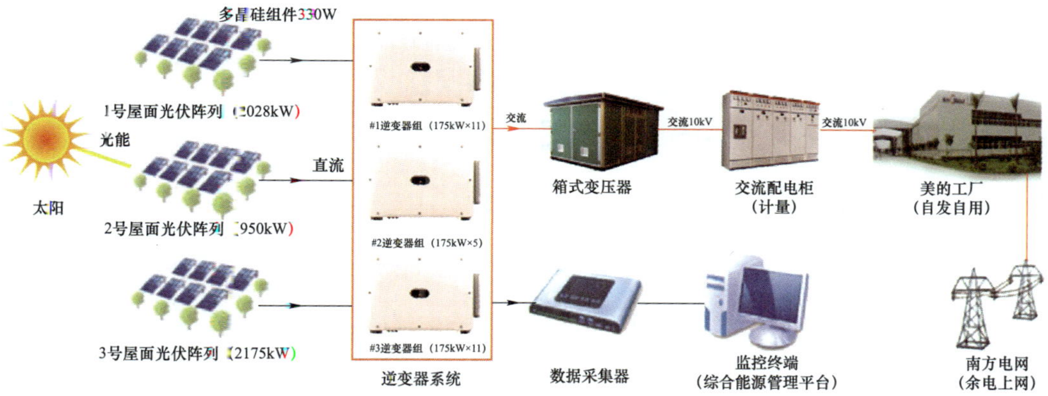

分布式光伏发电工艺流程示意图

四、商业模式

该项目采用 EMC 能源合同管理模式，为用户提供节能项目设计、原材料和设备采购、施工、培训、运行维护、节能量监测等一条龙综合性服务，并通过与客户分享项目实施后产生的节能效益来实现盈利。港华能源投资有限公司向用户提供的能源费用低于其现有能源成本，实现生产能源方、使用能源方的共赢。

本项目可供给公司使用的电量占光伏年总发电量的 80%以上，可做到自发自用，发电不足时由市电补充，公休节假日及厂区用电量低于光伏发电量时，光伏发电量剩余部分输送上电网。

五、项目收益

1. 经济效益

项目将为用户降低能源使用费用 10%左右。

2. 环境效益

该项目 25 年累计发电量 12 438 万 kWh，平均每年发电量为 497.55 万 kWh。年度减少标准煤 1990t，减排二氧化碳 4900t，减排二氧化硫 1.5t，减排氮氧化物 0.75t。

六、项目亮点和经验总结

该项目是港华能源投资有限公司于佛山首个并网发电的分布式光伏项目，公司独立投资、建设，充分发挥在技术、管理、人才、机制等方面优势，历时两个多月实现并网发电，港华能源投资有限公司凭借集团分散在全国的 5 万名员工，组建专业的运维团队，利用全方位智能化的创新技术应用，如智能视频监控系统、无人机巡检、智能运维平台、智能巡检 App 等，为用户提供更专业、安全、高效的运维服务，同时保障电站收益最大化。

公司介绍

港华能源投资有限公司于 2016 年成立，隶属于香港中华煤气（0003.HK）集团。聚焦用户端智慧能源综能服务，布局光伏、储能、充换电、多能联供等基础业务板块，零碳规划、能效管理、碳交易、负荷聚合、能源数字化等增值服务板块，以领先的技术创新融合、多元化能源供应体系、全生命周期管理、数字化生态平台运维、能源互联网生态圈等优势，为用户提供定制化零碳园区综合智慧能源解决方案，目前已实现全国 17 省市布局 109 个智慧能源项目，并以每月数个零碳智慧园区签约的增量持续高速发展，助力零碳智慧园区及城市建设。

工业企业能源管理系统

瀚云科技有限公司
胡　芬　王　飞　金沅晨

一、案例简介

目前，我国正处于“双碳”建设的高峰期，“企业能源管理系统”有着巨大产品优势和市场前景。本项目以瀚云科技有限公司（以下简称瀚云科技）EMS（企业能源服务云）为核心，帮助企业进行能耗监测，优化能源管理水平，对现代企业实现节能减排十分具有示范意义。

1. 客户基本信息

湖北某材料科技有限公司经营范围包括金属丝、绳及其制品的制造、销售、出口业务；高新技术的开发与高新技术项目投资；创业投资、主营业务以外的国家允许的其他项目投资；经营本企业生产、科研所需的原辅料、机械设备、仪器仪表、备品备件、零配件及技术的进口业务；化工产品；汽车、汽车轮胎的销售。

2. 主要内容及应用情况

随着生产、销售量的持续增长，该公司对数字化管理提出了更高的要求。瀚云科技对该企业进行了走访调研，针对管理系统分散、蒸汽/燃气节点未实现数字通信、部分能效监管与采集仍使用人工方式等痛点开展合作。通过建设企业能源管理系统，从而直接或间接降低、改善企业能源消耗，有效地为该企业的精细化管理提供准确的统计数据。

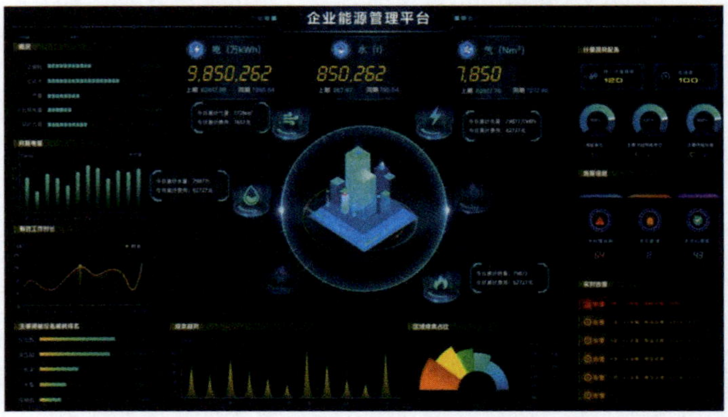

企业能源管理平台能耗综合大屏

2021 年以来，该材料公司有了新的需求：需要对工厂用能的单耗、用量、费用以及异常问题等进行监控分析。在此背景下，瀚云科技多次组织软硬件工程师、解决方案专家前往现场进行实际应用场景调研，结合用户需求提出使用瀚云科技 EMS（企业能源服务云）作为解决方案，对该企业能源管理系统进行升级迭代。

瀚云科技 EMS 对企业能源系统实施集中动态监控和数字化管理，还能够有效的支撑企业实施节能技术改造、可再生资源替代等静态技术改造工作可行性辨识。

二、技术方案

瀚云科技 EMS（企业能源服务云）从能源监控、能耗分析、节能管理、能源决策四个模块开展，在确保生产工艺流程平稳运行的前提下，实现企业能源系统的在线监控、集中管理与优化调度，从而提高企业能源管理水平和能源利用效率。

现场各个厂房通过 4G、Lora 网关采集到通信管理机，通过内网汇聚传输到 HC 汇集服务器中。根据配置，汇集服务器一路数据上报到能耗在线监测系统中，实现数据上报省市平台；一路数据上报到瀚云工业互联网平台，企业能源服务云订阅对应设备采集数据基础数据入库，提供企业能源系统功能供用户使用。

三、商业模式和项目收益

本项目采用客户采购、自建示范的商业模式，瀚云科技主要负责硬件、软件系统建设，以此收取建设费用。

（1）产能进一步增强。产线整体提速增效，加强设备节能技改，产能提高 12%。

（2）能耗有效降低。2020 年能源吨耗同比 2019 年下降 5.4%，2021 年上半年能源吨耗同比 2020 年下降 1.5%。

（3）碳排放有效降低。2019 年碳排放同比 2018 年下降 5.32%。

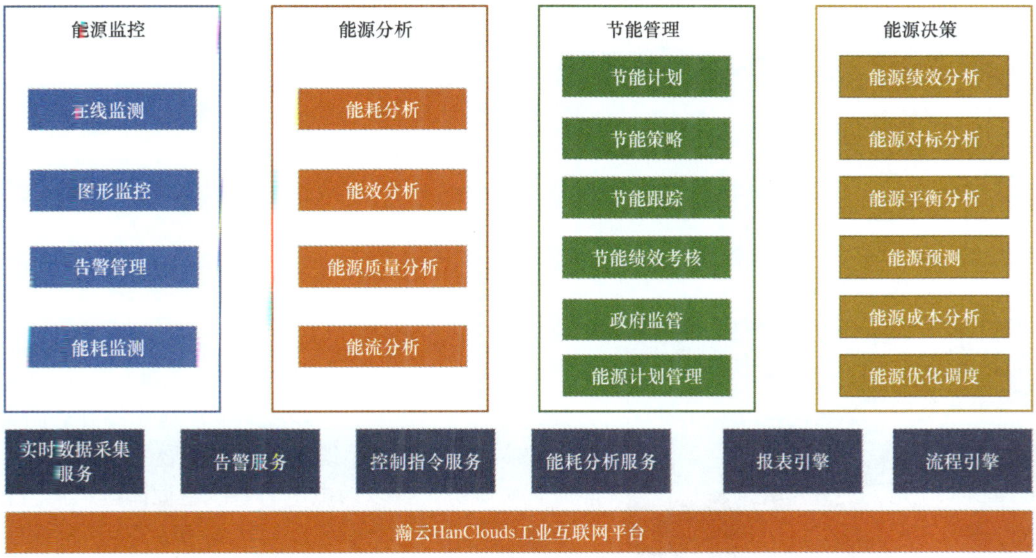

企业能源管理系统应用架构

四、项目亮点和经验总结

1. 应用场景

企业能源管理系统是工业企业提升能源管理水平、提高自动化程度、能源精细化管理的必备系统之一；预留了与上级能源监管平台的数据交换接口。

公共建筑能源管理对公共建筑的能源进行监管、统计、分析比较，持续改进能源及设施使用效率；丰富的报表功能，使得数据分析和展示变得简单而个性化；提供能耗数据上传上级能源监管平台接口。

2. 产品优势

（1）着眼于“工业 4.0”智慧工厂的系统融合——利用先进的工业互联网技术，SaaS 轻量化应用；中小企业最快 10 天可上线。

（2）系统开放、功能可扩展——可观的扩容能力、平台开发与兼容能力及系统互联互通能力；遵循 SOA 总线标准，使未来系统功能扩展更加便捷。

（3）海量数据采集处理与抗“雪崩”能力——采用先进内存动态技术、多线程技术、网络负荷均衡技术和事务集群技术；提供超大数据容量的处理能力。

（4）电力监控与工业组态的特点结合——专业电力监控与“水、气、热”工业组态等信息统一采集、处理，分类显示，集中上传，实现一体化的综合监控。

3. 产品价值

（1）能耗数据可视化：动态、完整、准确地能耗统计；能更好地确定节能的重点、发展、变化趋势，指导节能工作的开展，为制定节能计划和行政管理制度提供依据和基础。

（2）能耗管理精细化：集中动态管理，时刻监测用能状况变化，并不断与规定的用能标准进行比对，杜绝由于管理运行疏忽造成的用能增加。

（3）促进节能降耗：在不增加其他任何投资的前提下可降低运行能耗约 5%。

（4）科学评价节能成果：通过长期监测节能指标的具体变化，对节能改造的成果给予合理评价，并从中找到并推广先进的节能技术。

公司介绍

瀚云科技有限公司是朗新科技股份有限公司子公司，公司以“让工业更有力量”为使命，以“成为价值驱动的工业互联网平台”为愿景，打造生态化、开放性的工业互联网平台，形成并输出云化核心能力，助力传统工业企业的数字化、网络化、智能化转型，为客户降本增效，提质增收。瀚云科技在武汉、重庆、无锡设立研发中心，在北京设立瀚云工业互联网研究院，在长沙、上海、贵阳等地成立全资子公司，服务全国市场。

西电集团综合能源智慧服务平台

西安端怡科技有限公司
北京国科恒通数字能源技术有限公司
徐长林　周立专　王　娜

西电集团综合能源智慧服务系统示范基地实景图

一、背景需求

在当前国家推进“双碳”目标、构建以新能源为主体的新型电力系统背景下，开展综合能源服务已成为提升能源利用效率、降低用能成本、推动能源系统绿色低碳发展的重要方式。西电集团综合能源智慧服务平台以西电电力系统企业园区（西电综合能源智慧服务系统示范基地）为载体，以企业用能需求为基础设计了冷、热、电、气多能源综合利用，风、光、气、储多元能源一体化整合，集合交/直流微电网、储能、充电站等多项技术构建源网荷储综合能源系统；通过峰谷电价、余热回收、能量梯级利用实现了多源联合的园区供电、供暖、供冷的典型模式，从而改善用能结构、提高用能效率、降低用能成本，推动能源结构的绿色转型落地。

二、案例简介

北京国科恒通数字能源技术有限公司与西安端怡科技有限公司共同开发了西电综合能源智慧服务平台，完成平台搭建及子系统软件研发（应用层子系统、移动端）和工程实施，同时，大数据云平台支撑所有应用场景接入并投运。

本综合能源智慧服务平台应用场景广泛，可为工业园区高耗能企业商业综合体等多领域客户提供定制化、成套化、差异化的综合能源服务，为企业用户提供围绕多能互补、多源联合的综合能源服务，系统整体解决方案实现区域内能流全景监控、多能互补综合能源梯级利用、多元化能源供应及多样化增值服务，帮助企业用户降低企业用能损耗，提高能源利用效率，实现能源的多能互补和高效利用。

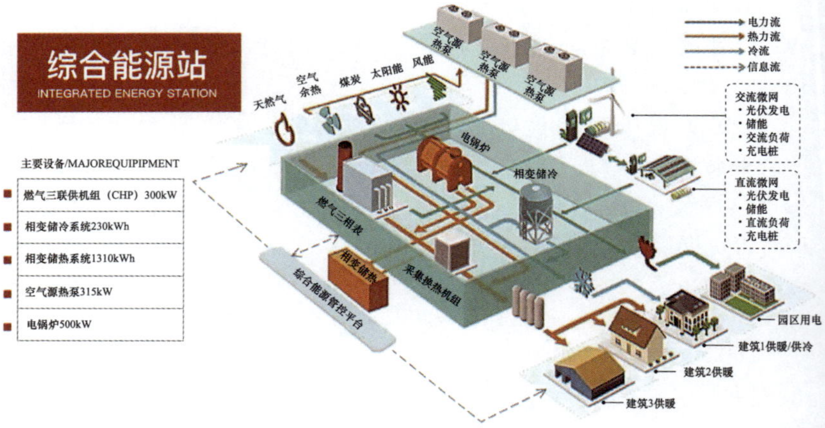

西电综合能源智慧服务平台能流图

三、技术方案

西电集团综合能源智慧服务平台总体架构分层体系包括平台层、应用层和展示层。

（1）平台层：支撑平台，包括了基础功能，建立基础数据管理功能，包括系统建模与模型管理、数据存储与处理、接口与服务开发，满足多能系统的模型建立、数据分析处理、耗能预测与优化计算、数据输入/输出等需求。

（2）应用层：包括运行监控、能源运维、能源管理、能源服务、能源交易五大业务域功能。

（3）展示层：以大屏为主要载体，充分展示本项目的主要成果以及主要业务场景。

本项目采用微服务架构体系为主要技术路线。在微服务架构体系下，将传统单体应用根据业务和技术需要，拆分为多个细粒度可独立开发、编译、部署、运行的微服务和微应用，业务应用能够实现灰度发布、频繁部署，持续交付能力强，能够灵活快速地适应业务的持续发展变化。

本平台可实现功能说明如下：

领导驾驶舱：对不同场景中综合能源监测数据、统计信息等按照不同应用范围和空间维度进行动态展示，使大量抽象、枯燥的数据变得生动、直观和易于理解，同时利用空间分析功能，进一步对各用能单元、站点进行有效的监测、模拟、分析和评价，为管理提供全面、及时、准确和客观的信息服务和技术支持。

多能协同运行：展示厂区内接入能源类型、能源采集、多能流分析以及能源计量的总体运行管理情况。通过多能源系统最小化成本计算，实现对接入能源供给的用能分析，提供多能协同辅助优化建议等。

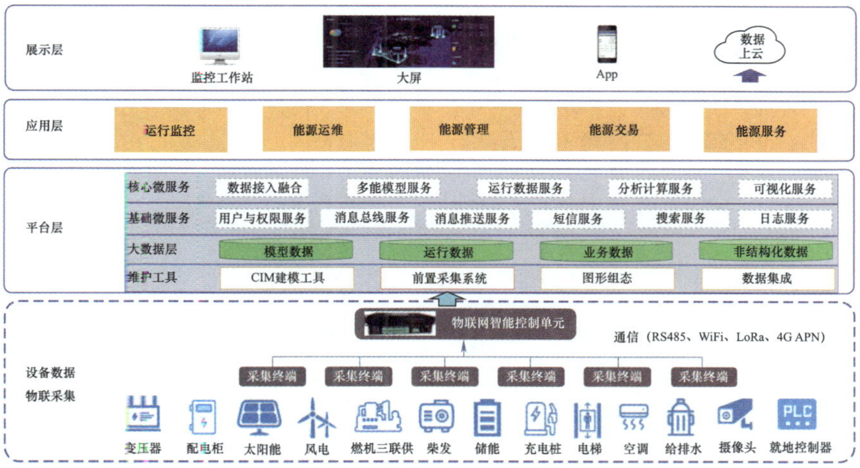

西电集团综合能源智慧服务平台总体架构图

综合能源服务运营：从能源交易、能源服务、能源运维角度出发综合分析园区综合能源运营效益情况。

能源服务：用能与能效管理，包括对项目用能情况的监测、统计、分析，形成用能报告，并分析其节能潜力。

综合能源网模型：以配电网模型为基础，按照一定规范扩展分布式能源、储能、冷热电三联供、充电桩等能源设备，扩展热、冷、水、燃气管网等，将多能网络用一体的模型描述，并提供相关的模型查询、模型分析服务，同时为上层的多能流计算、多能网络优化分析提供支持。

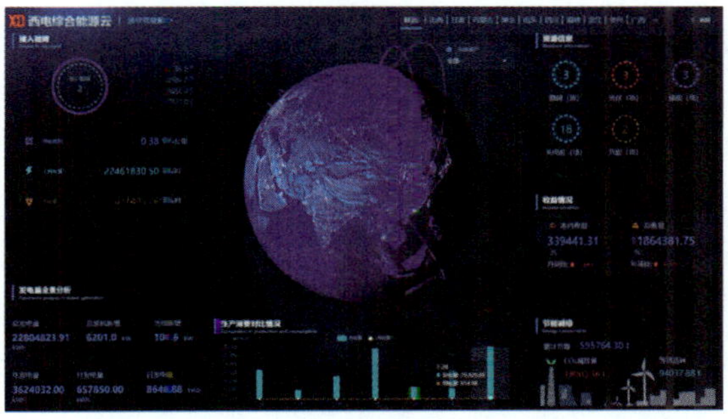
西电集团综合能源智慧服务平台领导驾驶舱

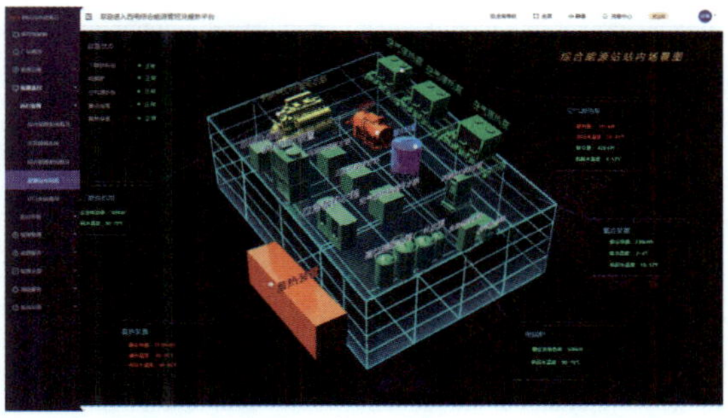
西电集团综合能源智慧服务系统能源布局图

四、商业模式和项目收益

本项目开发形成冷、热、电、气多能源耦合，源网荷储协同互动的能源体系，架构起“云管边端”各个层级的数字化管控和闭环服务。通过峰谷电价、余热回收、能量梯级利用实现多源联合的园区供电、供暖、供冷的典型商业模式。

项目打破能源品种之间的壁垒，以电、冷、热、气集成供应的形式实现多能互补、系统协调优化，从而改善用能结构、提高用能效率、降低用能成本，推动能源结构的绿色转型落地。助力西安市统计局作出重点企业节能监测，加强技术创新，降低能耗，推进能源资源高效循环利用，提高能源利用效率，服务“双碳”目标实现。

五、项目亮点和经验总结

通过多能源统一调度，实现了多能互补新型能源供给模式，大大提高了能源供给效率，达到综合效益最大化。

面向用能企业、能源服务商、售电公司、用户、资源所有者等主体，提供电力交易支持、能源运营、数据增值等云服务，发挥互联网在配置资源、吸引用户、挖掘数据和创新服务等方面的作用。

公司介绍

西安端怡科技有限公司是由西电电力系统公司控股的公司，致力于发展西电集团二次产业，与西电集团先进的一次设备完整配套，为国内外工程提供电力、工业物联网及综合能源系统总体解决方案。

北京国科恒通数字能源技术有限公司由多名清华大学专家发起，致力成为智慧能源信息技术服务领域的独角兽。公司为客户综合能源服务云平台、增量配电网运营一体化平台、数字电网等相关的产品和解决方案。

基于工业互联网数字化转型的压缩空气系统智能运维项目

爱景节能科技（上海）有限公司
曾庆斌　周建方　贾连启

一、案例简介

立中车轮集团创建于 1995 年，是中国现代化程度高、综合实力强的大型铝合金车轮制造企业，集团客户遍布全球。项目改造前，压缩空气系统年耗电量约 1580 万 kWh，年电费达 1153 万元。压缩空气系统存在较多浪费与不合理之处：

（1）空气压缩机选型不合理，能效等级为三级，能源浪费严重。

（2）压缩空气系统设计不合理，供气容调方法欠佳，不能及时响应用气需求，存在较大程度的能源浪费。

（3）压缩空气系统无能源管理监测系统，空气压缩机启停与轮换完全需要人工调节，滞后生产工况变化，造成能源浪费。

（4）对车间用气量、用气成本、用气变化规律等用能数据无监测和分析方法。

（5）对设备运行故障、维保管理、运行状态无多数据、全方位的分析方法，设备管理的时效性差。

二、技术方案

相较于简单的设备置换，爱景节能科技（上海）有限公司所采用的技术路线是对整个压缩空气系统全局能耗情况进行分析与解决，通过建立基于智能控制技术的压缩空气集成管理系统，提供“空压在线”数字化云服务，进行项目全生命周期的管理，技术方案由设备节能、系统运行数据的数字化、空压在线云平台应用、精益运维智能化管理、泄漏管理增值服务等组成。

（1）智能装备定制：根据项目用气特点，定制一级能效空气压缩机；根据后处理需求，采用定制后处理设备，大量减少气耗与压损，改善循环冷却系统水质，降低排气温度，提升压缩空气系统的整体能效。

（2）工业物联网+节能：通过 MQTT 实现设备通信解耦，搭建压缩空气系统的物联网，对系统中设备运行参数、工况变化等数据进行采集和上传至云平台，联通物联对象、通信协议和数据传输平台，实现系统运行的数字化转型。

（3）空压在线云平台应用：压缩空气系统设备运行参数、管网监测设备和流量计量系统数据实时采集上传，在 SaaS 上通过组态拓扑图动态呈现，动态对系统设备（空气压缩机、干燥净化设备、循环水系统耗能设备）随企业用气实时工况调整。将智能算法和控制技术结合，使系统供气做到“设备状态预见化，检修维护精准化；过程运行自动化，管理流程标准化；系统信息数字化，绩效数据可测化；节能管理智能化，项目效益精益化”，保证项目的安全可靠经济运行。

（4）基于云平台的智能精益运维：通过云平台对空气压缩站全天候监测，参考历史数据和生产规律变化，利用大数据分析，制定系统自趋优化策略和建立智能运维模型，对系统综合能耗进行动态对标管理和故障预测；通过恒压控制使空气压缩站供气压力波动范围为±0.01MPa，实现供应侧能效优化，通过对用气末端工况实时监测，反馈到供应侧，实现闭环智能调节，控制供气压力、管网气量与流速，将管网压损最小化，实现供应侧与需求侧同步智能优化联控，提高压缩空气系统整体能效。

（5）泄漏管理增值服务：通过定期对系统进行泄漏检测与维护，对不同级别的泄漏点和易损件进行数据库管理，按计划更换与维护，在保证安全生产前提下降压运行，带来的不仅仅是节能率的提升，而客户能耗和产品成本的下降。

三、项目亮点

为了更好解决压缩空气系统控制与生产用气工况变化协调问题，针对被控对象的属性设计相应的智能优化算法，多变量预测控制算法和控制策略，掌握各分系统的作用机理与动态特性，研究压缩空气系统高效智能自趋优化控制，其创新点主要有：

（1）压缩空气系统气路和水路全程自动控制。

（2）压缩空气系统压力和流量全程自动控制。

（3）压缩空气系统机组负荷优化分配的控制。

（4）压缩空气系统中干燥净化设备输出功效控制。

（5）压缩空气系统节能产品链，提供系统设备的定制生产与高能效装备。

（6）参照 GB/T 16665—2017《空气压缩机组及供气系统节能监测》和 T/CGMA 033001—2018《压缩空气站能效分级指南》，通过云平台实时监测空气压缩站系统运行输出功效，对标经济运行。

四、商业模式

此项目由爱景节能科技（上海）有限公司对原有空气压缩站和系统管网进行改造，提供建设、运维和持续节能改造，减少客户专职人员和设备维护费用，提升节能率，保证系统设备在全生命周期的高效能运行，实现企业压缩空气全系统能源托管服务，通过向客户售气获取合理利润，回收投资，为客户提供更安全、更优质、更低成本的压缩空气。

五、项目收益

项目完成后，空气压缩站能耗数据实时上传到客户能源管控中心，细化客户能源管控和提高耗能设备智能化管控，压缩空气系统综合节能率达 39%，使系统电负荷降低超过 500kW，5 年合同期内节约 2000 万 kWh，节省电费约 1500 万元，节省维保费用约 500 万元，节约标煤 6300t（等价值），减少二氧化碳排放约 18 000t，为客户绿色生产和园区“双碳”目标实现做出一定的贡献。

公司介绍

爱景节能科技（上海）有限公司成立于 2015 年，是一家集科研、生产、服务于一体，提供创新节能产品和解决方案的高新技术和专精特新企业，注册资金 10 000 万元。公司秉持“确保生产为前提，持续节能为目标”的核心原则，通过基于压缩空气系统云平台等合同能源管理、精益化能源托管服务、节能销售及能耗对标托管服务，为客户提供压缩空气系统的评估、设计、制造、运维的精准化体验，是值得客户信赖的、持续创造有利价值的合作伙伴。目前，爱景集团在全国共有十余家子公司，业务遍及全国四十多个城市和地区，在钢铁、建材、石化、洗车及零部件、电子电器、化纤纺织等领域的知名企业提供能源服务，成功实施压缩空气系统能源管理项目近 200 家。

爱景节能科技（上海）有限公司是压缩空气系统智慧运行的解决方案供应商，是压缩空气系统节能和空压站能源托管服务的“先行者”，是打造超高效智能空压站的“实践者”，通过自主研发生产的智能装备和数字平台，提供立体能源服务的“创新者”。我们聚焦“智慧节能”的创新赛道，赋能工业客户数字化减碳降本，与客户共担“碳达峰、碳中和”的社会责任。

东风汽车集团股份有限公司 WH60JPH 工厂能源管理系统

深圳市中电电力技术股份有限公司
裴玉刚　杨志凌　焦文韬

一、背景需求

实现“双碳”目标就要做好能源“双控”，汽车制造企业由于其产业链长、工艺复杂、工序多，绝对能耗量较大，因此如何实现能源供应动力系统的安全、高效运行，将这些耗能分门别类的进行统计、划分及分析，进而实现能耗管控成为汽车制造企业面临的一个难题。

东风汽车股份集团有限公司 WH60PJH 工厂鸟瞰图

二、案例简介

1. 客户基本信息和实施场所

东风汽车集团股份有限公司乘用车工厂拥有冲压、焊装、涂装、总装、树脂五大工艺，具备年产 30 万台整车生产能力。汽车制造企业能耗特点是用能分布广（工厂、车间、生产线/工段、单体设备等）、耗能种类多（用电、水、燃气、压缩空气、蒸汽、冷热量、油等），如何降低从能源生产到能源消费中各个环节的损失和消费，提高能源利用率和能源利用的经济效益显得尤为重要。

2. 建设内容

深圳市中电电力技术股份有限公司为东风汽车集团股份有限公司 WH60JPH 工厂提供能源管理系统全套软、硬件产品，还一并提供完整的设计、施工、调试、培训服务。能源管理系统包括动力设备监控系统、能源计量系统、动力站房视频监视系统、车间配电室视频监控系统、工厂环境监视系统、动力管理电子化系统、动力大数据发布中心等 6 大功能，实现工厂动力设备远程监测、控制、群控，能耗统计与分析，动力站房远程巡视，环境排放监视统计分析，动力科日常管理电子化，动力数据抓取、统计、分析、发布等功能。

该系统同步接入保全管理系统，既有动力设备监控系统，还有能源计量仪表数据、IOT 系统、PV 系统、涂装 VOC 系统、焊装粉尘治理设备系统的数据接口。

WH60JPH 工厂能源管理系统

三、技术方案

1. 系统结构图

WH60JPH 工厂能源管理系统基本采用本地化部署模式，系统总体结构采用分层分布、冗余设计思路，自上而下分为系统主控层、通信网络层、现场设备层。

2. 创新产品或技术

该系统依托深圳市中电电力技术股份有限公司高精度、高可靠性的电力能效监测终端、数据集成智能网关，以及自主研发的能源监管系统软件等，除实现电力监控功能之外，还融合了用电分项计量、分时计费管理功能、能耗数据统计对比分析、电力需量管理功能、电能质量监控与管理、多种能源和生产数据采集和转发功能、故障源快速诊断与定位、定制开发扩展功能、能效评估、能源公示、节能诊断等功能，通过对企业用能数据的监测、统计和分析，发现企业用电存在的问题和隐患，为企业生产管理提供数据支撑，为客户节能降耗提供直观科学的依据，帮助用户优化生产流程、提高用能效率，最终节省成本，助力企业增产增效。

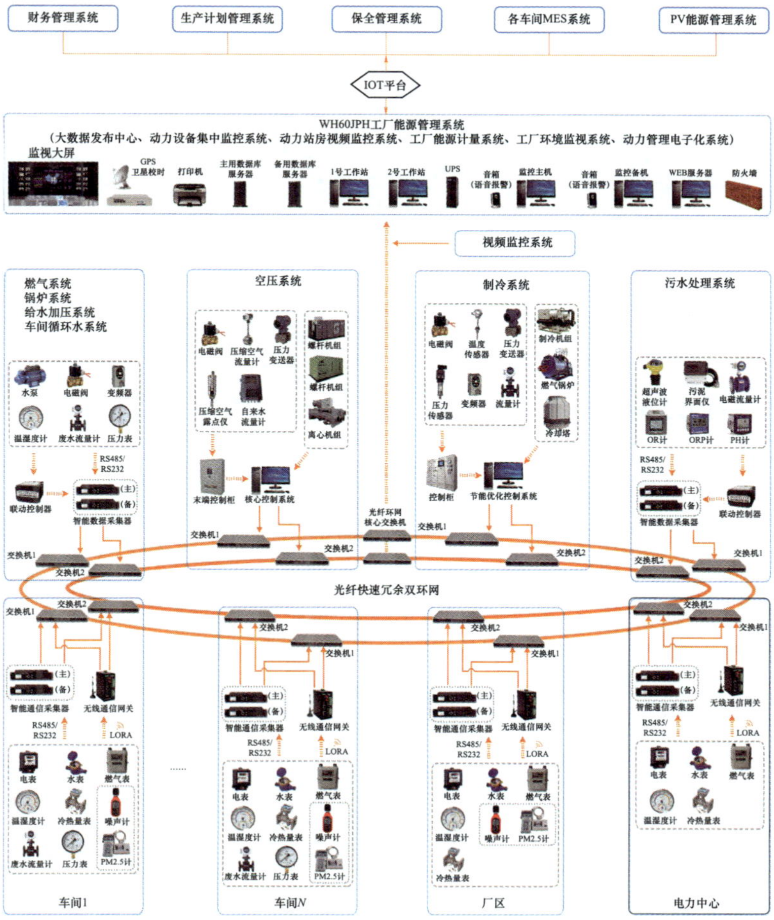

WH60JPH 工厂能源管理系统

该系统不仅为客户节能降耗提供直观科学的依据，还能助力企业增产增效，对高/低压系统中产生的谐波源、电压的闪变及波动、电流电压的不平衡度等进行实时监视，以直观画面帮助用户诊断及定位谐波源，并且配合滤波装置消除谐波，保证供用电系统安全、可靠、连续运行，全力保障企业安全生产和企业效益。

四、商业模式和项目收益

本项目采用设计、采购、施工、试运行（EPC）等实行全过程管理模式。

1. 经济效益

（1）推动企业能源管理数字化、信息化建设，实现“减员增效”。三班制原 21 人，可释放人力 15 人，减员率 71%，节省用人成本约 249 万/年。

（2）避免能源浪费、提高能源利用效率，实现“节能增效”，能源利用率整体可提升 3%～8%。

（3）能源成本优化分析，实现“节费增效”，基本电费可节省 2%～10%。

（4）设备运行状态告警监测、电能质量暂态源故障快速定位，实现“减损增效”。据统计，单次电压暂降造成的汽车制造损失约 26.3 万元，如一年电压暂降为 10 次，将减少 263 万元损失。

2. 社会效益

东风汽车集团股份有限公司 WH60JPH 工厂能源管理系统项目建成后，不仅解决了汽车企业能源管理实际问题，缓减了企业的成本控制压力，提升企业核心竞争力，深圳市中电电力技术股份有限公司还与东风汽车企业客户一起承担社会责任，响应国家政策节能减排发展目标。项目实施后，预计节能能源 0.2 万 tce/年，减排二氧化碳 0.5 万 t/年。

五、项目亮点和经验总结

该项目通过工厂能源管理系统能够帮助客户实现由动力设备单体监视向集中管控过渡，由动力设备的人工操作管理向自动化、智能化管理过渡，由经验式管理向科学量化管理，由被动管理向主动管理过渡，由单一设备节能管理向系统节能管理过渡，为企业科学管理、节能增效提供有效手段。

WH60JPH 工厂能源管理系统建成后，将在汽车制造整车厂行业中起到典型的示范作用。深圳市中电电力技术股份有限公司，持续推进综合能源管理平台，致力于为工业、建筑与市政等客户提供一站式+专业化平台服务，通过精益的运营咨询、数字化平台及智能化服务，以专业安全监测、综合物业管理、节能分析管控为核心功能，打造成互联互通、信息融合、高效运维的绿色舒适建筑，助力“碳达峰、碳中和”目标实现。

公司介绍

深圳市中电电力技术股份有限公司作为以电能管理及能源管理为核心的能源互联网集成服务商，以“打造活 108 年的好企业，成长为电能管理及能源管理领域的中国的世界级企业”为愿景，顺应能源革命和数字革命融合发展趋势，深挖电气化和数字化的深度融合，加快能源行业数字化转型。

面向能源互联网多能流能源管理，公司以电力系统、工业、建筑与市政、交通基础设施、数据中心与电信运营商、渠道与合作伙伴客户为中心，结合以“云大物移智链”为标志的第四次工业革命新技术与电力二次技术新结合，通过“云、管、边、端”四级协同，推动能源互联网数字化发展升级，实现“碳达峰、碳中和”的目标。

电力能源数字化综合服务典型项目案例

山西合力创新科技股份有限公司
贾培伟　姚海强　任丽鹏

一、背景需求

当前，电力体制改革和“互联网+”智慧能源快速发展，工业园区作为主要试点对象，对其提出构建多样化的综合能源服务。电能作为工业企业的基础能源和主要能源，构建园区智慧用电综合服务平台以用电数据为基础，通过大数据分析为企业提供用电安全监控预警、能效监控分析、运维托管、抢修检修和节能改造等综合用电服务，可有效提高企业的用电质量。

随着政府减税降费政策的实施，企业电费支出已逐渐成为企业承担的主要生产成本。江铃重型汽车有限公司对厂区能耗情况高度重视，发现能耗管理依赖人工情况严重，如设备负荷情况无法实时掌握，对自身用电结构及高能设备不清楚，运维人员持续在场值守或者高频次巡检，人工成本相对较高，以及依靠现有的线下服务容易因人工巡视间隔周期长、巡视盲区、隐患发现不及时或依靠经验判断等原因而使相应的隐患、缺陷得不到及时发现，降低了事故预防有效性和及时性。

二、案例简介

山西合力创新科技股份有限公司针对江铃重型汽车有限公司情况开展企业智慧用电综合服务业务，通过双方的积极配合与共同推动，于 2020 年 3 月底完成江铃重型汽车有限公司发动机厂配电系统的智能化改造，并正式上线智慧用电综合服务数字化平台，同时其他支撑服务、线下服务等相关工作也同步开展。经过一个季度的落地实施，逐步推进了江铃发动机厂的用电精细化管理和科学决策，将企业用电管理引入了“数字化、网络化、可视化、专业化”的智能化管理，使企业节能降耗工作得到持续改善，逐步达到“安全、经济、高效”的用电目标，从而提升企业的生产和运行效率。

电力能源综合数字服务监测中心

三、技术方案

（1）线上监测：通过物联网技术远程建立“电力能源数字化综合服务平台”，7×24h 动态实时监测，实现隐患排查的智能化，做到了排查的精确性、主动性和超前性，从而减少故障或隐患带来的潜在损失。

（2）线下运维：通过线上安全预警推送及线下专业化电力巡检相结合的智能化运维模式，用“技术+经验”的手段使“被动抢修”彻底转变为“主动运维”，辅助用户高效、直观、低成本的管理配电运维工作。

（3）能效优化：通过平台对企业用电信息的数据分析，并结合生产情况及历史用电的各种数据指标，为企业管理层进行生产成本核算、生产效率提升提供数据支撑。

电力能源数字化综合服务解决方案图

四、商业模式

项目采用代管模式，为企业提供“线上+线下”的电力能源数字化综合服务，合同为能效分享合同，山西合力创新科技股份有限公司按比例分享相应的节省费用，作为服务费。

五、项目收益

1. 经济收益

人员成本降低 30%；风险成本降到最低；能源成本节省 25%；综合运维成本降低 35%。

2. 社会效益

自平台系统投运以来，依据平台用电结构分析、耗能设备监测以及电气设备状态监测与故障预警等功能，为企业在节能降耗、用电安全以及用电精细化方面提供了数据支撑及决策依据：

（1）节能降耗方面。通过平台能效监测分析功能，实时采集监控各主要用能设备的运行状态、耗能情况、负荷曲线、运行时段等各种数据指标，依据精准的数据支撑及对比分析，采用改造工艺设计、优化工艺工序、调整开机热机时间、完善管理制度等方式，制订针对性优化方案及执行方案。2020 年 5 月和 6 月较 1 月，在生产量增加的情况下，总耗电量分别下降了 24.78%、28.37%，月度分别节电 44 800kWh、51 280kWh。

（2）安全用电方面。自 2020 年 4 月平台上线后，山西合力创新科技股份有限公司对发动机厂的配用电系统采取了实时远程集中监控以及每月度 3 次现场巡检的日常维护方式。通过平台的越限预警、状态告警等功能，及时发现了 TV 柜 AH2 电压异常、性能台架柜 TA 损坏、1 号配电室工艺水泵及冷却塔控制柜电压失常等故障隐患，同时通过平台派单系统进行线上实时派单并完成现场消缺，从而避免了电气故障和火灾事故的发生。

（3）人效优化方面。通过本次对配电室的智能化改造以及平台系统的上线，可以达到在满足配电室监管要求的情况下，实现值班人员的优化。

公司介绍

山西合力创新科技股份有限公司（股票代码 871229）成立于 2005 年，是一家从事电力行业专业软件研发、ICT 信息化系统集成、电力能源综合服务、运维服务产品化的高新技术企业。公司致力于为电力行业发、输、配、售、用全产业链条相关专业提供专业的系统解决方案及咨询、运维服务。

公司成立以来，秉承“至诚专业”的企业精神，扎根山西，聚焦电力，为国网山西省电力公司及省内 200+发电企业提供了系统集成、建设、运维及咨询等服务。依托自主研发的电力能源数字化综合服务平台为用电用户提供专业化的“一站式电管家”服务。

国舜集团莱钢 265m² 和 400m² 烧结机脱硫脱硝改造项目

ABB（中国）有限公司
刘云杰　王成续　张步胜

一、案例简介

当前在“双碳”背景下，国内正掀起加快新旧动能转换、打造高质量发展新引擎的热潮，而钢铁产业是新旧动能转换的重中之重。山东国舜建设集团有限公司（简称国舜集团）在传统钢铁厂的烟气治理领域长期保持行业的领先地位，已在其位于济南长清的总部建立了远程运维服务指挥中心，具备操作室视频监控、现场设备视频监控和生产工艺流程监控三大模块。但在现场设备配电运维管理中，国舜集团还面临着以下问题需要解决：

（1）国舜集团承建的钢厂脱硫脱硝项目一般采用 BOO 模式，集投资、建设、运营于一体，要求设备的烟气处理必须达标，否则将导致钢厂超标罚款，影响钢厂的运营，所以对配电系统的可靠性要求更高。保证设备可靠运行，供电是基础，配电系统的可靠和连续性显得异常重要。

（2）目前国舜集团已运维 30 多家钢铁企业脱硫脱硝设备，设备位置分布非常分散，统一管理、集中监控部署及建设成本高。随着未来运维项目不断增加，运维电工数量不足，人力成本和运维成本不断增加等问题日益突出。

（3）国舜集团目前对配电系统缺乏有效监控，配电运维和维修任务主要由自有电气盘厂电工负责，设备现场没有专业电工运维巡检，缺乏有效的配电保障手段。

（4）钢厂烟气脱硫脱硝设备为大功率、高能耗项目，每日耗电量数千千瓦时。国舜集团希望详细地了解各个部件、流程的具体能耗情况，对设备回路精细化监测和管理，对用能和成本情况了然于心，规划节能方案、寻找节能机会，实现碳减排战略。

（5）由于脱硫脱硝项目工艺及类型相似，要求不同项目的智能配电系统设计方案可复制，易掌控，硬件成本低，能快速部署。

（6）国舜集团希望系统运维便利，可实现移动运维，告警实时推送，快速响应；对核心设备实现健康管理及预测性维护，提高运维效率，降低运维成本。

2019 年底，国舜集团以 BOO 模式承接了莱钢 265m² 和 400m² 烧结机脱硫脱硝改造项目，此项目为山东省新旧动能转换示范项目。国舜集团计划将这两个项目打造为行业的智能化标杆性项目。

国舜集团总部

二、技术方案

为进一步完善运维管理体系，提高设备运转的可靠性，本项目采用了 ABB Ability EDCS 数字化智能配电系统对新建项目莱钢 265m² 和 400m² 烧结机脱硫脱硝设备配电系统进行智能化设计，补齐配电智慧运维短板，并向其他代运维项目复制推广，实现工艺、现场、操作和配电全方面、立体化监控，打造环保设备行业内最智能、最先进的运维管理平台。

本项目设计了单独的 EDCS 控制箱，通过 E-Hub 物联网网关，同时将现场关键设备 Emax2 框架断路器、XT4 塑壳断路器和 IM301 多功能表信息上传到云端，实现了配电系统的全生命周期管理和预测性维护。

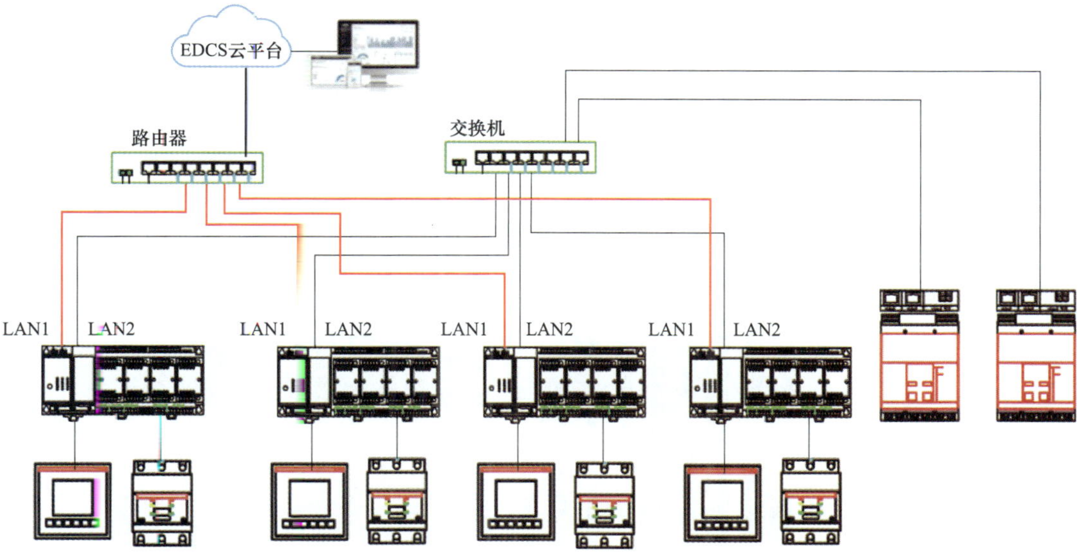

基于多站点物联网的实时移动运维平台——Ability EDCS 智能配电系统架构

国舜莱钢 $265m^2$ 烧结机脱硫脱硝项目配电柜

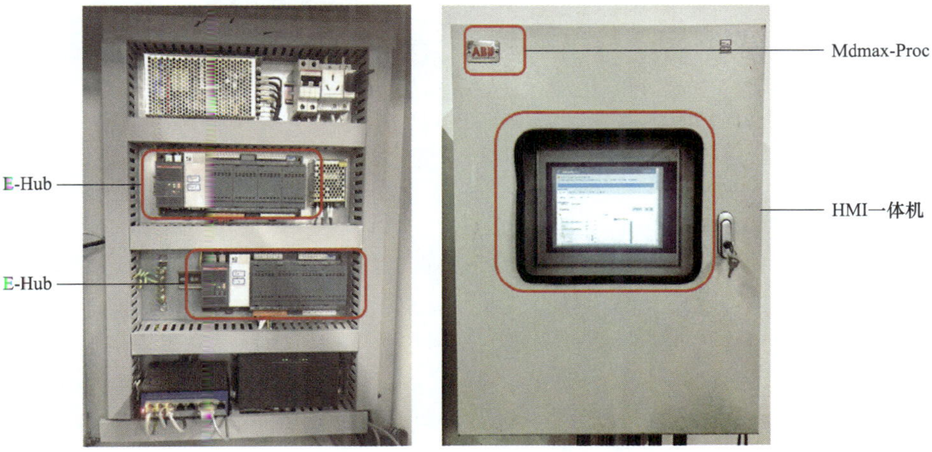

国舜莱钢 $265m^2$ 烧结机脱硫脱硝项目 EDCS 控制箱

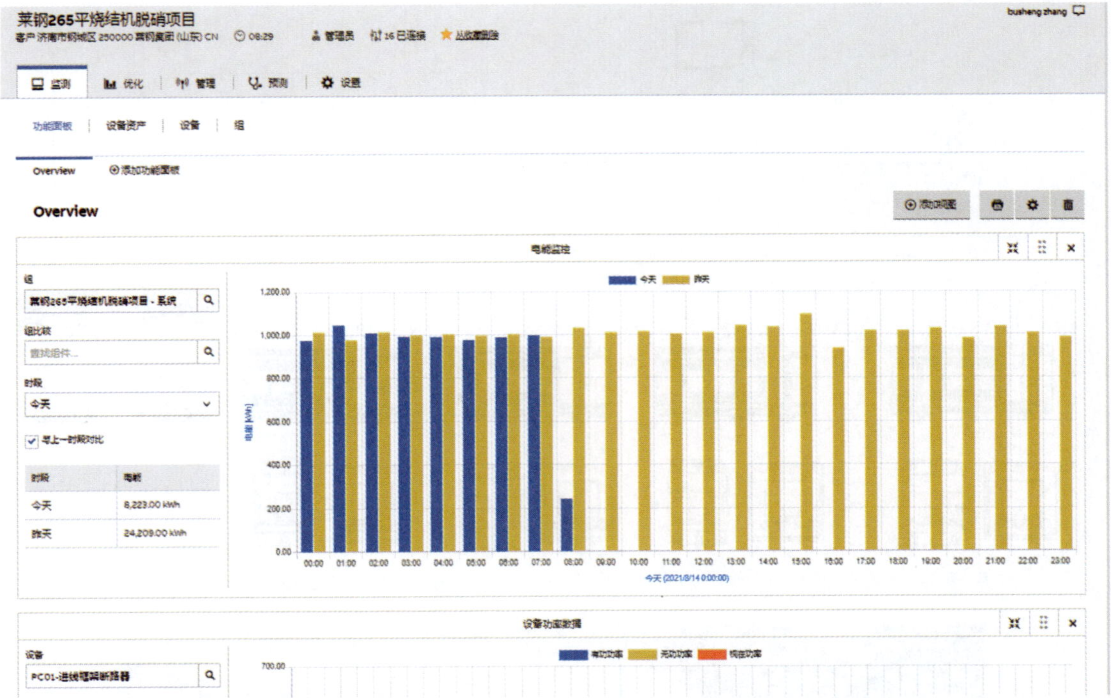

国舜莱钢 265m^2 烧结机脱硫脱硝项目 EDCS 显示界面

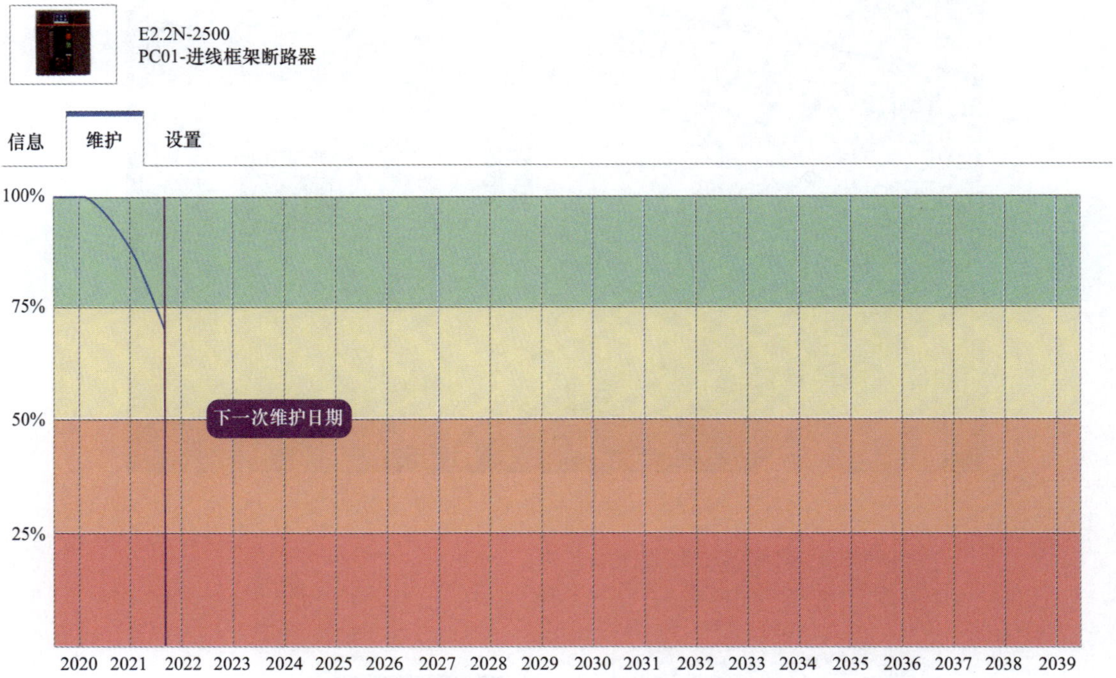

Emax2 框架断路器设备资产健康状况曲线

本改造项目可实现如下功能：

（1）监测功能：可通过电脑或手机随时随地显示配电系统内电流、电压、能耗、功率因数、电费、负载率等各项电参数；同时对不同配电室的用电情况通过一个界面实时查看、对比。

（2）优化功能：可随时或定期生成报告，支持导出，为用户提供数据的基础分析凭借定制化的数据报告，用户可以通过数据分析，实现运营优化。

（3）预测性维护：借助 ABB 百年开关设备经验，实现对设备全生命周期的高可靠性预测，提供准确的运维建议，减少重复性日常维保工作。

（4）实时报警功能：可实现对关键设备及关键参数的实时报警提醒功能，如母排超温报警、过电流报警、过电压报警等。提供故障短期预防与第一时间响应，极大程度减少突发事故所带来的财产损失，保证供电连续性。

三、项目收益

（1）提高配电系统的可靠性：智能配电系统集监控、优化、管理和预测四大功能于一体，通过持续监测和采集系统数据，实现对配电系统的完全掌控，通过持续分析诊断电气系统中的设备，实现从被动运维到预测性维护的转变，极大地提高了系统可靠性，打造了一个透明、智能、坚强的配电系统。

（2）改变建设和运营模式：将分散在全国各地的设备集中到一个配电管理平台集中管控，有效地提高了管理质量和效率。同时轻资产的解决方案，进一步优化了客户现金流。通过在原有元器件基础上增加少量智能化附件即可实现智能化升级，真正的小投入大产出。由于采用云平台部署订阅方案，使得原本一次性投入基建阶段的软硬件成本，以年付费的形式进行分摊，降低企业运营初期一次性投入，获得资金灵活性。

（3）减少初始投资成本：部署便利，可实现不断改造、安装、调试，保证正常生产，并实现快速的设备部署；相比较常规就地部署平台，EDCS 有设备模块化、安装调试便捷化的特点，大大降低软硬件及安装调试时间和成本。

（4）移动监测，优化运维效率：通过 EDCS 智能配电系统投入运行，给客户多站点设备的运维工作带来了极大便利，运维人员从 20 人减少到 10 人，用工成本降低接近 50%，同时巡检次数和单次的时间都减少了，大大减少人工劳动强度，并提高工作效率。

（5）设备维护方式转变：被动预防式到主动预测式。预测性维护功能采用四色体检卡的直观方式，将设备的生命周期所在阶段展示，使管理和运维人员获得设备实时健康状态，了解需要准备哪些备件，以及何时需要进行必要的维护工作。并针对关键回路监测，通过主动推送式告警功能，预防突发情况，降低事故发生概率。

（6）降低能源使用成本：通过方案能源管理功能分析能源结构、配电及设备能效、电费构成及节能关键点；帮助客户提高用电使用效率，进一步降低用电成本。

（7）可快速复制的高效方案：智能配电系统结构简洁，设计便利，易于掌握，不需要第三方系统集成商参与，通过一个项目的实施即可以掌握方案从设计、施工到使用的全过程，拥有系统全部自主权。同时标准化、模块化的设计，使得未来其他项目均可以轻松复制该方案，实现智能配电系统的全覆盖。

公司介绍

ABB（中国）有限公司（以下简称 ABB）是技术领导企业，拥有 130 多年的卓越历史，电气、机器人、自动化和运动控制产品等业务遍布全球 100 多个国家和地区，员工人数达 10.5 万。秉着“在中国，为中国，为世界”的发展理念，ABB 在中国已拥有研发、制造、销售和工程服务等全方位的业务活动，27 家本地企业，1.5 万名员工遍布于近 130 个城市，线上和线下渠道覆盖全国约 700 个城市。作为数字化领域的技术领导企业，ABB 聚焦中国“新基建”，持续在数字化、工业互联网、人工智能、智能制造、智能交通与智慧能源基础设施等重点领域进行战略布局，携手中国用户与合作伙伴，为行业数字化转型升级注入持续动力。

山东国舜建设集团始建于 1985 年，为国内大气污染治理领先企业；国舜集团以 BOO、BOT、EPC 等模式主要从事钢厂烧结机烟气治理、电厂燃煤锅炉烟气治理等工程；截至目前，已完成五大发电集团、首都钢铁、上海宝钢、山东魏桥集团等共计 160 多项脱硫脱硝、超低排放工程；集团下设 6 家子公司，2 家甲级设计院，形成了员工 2100 余人，年销售额近 40 亿元的综合性环保企业。

韶钢变配电智能集控系统项目

广东云舜综合能源科技有限公司
何　周　周　健　朱国港

一、案例简介

1. 背景需求

近年来，我国以智能制造为主攻方向，推动产业技术变革和优化升级，推动制造业产业模式和企业形态根本性转变，以“鼎新”带动“革故”，以增量带动存量，促进我国产业迈向全球价值链中高端。一些大型和历史较久的制造业工厂，随着产能扩大陆续建设变配电站，存在设施老旧、系统独立、数据没有横向融合、站点数量多且分散、人力投入大、管理效率低、安全问题严重等问题。

近年来，变电站智能制造技术发展迅速，智能变电站相比传统变电站的优势越来越明显。通过智能化设备，提升劳动效率，可达到减员增效的目的。同时，依靠智能化设备运行及分析，消除人为数据分析的误差，变电站运行更稳定更可靠。

2. 客户基本情况

广东省韶关钢铁集团有限公司（以下简称韶钢，现名为宝武集团中南钢铁有限公司），拥有 50 余年历史，年产钢能力 730 万 t。厂内有 2 个 220kV 变电站、5 个 110kV 变电站、5 个 35kV 开关站、16 个 10kV 主受电高压室、7 个 6kV 主受电高压室，共担负着 35 个站点 1000 余面高压柜、74 个 GIS 间隔的日常巡检、操作、监控任务，以及发电分厂的 6 个发电站的日常维护和检修任务。由于没有统一的集控平台，当现场设备发生异常情况时，如果未及时发现和处理，往往会引发跳闸或更严重的设备事故，影响现场设备的正常生产供电，给公司带来一定的经济损失。

3. 建设内容

将 40 余个发/变/配电站的五遥信号统一接入到监控中心，在监控中心通过一个大屏幕统一展示和操作，便于运行人员对每个高压室进行集中监控。同时，将变配电系统内所有电气、防火防盗报警、门禁、温湿度、视频监视等数据汇总，在监控后台实现监视和控制，同时实现视频联动、负荷预测、拓扑着色、智能告警、故障反演、智能操作票、智能辅助等高级应用，从而实现各站点的无人值守，确保及时处理现场设备故障。

二、技术方案

在各站增加远动通信装置和智能管理装置，其中远动通信装置将站内所有保护、量测、控制信号整合后通过远动规约上送监控中心智能集控系统，智能管理装置负责接入 SF_6 监测信息、防火防盗报警、门禁、温湿度等信息，通过千兆环网接入智能集控中心，实现集控中心对所有变电站统一监测和管理，各站内实现无人值守功能。

一体化集控平台采用网络化、层次化的系统架构和先进的组网技术，提供包含变配电站电气监控、变配电站智能辅助的一体化监控解决方案，综合采集各类专业数据，实现数据共享、智能分析决策和控制。

（1）集安全性、稳定性于一体的综合数据处理平台。

（2）基于分组计算的分布式一体化平台设计。

（3）支持各种主流操作系统平台开放式、可移植系统结构。

（4）遵行 IEC 61970 的电网数据信息模型。

（5）支持动态平衡分流的网络数据穿梭模型。

（6）基于可视化、全矢量的图模库一体化系统。

变配电智能集控系统首页

变配电智能集控系统潮流图

韶钢智慧中心

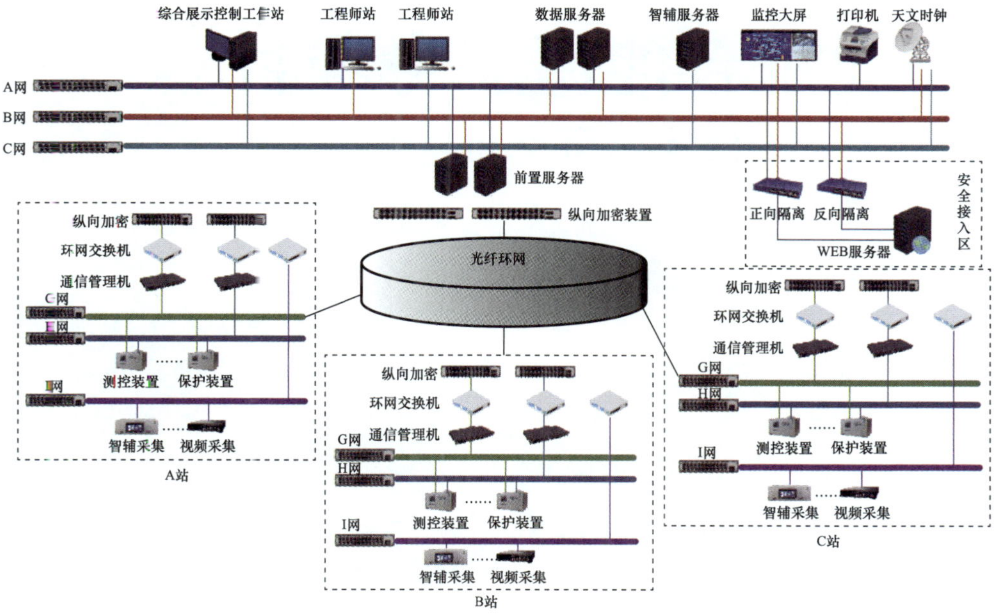

智能集控系统架构图

（7）采用自监视、自诊断和自愈合技术，提高自动化系统运行可靠性。

（8）采用“应用漂移”技术，支持单机系统启动和运行。

三、商业模式和项目收益

1. 项目的商业模式

本项目采用客户投资、自建示范的商业模式。

2. 项目收益

（1）直接经济效益。

1）节约人工成本：实现岗位优化 24 人，每年节约人工成本约 230 万元。

2）年制造费用：每年预计可节约成本 100.4 万元。

（2）间接效益。

1）提高安全管理水平，提高安全度，减少运维人员，提高工作效率和经济效益。

2）确保对现场情况全方位掌控，及时消除隐患，杜绝事故的发生；提高了管理的严谨性，做到情况可追溯。

3）提高电网的高压设备状态监控能力，提升安全管理能力和应急响应能力。

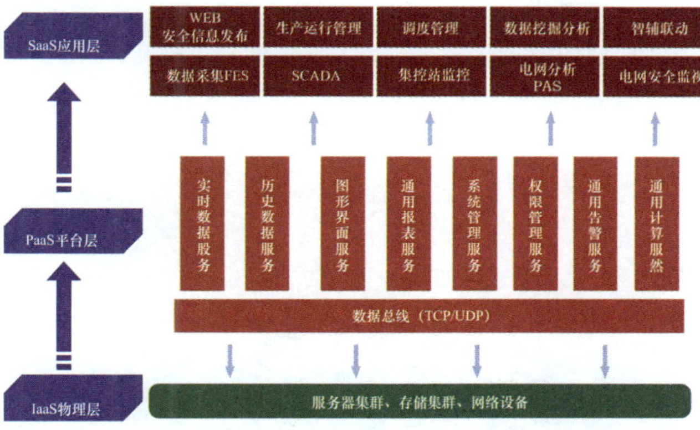

智能集控系统软件架构图

四、项目亮点和经验总结

（1）采用诸如一体化信息平台、智能告警、故障诊断、智能开票、程序化操作等技术应用于变电站的日常运行和维护。

（2）建设全局统一的变配电智能集控调度管理系统，提高主设备运行可靠性和资源利用率，优化变配电站综合生产管理，提高电网的高压设备状态监控能力，提高安全管理能力和应急响应能力。

（3）适用于钢铁、矿厂等具有站点多、分布广、人员多、管理难等特点的大型工业类企业。

公司介绍

广东云舜综合能源科技有限公司由韶关高新技术产业开发区管理委员会、韶关供电局、白云电气集团合资于 2018 年成立。公司秉承“技术为魂、客户至上”的企业价值观，致力于成为国内领先的综合能源服务解决方案提供商，提升用户用能效率，降低用户用能成本，提高供电可靠性，助力经济绿色发展。

公司拥有一支专业扎实、团结进取、朝气蓬勃的团队，团队组建来自韶关供电局、白云电气集团核心专业骨干，设有智能配电网研究团队、电力软件开发团队和智慧能源管理团队。根据公司发展需要，于 2020 年设立广州分公司，组建大湾区研发团队和营销团队，依托珠三角资源，开拓大湾区市场，为大湾区客户提供便捷、高效、高质量的服务。

食品行业综合能源服务项目

山东中慧综合能源服务有限公司
张青峰　孙冬梅

一、案例简介

1. 项目背景

肉食鸡屠宰加工过程需使用大量热水，这部分热水主要分为两个温度段，烫锅使用60℃以上热水，刷盘清洗需40～45℃热水，热水的获取通常需要加工厂自己烧燃气锅炉或者外购蒸汽，能源价格日益增加，给企业带来极大的负担，大大增加了生产成本。

2. 项目基本信息

山东仙坛食品有限公司成立于2001年，注册资金5.74亿元，总资产55亿元，拥有职工6000余人，总占地面积110万m^2，建筑面积33万m^2，是集父母代肉种鸡饲养、商品雏鸡孵化、饲料加工、商品肉鸡饲养、屠宰加工和深加工于一体的综合性企业。本次改造的项目为山东仙坛食品有限公司和仙坛仙食品有限公司两个厂区综合能源项目，两个厂区日屠宰鸡41万只，日均需40℃热水1200t，60℃热水300t，采用周边电厂外供蒸汽，日平均用蒸汽量90t，平均每月用蒸汽量约2700t。生产用热水依靠外购电厂蒸汽，通过厂区换热站换热后利用。

3. 项目建设内容

本项目建设主要包括三部分：第一部分为氨余热回收系统，包括2台氨气余热回收器、循环水泵、管道系统以及仪表电气系统；第二部分为蒸发冷却水余热回收系统，包括4台余热回收热泵机组、循环水泵、管道系统以及仪表电气系统；第三部分为热水供应系统，包括2个10m^3高温水箱、2个30m^3低温水箱、4台供水泵、管道系统级电控系统等。

氨余热回收系统

蒸发冷冷却水余热回收系统

二、技术方案

1. 总体技术路线

针对屠宰行业制冷系统存在的大量冷凝余热，利用氨余热回收器、高温热泵机组回收制冷系统冷凝余热，用于制取40℃、65℃的热水；同时还降低了制冷系统冷凝温度，提高了制冷系统的效率，达到了节能减排的目的。

氨系统余热回收：采用氨系统余热回收器，可回收氨系统高温排气余热，获取的热量几乎是免费的。

热泵余热回收：热泵综合能效比可达4.5以上，相比蒸汽加热可节省30%以上。

智慧管控系统：通过智慧能源管控系统对能源与所有设备运行状态进行监控，可以通过手机和网络实时监控现场设备运行情况，进行运行状态实时分析和优化，并对设备故障进行预判，对系统进行精细化管理，不断优化运行策略节省更多运行费用。

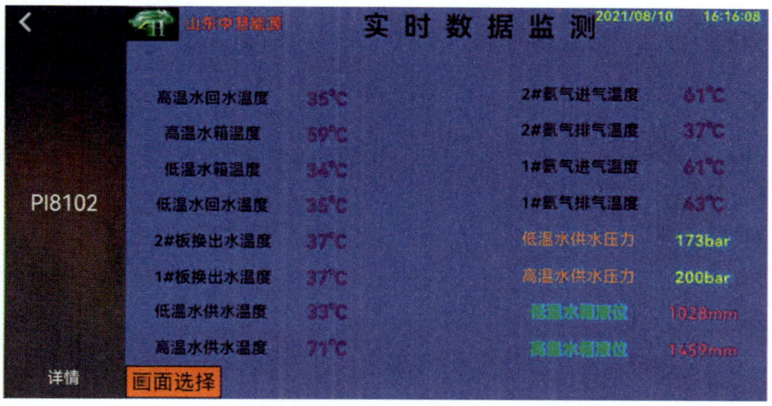

能源与设备监控系统

2. 实现功能说明

（1）此方案实施后可使加热热水用蒸汽成本大幅度降低。

（2）由于增加了一套热水供应系统，可以大大提高生产系统运行的安全性。即使原有蒸汽系统检修的情况下也能保证热水的稳定供应。

（3）此方案实施后可以较好地解决原有制冷机蒸发冷却效果，降低冷凝温度，避免夏季高温报警影响制冷机正常使用，同时使制冷机的使用寿命得以延长；减少了蒸发冷却水的用量，减少了水资源浪费，减少了热岛效应。

三、商业模式和项目收益

该项目采用效益分享型合同能源管理的模式，由山东中慧综合能源服务有限公司投资建设，双方按照约定的节能收益分享比例分成，投资回收期约 3 年。

该项目实施后，每年可为用户减少蒸汽用量约 12 000t，缓解了电厂检修蒸汽供应不足给生产带来的影响问题，保障了生产的正常进行，同时降低了机组冷凝温度，降低制冷压缩机耗电功率的 8%。每年节电费用 120 多万元。每年减少标煤 1278t，减少二氧化碳排放 2147t。

四、项目亮点和经验总结

（1）项目采用合同能源管理的模式，对于用户有以下几方面益处：

零风险：山东仙坛食品股份有限公司不需要承担节能项目实施的资金、技术风险、运行管理风险、节能效果风险，同时避免了运行人员的安全风险，并在项目实施降低用能成本的同时，获得实施节能带来的收益和获取山东中慧综合能源服务有限公司提供的设备。通过专业化的“合同能源管理”方式实施节能改造项目，不仅可以帮助公司克服在实施节能项目时所遇到的障碍，还可帮助公司全部承担或者部分分担项目的技术风险、经济风险和管理风险等。

免投入：节能改造项目的设备和材料采购、施工、设备安装调试均由山东中慧综合能源服务有限公司负责组织完成，山东仙坛食品股份有限公司仅需配合和提供必要的条件。借助中慧综合能源服务有限公司实施节能服务，山东仙坛食品股份有限公司可以改善现金流量，把有限的资金投资在其他更优先的投资领域。

更科学：通过山东中慧综合能源服务有限公司项目实施节能服务，可以获得节能设备、专业资讯和能源管理经验，提升管理人员素质，促进内部管理科学化。

更环保：生产用热水实施节能改进后，减少了用能成本支出，节约了能源，改善了环境品质，建立了绿色企业形象。

（2）项目采用氨余热回收系统、冷却水余热回收以及手机和网络实时监控技术，实现了多能源的互补利用，为用户提供用能保障。同时为采用保鲜冷冻的企业（如屠宰、啤酒等）打开了一条新的节能减排路径。

公司介绍

山东中慧综合能源服务有限公司主要从事能源审计、节能改造、能源监控、能源托管、余压余热回收以及可再生能源供冷供热等方面的整体优化、设计、采购与改造，是一家提供从能效咨询、项目融资、设备供应到施工设计、运营维护一站式解决方案的综合能源管理服务公司。

阳煤集团神堂嘴煤层气发电站烟气余热利用发电项目

国网山西省综合能源服务有限公司
乔云廷　郑永义　杨长青

一、背景需求

阳泉煤业（集团）股份有限公司（以下简称阳煤集团）是集采矿、采煤、煤化工、铝电、发电为一体的山西特大型企业，该集团矿区的煤层气含量极其丰富（约 6448 亿 m^3），从 1957 年就开始对煤层气（俗称煤矿瓦斯）进行开发利用。由于国家要求煤层气不能对空直排，为充分利用煤矿采集时产生的煤层气，阳煤集团先后投资建设煤层气发电站三座，阳煤集团神堂嘴煤层气发电站是其中规模较大的一座。结合阳煤集团神堂嘴煤层气发电站排放烟气温度较高，最高排烟温度约 550℃，具有二次回收利用的价值。

厂区鸟瞰图

二、案例简介

阳煤集团神堂嘴煤层气发电站烟气余热利用发电项目充分依托煤层气发电站余热资源丰富的优势，利用 8 台瓦斯内燃机发电机组排出的废弃的高温余热烟气资源建设 1 台 3MW 次中温、次中压空冷汽轮机发电机组。

三、技术方案

参照《小型火力发电厂设计技术规范》（GB 50049—2011），利用现有对空排放的余热烟气配置锅炉和次中温、次中压空冷汽轮机发电机组，充分利用现有场地，本着节能减排、变废为宝、改善环境的原则进行设计。

本期设计装机容量按余热量定发电量的原则，装机 1×3MW 次中温、次中压空冷凝汽发电机组，配 1×7.0t/h+1×9.4t/h 余热锅炉，一次建成。

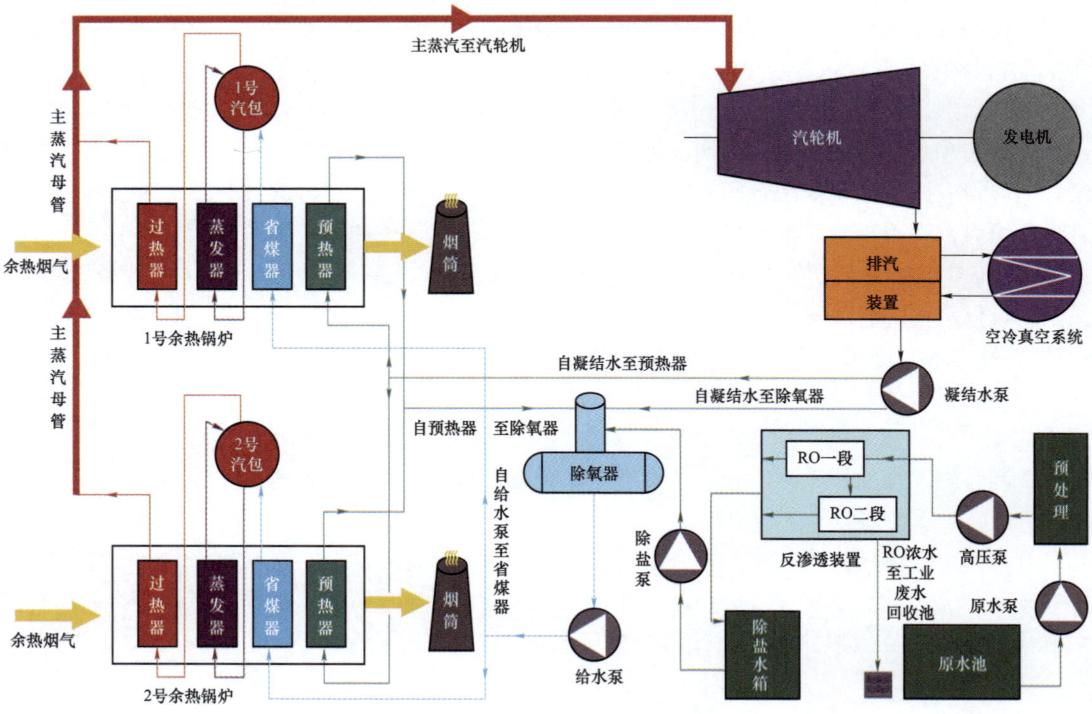

阳泉神堂嘴煤层气余热发电系统流程图

余热发电机组

四、商业模式

该项目主要采用合同能源管理模式中节能效益分享型进行项目的投资建设，在项目合作期内国网山西省综合能源服务有限公司和用能单位双方分享余热发电的效益。按合同约定比例 9:1 分享节能效益，合同期限 5 年。

五、项目收益

1. 经济效益

该项目年发电量约为 1500 万 kWh，年发电节能收入约 763 万元（电价 0.509 元/kWh）。同时依据国家有关政策，可优先上网销售电量，上网电价享受国家补贴，能给企业带来稳定的经济效益。

2. 社会效益

项目充分依托现有企业余热资源丰富的优势，利用燃气发电机排出的废弃的高温余热烟气资源，变废为宝，进行技术改造，既可以减少资源浪费，也可以减少环境污染，替代了部分燃煤发电量，每年节约标煤 5000t，减少了燃煤发电产生的污染物排放，改善了环境质量，为推动“3060”目标实现作出积极贡献。

六、项目亮点和经验总结

（1）该项目实施后能带来显著的社会效益、经济效益，推动了企业技术进步，提高了企业综合经济效益和综合竞争力。

（2）根据当地的资源禀赋，排查摸底现有焦煤、冶金、化工等余热、余压、余气资源，选择可塑性合作方，因地制宜。关注当地政府出台的发电上网电价补贴标准，增加项目经济性，或者采用自发自用、余量上网等方式。科学论证项目可研，强化项目过程管理，达到合理控制成本，早日达产达效。

公司介绍

国网山西省综合能源服务有限公司是国网山西省电力公司和国网综合能源服务集团有限公司合资控股的公司，主要致力于电网节能改造、大型园区及建筑综合能源服务、充电设施建设、节能产品设备、节能技术和新能源前沿技术的推广应用，致力于以电代煤、以电代油、以电代气等电能替代项目的推广实施，拓展售电市场，是立足电网、面向社会，市场化运作、专业化管理的综合能源服务商。

综合能效管理系统在煤化工企业的解决方案

北京易艾斯德科技有限公司
邱卫星　孙学员　邱四伟

一、案例简介

1. 背景需求

随着能源互联网、云计算、低碳环保等技术的发展应用，基于“云管边端”的综合能源服务业务是能源行业最具政策性市场前景、最具技术融合度的新兴业务。重点用能行业如化工、钢铁、水泥、汽车制造等企业的能源精细化管理是行业的痛点。煤化工企业作为能源密集型企业更加重视节能减排和碳交易工作。本项目综合能效管理系统可实现综合能源精细化管控，提高企业用能管理水平，降低运营管理成本。

2. 客户基本信息

未来能源煤制油分公司是一家现代化的煤间接液化企业，位于陕西省榆林市榆横煤化学工业区，总投资近 200 亿元，有 110kV 变电站 1 座，10kV 变配电站 12 座，余热余气发电厂 1 座，50MW 余热发电机组 3 台，42MW 燃气发电机组 1 台。余热余气年均发电量 110 万 MWh，年节约标煤 33 万 t，减少二氧化碳排放 82.5 万 t，余热余气发电基本满足全年用电量。

3. 建设内容

北京易艾斯德科技有限公司于 2014 年投运 Easycontrol 电能集抄管理系统，2018 年投运 EasyEEM 综合能效管理系统，2020 年又对该系统进行了扩容。系统累计投资超过 500 万元，建立了全厂能源物联网与综合能效管理系统。

二、技术方案

综合能效管理系统采用“云管边端”架构：系统主站云层、通信网络管层、智能采集边层、智能计量仪表端层。综合能效管理系统主站设置在 301 总变电站，使用服务器 4 台、工作站 2 台、采集器 36 台、智能仪表 1000 多台，实现对供电、用电、余热余气发电的综合监控。

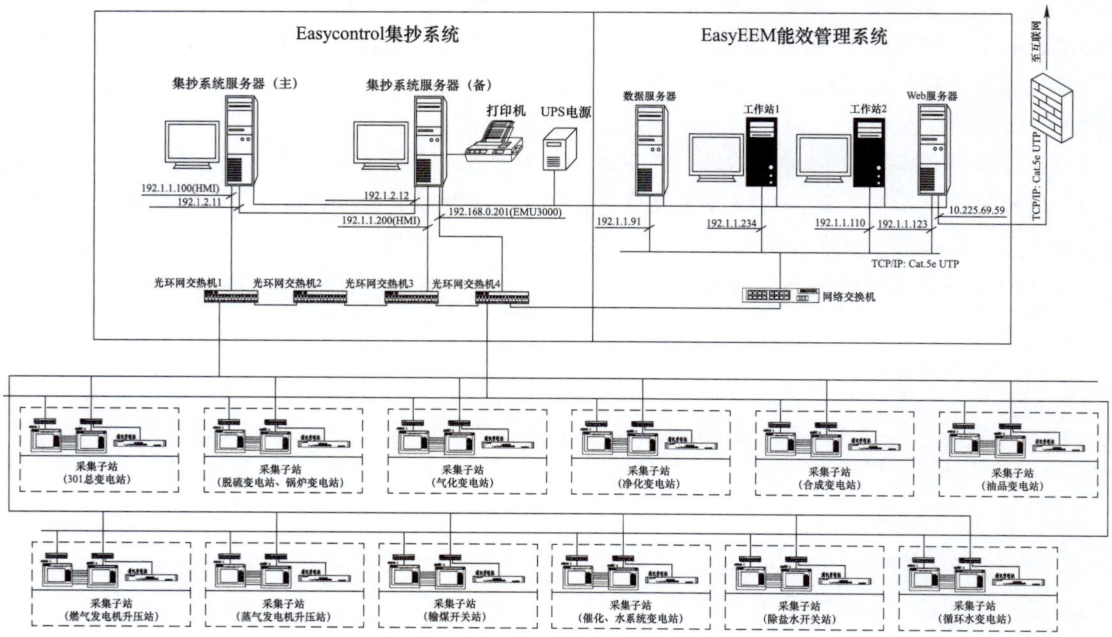

综合能效管理系统

EasyEEM 综合能效管理系统

本项目解决方案可实现如下功能：

（1）点位覆盖管理精细：为了实现能源的精细化管理，用电量监测点覆盖到各个中压变配电室的进出线回路及低压配电室重要回路。

（2）能耗发布用户查询：配置 Web 服务器企业网 IP，企业不同层次用户可根据个人权限在厂内任意有权限的计算机上通过浏览器实现企业级数据查询。

（3）功能齐全界面完善：数据采集、统计分析、分时计量、能源平衡、设备管理、绩效考核、数据展示、报表管理、能耗发布等功能。

（4）车间划分数据区域：用户权限设置、车间能耗排名、丰富数据报表、内部考核等，用能统计分析包含部门、车间、用途、费用、时段、设备等。

三、商业模式和项目收益

本项目的商业模式为 BOO 模式，即业主自己建设—拥有—运营。项目收益如下：

（1）节能经济技术指标：系统可靠、抄表准确、数据完整、查询方便等，降低了抄表、报送数据的人工成本。通过指导优化调度、负荷调整，实现 3%～5%的电力能源节约，直接经济效益非常可观。

（2）管理经济技术指标：各管理部门实现能源消耗的动态数据和信息共享，各耗能单位通过系统可清晰的查看自身能源消耗状况与各单位能耗水平的比较、能效指标的完成情况、能源成本控制、设备管理、设备维护等，最终提高各部门节能意识。

四、项目亮点和经验总结

本项目结合该类企业对成本、稳定性、可靠性、可扩展性等各项要求设计，对供电、用电、余热余气发电的综合管控，是典型的“源网荷”综合能源解决方案。系统为重点用能行业如化工、钢铁、水泥等企业提供精细化管理模式，为企业提供一个节能、安全、优化的信息化平台。该项目综合能源解决方案具有广阔的推广应用前景和显著的社会经济效益，助力实现碳达峰、碳中和的战略目标，创造智慧绿色能源的美好未来。

公司介绍

北京易艾斯德科技有限公司是综合能源、智能配电、智慧运维、电气安全及智能终端等行业领先的高新技术与软件企业，拥有“云－边－端”系列化产品及“源网荷储”综合或局部解决方案，产品包括：综合能源服务平台、智慧运维服务平台、综合能效管理系统、智能边缘网关、智能电量仪表、电能质量装置。

江苏金坛卿卿针织厂低谷电蒸汽蓄热项目

北京希克斯科技有限公司
李旭刚　凌人滨

一、案例简介

国家环保要求取缔燃煤锅炉，许多不具备集中蒸汽管网的地区，企业只能被动采用电锅炉/电蒸汽发生器等落后低效的电直热蒸汽生产方式。江苏省近年来为取缔燃煤锅炉，各企业多用燃气或电锅炉替代。卿卿针织厂由于地处郊区燃气管道敷设投资大，选购了直热式电蒸汽发生器替代原 10t/h 燃煤锅炉，作为生产蒸汽热源一直使用至今，主要用途为满足服装加工生产熨烫用。由于电蒸汽发生器运行时间在白天高峰电时段和平电时段，与企业生产同步，造成吨蒸汽成本高达 600 元。该厂领导反映：“直热式电蒸汽锅炉就像‘热得快’，只能现烧现用。因为生产主要在白天，峰电时段电价高也只能白天烧，企业蒸汽制取成本居高不下。”

为进一步降低运行能耗，节约企业能源成本，国网常州市金坛综合能源服务中心在全国广泛调研基础上，经综合比较决定引进采用北京希克斯科技有限公司开发研制的低谷电工业蒸汽蓄能技术，替代电直热高成本蒸汽。

江苏金坛卿卿针织厂大门

二、技术方案

本项目采用北京希克斯科技有限公司自主研发设计的基于汽液双相相变蒸汽蓄热装置+基于物联网 HICS 技术的低谷电蒸汽蓄热全自动智能控制系统+智能电蒸汽蓄热锅炉，形成了希克斯整体能源梯级利用多能互补蒸汽蓄热系统解决方案。按照“夜蓄昼放”的蒸汽蓄能原则，蒸汽蓄热装置在夜间低谷电 8h 蓄热，所蓄蒸汽能够满足第二天车间 10h 正常生产需求。

本装置系统在夜间低谷电时段生产蒸汽，蒸汽通过蒸汽能量储存转换系统蓄热，利用蒸汽与水之间相变转化汽化潜热与相变潜热原理，把常规状态下无法储存的蒸汽巧妙转化为以高温液态形式储存，体积减小到原蒸汽的 1/50～1/60，从而实现大容量蒸汽储能的目的。

基于物联网 HICS 技术的低谷电蒸汽蓄热全自动智能控制系统，包括根据峰谷平时段识别实现电锅炉蒸汽蓄热运行自动控制/蒸汽蓄热装置系统全自动控制/全自动热泵控制/锅炉给水自动控制等全套智能化蒸汽蓄热系统的自动启停/自动储汽控制/自动放汽控制，远程智能控制，故障报警查询，黑匣子运行记录，高端直观人机操作界面，内容完善丰富。

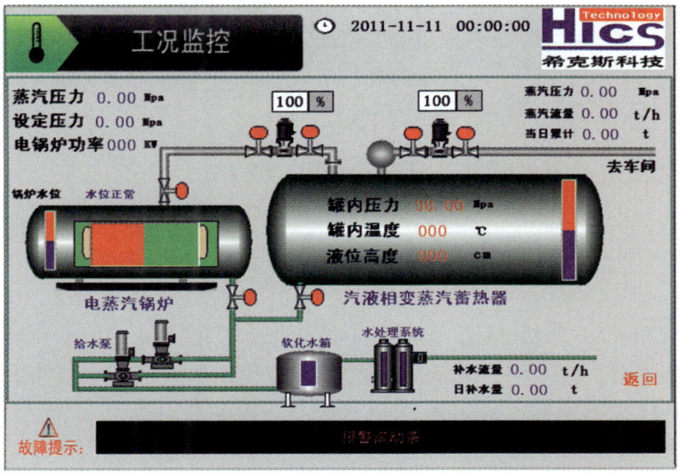

低谷电蒸汽蓄热全自动智能控制系统监控界面

三、商业模式和项目收益

1. 商业模式

本项目采用 EMC 模式，北京希克斯科技有限公司负责整体设计、设备供货、调试一条龙服务，国网金坛综合能源服务有限公司委托有关工程公司负责投资运营。

2. 项目收益

（1）江苏金坛卿卿针织厂蒸汽蓄能改造效果明显，工厂白天停止电直热运行，实现了夜间以低谷电全部替代高峰电及平电，达到同样蒸汽生产加热的目的。是国内工业领域低谷电蒸汽蓄能电能替代的典型案例。

（2）改造后蒸汽成本大幅度降低，相比较普通直热式电蒸汽锅炉，使用低谷电蒸汽蓄热改造后，吨蒸汽的制取费用从平均约 600 元降至 230 元，蒸汽成本下降幅度达 60%。相比燃气锅炉还要低约 120 元。针织厂每天蒸汽需求在 4.5t 左右，年蒸汽成本可节约 46 万元以上。按照投资 130 万元计算，投资回收期不到三年。

（3）削峰填谷效果突出，每年可为电网消纳低谷电力达 972 000kWh；相当于腾出等量发电量空间吸收了同量新能源弃风弃水弃核电力，不仅经济效益显著，社会效益也非常显著。

（4）原针织厂每到夏季电力负荷高峰期，由于白天生产蒸汽负荷与空调负荷叠加效应，造成企业用电尖峰负荷经常超过工厂容许电力容量，被迫加价影响生产或减少空调负荷。同时电力超负荷运行又影响生产安全，本次改造后完全消除了此项安全隐患。

四、项目亮点和经验总结

目前国内大量工业企业蒸汽用户普遍存在刚性需求痛点，燃煤锅炉更新改造采用清洁能源后导致高昂蒸汽成本，低谷电蒸汽蓄热技术巧妙地解决了这一重大问题。目前国内各种其他蓄热技术路线均在试验并探讨蒸汽蓄热，北京希克斯科技有限公司已通过研发和大量工程实践证明，利用蒸汽及水本身特性开发的潜热/显热双相蒸汽蓄热技术，结合综合能源节能技术及物联网基础的智慧能源控制技术，与其他路径蒸汽蓄热方式相比，其整体技术性、经济性、安全性指标均已全面超过固体蓄热、相变蓄热和熔盐蓄热等常规蓄热方案，多方面数据指标均达到最高水平，是综合经济技术指标最佳和实用性最强的工业蒸汽蓄热解决方案。

国内现有大量需要蒸汽保证生产的中小型企业，而许多企业由于必须采用清洁能源的要求多选购燃气锅炉或者电直热锅炉（蒸汽发生器），造成能源成本高居不下，不仅严重影响了企业经济效益，同时作为化石能源的燃气锅炉扩大使用，也将严重影响和拖后国家“双碳”目标。

北京希克斯科技有限公司在国内最早成功研发低谷电蒸汽蓄热技术的基础上，已经成功完成改造并实施了国内若干个大型工业企业蒸汽蓄能/高温热水承压蓄热/常温蓄热等多个项目，如中国兵器集团若干大型企业低谷电蒸汽蓄能项目、陕西某大型加气混凝土生产线蒸汽蓄能余热回收利用项目、某稀土公司蒸汽蓄能余热回收项目等多项典型成功案例，成为国内低谷电蒸汽蓄能技术领跑者。低谷电蒸汽蓄热技术作为一项重大高效蓄能技术，可广泛应用于纺织、医药、生物、化工、啤酒、酿造、食品、油脂加工、新型材料等众多门类企业，是开展综合能源服务的高效工具和有力抓手。

公司介绍

北京希克斯科技有限公司 2003 年 3 月成立，是国内第一家供热系统节能改造合同能源管理运营公司。公司自主创新研发高效蓄能、供热节能、蒸汽节能、热电联产、余热利用、智慧能源技术，是国内为数不多热能动力专业整体节能解决方案提供商。

常州港华天合分布式能源项目

港华能源投资有限公司
赵 劼 陈 钢 唐华林

一、案例简介

1. 项目背景

2016 年 2 月 24 日，国家发展改革委、能源局、工信部印发《关于推进“互联网+”智慧能源发展的指导意见》，意见指出：鼓励用户侧建设冷热电三联供、热泵、工业余热余压利用等综合能源利用基础设施。天然气分布式能源利用天然气为燃料，通过冷、热、电三联供等方式实现能源梯级利用，综合能源利用效率在 70%以上，具有能效高、清洁环保、安全性好、削峰填谷、经济效益好等优点。

2. 基本信息

常州港华天合分布式能源项目位于常州高新技术产业开发区天合光伏产业园，项目包含燃气分布式、储能、分布式光伏、充电桩、智慧能源管理平台等多个子系统，通过智慧能源管理平台统一调度、智慧供能，为产业园内企业提供稳定清洁的冷热电供应，并起到良好的示范作用。

3. 建设内容

本项目针对天合光能常州工厂的用能需求，项目配置 2 台 3.3MW 燃气内燃机和 2 台 3.2MW 烟气热水型溴化锂吸收式机组，实现冷热电三联供；在燃气分布式系统基础上在产业园建设分布式光伏、储能及充电桩等，通过智慧能源管理平台，实现区域内能源的多元化供应、智慧化管控，打造绿色低碳、智慧高效的零碳智慧园区。项目总投资约 7000 万元，建设周期为 1 年。

二、技术方案

本项目建设一套 2×3.3MW 燃气分布式能源系统，1MWh 储能、1MW 分布式光伏和 1 套快速汽车充电桩。在基础能源网络方面构建结合燃气分布式、光伏、冷水机组、储能、光伏充电站等多元化能源网络。同时，结合厂区智慧能源管理系统，打造绿色低碳、智慧高效的零碳智慧园区。

项目将燃气分布式、光伏、储能相结合，实现分布式能源与可再生能源深度融合，能源利用效率达到国内同类型项目先进水平。同时，通过智慧能源管理平台的储能云、电动汽车充电管理云，探索储能梯级利用、能量调节、能源交易、电动汽车充电等多种应用。项目建成后，可实现多元耦合的能源互联网示范。

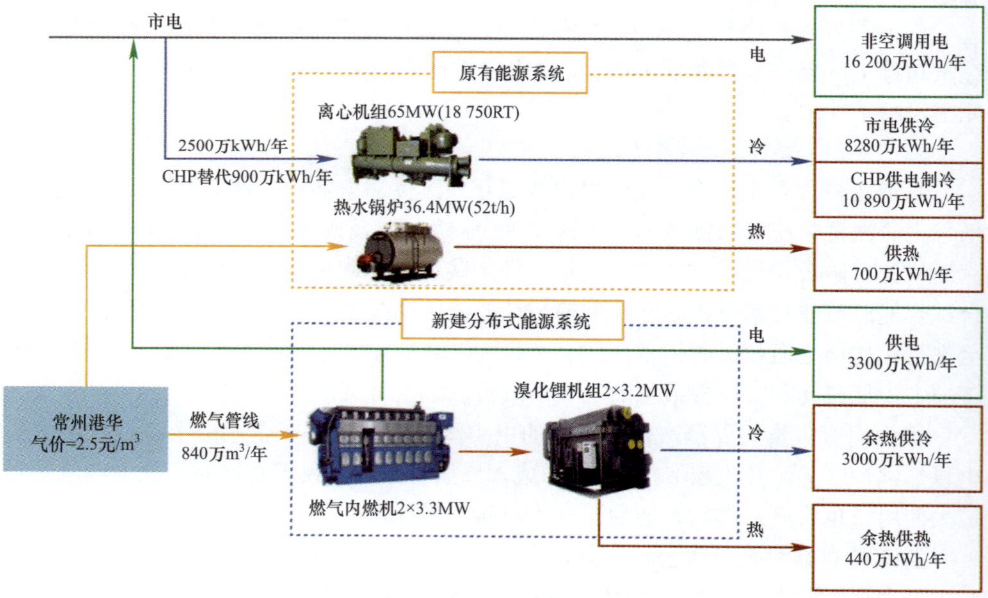

常州港华天合分布式能源项目技术方案图

三、商业模式和项目收益

1. 商业模式

该项目利用港华能源投资有限公司智慧能源管理平台和天合光能能源管理平台，监测园区的电、冷、热消耗情况，整理出典型用能数据，分析出典型日的电、热、冷负荷特性，优化基核能源设备的选型。项目公司利用燃气内燃机发电、烟气余热驱动溴化锂机组制热、制冷，将电、热、冷能用于天合光能常州东南厂区，获得相应的能源费用收入。

港华能源投资有限公司向用户提供的能源费用低于其现有能源成本，实现生产能源方、使用能源方的共赢。通过系统的能源监测，分析用户的能源终端使用情况，可为用户提供专业的能源咨询服务，包括能源评估、能耗报表、能源统计、节能咨询等。

2. 经济效益

项目将为范围内的用户降低能源使用费用15%以上。

3. 环境效益

分布式能源系统综合能源利用效率83.35%，发电量3863.81万kWh，供热量3.46万GJ，供冷量12.61万GJ，耗气量983.647万Nm^3。年度减少标准煤1159t，减排二氧化碳3083t，减排二氧化硫9.96t，减排氮氧化物8.5t。

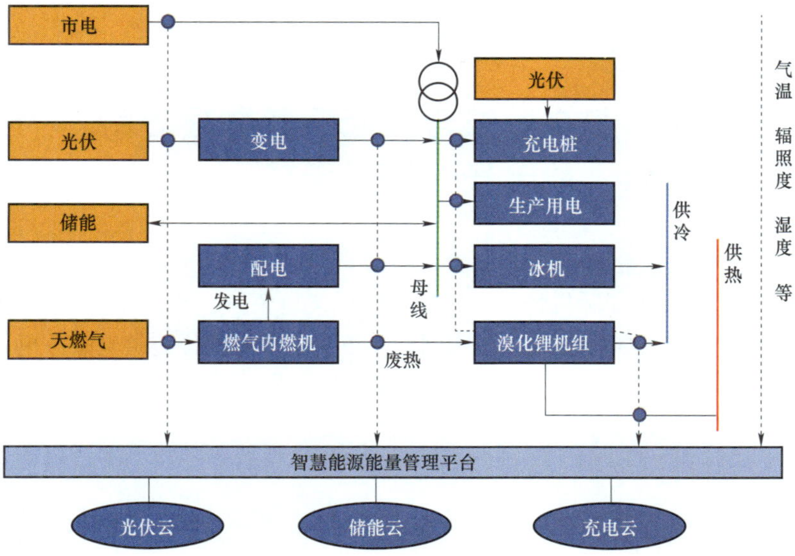

项目信息拓扑图

四、项目亮点和经验总结

1. 项目亮点

天合光能常州工厂燃气分布式项目是基于燃气分布式为基核，市电为保障，结合光伏、储能、充电桩等先进能源技术，依托IOT技术将能源的生产、传输、转换、存储等信息进行可视化，实现人机对话，参见项目信息拓扑图。

（1）上位规划，多能互补。该项目从顶层规划着手，通过场景分析、供需预测、协同规划实现多能耦合，指导并支持快速形成高水平的综合能源规划方案，满足园区客户低碳环保、稳定可靠、节能经济的用能需求。

（2）智慧管理，标准运维。通过智慧能源管理平台全面实现远程集控、数据自动采集分析、设备健康管理、优化调度与能源交易等功能，以平台促企业运维管理标准化，使能源综合利用效率最高，设备运营最安全。

2. 技术创新

（1）多元耦合。该项目的系统以燃气分布式为基核，市电为保障，以典型光伏企业生产用能为服务对象，耦合了光伏发电、化学能储电、充电桩等元素，利用智慧能源管理平台将系统的“源”“荷”参数进行储存、整理、分析，并在一定时间内实现深度学习，有利于“源–荷”耦合关系优化，为更多元素的耦合提供平台服务。

（2）终端一体化平台。通过终端一体化智慧能源管理平台，实现用户用能与分布式资源、电力负荷资源、储能资源之间通过自主交易实现动态平衡，优化并引导能源消费行为，实现分布式能源生产、消费一体化。

（3）合作模式创新。本项目由港华能源投资有限公司、天合光能、常州港华燃气有限公司共同注资成立项目型公司常州港华天合智慧能源有限公司。该项目型公司为港资，能够充分享受常州地区的招商引资政策及外资税收政策，在采购进口设备时，可享受退税18%的优惠政策。同时，充分体现了“物尽其用，人尽其才，财尽其力”原则，充分利用港华能源投资有限公司的港资优势、天合光能项目储备、人才储备优势、港华燃气的气源优势，突破了资源稀缺这一束缚，使得项目落成更为快捷。

公司介绍

港华能源投资有限公司于2016年成立，隶属于香港中华煤气（0003.HK）集团。聚焦用户端智慧能源综能服务，布局光伏、储能、充换电、多能联供等基础业务板块，零碳规划、能效管理、碳交易、负荷聚合、能源数字化等增值服务板块，以领先的技术创新融合、多元化能源供应体系、全生命周期管理、数字化生态平台运维、能源互联网生态圈等优势，为用户提供定制化零碳园区综合智慧能源解决方案，目前已实现全国17省市布局约109个智慧能源项目，并以每月数个零碳智慧园区签约的增量持续高速发展，助力零碳智慧园区及城市建设。

北京自贸区创新服务中心综合能源示范项目

国网（北京）综合能源服务有限公司
赵 峰 孙忠良 程威诺

一、背景需求

北京大兴国际机场是习近平总书记亲自关怀、亲自推动的重大标志性工程，依托北京大兴国际机场规划的临空经济区由国务院批复设立。国网北京市电力公司在传统供电服务模式基础上推出了“供电+综合能源”的服务举措，并指导国网（北京）综合能源服务有限公司充分利用临空经济区“电能充裕、地热能丰沛、太阳能丰富”的资源特点，在北京自贸区创新服务中心打造综合能源重点示范项目。

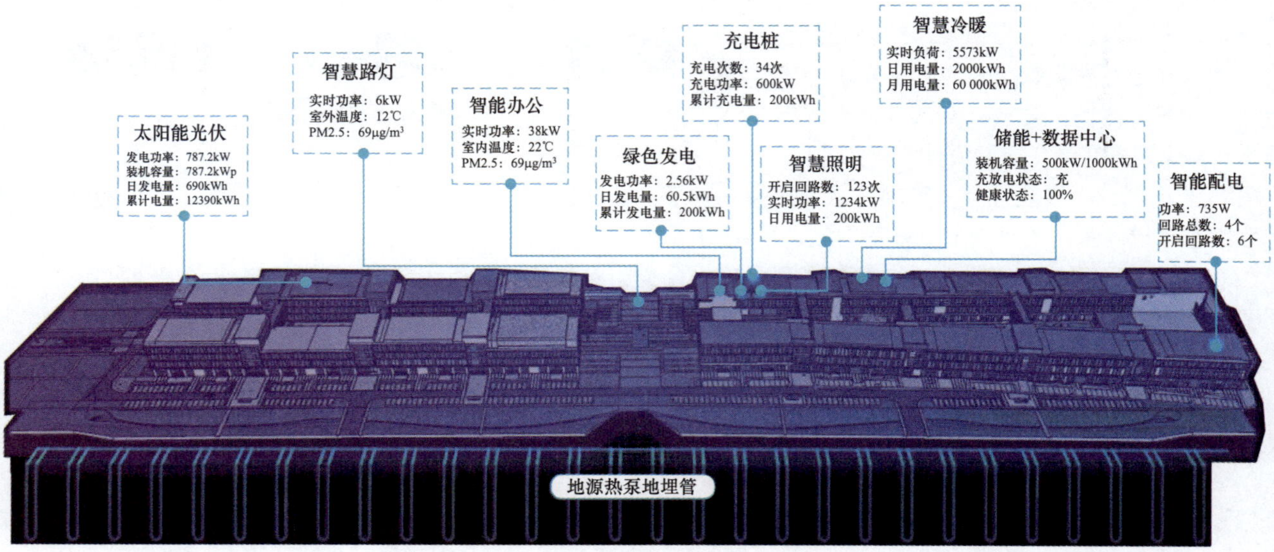

综合能源项目各能源分布图

二、案例简介

北京自贸区创新服务中心位于北京市大兴区礼贤镇李各庄，紧邻北京大兴国际机场。分为东区、西区两部分，占地面积为 65 112m^2，总建筑面积 75 271m^2，是以打造办公为主、商业展示及专家公寓为配套的低密度创新性国际商务社区，入驻客户类型主要包含金融办公、生物研发、医疗服务、展示接待及商业配套。目前该园区引进生命健康产业类项目 6 家、金融项目 8 家，能源需求主要为供电、供冷、供热。

本项目构建以电为中心的能源供给体系，应用多能协同耦合技术，建设集成冷热能源站、光伏电站、5G 基站、智能办公等相关内容，推动源网荷储纵向协同、冷热电横向互补的典型示范项目。其中，一期主要建设冷热能源供应系统+分布式光伏发电系统；二期主要建设 5G 基站、数据中心站等设施。

三、技术方案

（1）冷热能源供应系统。共建设 2 座冷热站，主要包括 4 台地源热泵机组、2 台螺杆式冷水机组、800 个地埋孔（东区 392 个、西区 408 个、平均深度 150m，主要布置在建筑南侧绿地内），为建筑供冷供热。

在能源消费侧，安装了 1094 个可远程调控的空调末端温控器、172 块分户智能电能表、44 个照明传感控制器以及主要用能设备监控终端，实现对能源消费侧用能状态全面感知和终端设备用能的全面管控。

在能源供给侧，为地源热泵机组安装阀门调节开关和自控系统，为冷热供回水管安装 61 块冷热量表，配合末端感知设备，实现对冷热电能源供给的优化管控和经济运行。

（2）分布式光伏发电系统。安装三西区 W1、W2、W3、W4、W7、W8 的 6 个屋顶以及东区 10 个建筑的屋顶。每个屋顶安装 120 块单片 410Wp 的光伏组件，单个屋面装机容量为 49.2kWp，总容量为 787.2kWp。

（3）5G 基站。在北京自贸区创新服务中心建设一座 5G 铁塔，为北京自贸区创新服务中心及附近区域提供 5G 网络支持。

（4）临空经济区综合能源管控中心。在创新服务中心 E10 三层建设临空经济区综合能源管控中心，部署综合能源服务平台，通过 5G 等传输方式实时汇集能源设施感知层采集到的能源信息，对内实现各类能源数据信息的高效集约管控和协同互动，对外为园区客户提供能源监测、能耗分析、智慧调控、智能运维等多项“点对点”式精准服务。

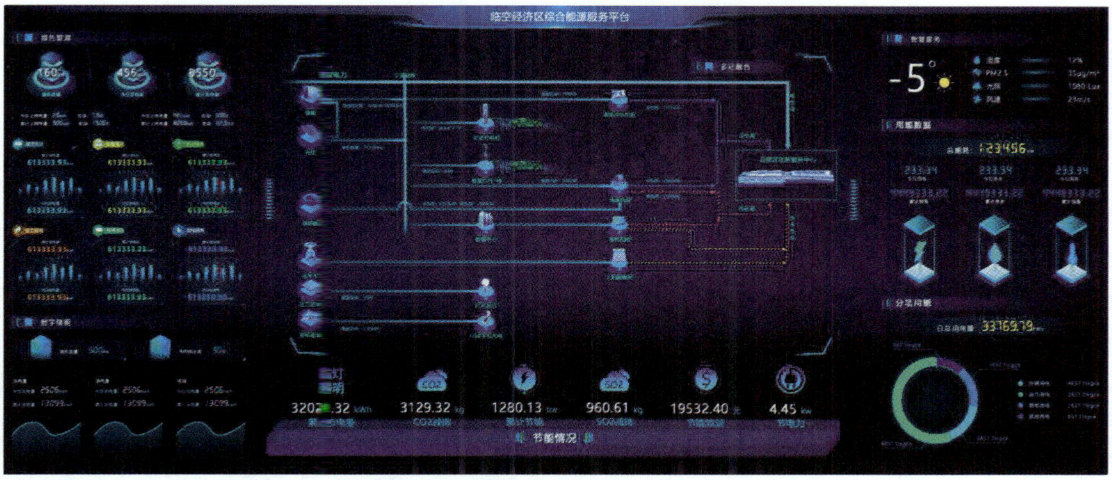

电、热、冷多能耦合能流图

在此基础上，通过物联网技术，将办公与能源联动，从“多能耦合”理念延伸到“智慧办公”，在 E10 建筑内外加入智慧元素，包括智慧灯杆、发电地板、红外传感和智能照明、光控隔热膜和发电玻璃、工位传感、互联网门锁、环境监测等，让高品质园区智慧使用高品质能源，实现能效和体验双提升。

四、商业模式

组建区域综合能源服务公司，打造“多元合作”的能源发展格局。

在项目设计合作方面，国网（北京）综合能源公司负责组织开展项目的可研编制、评审及概预算工作，并接受北京新航城公司的监督。

在项目建设合作方面，北京自贸区创新服务中心综合能源项目建设与自贸区创新服务中心主体工程同步实现竣工验收。

在项目运维合作方面，国网新航城（北京）综合能源服务有限公司作为创新服务中心综合能源项目的运营管理单位，探索多站融合综合运维模式，将传统变电站运维与综合能源设施运维灵活高效结合，建立统一运维团队实施综合运维，最大程度地提高运维效率、降低运维成本。

五、项目收益

北京自贸区创新服务中心综合能源项目采用地源热泵系统，年度制冷（供暖）节电达到 714.465 万 kWh，节约运行费用约为 643.01 万元，节约电力 3511.2kW。

同步建设光伏装机容量 787.2kWp，年日照峰值时数按 1168.7h 计算，年发电量约 92 万 kWh。项目建成后，预计每年可减少排放二氧化硫 28t、氮氧化物 14t、二氧化碳 917t。

公司介绍

国网（北京）综合能源服务有限公司是国网北京市电力公司为落实国家电网有限公司《关于在各省公司开展综合能源服务业务的意见》要求，于 2018 年通过内部企业重组整合的专业支撑单位。2020 年底与国网综合能源服务集团有限公司建立资本纽带关系，实现公司按新模式运行。

综合能源服务业务作为国家电网有限公司落实国家能源安全战略部署开展的主营业务。公司致力于以专业力量服务广大客户，提升优质服务的宗旨，以高标准、高定位为客户提供绿色、经济、安全、高效的综合能源服务。

上海静安新业坊园区能源服务项目

上海临港弘博新能源发展有限公司
张道杰　张　玥　成佳妮

一、案例简介

上海静安新业坊是上海市静安区第一次中国共产党代表大会上提出“一轴三带”区域发展战略后推出的第一个大型产业发展项目。2016 年初，静安区政府与上海临港集团签署战略合作协议，以上海冶金矿山机械厂改造项目为契机，上海临港弘博新能源发展有限公司积极响应改造建设，解决用户痛点问题：老厂房改造成办公园区难度较大，对于冷、热的需求很高，需要加装空调通风系统；园区内无成熟的智能管理系统及运维团队。

上海静安新业坊园区外景

二、技术方案

1. 空调系统

投建园区空调系统，总空调系统面积约 2.7 万 m^2。

2. 配电系统改造

响应国家转供电政策，调整园区用电租户收费模式，明确收费标准，整理并校准园区内各租户电能表，保证数据准确性，解决精度问题，并提出合理的配电间技改方案，避免安全隐患。

3. 储能系统

投建储能系统并提供设备技术改造方案。

4. 园区充电桩建设

建设园区充电桩，方便园区用电租户充电，发挥综合能源服务公司的作用，充分体现能源服务的价值。

5. 能源管理平台

建设数字化能源管理平台，实现多功能管控。空调、配电与一体化监控，可计量各用户空调使用流量，每月生成空调用能统计表；能源管理平台可采集园区内各智能电能表的峰平谷数据等，并生成各用户的每月用电量报表，为实现转供电电费收取提供良好的数据基础。

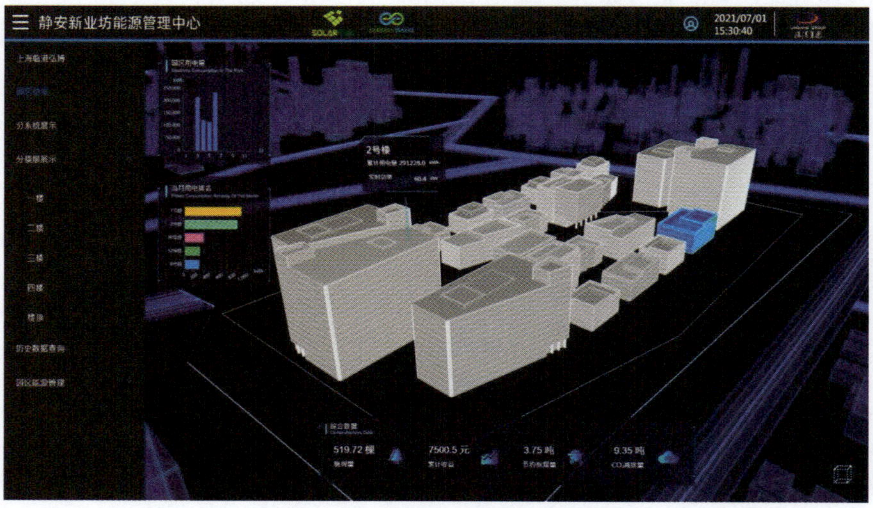

上海静安新业坊能源管理平台

上海静安新业坊改造后现场

三、项目亮点和项目收益

项目从2019年8月投运，采用从投资、产品、建设、运维的“一体式托管服务”建设方式，通过信息化手段，建设了园区能源管理平台。通过能源监管、负荷预测、分析诊断以及优化控制等技术手段，结合平台数据进行合理分析，协助并引导园区租户合理使用能源，同时用户也可以通过用能习惯的改变来降低能源费用，提高园区能源设备的能效水平、可靠度，以及设备设施的利用率。初投资为园区节省约1300万元，通过一系列能源信息化手段，为园区管理节省约40万元/年。

1. 提高能源利用率，通过能源资产数字化升级，提升园区品质

平台系统在园区投运以来，通过能效分析、故障检测、运行优化功能，降低了园区的整体能耗。

2. 降低园区用能费用，助力节能减排，为用户持续降低用能成本

通过节能管理以及对用户用电峰平谷优化，降低用能成本，每月能源费用节省20%以上；所投储能设备利用峰平谷差价，综合为用户降低4%的用能成本。

3. 提升园区能源管理能力，提供节能改造服务，提高设备效率

在园区设备运行监管和运维服务的基础上，对空调、配电、储能等系统的维护、评估和诊断，支持园区能源系统的运维管理工作，保障设备运行安全、提高设备运行效率。

园区内设有驻点团队，负责日常空调+配电的运维，提供及时的能源服务，结合平台数据进行合理分析，协助并引导租户合理使用能源，达到降低能耗、延长设备使用寿命的目的，同时用户也可以通过用能习惯的改变而降低能源费用，达到双赢的效果。

公司介绍

上海临港弘博新能源发展有限公司，注册资本2.5亿元。作为上海临港集团旗下的能源投资运营平台，主要从事新能源投资和综合能源服务业务，围绕园区能源管家目标，以园区绿色能源供应商和园区综合能源服务商定位为出发点，助力园区向可持续能源转变。

来安双创产业园蓄能式能源站项目

国网安徽综合能源服务有限公司滁州分公司
岳　诚　郑　新　黄敏敏

一、背景需求

来安双创产业园坐落在滁州市来安县，该产业园以科技产业孵化为主导，集办公、商业、公寓酒店、组合式创意厂房、标准化厂房为一体，分三期建设，总建筑面积 25 万 m^2，其中一期工程建筑面积约 6 万 m^2。因一期项目原多联机空调系统存在投资规模大、运行功耗高等问题，为加快推动园区节能和电能替代工作，建设蓄能式能源站替代原来多联机空调系统，利用蓄能价格优势以及低谷电进行蓄冷、蓄热，为园区提供低价的空调冷、热水供应。

园区鸟瞰图

二、案例简介

来安双创产业园蓄能式能源站项目位于滁州市来安县双创产业园，项目占地面积约 900m^2，选用 2 台制热量 1072kW、制冷量 1372kW 的热源塔热泵机组作为供应主机，并配置两座蓄水容积 1519m^3 的蓄水罐用于夜间储存冷/热水。项目利用夜间低谷电制冷/热水并储存在蓄水罐中，白天通过释能水泵循环至空调末端，充分利用峰谷差电价降低园区用户空调使用成本，建成投运后可满足产业园区 6 万 m^2 办公区域空调供应需求。

三、技术方案

项目空调制热系统采用热源塔热泵系统+储热水罐方案，储水罐在电力低谷时段（9h）储存 50℃热水，满足第二天空调使用时间（10h）的全部热负荷。空调制冷系统系统采用热源塔热泵系统+储冷水罐方案，储水罐在电力低谷时段（9h）储存 5℃冷水，满足第二天空调使用时间（10h）全部冷负荷的 60%。水蓄冷/蓄热是利用水的显热实现冷热量的储存，采用空调供水和回水同槽的方式，既可以节省蓄能罐的投资，同时也可减少罐体占地。常用的蓄冷/蓄热设备是采用自然分层原理，利用水在不同温度下密度不同而实现自然分层。夏季空调使用时间内的冷负荷 40 345kWh，由低谷时段 9h 储蓄供应 60%的冷负荷，冬季空调使用时间内的热负荷 18 126kWh，均由低谷时段 9h 储蓄供应，选择 2 台制热量 1072kW，制冷量 1372kW 的热源塔热泵机组。项目配置蓄水容积 1519m^3 的蓄水罐×2 组，夏季蓄冷、冬季蓄热。

能源站主机及水罐实景

四、商业模式

项目采用 BOT 模式，托管期 8 年，由国网安徽综合能源服务有限公司滁州分公司负责蓄能式能源站的投资运营。

五、项目收益

项目采用合同能源托管方式进行运作，运用热源塔热泵技术配合储能系统实现高效运行，显著降低来安双创园空调系统的能源消耗及能源费支出。经初步评估，项目投运后全年可比传统中央空调系统节能30%以上，节省能源费60%以上，年降低园区碳排放约50万t，助力园区实现“碳达峰、碳中和”目标。

六、项目亮点和经验总结

项目采用最新热源塔热泵技术，热源塔可一塔两用，夏季蓄冷、冬季制热，有效解决传统热泵在冬季低温高湿环境下结霜制热效果不理想的问题，保证系统在夏季及冬季均能正常高效运转。在水冷中央空调系统基础上增加蓄能系统，利用夜间低谷电制冷热水并储存在蓄水罐中，白天通过释能水泵循环至空调末端，充分利用峰谷差电价降低园区用户空调使用成本。本项目可在大型园区、医院、公共建筑等具备集中式空调冷热供应需求的场景进行推广，应用前景广阔。

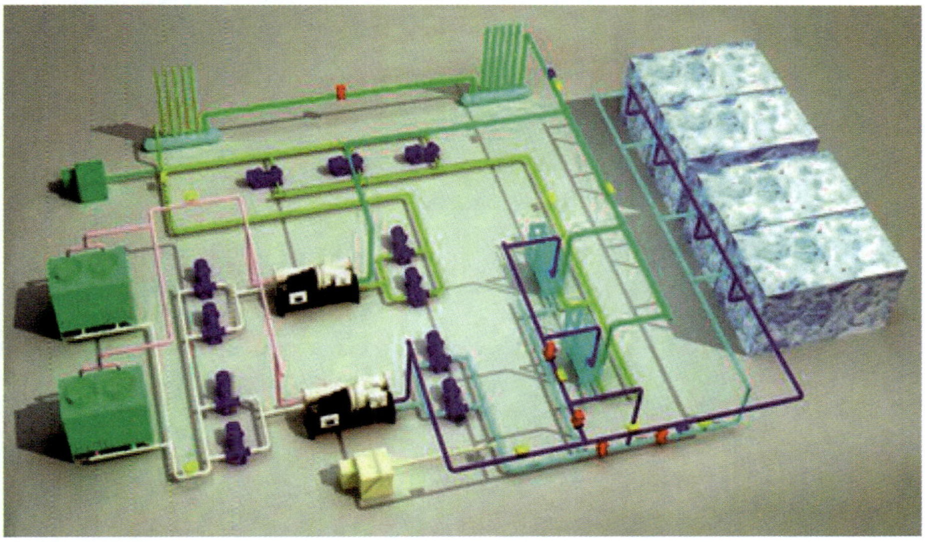

能源站系统示意图

公司介绍

国网安徽综合能源服务有限公司滁州分公司为国网安徽综合能源服务有限公司下属分公司，主要从事电气设备销售、租赁、智能运维、节能技术开发咨询、新能源开发应用、多能互补、冷热集中式供应技术的开发应用等业务。

综合用能及消防安全物联网 SaaS 系统在上海复华高新技术园区的应用

上海冉能自动化科技有限公司
王永军　李玉东　刘志宏

一、案例简介

上海复华高新技术园区是国家级高新技术园区，为上海张江高新技术产业开发区“一区六园”的组成部分，本项目涉及位于上海嘉定区马陆镇的 5 处相互分离的自持物业，其中 3 处为老旧房屋和设备。合计建筑面积 8.1 万 m^2，配电房 7 个，厂房建筑 18 栋，租户 42 家；屋顶面积 2.5 万 m^2。

上海复华高新技术园区

随着物联网技术的发展，以大型园区或者分布式园区的综合用能分析为核心，结合消防安全监控，为用户提供用能改善依据，并提升用能安全，成为一种新型的智慧园区应用落地点。通过一套 SaaS（Software-as-a-Service，软件即服务）系统实现多种智能物联，并且具备灵活的扩展性。

二、技术方案

本项目建设内容包括中生代物联网平台、新型配电监控 SaaS 系统、屋顶光伏发电运维、生产安全监控、智能办公区，合计投入 8.1 万元，涉及 83 个供电回路智能化计量改造。

1. 中生代物联网平台

利用阿里 IOT 平台、百度天工等 PaaS 平台，提供从设备对接、硬件上云到软件 SaaS 及 OEM 等一站式智能物联网解决方案。目前平台已涉及近 30 种设备类型（包含电力、消防及安防），涵盖 20 余种场景，可承载百万级设备。中生代物联网平台已为 200 余厂家提供接入服务，全国范围已经落地数千余项目，为数千用户发送过报警信息。中生代物联网平台还开创性打通小米、涂鸦等智能家居平台，实现不同平台之间的联动。

上海冉能自动化科技有限公司正在打造完整的物联网生态系统，搭建设备制造商、应用软件开发商、系统集成商、业主需求方之间的生态桥梁。

物联网电表

Freya 网关

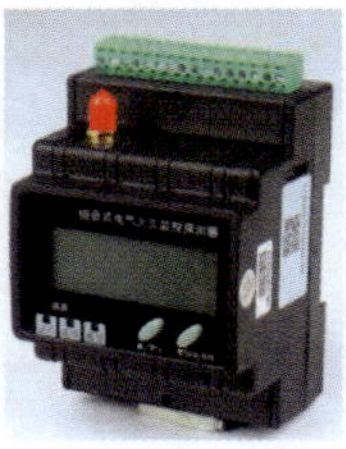

电气火灾监控探测器

烟感报警器

2. 新型配电监控 SaaS 系统

新型配电监控 SaaS 系统可以对园区内各个公司的能耗进行实时的监测及分析，对能耗进行细分统计，每日生成报表，直观地反映各个公司的用电情况，为后勤部门进一步节能改造、节能管理提供数据支撑。

通过物联网电表和 Freya 网关这两种关键硬件实现感知层和网络层功能。

物联网电表实时监测线路的基本电参量及电能质量。产品采用模块化设计，分布式计量，灵活搭配，随意组合，一个基本模块最多可带 20 个扩展模块，多个计量回路共用一组三相电压接入，扩展模块无需重复接线，无需停电安装，适用于改造项目。

Freya 网关低部署成本、低开发成本、低使用成本，支持云端连接物联网协议 MQTT，与传统现场总线 MODBUS－RTU 产品免软件开发连接和部署，可选 NB－IOT 等多种无线通信方式。

3. 屋顶光伏发电运维

对光伏发电运行的各项数据进行分析、监测、报告管理；提高光伏发电的安全性与可靠性；降低故障导致的损失；降低光伏电站的运维成本、提高投资价值及最终收益。

4. 生产安全监控

对配电间的线路进行远程的温度监测，对配电房的烟雾实时监测，防止因温度过高或者烟雾导致火灾的发生。

采用的集中硬件产品包括安全用电终端和无线烟感报警器。

（1）安全用电终端：一路漏电、四路温度、三路电压、三路电流测量功能；NB－IoT通信连接平台，可远程控制、报警，可通过电话、短信、微信、App等方式及时通知警情。

（2）无线烟感报警器：第三方合作产品，实时监测配电间范围内的烟雾情况，一旦采集到烟雾，即可报警，通知物业相关维保人员及时处理，将火灾隐患和损失降到最低。

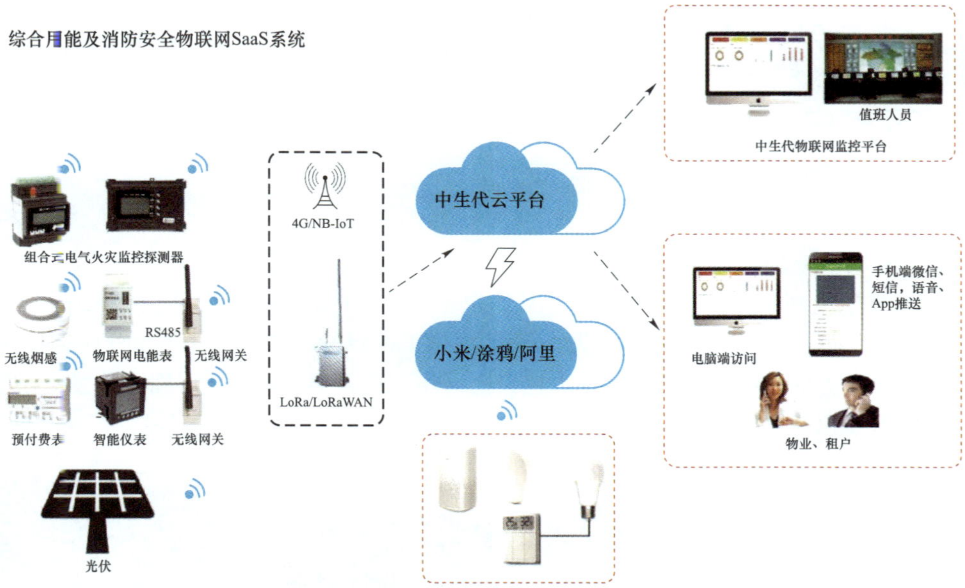

综合用能及消防安全物联网 SaaS 系统

5. 智能办公区

打通小米、涂鸦等智能家居平台间壁垒，可远程实现智能设备的一键操控；并与安全监控系统实现联动。用户可自行购置灯光控制、空调控制、门磁感应、人体感应等高性价比产品，实现智能化办公环境控制。

三、商业模式和项目收益

1. 商业模式

中生代物联网平台以为硬件厂家提供连接为切入点，采用 SaaS 方式，无须项目定制，相关硬件即插即用，按需配置；通过销售专门用于改造型项目的快速安装产品、配电仪表及电气安全和消防安全传感器，实现低成本、不停电安装。同时与小米的米家互联，给客户提供自主选择智能家居高性价比的各类传感器的接口，增加租户的智能化改造选择范围，开放式满足用户多种控制和分析的需求。项目采取直接面向终端用户或者经销商方式，以销售硬件的形式进行项目部署实施。

2. 项目收益

客户单回路能耗计量分析的部署成本低于 300 元，办公智能化改造成本大约 1000 元/100m²。以极低成本实现能耗分析和环境智能化改造，通过数据分析进行节能改进，可降低至少 10%的能耗费用，总投入的回报周期大约 3 年。同时，智能化改造全面提升人员的工作体验，通过安全监控降低事故率，综合提高整体管理效率。

四、项目亮点和经验总结

中生代物联网平台的 SaaS 方式，将项目产品化，指数级降低部署成本，各功能模块可弹性部署，按需选择，即插即用，大大降低了部署实施门槛，用户可以敏捷迭代的方式持续增加投入，为每一笔投入量化评价产出和效果。与米家等成熟的物联网平台互联能力，突破各类封闭生态的限制，客户可自行选择电商产品并与中生代物联网实现联动，大大提升用户对智能化的体验，满足各种开放式需求。

本项目方案适用于向各类需要分布式管理的园区、大中小型厂区，可通过各种合作渠道迅速复制推广。

公司介绍

上海冉能自动化科技有限公司成立于 2011 年，是从事集消防及配电领域的研发、生产、销售于一体的高新技术企业。主营产品有智能配电仪表、防火门监控系统、消防设备电源监控系统、电气火灾监控系统、余压监控系统等。2017 年成立物联网开发团队，建立中生代物联网平台，专业从事物联网平台的开发及应用，已经建立起清晰的物联网生态业务模型，即硬件生态、软件生态和数据交易模型。

科林电气高端智能电力装备制造基地综合能源管控系统

石家庄科林电气股份有限公司
常生强　曹晓光　杜晓刚

一、背景需求

科林电气高端智能电力装备制造基地位于石家庄市鹿泉区寺家庄镇寺家庄村，占地面积 28.9 万 m^2，集办公、生产车间、多层厂房、公寓为一体，根据园区主体工程建设时序和用能需求分两期投建。针对园区配电安全、能源能耗、电动车充电方面，项目规划在基地内建设园区级配电网络、分布式屋面光伏发电系统、地源热泵冷热联供系统、锂电池储能系统以及电动汽车充电设施，力求把园区打造成便捷、安全、绿色、高效的新一代园区。

科林电气高端智能电力装备制造基地远景图

二、案例简介

科林电气高端智能电力装备制造基地内部主要包括 10kV/380V 配电网络（一期工程所接负荷约 17 000kW，二期根据用电负荷情况对接入容量增容，预计园区终期用电负荷可达到 36 000kW）；光伏发电系统在园区内六座单层厂房屋面建设，一期规划装机容量共计 6.3404MW，二期规划安装容量约 1.03MW，共计约 7.37MW；地源热泵冷热联供系统一期规划 3 台机组，二期规划 4 台机组，满足供冷供热面积约 24.5 万 m^2 的地源热泵冷热联供系统；储能系统为远期规划，建设 4MW/12MWh 锂电池储能系统；建设 120kW 一体式双枪直流电动汽车充电设施 20 台。通过智慧园区能源管控系统平台，实时监控、动态管理、便捷服务，为园区提供经济、可靠的供电、供冷、供热及电动车充电服务，打造便捷、安全、绿色、高效的新一代园区。

三、技术方案

采用光纤＋无线（4G/NB）通信模式，实现园区配电保护设备、电表、水表、热表、地源热泵机组、充电桩、光伏发电设备以及各类传感器的信息感知。

1. 配电实时监控

实时监测电压、电流、有功/无功功率、功率因数等线路负荷，实时监视保护/开关变位、事故跳闸、遥测越限等各类告警。全方位保护变压器设备，监测变压器温度、负载、三相不平衡，发现异常告警，支持短信告警和手机 App 客户端浏览。

2. 精细化能源管理

实现水、电、气、热等能源计量数据一体化远程抄收，分项、分类用能数据分析，历史趋势、同比/环比分析，图形、表格形象呈现，用能情况全面掌握。不合理或异常用能，自动发出告警提示。

3. 园区售电管理

针对产业园区出租厂房的水、电在线计量和远程缴费管理。具备余额短信提醒，欠费关闸功能。园区通过售电公司进行电力交易，可通过用电数据精准预测用电量，为电力交易提供辅助决策，并且可通过负荷调控方式使每月的实际用电量与月前申报电量不产生较大偏差。

4. 园区微电网

从“电源、电网、负荷、储能”等方面进行管理控制，利用峰谷电价差，实现园区微电网分布式电源、储能和用户负荷等方面的统一协调、优化调度，实现能源最大化利用，收益最大化。

5. 可视化

基于三维可视化技术，从配电、水、地源热泵等多角度进行信息呈现。

智慧能源管控系统三维可视化图

四、商业模式

本项目属于自建示范，由河北建投能源投资股份有限公司与石家庄科林电气股份有限公司共同出资成立的合资投资公司——河北建投科林智慧能源有限责任公司投建、运营。

五、项目收益

项目固定资产投资为 10 983.59 万元，包括充电站、光伏系统、配电系统和地源热泵系统等，生产运营期 25 年，项目投资税前投资回收期 9.40 年，资本金净利润率为 22.31%。同时通过新能源发电和能源节能大数据分析，杜绝能源跑冒滴漏、显著降低园区系统的能源消耗、降低人工运营成本及能源费支出。

六、项目亮点和经验总结

本项目集新能源发电、地源热泵供热/供冷、用电负荷（园区用电和电动汽车充电）、储能系统于一体，利用物联网通信技术，实现多元化数据的感知，并具备多能源系统间的协调控制能力。同时，能源管控大数据平台的应用，助力了项目能源优化和科学管理，可应用在企业园区、学校、医院、商业中心、居民社区等不同场景，应用前景广阔。

公司介绍

石家庄科林电气股份有限公司是一家集电力产品研发、生产、销售、服务为一体的上交所 A 股主板上市企业，始终坚持“科技领先，创享智慧生活”的价值主张，为电力行业、公共事业及大型企业客户提供电力系统完整解决方案、优质产品和超值服务。

茂源实业智能微电网建设

苏州中恒普瑞能源互联网科技有限公司
谷　宇　洪志明

一、案例简介

茂源实业股份有限公司（以下简称茂源实业）是一家提供电力安装、试验、训练培训、实操演练、运维一体化综合服务的安装公司。公司园区内有办公楼、试验基地、模拟训练场地等相关配套设施，为了提升企业影响力和建立综合能源服务的示范性工程，茂源实业着手对整个园区的可视化总览和各类数据详览，通过智能传感设备采集各类数据，在数据中台，通过多系统协同控制、精准负荷控制、能源调度等多种方式进行数据分析，快速响应，助力园区管理人员及时进行能源应用调控、安全隐患排查、实时电务运维。此项目着力构建清洁低碳、安全高效的能源体系，打造区域级风光储充一体的智能微电网、能源在线监测、企业代维示范项目，实现综合能源服务的新突破。

茂源实际场地鸟瞰图

清洁能源多元供应图

配电运维监控大屏

二、技术方案

整个项目建设共分成以下几个部分：新建光伏车棚 3 个，车棚内配置 120kW 双枪直流充电桩 4 台，新建 3kW 垂直轴风力发电机 6 台，新装智慧 1 套 250kW/500kWh 储能系统，园区道路侧新装智慧路灯 20 杆，园区智慧安防、值班管控中心大屏及综合能源服务平台等。基于建模技术实现对整个园区的可视化总览和各类数据详览，在实现风、充、储及智能照明、智慧安防的基础上，对光伏、风机、储能、充电桩、配电房智慧路灯等设备进行 3D 实景展现，通过相关能源控制软件，可对园区整体用能情况、费用支出情况、能量流动概况、园区负荷情况、安全用电情况等进行多维度展现。

三、商业模式和项目收益

1. 商业模式

采用客户采购或自建，苏州中恒普瑞能源互联网科技有限公司负责整体方案解决，提供运营平台，从工程建设、运营、交付全过程管理。

2. 项目收益

能源监控中心是对整个自用光伏、储能设备、企业智能运维等整体数据的管理和客户用能优化的综合平台，拓展区域整体碳排放及碳交易情况。

项目预计实现园区整体能耗下降 20%，运维效率提高 50%，管理运营效率提高 25%。

四、项目亮点和经验总结

综合运用能源物联技术，通过智能传感设备采集各类数据，搭建协同控制系统，其中包括智慧能源系统、风机监控系统、光伏监控系统、储能监控系统、充电场站运营管理系统和负荷与发电预测系统，保持系统间互联互通，以精准负荷控制、能源调度等多种方式进行数据分析，助力园区管理人员及时进行能源应用调控、安全隐患排查、实时电务运维。

公司介绍

苏州中恒普瑞能源互联网科技有限公司（简称中恒普瑞）是一家以客户变电站的安全经济运行为己任，以解决客户用电问题、创造和谐用电环境为使命的高科技运行服务管理公司。公司为 110kV 及以下用电客户提供安全用电、节约用电、合理用电、智慧用电等全方位的专业服务，包括智能变电站的实施、运行、管理、维护、检修、抢修等 7 × 24h 不间断服务，公司秉承“典范的管家式电力服务商”的经营和服务理念，为广大企事业提供专业、优质运行管理服务，客户遍及各个领域，如制造业、服务业、教育、医疗、物流、政府机构、公共设施等企业，是国内领先的电力需求侧和电能服务商。

许继集团绿色“双碳”智慧园区示范工程

雄安许继电科综合能源技术有限公司
刘　洋　黄　蓉　杨　勇

一、案例简介

通过开展国家双碳目标、碳交易政策解读、绿色工厂标准研究，针对企业用能在新型电力系统的要求下存在的问题，雄安许继电科综合能源技术有限公司创新实施了许继集团绿色“双碳”智慧园区建设示范工程。

许继集团绿色“双碳”智慧园区建设示范工程包含分布式清洁能源建设、综合能效提升、园区全景能效管理三个子项。其中，分布式清洁能源子项包括 1.6MWp 分布式屋顶光伏系统、1 套 500kW/1000kWh 柔性共享储能系统；综合能效提升子项包括车间照明节能改造、中央空调节能改造、空气压缩系统节能改造、车间配电电能综合质量提升；园区全景能效管理子项包括共享电工下的新型园区供电运维、园区能源管控系统建设。

许继集团绿色“双碳”智慧园区

二、技术方案

许继集团绿色“双碳”智慧园区建设示范工程根据许继智能电网产业园区域资源情况，通过光、储多能互补及冷、热、电等多类型负荷群调控制，建设以新能源为主体、区域自治的新型工厂供用电系统，实现能源供应清洁化、控制运维智能化、园区负荷自平衡化及需求侧响应。

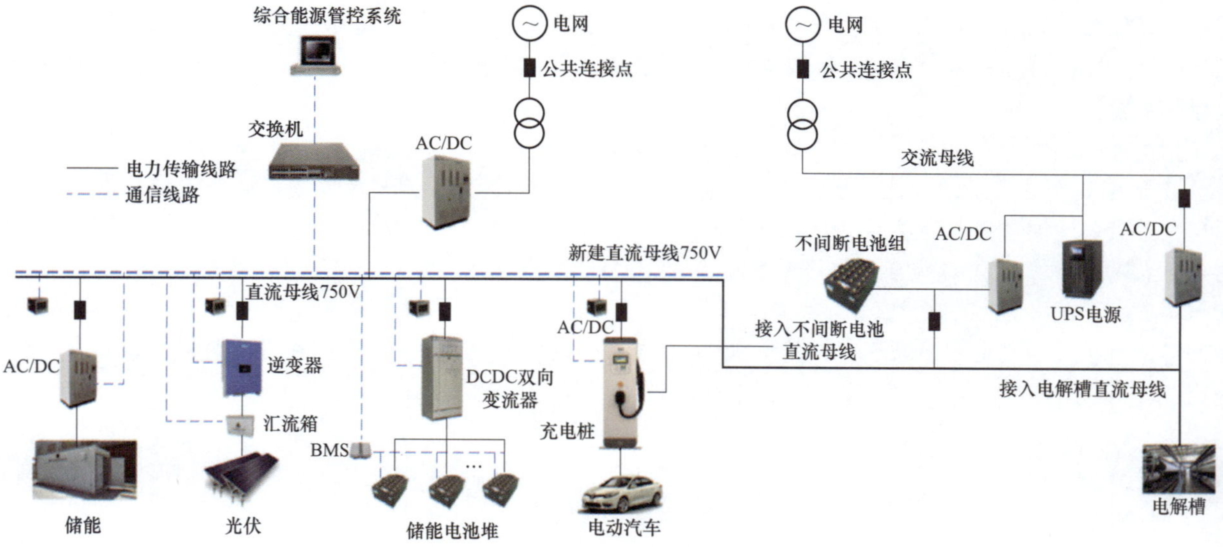

许继集团绿色“双碳”智慧园区架构图

（1）源端：绿色能源建设与消纳，采取“分散接入、就近并网、就近使用”原则，建设高回报率免增容的屋顶及车棚光伏发电系统，根据企业负荷需求优化光伏发电系统装机容量。

（2）网架：建设以新能源消纳、多种能源互动、园区能源平衡为目标的新型供电网架，实现供电网架结构及运行方式可灵活调整、以清洁能源为主的多端互补灵活接入、基于共享储能的高可靠安全供电、面向多角色的智能化主动式管理等功能。

（3）负荷：用电设备节能优化与电能质量综合治理。通过对空调、空气压缩、照明、生产制造等设备节能优化，提升能源使用效率；通过对用电设备的电能质量综合治理，保障设备用能安全、可靠。

1）空调节能优化。在园区建设采用中央空调 AI 节能系统，对冷水主机、冷冻/冷却水泵、冷却塔、锅炉系统进行用能优化控制，实现空调系统柔性调节、内部电网负荷平衡、参与电网调度及互动等功能。

2）空气压缩节能优化。结合园区现有空压系统针对性地进行变频控制、露点控制、顺序控制、加卸载控制、余能利用、能效管理等手段，实现空压系统综合节能。

3）照明节能优化。建设照明系统照度控制系统，采用智能控制方式及绿色照明产品，保障照明系统的智能化及数据化，提升照明系统能效水平。

4）电能质量综合质量：进行无功补偿、谐波治理、电压调节等电能质量综合治理，避免力调电费，获取电费奖励，稳定设备供电电压，保障设备用电安全，降低设备损耗，降低生产能耗。

（4）共享储能：采用快速灵活的储能安装接入模式建设电池储能系统，为园区提供安全可靠的备用电源共享服务。同时，建设便捷优惠的有序充电系统，通过灵活多样的双向柔性控制策略，实现企业与电网供电的有机互动。

（5）能源管控：建设园区能源管控系统，具备多能源多系统全景监控、区域能源智慧调控、多类型负荷系统优化、多角色智能化管理等功能。通过对共享储能、电动汽车、空调、照明等负荷柔性调节、平滑用能曲线，实现园区内绿色能源全部消纳，提高外部绿电消纳能力，减少火电尖峰使用量，最大程度参与电网调度调节。

三、商业模式和项目收益

本项目由许继集团有限公司投资，河北雄安许继电科综合能源技术有限公司为项目工程实施单位。

本项目依据产业园区域资源情况，通过光、储多能互补及冷、热、电等多类型负荷群调控制，建设以新能源为主体、区域自治的新型工厂供用电系统，实现能源供应清洁化、控制运维智能化、园区负荷自平衡化及需求侧响应。

四、项目亮点和经验总结

针对许继智能电网产业园区从能源供给侧、消费侧、管理侧进行优化，构建“以新能源为主体的新型电力支撑双碳目标下的绿色工厂”，支撑电网系统的“高承载”“高互动”“高可靠性”三高要求。

（1）在能源供给侧，通过优化能源供应结构，降低用能价格。重点开展用户侧屋顶光伏发电、风力发电等低碳能源，构建多能互补供应系统。

（2）在能源消费侧，通过节能优化、电能质量治理等措施，提升能源使用效率，减少能源消耗量，实现综合能效提升。

（3）在能源管理侧，通过建设能源管理系统提升能源管理及运维效率，推动能源流与信息流融合，助力企业综合能效提升及降低运维成本。

公司介绍

雄安许继电科综合能源技术有限公司是许继集团和中国电力科学研究院联合成立的国网子公司，致力于综合能源服务的技术研究与产品研制，可提供分布式能源、微电网、交直流配电网、智慧能源综合体、用户侧能效等解决方案。

北大资源双创园（天竺园区）能源托管运维项目

同方节能工程技术有限公司
谢　然　张　浩　闫全智

一、案例简介

在能源变革新时代，以用户为中心提供多元化能源服务成为大势所趋。北大资源双创园（天竺园区）计划对老旧厂房进行升级改造，并打造成为以双创园为主题的“产学研一体化”文化科技融合园区。北大资源双创园（天竺园区）位于顺义区天竺空港经济核心圈，园区总占地 7.03 万 m^2，总建筑规模 5.4 万 m^2。园区内包括北大资源艺术中心、创意综合区、创意商业街区等，打造互联网展示、艺术投资、交易中心等多个功能文创综合体。

北大资源双创园（天竺园区）的建筑类型多样，节能改造空间大、技术难度大。为了解决上述难题，同方节能工程技术有限公司提出依托于面向能源系统的“控制+管理+装备+服务”全过程产品服务体系的解决方案，在有效地解决客户资金和优化升级需求基础上，实现能源系统降耗、提效运营。

北大资源双创园（天竺园区）规划图

二、技术方案

针对园区制冷、供暖系统，引入同方自主研发的启慧 AI+能源站控制系统，实现能源站的高效控制；针对供能庭院网，引入庭院网平衡控制技术，对用能终端实现能源平衡性调节与按需调控。管理方面，针对园区用能系统搭建智慧能源管控平台，实现用能过程的可视化，在此基础上，提出节能诊断算法，针对冷热系统运行中存在的“小问题、大浪费”现象，进行实时诊断，辅助运营。运营维护方面，引入伴随调适服务，派驻专业运营调适队伍，对能源系统进行每年 4 次的调适服务。

除此之外，项目运营期针对园区的能源需求，考虑光伏、空气源热泵等清洁能源的建设，搭建适用于园区的综合智慧能源系统，在保证能源需求的前提下，实现园区低碳、高效、智慧运行。

三、商业模式

同方提出能源托管的三方共赢合作模式，项目托管期内，同方负责本项目冷热源设备的全新设计、设备采购、施工安装，全部的改造工程费用支出；派驻运行操作人员实施对新的冷热源及生活热水设备日常运行运维管理，并支付相关的能源以及日常人工开支、大修及每年设备维护费用，并依据合同向业主单位收取不高于原有服务标准的托管服务费用。项目托管到期后，同方无条件移交能源管控权，并对业主方的运营管理人员进行能源管理培训。真正做到业主、能源系统、同方三赢。

四、项目收益

项目采用能源管理和控制技术，结合同方多年在城市节能、建筑节能运营的丰富经验，精准实施，为业主、用户节省运营成本，保障了能源更加安全、稳定、可靠的供应，产生了良好的社会效益。项目投运后预估综合节能率达20%以上。

北大资源双创园（天竺园区）改造后

五、项目亮点和经验总结

同方通过投资实现园区系统性的节能建设并进行托管运营，节能团队经过实地调研和运行数据诊断制定了建设方案，将采用同方自主研发的人工智能式控制系统及节能诊断平台，结合多年在城市节能、建筑节能运营的丰富经验，赋能能源系统智慧控制与精益化管理，为业主、用户节省运营成本。此外，项目运营期还将引入伴随调适服务，呵护系统健康、舒适、高效运行。

能源托管作为综合能源服务的一种模式，重在管理，由业主方委托同方，进行节能优化并运营管理，可以有效节约节能优化投资成本，并获得专业高效的用能服务，广泛应用于建筑节能等领域。

公司介绍

同方节能工程技术公司是城市级综合能源解决方案提供者，依托中核集团、清华大学的科研优势，结合自身30多年在供热领域的积淀，基于对城市各输配管网特性和能源生产与供应系统的深刻理解，打造智慧节能供热产业生态。结合智能化、信息化技术，集成智慧能源、余热利用、清洁能源和综合能源四大技术体系，贯穿能源生产、能源输配、能源消费到能源智慧化运营的各环节。打通从热网技术、物联网技术到信息化技术的各个层面。凭借“智造+资源”优势，通过EPC、EMC、PPP、BOT、特许经营、托管运营等多种合作模式，为各类城市能源生产、能源供应、能源运营企业提供咨询规划、方案设计、项目实施、投资建设、运营管理维护等全生产周期的技术、产品和解决方案。

大有集团转塘工业园区综合能源服务项目

杭州中恒云能源互联网技术有限公司
徐炳炳　陈　茜　周　慧

一、背景需求

2021 年 3 月，国家发展改革委、国家能源局联合发布了《关于推进电力源网荷储一体化和多能互补发展的指导意见》，指出源网荷储一体化和多能互补是实现电力系统高质量发展、促进能源行业转型和社会经济发展的重要举措，旨在“积极构建清洁低碳安全高效的新型电力系统，促进能源行业转型升级”。

二、案例简介

本项目工业园区位于浙江省杭州市西湖区转塘镇，占地 103 620m²，由 16 幢多层建筑组成，总建筑面积 188 341m²，其中地上建筑面积 124 607m²，地下建筑面积 63 734m²。包含大有集团办公室及中国科学院大学，拥有教室、宿舍、实验室、办公室、餐厅、体育馆等多类属性建筑。

本项目通过建设综合能源服务平台，集成光伏发电系统、智慧储能系统、智慧路灯系统、智慧空调系统、智慧照明系统、智能运营系统、智慧安消系统等 7 大系统。各子系统互联互通，系统间融合贯通，结合外界气象类数据、实时环境类数据、负荷控制类数据，物理层协同智能空气开关、边缘计算网关、空调控制器、储能控制终端等多类设备，以最优化策略驱动实现自动化，构建多系统联动的综合能源服务体系，高效贯通发电侧与用户侧各类用能设备智能管控，与电网、电动汽车、储能、用户柔性负荷等多能互补综合利用，提升综合能源利用效率、节省用能成本。

三、技术方案

本项目为园区打造多媒体、数字化展厅，统筹管理园区常规能源（水&电）、光伏、储能、充电桩、智慧路灯等，集中展示综合能源服务平台各模块。

平台可实现对整个园区的 3D 可视化总览和各类数据详览，在平台可以查看园区能源总览、区域、楼层、房间等用能信息，也可查看光伏、储能、风机、摄像头、消防设备、空调、水泵、空开等具体点位信息。

园区光伏总装机容量 1000kWp，运营期首年发电量为 124.3 万 kWh，年等效利用小时数为 1243h，运营期 25 年内的年平均发电量为 113.86 万 kWh，平均年等效利用小时数为 1138.6h。储能系统容量 500kW/2000kWh，为园区提供辅助电能服务。

转塘工业园区光伏系统

四、商业模式

本项目采用设计－采购－建设（EPC）管理模式，杭州中恒云能源互联网技术有限公司主要负责整个项目的设计、建设用料的采购及施工工作，建设完成后移交业主运营。

五、项目收益

（1）能效提升：平台建立全面的建筑能耗指标体系，利用总体能源使用效率、人均能耗情况、各回路能耗对比、能耗指标排名等计量基础，结合历史电网负荷、气象等数据，进行深度负荷预测与分析，为能源调度辅助决策提供技术支撑，实现能效提升。项目预计实现人均能效提升约 12.5%，人均能耗下降 11%，园区整体能耗下降 15.8%。

（2）提质增效：平台构建完善预告警系统、消息系统以及辅助决策系统，对于园区运行中出现的风险及异常，能够快速发现、迅速提醒、辅助决策。用户可通过平台完成对园区用能问题、消防安全问题等快速查看处理，规避各类风险状况，全面提升园区管理运营工作效率。项目预计提高电务运维效率 14%，提高园区管理运营效率 11.3%。

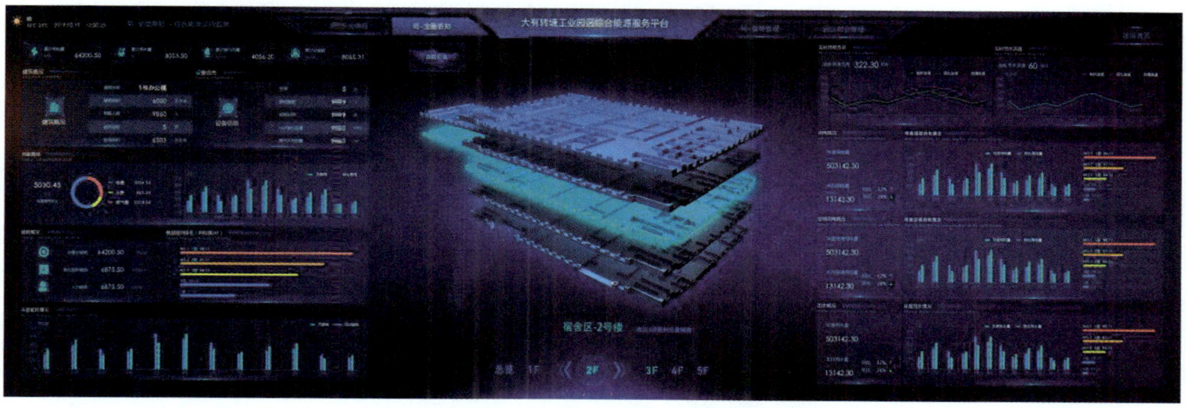

大有转塘工业园综合能源服务平台

六、项目亮点和经验总结

由杭州中恒云能源互联网技术有限公司承接的大有集团转塘工业园区综合能源服务项目是浙江省首个园区级综合能源服务示范项目，是实践国家电网公司“电力物联网”与“综合能源服务”概念的典型样板。

（1）7 大系统融合，数据 3D 可视化展示。平台可实现对整个园区的 3D 可视化总览和各类数据详览，在平台可以查看园区能源总览、区域、楼层、房间等用能信息，也可查看光伏、储能、风机、摄像头、消防设备、空调、水泵、空气开关等具体点位信息。

（2）快速响应，园区能源管控的智能助手。平台紧密契合综合能源物联技术体系，通过智能传感设备采集各类数据，在数据中台，通过多系统协同控制、精准负荷控制、能源调度等多种方式进行数据分析，快速响应，并且提供手机端应用，助力园区管理人员及时进行能源应用调控、安全隐患排查、实时电务运维。

（3）动态能流图，及时掌握能耗路径。平台以能流图形式展示多能互补与消纳信息，在能流图中，清晰展示园区内电、水、燃气等能源形态的源头、分布、流向以及流经主要区域、建筑、设施设备等，了解能源采购、转换、配送、消耗的路径和效率，及时掌握能耗浪费路径，提升能源使用效率。

（4）源网荷储的良好互动，保障配网可靠运行。结合园区内实际运行情况，系统将源网荷储等可调资源聚合优化，通过配套的调控技术、通信技术实现与电网柔性互动，充分发挥储能的调峰作用，消除夏冬季节明显的用电高负荷特征。

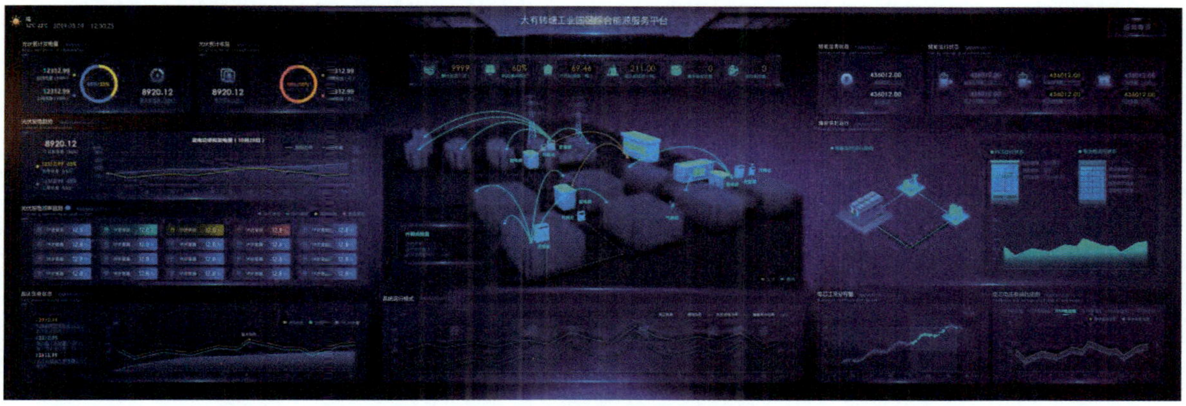

大有转塘工业园综合能源服务平台

公司介绍

杭州中恒云能源互联网技术有限公司是国内最早涉足能源互联网的公司之一，依托母公司中恒电气（股票代码：002364）20 年来在电力电子制造、电力信息化行业的深厚积累，于 2015 年 6 月正式成立。公司主营能源互联网基础设施和技术平台的建设、投资和运营，利用核心产品“知能”云平台及 App 结合线下服务，采集用户用能数据，通过数据挖掘及专业分析技术，为用户进行设备管理、能量管理、交易管理。目前已在全国 17 个重点区域城市实现落地，为合作伙伴提供全方位的能源技术支撑，能源互联网生态初具雏形。

安庆迎江经济开发区创新型智慧园区安环能耗监管系统

南京磐能电力科技股份有限公司
朱　峰　李学文

一、背景需求

随着云计算、物联网、大数据、人工智能、5G 等为代表的技术迅速发展和深入应用，智慧园区建设已成为全球园区发展的新趋势。智慧园区作为建设数字城市的落脚点，是当今发展数字经济的新理念和新模式。目前，中国智慧园区建设已经初步呈现出集群化分布特征，已经形成“东部沿海集聚、中部沿江联动、西部特色发展”的空间格局。

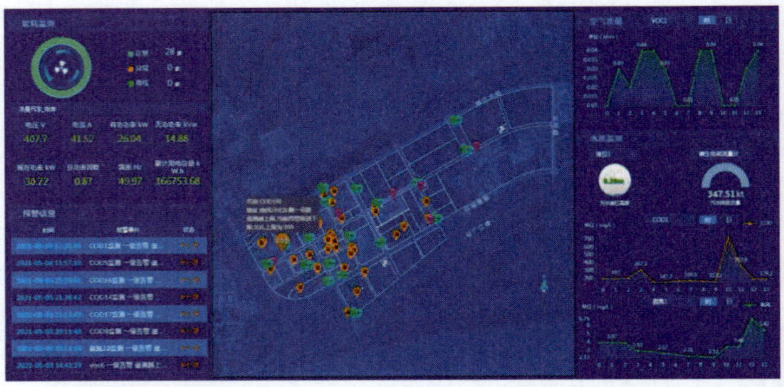
安庆迎江经济开发区创新型智慧园区安环能耗监管系统

目前园区企业客户需求痛点主要是：

安全：园区企业在生产、存储和运输各个环节中危险源点较多，但企业无法做到全面管控各节点安全生产风险；同时由于主管部门人力不足、监管手段单一、应急管理能力薄弱，无法满足对众多企业实施安全监管的需要。

环保：园区企业以装备制造、汽车零部件、高端纺织为主体，污染因子种类繁杂；同时园区附近有居民区等敏感点，一旦发生突发事件，将直接威胁周边村镇居民日常生活，极易造成恶劣的社会影响。

能耗：园区企业没有普及智能化用能监测和诊断技术，主管部门不能了解园区企业用能情况、生产/停产情况；同时，没有有效手段服务于园区节能降耗和“碳达峰、碳中和”工作。

二、案例简介

安庆迎江经济开发区 2005 年 11 月经安庆市政府批准成立，2018 年 5 月，安徽省政府正式批复为省级经济开发区。其位于安庆市东部新城区，规划面积 4.24 km^2，是安庆市唯一滨江临港园区。

安环能耗监管系统作为安庆迎江经济开发区创新型智慧园区一体化综合服务平台项目的一部分，建设覆盖整个园区的安全、环保、能耗一体化监测和应急预警管理系统，加快基础设施融合，推进园区服务提效，助力园区转型升级。

除实时监测 70 多家园区重点用能企业用电情况外，安环能耗监管系统在园区重点企业污染源安装有 20 套水质监测仪（COD、氨氮）、10 台液位变送器、1 台电磁流量计、6 套空气质量检测仪（VOC），在园区制高点加装 1 套高空瞭望摄像头和在重点企业危险源加装 9 台视频摄像头，实时监测园区内环保数据和安全生产；同时对接安庆市环保系统、安监系统。

三、技术方案

1. 项目整体架构

基于“云、管、边、端”的技术架构，云通过管与边、端连接，边通过底端设备层对下层数据进行采集和控制，云、边、端之间通过通信管网通道实现数据交互。

2. 项目总体技术路线

系统遵循 J2EE 技术路线，应用面向服务架构（SOA）和 Weblogic 中间件，将软件、平台、基础设施整合建立标准体系，提供服务。按照基础设施层、接入层、数据层、平台服务层、应用层、展现层实现多层技术体系架构。

微服务应用架构：以应用服务化的方式，构建综合能源管控平台微服务应用架构，采用微服务应用架构方式设计开发应用模块，按“松耦合”的方式拆分整个管控平台各类业务应用，实现业务应用的快速发布、快速部署上线、快速功能升级以及业务应用随负载情况的快速自动伸缩部署，达到云应用按需分配、资源自动化弹性伸缩的。

组件化技术：系统采用组件化、动态化的软件技术，利用一致的可共享的数据模型，通过一体化园区级平台的应用集成，实现各组件能够在园区内的协同工作、各层次上集成，实现数据共享和重用，以满足业务需求。

3. 实现功能说明

安全：安全一张图、视频监控、智能图像识别、应急预警、基础安全报告等。

环保：环保一张图、空气和水质监测、环保能耗监测、应急预警、基础环保报告等。

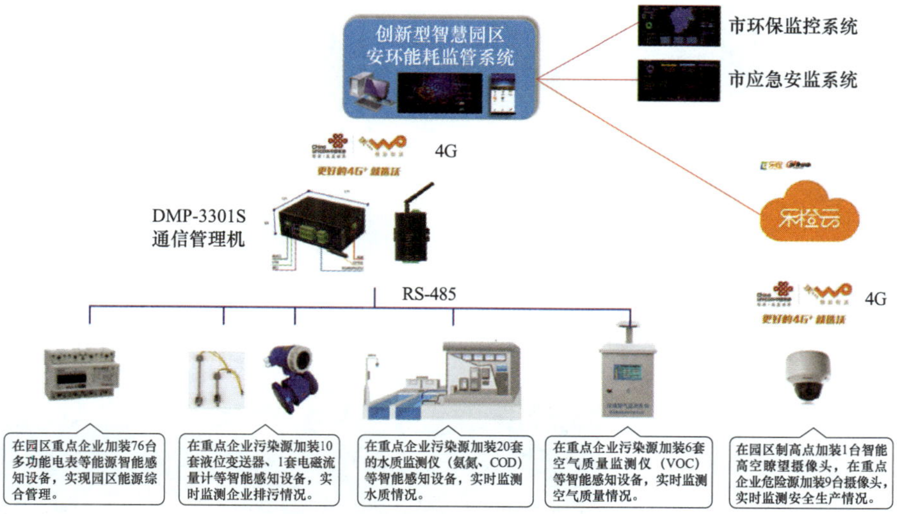

创新型智慧园区安环能耗监管系统整体架构图

能耗：能源一张图、能源监测、能源统计、能效分析（设备负荷分析、变压器负载率分析、尖峰平谷用能分析、电能质量分析、容需量分析、用能损失分析）、告警管理、报表管理、基础能耗报告等。

四、商业模式和项目收益

1. 商业模式

客户投资；包含 3 年运维服务，按年收取运维服务费。

2. 项目收益

安全：加强园区内重点企业的生产安全监管，强化对重大危险源的监控及重大危险源辨识，提高隐患排查治理、风险辨识管控和监测预警能力，有效预防园区安全事故发生，提升安全生产监管的自动化、信息化管理水平。

环保：加强园区整体空气、水质环境监测监控能力，实现污染源自动监控设备“安装、联网、运维监管”三个全覆盖，全面客观反映园区及周边环境污染现状及其变化趋势，实时预警园区环境风险，避免污染事故的发生。

能耗：加强园区能源综合管理，清晰了解园区企业用能情况，普及智能化用能监测和诊断技术，为园区企业负荷消纳、电力需求侧响应、保证能源供应提供技术支持，持续提升园区综合能源管理服务水平。

五、项目亮点和经验总结

1. 项目亮点

数据支撑技术：实现全景多维呈现数字园区，立体感知园区安全、环保、能耗实时态势，以数据、智能、场景为驱动力，构建集数据融合、标准、安全、分析、算法、应用为一体的数据赋能平台，实现大数据全生命周期管理。

多个 App 的边缘计算技术：将高实时性、精确性的计算和决策行为归属于边缘计算来实现，并通过“云＋边缘”计算技术的协同应用技术将数据统一汇总到云平台进行全局分析及计算，深化数据的联合应用；充分利用云端协同、本地计算的边缘计算架构优势，开发出高价值的安全、环保、能耗 App。

智能图像识别技术：通过智能图像识别技术，及时发现现场区域入侵、徘徊检测、聚集检测、穿越围栏、机动车违章、烟雾报警、机动车违章、人脸识别报警和火警（火焰）检测等违规违章操作行为，实时告警并自动保存相应的照片及时间、地点信息。

2. 经验总结

（1）适用于智慧园区行业，可在其他智慧园区项目复制推广。

（2）充分了解客户的需求、痛点、目标等，抓住客户主要矛盾，针对性地提出解决方案。

（3）前期准备工作如现场踏勘调研、需求对接确认极为重要，包括监测点的分布、产品选型、采集规划、软件功能、接口协议等。

公司介绍

南京磐能电力科技股份有限公司坐落于南京市江北新区，注册资本 10 000 万元，是专业从事电力系统自动化二次成套解决方案的制造商及集成商，是集科研、生产、销售、服务于一体的股份制企业，是国家火炬计划重点高新技术企业。

园区微电网和智慧能源管理系统

北京微控工业网关技术有限公司
高　飞　索丽松　刘立军

一、背景需求

本项目是某光伏上市企业为了将自有工业园区内各种设备及装置统一监控、统一调度、统一管理，利用大数据优化用能，打造节能减排、高效利用清洁能源的新型智慧园区而开发的一套微电网和智慧能源管理系统。

工业园区外景图

二、案例简介

（1）分布式微电网。通过园区的分布式光伏系统，加上储能装置、能量转换装置、负荷、监控以及保护装置等，组成一个集发、配、储、用为一体的微电网系统，最大限度的利用分布式能源，实现电力的自给自足，并且在有余力的情况下向外部电网上送电能。对自身而言，每年可节省大量电费开支，对社会而言，可减少对电网的依赖，降低电网压力。

（2）智慧能源管理系统。通过对园区的水、电、气等能源的使用情况进行综合监控，针对大数据分析的结果，并配合 AI 技术，做出各种改进策略，控制重点用能设备，指导园区用能向更加优化的模式发展，在节能减排的同时进一步减少开支。

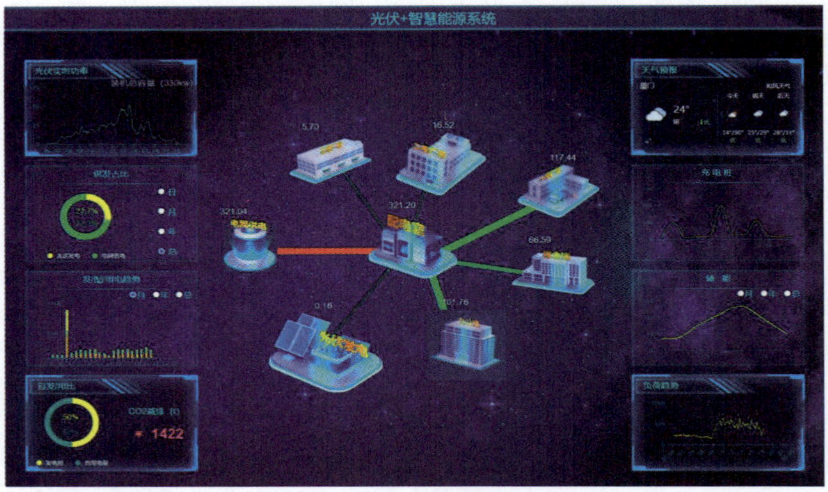

光伏＋智慧能源管理平台

三、技术方案

在分布式微电网方面，本案例实现了对光伏电站的生产状况的实时监视，监控指标包括：总装机、实时功率、当日发电量、当月发电量、当年发电量、发电小时数、出力比监视、功率光照曲线、实时气象及天气预报。通过建立发电量预测模型、损失电量模型、电池板衰减模型、设备效率模型、成本费用模型、综合评估模型、功率预测模型、阴影遮挡模型等丰富的分析模型，实现太阳能资源分析、发电设备性能分析、发电设备故障分析、人员效率运行分析、运营效益分析、成本核算统计、发电功率预测等功能。利用分层架构和动态部署技术，以及界面三分离、工作流引擎、内容管理引擎等技术，大幅提高系统的适应性，以灵活应对复杂多变的业务。

在智慧能源方面，本案例实现了电、水、气在供、配、用各个环节的全方位监视与报警管理，通过采集系统（光伏、电力、空压机、水、气等）的运行数据及能耗数据，对现行系统用能情况进行持续的诊断、优化与自动控制，达到节能减排的目的。

本案例采用 B/S 架构，并配有微信小程序，可以非常方便地在移动端管理，降低部署难度。智慧能源管理平台通过内嵌不同的通信协议程序，可实现与任何智能传感器进行通信，实时采集设备的数据。将分散分布范围广、数量众多的传感器数据进行统一协议编码，搭配数据加密、压缩、异常重传等技术，实现安全、高效、可靠地实时传输，从而体现管理系统的强大优势：

（1）数据采集频率最高可到毫秒级，数据默认发送数据频率为 5s，并且程序中设置为“可配置”，保证任意频率可方便配置，数据包大小可配置。

（2）采用无损压缩算法发送的数据流进行压缩，采用压缩算法为 zip，保证在现有带宽的前提下电站全数据的上送。

（3）能够实现电站端与中心系统的自动重连。

（4）在网络或者系统出现问题时，能够实现将数据存储在电站服务器，网络或系统恢复后，将未发送成功的数据上送至服务器，保证数据的连续性。

（5）数据平台支持 MODBUS、IEC104、61850、CDT、OPCUA 等主流数据通信规约，还可以根据实际情况进行自定义开发通信规约。

四、项目亮点和经验总结

在软件设计开发过程中，遵从已有的数据标准和规范，同时对软件本身的各类接口设计做到科学、规范。一方面与已有的系统很好地衔接，另一方面为将来的功能扩展和系统维护奠定良好基础，使系统具备足够的开放性和灵活性。该项目可作为一款通用化的工程项目，在对于类似园区的推广过程中可进行复制，节省重复开发时间，大大降低成本，为企业合理化控制碳排放意义重大。

公司介绍

北京微控工业网关技术有限公司拥有一支研发和物联网应用方面经验丰富的成熟团队，有规范的管理制度和管理流程。智能网关支持 MODBUS、IEC104、61850、MQTT 等百种以上协议；组态软件完全具有自主知识产权，浏览器管理、图元丰富、易于开发等特点，欢迎交流指导。

陕鼓能源互联岛示范智能管控项目

陕西鼓风机（集团）有限公司
种　蕊　张　瑾　尚敏青

一、案例简介

1. 项目背景

基于我国“3060”双碳目标，以及现代非化石能源正在推动人类由工业文明走向生态文明。在能源资源节约和环境保护的大趋势及政策导向下，分布式能源综合利用已经成为亟待解决的问题。陕西鼓风机（集团）有限公司（以下简称陕鼓集团）基于我国能源结构优化与能源发展转型趋势，创新性推出了“能源互联岛”技术，建立了能源互联岛示范项目。

陕鼓能源互联岛鸟瞰图

2. 项目基本信息

为实践及研发“能源互联岛”技术，陕鼓集团在临潼生产区投资建设示范性项目。该区为典型的机械加工园区，主要为园区进行冷、热、电、污水处理、压缩空气供送及垃圾处理需求。依据能源的负荷特点及园区周边的资源配置，采用多热源联合供热制冷，耦合天然气冷热电三联供，土壤源、污水源、空气源热泵系统，水蓄能、燃气锅炉、智能污水处理及中水回用、光伏发电等多种系统集成技术。

3. 项目建设内容

通过能源互联岛技术方案分析，新建一套多热源联合供热系统（带冷调峰的土壤源＋污水源＋水源热泵供冷供热系统 1800kW、冷热电三联供 200kW、蓄能装置（蓄热 14 400kWh/蓄冷 6417kWh）、原有燃气热水锅炉（4200kW）、地埋式污水处理站、区域微电网系统（光伏 70kW、分布式能源 200kW、市电）、固废处理、空压站系统及智能控制系统等。这是陕鼓集团自主投资的第一个以节能减排、绿色低碳为主题的能源互联岛，简称陕鼓能源互联岛。

二、技术方案

陕鼓能源互联岛技术是面向供给侧能源市场的综合系统解决方案，通过顶层设计及统筹规划，结合互联网及大数据分析技术，根据用户侧精准需求分析及资源禀赋，从全流程全区域供能、用能、能量转换的角度出发，通过多能互补梯级利用，将可再生、清洁及传统能源高效耦合集成，以智能管控、专业运营模式，按时、按需、按质向用户端提供的分布式清洁能源综合一体化的解决方案。

通过新建智能污水处理系统及中水回用系统并为园区提供冲厕、洗车、道路喷洒、绿化及景观用水等；同时污水中的热能、空压机余热、绿地浅层地热能等可再生低品位热源，与冷热电三联供系统、原燃气热水锅炉系统、储能系统联合实现区域多源联合供热及制冷功能，储能装置利用峰平谷差价进一步降低运营成本。三联供、光伏发电及市政电力构成全厂区域微电网系统，为整个能源站及厂区供电形成联供系统。同时在能源站建立新风、消防、安防统一监视等安全管理系统及能源智能供应及无人值守平台。

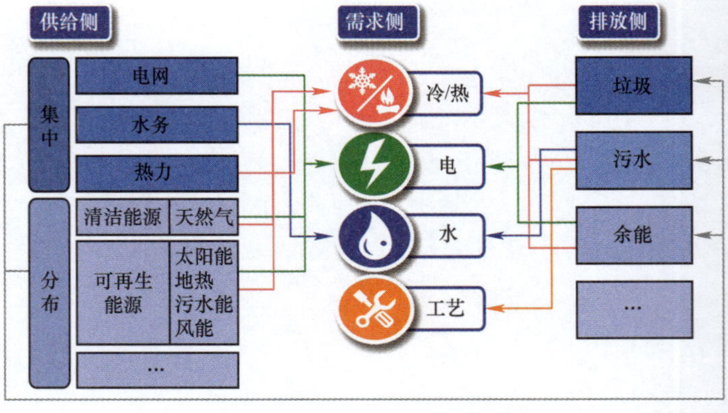

陕鼓能源互联岛技术方案

三、商业模式和项目收益

1. 商业模式

针对陕鼓集团的加工园区，陕鼓从自身出发，量身定制一套陕鼓能源互联岛系统解决方案，建立了能源互联管理新模式，利用互联网与物联网技术，开发了区域能源供给和需求的智慧能源互联平台，为工程项目提供设备、EPC、服务、运营、金融、供应链、智能化七大业务系统服务。助力项目运营降低排放、提高能源综合利用效率，促进客户绿色高质量发展。

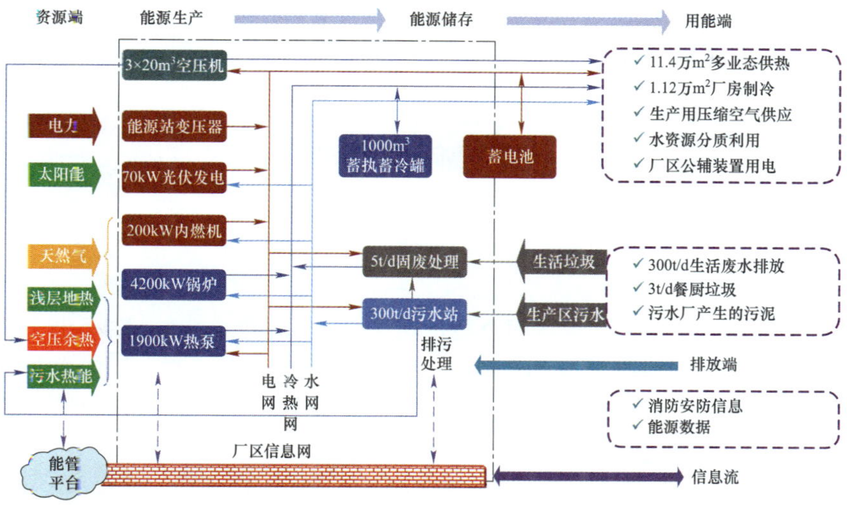

陕鼓能源互联岛工艺路线

2. 经济效益

项目于2017年6月投入运营，在连续运行期间，各系统组合运行稳定。年综合运营成本下降240万元。示范项目推广后，同等规模的项目，新增销售收入7095.55万元，新增利润541.33万元。根据2019年（非疫情）项目运行数据，与2016年相比，综合能源消耗下降30.5%，减排30%，节约土地49%，人员减少59%，节约天然气34%，清洁能源使用率100%，可再生能源贡献率34%。

3. 社会效益

通过智能管理平台，运行人员采取多工况运行策略，根据天气变化进行不同系统配合运行，提高设备运行效率，降低能耗，增强余热及可再生能源利用，起到节能、降耗、环保、高效运行、碳减排的效果。

四、项目亮点和经验总结

1. 项目亮点

（1）能源多元联合供应。根据区域能源需求差异分布，经过能源、资源经过模型计算、利用互联网形成能源共生共享、多能互补的高效利用。

（2）能源智能互联。以物联网为基础，互联网为载体，结合数据管理，将能源生产端、传输端、消费端的各系统设备进行数据采集，通过能源数据分析、预测，形成能源互联网实现生命体特征的重要技术支撑。

（3）智能数据管控平台。智能数据管控平台实现能源数据信息的集中采集和集中监控，通过对历史数据分析，结合环境参数变化和能源价格，自动调整各子系统的开启策略，提供经济方案。

2. 经验总结

该项技术不仅符合国家“3060”能源战略及消费升级的趋势，体现互联网思维在能量综合利用领域的应用，也是践行能源消费供给侧结构性改革的一次创新。示范项目已投入工程应用，效果良好，适合为工业园区、智慧城市、特色小镇、大学城提供能源高效综合利用的能源环保解决方案，具有重要的推广价值。

陕鼓能源互联岛技术从顶层设计出发，从客户的发展、技改规划入手，深度挖掘节能创新点，结合智能制造、工艺流程、环境安全管理、绿色发展等解决用户生产园区冷、热、电、气、风、水、废及安防消防等需求，为用户提供系统化解决方案，提高客户的能源利用效率、降低营运成本，实现项目的四集约，即土地集约、设备集约、功能集约、运营集约，助力用户成为环保领先、绿色智能、安全可视、可控、可靠的行业标杆。

公司介绍

陕西鼓风机（集团）有限公司始建于1968年，如今已发展成多元化、国际化的智慧绿色能源企业。公司建成首个能源互联岛全球运营中心，为用户提供设备、EPC、服务、运营、金融、供应链、智能化等能源供应系统服务。

基于能源托管模式下的小微园区综合能源服务项目

国网（金华）综合能源服务有限公司
傅显峰　陈　坚　胡栩畅

一、案例简介

1. 背景需求

浙江省电力有限公司为全面贯彻落实国家电网公司全面建成能源互联企业的战略目标，制订《国网浙江省电力有限公司全面实施“供电+能效服务”三年行动计划》，定位在以供电服务为基础，以电为中心，聚焦客户用能优化，通过电能替代推进终端用能电气化，开展综合能源服务提升全社会能效水平，并将能效服务划分为公共服务和市场化服务。通过市场化手段，综合能源服务公司为客户提供规划设计、工程实施、系统集成、运营维护等服务，开展能效服务帮助客户优化用能结构，提升用能效率，推动客户服务由“用上电”向“用好能”转变。

2. 项目基本情况

小微企业是金华市民营经济的主体、经济社会发展的主力军。截至 2020 年底，金华市累计建成小微企业园 151 个，建筑面积 1206.6 万 m^2，入驻企业 6363 家。

金华未来 2 年预计建成 30 多家小微园区，建筑面积约 460 万 m^2，在国家“双碳”目标的驱动下，高效、便捷、智能、节能的能效服务在小微园区将是一个巨大的市场需求。

典型小微园区建设规划图

3. 小微园区存在的用能问题

通过对小微园区多次调研、对园区用能特性进行讨论分析，目前大部分的小微企业园的用能情况存在以下几点不足：

（1）小微园区人工管理成本大。一个小微园区入驻的企业多则几百家、少则几十家，每家企业的用能需求差异大，这使园区物业后续的水电数据采集、费用收缴、企业用能监控等工作量增大，人工成本增加。

（2）运维团队专业性不足。园区内的配电等设备缺少专业的运维团队，设备出现故障时抢修速度不够，特别是给对于供电可靠性要求高的制造类企业会带来较大的损失。

（3）园区内能源利用率低。用能企业种类繁多，企业缺少专业的用能监测、能效管控等服务，造成一些不必要的能源浪费。且小微园区用能管理不专业，用能计算方式简单粗放，对用能单位有失公允。

二、技术方案

1. 搭建园区能效管控平台，实现电费托收代缴

国网（金华）综合能源服务有限公司（以下简称综合能源服务公司）通过在小微园区内设立综合能源服务站并搭建能效管控平台，为小微园区、企业提供用能采集、用能分析以及用能优化建议，通过“源网荷储用”多维度采集园区、企业用能情况，搭建园区、企业内部计量体系，实现数据实时采集、电费精准计算、故障实时报警等一些功能，为园区、企业节能减排提供数据支撑，实现降低人力成本，数据更准确等功能。

2. 开展配电设备代运维服务

为园区配置专业的运维团队常驻综合能源服务站，以电力行业的专业性拓展到园区“表后”业务，对区域内的配电设备开展代运维服务，对园区内的高压配电室、变压器、光伏、储能充电桩设备、低压出线等设备开展周期现场巡视、抢修服务响应、周期预防试验等。通过例行试验、维护发现设备隐患，提前消缺，实现用户无感知检修，提高供电可靠性。做到专业的事情交由专业的队伍实施。

园区级综合能源管控平台

配电设备代运维

3. 开展光伏、储能、充电设施一体化建设

从园区内“源荷储用”入手，充分利用园区内屋顶闲置资源，投资分布式光伏，根据园区内用能特性，配套建设电化学储能，实现源端清洁。根据园区内电动物流车的配置情况，配建充电桩，实现园区物流清洁化，降低能耗、物耗。

光伏、充电设施在园区内应用

4. 能源托管实现需求响应和市场化售电打包交易

综合能源服务公司作为能源托管方，用户的用电账户均开设为综合能源服务公司，避免了用户作为主体参与市场化售电，确保市场化售电业务不外流。另外，综合能源服务公司可聚合园区内碎片化的闲置负荷资源，打包参与需求响应，支撑多元融合高弹性电网建设。

三、商业模式和项目收益

该项目采用 EPC 建设、客户采购、EMC（能源托管）等多种商业模式的融合，最终通过电费托收实现收益分成，整体合作时间为 5 年。

对园区而言，建设的 2.8MWp 的分布式光伏，一年能产生 280 万 kWh 清洁电能，相对于为园区减排二氧化碳 918.4t。节约电费 200 余万元。通过建立综合能源服务站，为园区开展设备代运维、集约化管理，可为园区每年节省开支 50 余万元。

对综合能源服务公司而言，通过能源托管每年可产生营收 2000 余万元，投资和代运维产生的收益可达 100 万元。

对供电公司而言，由综合能源服务公司托管用能，实现电费精准计量、计算、收取，有效杜绝违规转供电的发生，确保电改红利传递到终端用户。

四、项目亮点和经验总结

该项目是综合能源业务在园区的首次尝试，创新建立小微园区综合能源服务站，为园区解决一站式服务。以能源托管模式实现用能管家服务，结合企业园区屋顶分布式光伏、化学储能、充电桩等元素，实现光伏全覆盖、电费全透明、物流清洁化。让园区企业不仅能享受到绿色清洁电源，后期还能享受到专业的电力设备服务，用电环境将更为优越，打造低碳、环保、智能的智慧园区。助力小微园区绿色发展！

公司介绍

国网（金华）综合能源服务有限公司，注册资本 1 亿元。是隶属于国网浙江省电力有限公司金华供电公司的独立法人单位，在金华地区范围内主要开展建筑、工业、公共设施节能服务，开展分布式光伏等清洁能源项目投资、建设，开展用户电力设施设计、施工、代运维服务，是金华地区综合能源服务领域规模较大、实力较强的企业。

海上风电场智慧运维解决方案

浙江华云信息科技有限公司
李 堃 胡 浩 林志款

一、背景需求

海上风电场生产环境复杂，离海岸线远，海况多样，人员出海限制因素多，可达性差；工作任务、管理内容多、工作面广、类别多（包括风机运行状态、结构安全、运维人员、通航调度、备品备件等）、智慧化程度不高（统计报表信息零散、数据缺失问题突出、信息获取不及时、故障分析能力缺失、作业标准化程度低）。

截至 2021 年 4 月底，海上风电并网容量已达 1042 万 kW，整个产业迈入了新的阶段，精细化、智慧化运维成了新的需求。海上风电场智慧运维解决方案着眼于海上风电智慧化的需要，提供系统化的建设改造方案，运用“大云物移智”等技术，形成业务“横向贯通、数据共享”的智慧型管理平台。

二、案例简介

截至 2021 年 7 月，海上风电场已经接入 3 家发电集团，运维风机数量 180 台，总装机容量 754MW。

海上风电场智慧运维解决方案利用互联网的技术和设备监控技术加强信息管理和服务、清晰掌控生产流程、及时正确地采集生产过程数据，从而科学地制订生产计划，构建数字化、信息化、智能化的新型海上风电场。

浙江华云信息科技有限公司智慧能源服务分公司在其中一座海上风电场提供了一套贯穿建设期与运维期的智慧运维解决方案，提供如下功能：

（1）以设备编码为载体，构建设备维护体系。以设备、安全、运行、决策为主线，围绕设备全生命周期管理，帮助客户实现日常生产运维工作的闭环处理。

（2）以知识积累复用为途径，实现运维能力提升。通过构建风机档案，积累风机检修维护流程，辅助客户进行风机故障检修运维。

扫描设备编码进行日常运维工作

通过指挥大屏查看当日故障检修情况

三、技术方案

智慧运维平台采用分层设计，所有层级均向下依赖，且可独立部署发布。平台按照“业务前台、数据中台、采集后台”的总体思路进行设计。前台围绕用户、服务和应用三个角度提供种类丰富、使用便捷的产品功能；中台强调统一数据结构、统一平台登录、统一权限设计，通过数据采集、集成和抽取，挖掘数据价值，打造智慧型海上风电综合应用平台；后台基于海上风电一体化物联采集技术支撑，提供与物联网技术无缝接入及计算的能力。

四、项目收益

1. 经济收益

截至 2021 年 7 月，客户在系统中累计完成 120 余次消缺处理，累计记录 800 余天运维数据。建立风机档案 170 余条，积累运维检修记录 300 余条，能对大部分缺陷提供检修建议。借助系统发现频发性故障 3 处，以此为依据进行了对全体运维风机的 2 次技术改造。

2. 社会收益

方案实施过程中，打造了国内首个全生命周期数字化智慧型海上风电场，从前期规划设计、工程建造到后期运维，整个过程均实现了数字化和智能化，创造了国内海上风电行业首个“超视距”微波通信系统、国内首个基于北斗定位的人员跟踪和落水辅助救援系统等。

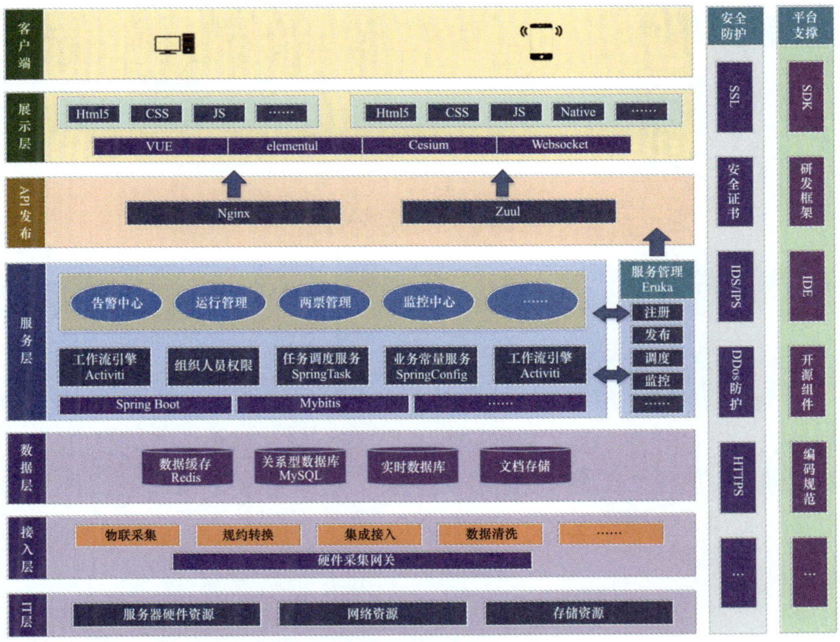

智慧运维平台技术架构

五、项目亮点

1. 现场作业具象化

将设备维护、消缺工作与采集平台无缝对接，风机、电气等设备实时监控数据与日常生产运行业务（缺陷管理、检修工单、运行值班管理、两票管理）形成紧密闭环，进而达到缺陷单自动生成等功能。

2. 基础数据体系化

将风电场日常运维涉及的基础设备、物资、工序、故障等标准化、编码化，形成适合海上风电行业的基础数据管理体系。

3. 业务流程标准化

对系统设备维护、消缺、运行、两票业务进行细致化、标准化的流程管理，严格按照业务标准实施管理，提高工作效率与安全性。

4. 维护工作体系化

以标准编码为数据载体，串联巡检、工单、两票、消缺等工作流程，实现风电场设备维护相关工作的闭环管理。

六、经验总结

海上风电场智慧运维解决方案可复制性强，通过总结典型经验，协助企业设计并建立规范流程和统一标准，以流程驱动进行生产管理活动，加强业务流程管理与知识管理。

本方案同样适用于在运项目，数字化提升对现有流程与业务不产生影响，具有多样化的解决方案和灵活性。

本方案可针对不同海上风电场的需求，接入其他系统数据、依据算法提供高级分析。举例 3 个拓展方向。

1. 人员作业安全管控

结合人员定位设备与位置算法，可对出海任务地点与人员作业地点进行匹配，并依据告警算法，对非作业登机进行告警。定位设备兼具落水告警功能，通过落水救援算法给出人员落水漂流拟合路线，辅助救援。

2. 出海任务指导

根据设备状态监测和分析模块生成出海任务单，结合气象数据、许可时间范围，规划出海作业时间，形成出海作业计划单，指导资源调配。

3. 3D 应用联合物联采集

将风机、电气等设备实时监控数据与 3D 模型无缝对接，并基于 3D 模型开展日常缺陷管理、设备检修等工作，增加业务的现场感知。并以此技术为基础结合 AR，逐步达到远程巡检的目标。

公司介绍

浙江华云信息科技有限公司主营业务涵盖电网企业发、输、变、配、用全环节以及电力行业和公共服务领域的信息通信、人财物管理、企业咨询管理等，是一家涵盖“云+网+端”全方位、一体化的解决方案提供商。

浙江华云信息科技有限公司智慧能源服务分公司是浙江华云信息科技有限公司下属一大业务实施机构，主营业务涉及综合能源、储能集成及检测、新能源信息化、电商平台、平台研发、平台运营等 6 个运营领域，是一家综合能源服务数字化解决方案的供应商。

杭州亚运村未来社区综合能源示范工程案例

浙江华云信息科技有限公司
卢菲菲　张云鹏　谢　君

一、背景需求

为积极响应“绿色、智能、节俭、文明”的亚运办赛理念，建立高标准服务体系，探索亚运村综合能源服务实践路径，针对当前社区主要存在的痛点，国网浙江省电力有限公司杭州供电公司对亚运村运动员一区、二区进行未来社区建设。构建“亚运村智慧用能小脑”，唤醒多维度、长周期、大海量的电力能源及供电服务数据资产，打造绿色、智能、低碳、健康的现代化未来社区。

杭州泛亚运区域

二、案例简介

杭州亚运村是 2022 年杭州第 19 届亚运会的重要配套设施，位于钱塘江南岸、沿江地区城市新中心，由规划经一路—飞虹路—环路围合而成，总面积 113 万 m^2，由运动员村、技术官员村、媒体村组成。

杭州亚运村

运动员村是“亚运三村”中占地面积最广、建筑面积最大的集中式建筑群，智能化电力实时自检是保障运动员生活环境电气安全防护能力的重要手段。基于单机多能、模块设计、灵活组网、稳定可靠的多功能智能微型断路器打造绿色、安全、智能的智慧能源住宅，采用 VR 全景构建亚运村及核心建筑小微场景可视化管理界面，建设智能用电管理平台，提升万余名亚洲各国体育运动员的智慧生活感受，向国际展示智慧杭州、绿色杭州、文明杭州的城市标签。

三、技术方案

1. 综合能源平台

未来小区综合能源服务平台集成智慧用电、智慧安防、智慧物联、智慧物业、电力需求侧管理（DSM）、全感知台区、非侵入式智能微断、综合能源系统运行优化等 8 个子系统，及电力需求侧管理（DSM）、集成全感知台区、非侵入式智能微断 3 个系统主站功能。

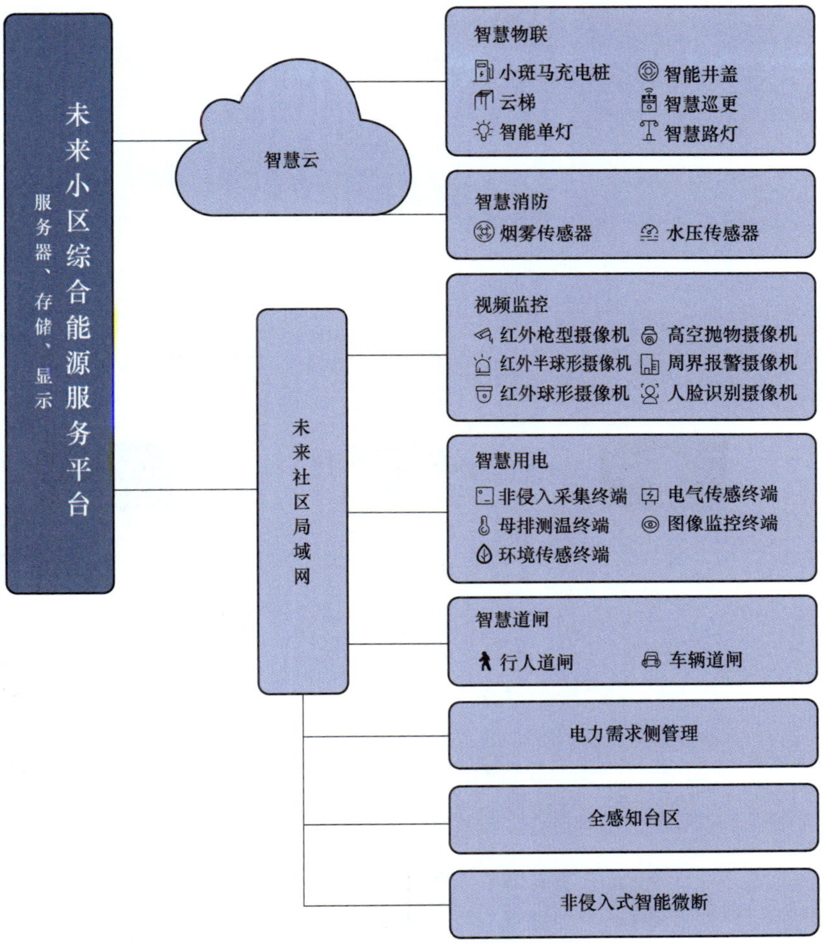

未来社区综合能源服务系统拓扑图

2. 电力需求侧管理（DSM）

在亚运村 3442 户居民侧配置居民需求响应终端 350 套，监测用户电能表电能量参数，得到以终端为对象的居民分散式空调负荷资源池，当电网负荷压力紧张时，在接到需求响应终端调控负荷的指令，以中断分散式空调负荷的方式压减负荷，满足负荷调控要求。

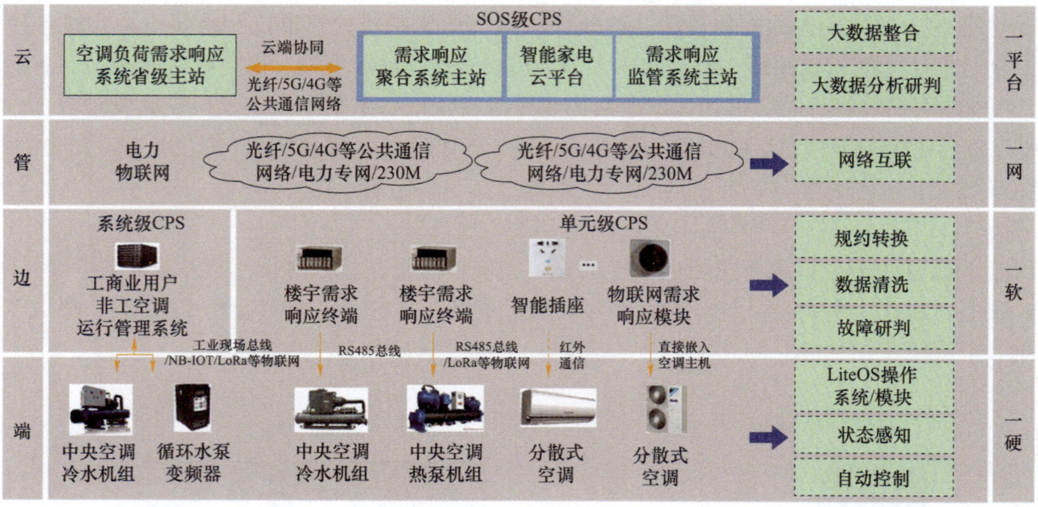

居民空调需求响应系统架构

3. 全感知台区

以模组化融合终端作为本地物联感知与信息交互中心，通过 HPLC、RF、HPLC+RF 双模、RS485 以及蓝牙等通信方式获取感知数据，实现台区可视化、基础设备运管、台区精益管理、用能安全监护、能效监测分析和应急响应等智能应用。

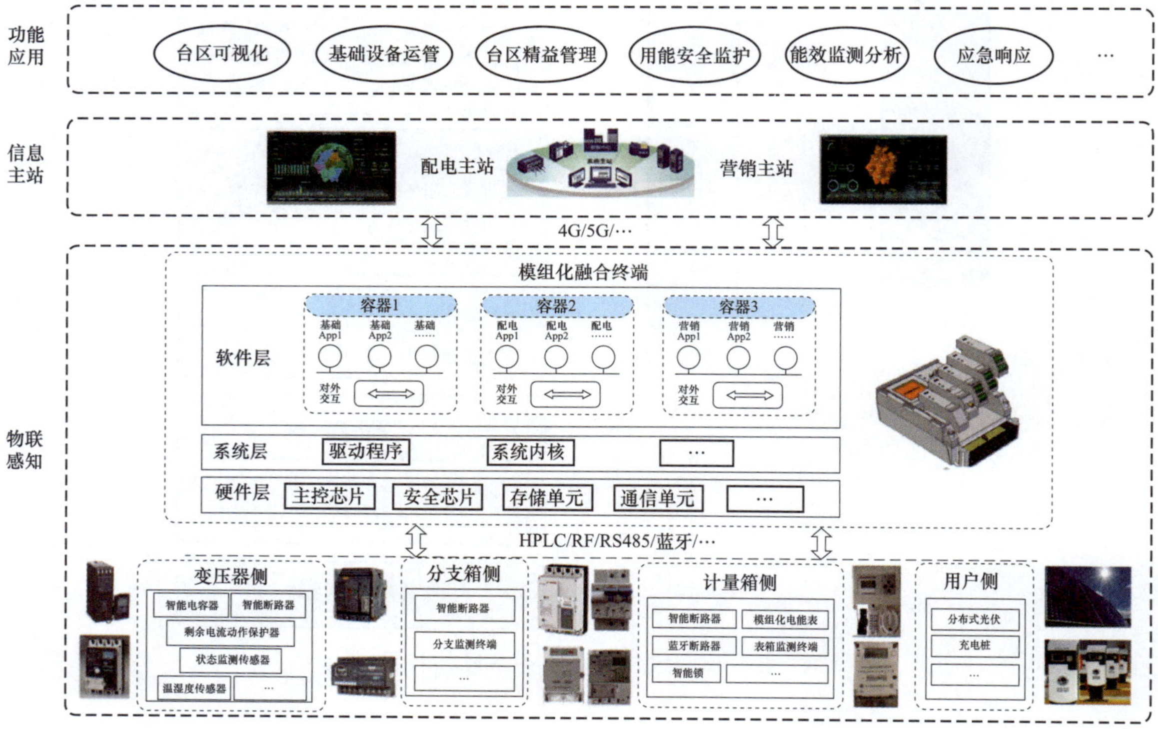

全感知台区总体架构

4. 非侵入式智能微断

项目建设覆盖亚运村一区、二区住宅楼宇室内配电箱。利用低压居民侧智慧用能管理领域的技术，实现运动员套房总用电参数采集、漏电保护、回路电源线温度测量、远程拉合闸控制等功能，采用 VR 全景构建亚运村及核心建筑小微场景可视化管理界面。

5. 零能耗建筑模板

在亚运村建设零能耗建筑模板，用于展示宣传。综合应用建筑节能、新能源、储能、电能替代、生物质综合利用和智慧用能等技术，实施能源自平衡住宅项目建设。

四、案例收益

本项目打造国内首个超大型体育赛事综合能源服务典型试点，并可复制推广至其他体育赛事场所。提升万余名亚洲各国体育运动员的智慧生活感受，向国际展示智慧杭州、绿色杭州、文明杭州的城市标签。

探索浙江省未来社区试点建设具体实践路径。杭州亚运村作为首批未来社区试点之一，积极探索未来社区建设实践路径，为稳步推进全省未来社区的建设工作奠定实践基础，助力“数字杭州”建设。

五、项目亮点和经验总结

1. 项目亮点

（1）需求响应资源聚合，依托电力需求侧管理平台，聚合亚运村可调节负荷总量7000kW，充分满足亚运区域电网需求侧响应要求。

（2）智慧用能管理，建设亚运村综合能源服务系统，依托全感知台区建设实现所有105个用电台区的智慧化管理，应用智能空气开关、插座等设备实现运动员1村、2村3442户电器级的智慧用能管理，满足亚运村绿色、低碳、智能的办赛要求。

（3）未来社区示范，打造多个智慧化应用场景，满足省政府“和睦共治、绿色集约、智慧共享”的未来社区建设要求，依托亚运村高关注度的优势，发挥示范作用。

（4）打造零碳新模板，形成具有国际能效示范经验和国内外综合能源服务领域系统建设成果，实施能源自平衡住宅项目建设，达成创能与耗能的有机平衡，助推清洁高效、多元互补、统筹发展的现代建筑能源体系建设，形成建筑节能商业新模式。

（5）设计采用先进可行的节电、节水及节约原材料的措施，能源和资源利用合理，充分考虑了节能的要求，节约土地资源，各项设计指标达到国内先进水平，符合国家的产业政策，符合可持续发展战略，节能、节水、环保。

2. 经验总结

（1）项目工程建设规模大，需要在亚运村分散安装感知设备以及各类终端设备，实施范围广，需保证各类设备安装的准确与调试成功，以及隐蔽工程和特殊部位的正确处理。

（2）项目涉及专业多，系统建设工作较为复杂，为避免造成“信息孤岛”情况的发生，系统需集中建设，建立统一数据标准、信息获取方式；需要进行资源、责任的调整和再分配。

（3）项目含智慧充电、智慧用电、智慧安防、智慧物联等多个智慧化用能场景，每个用能场景的用户群体不同，涉及技术不同且较为复杂，需确保在亚运村中将这些智慧化用能场景合理应用且不同的应用场景之间做到有效衔接、信息共享。

（4）项目涉及的用户群体特殊且数量多，如何正确引导用户合理、科学用能，降低能源使用成本，需要有效引导用户科学用能，项目后期需要大量的沟通与培训工作。

公司介绍

浙江华云信息科技有限公司主营业务涵盖电网企业发、输、变、配、用全环节以及电力行业和公共服务领域的信息通信、人财物管理、企业咨询管理等，是一家涵盖“云+网+端”全方位、一体化的解决方案提供商。

浙江华云信息科技有限公司智慧能源服务分公司是浙江华云信息科技有限公司下属一大业务实施机构，主营业务涉及综合能源、储能集成及检测、新能源信息化、电商平台、平台研发、平台运营等6个运营领域，是一家综合能源服务数字化解决方案的供应商。

广安小区地热井封停后蓄联热泵供热示范项目

上海法凯涞玛能源科技有限公司
余承霖　任福松

一、背景需求

河北省自然资源厅、河北省水利厅联合印发《加强地热开发利用管理的通知》《严格管控抽采地热水的通知》等文件，针对河北省违规地热井封停情况和热源替代技术方案，上海法凯涞玛能源科技有限公司进行了多方面的调研、论证、考察，认为蓄联热泵技术具有节能率高、运行成本低、供热稳定、售后维保成本低等明显的优势，适合替代封停后的地热井作为集中供热的清洁采暖解决方案。

蓄联热泵供热示范项目现场图

二、案例简介

邯郸市广平县广安小区供热示范项目，建筑面积 10 万 m^2，原采用深层地热井热水直供形式供暖。按小区入住率，设计供热面积 8.5 万 m^2，供热负荷 3400kW，总投资 599 万元。供热能源站占地面积 $200m^2$，含蓄联热泵系统（1 套）、配套阀门及保温管道等相关材料、配电工程、高压线缆等。蓄联热泵供热系统原理示意图如下图所示。

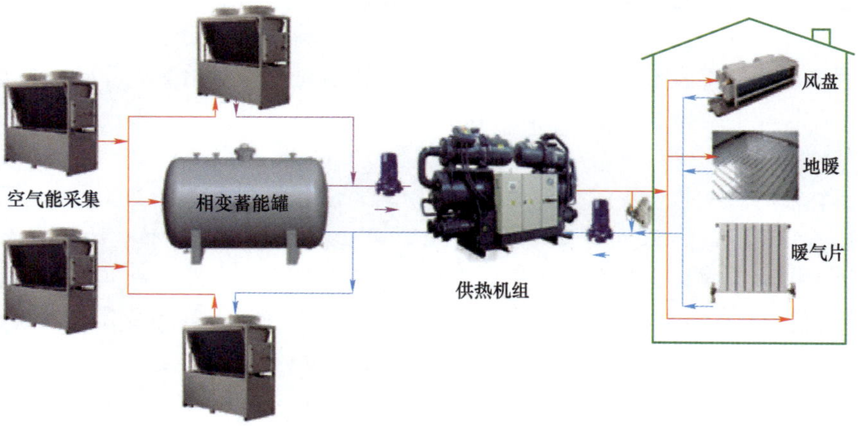

蓄联热泵供热系统原理示意图

三、技术方案

本项目采用的蓄联热泵系统由一次侧空气源蓄能热泵、二次侧温度提升水热泵组成，通过一次侧空气源蓄能热泵和相变蓄能的技术耦合，实现空气中所蕴含的低品位热能的采集和储存，通过二次侧螺杆式水热泵进行温度提升，实现 45～65℃（按需调节设置）高温供热。系统总制热量 3496kW，通过热泵与相变蓄能装置耦合，规避了环境温度和湿度变化对供热水温波动的影响，严寒雨雪天气供热稳定，室温可达 20～24℃。

四、商业模式

本项目由河北清华发展研究院智慧能源产业推广中心提供整体规划和解决方案，上海法凯涞玛能源科技有限公司提供技术服务和蓄联热泵技术产品配套，联合地方国企邯郸建设投资集团有限公司进行投资建设和运营，通过“产学研”合作模式，为县域的清洁供热特许经营提供服务。

五、项目亮点和经验总结

本项目是京津冀地区地热井封停后热源替代第一例中大型蓄联热泵清洁供热改造示范项目，采暖期间供热效果良好，为河北省违规地热井封停后热源替代提供借鉴。

（1）经过严寒低温和雨雪天气的考验，实践证明蓄联热泵替代违规封停地热井供热具有良好的稳定可靠性。

（2）蓄联热泵系统在严寒低温天气条件下，相变蓄能模块发挥蓄能调节作用、保障热源侧能量供给，能实现稳定的高温供暖。

（3）蓄联热泵系统优化了设备技术性能，使得设备始终在稳定高效区间运行，大幅提升了设备的使用寿命。

（4）通过分析对比，系统综合能效提升30%以上，还充分利用峰谷电价减少运行费用，在地热井封停后可替代技术方案中运行费用最低。

公司介绍

上海法凯涞玛能源科技有限公司是一家专业从事清洁供暖制冷和蓄能技术的科技企业，以法凯涞玛工厂为依托，构建以高效冷热能源技术见长、提供技术营销服务的资金型和技术型平台。公司首创的蓄联热泵技术，通过综合应用创新突破了单一技术应用的条件限制，为严寒地区各类供热/供冷项目，提供技术咨询、系统设计、设备定制和投资运营服务。

蓄联热泵是热泵技术和蓄能技术交叉互联、综合利用形成的创新应用系统，通过“双级耦合、多能互补”的方式，构建稳定、可靠、节能的供热/供冷系统，综合能效提升30%左右。该技术产品荣获“中国能源科技装备引领能源高质量发展·自主创新新型领先技术产品”荣誉称号、荣获“中国综合能源服务峰会·综合能源服务最具创新方案”奖项，实施项目覆盖甘肃、陕西、山西、山东、河北、河南、江苏等地区，涉及住宅、公共建筑、商业、高速服务区、学校、农业等应用领域，供热运行效果良好，获得用户和业内人士的一致好评。

淀中翡翠（王家寨）绿色智能微电网示范工程

雄安许继电科综合能源技术有限公司
张志伟　陈星宇　卢星海

一、背景需求

2017 年 4 月 1 日雄安新区成立，国家电网有限公司迅速响应，以习近平总书记“四个革命、一个合作”能源安全新战略思想为指引，牢固树立“能源转型、绿色发展”理念，聚焦“3060”碳目标，规划建设安全可靠、清洁低碳、智慧高效、开放共享的现代化电网。国网河北电力积极落实国家双碳战略发展目标和国家电网公司“双碳”工作部署，为实现新区“清洁取暖”，率先在白洋淀水区村试点建设美丽乡村新电网。

二、案例简介

“绿色电力，赋能淀中翡翠”。项目建设地位于雄安安新县城东部的王家寨村，是白洋淀唯一不通陆路的纯水区村，独特的地理环境影响了现有电网发展。为满足王家寨村“煤改电”后负荷需求，避免传统电网改造方案的水中立塔、穿越生态红线等问题，雄安许继电科综合能源技术有限公司基于清洁取暖和绿色用能的规划原则，建设多能互补、自给自足、坚强可靠的智能微电网，打造全绿电示范村，对雄安新区美丽乡村建设、清洁取暖战略的实现具有重要的示范意义。

项目基于清洁取暖和电能替代的工作思路，建设以风光生物质为代表的能源供给系统，构建以低压直流、智慧精品台区、一二次融合开关为代表的坚强智能配电网，应用 5G 网络、北斗、全景规划平台、柔性控制、多微电网群调群控等信息支撑手段，与以电动船、空气源热泵、储能为主的绿色消费系统智能柔性互动，融合智慧灯杆、数字货币、用户侧能效体验和无感服务等先进理念和技术，构建王家寨全绿电示范村，打造乡村级电网典范。本项目共建设三个子微电网工程，全村安装光伏装机总容量 920kW，风力发电机 5kW，集中式＋分布式储能 3300kWh，绿电年供应小时数达 2463h，最大实现连续 3.5 天（86h）的全时段绿电供应。

民俗村250kW屋顶光伏+6套户用光储

码头广场直流路灯+1kW风机

民俗村700kWh储能+2×1kW风机

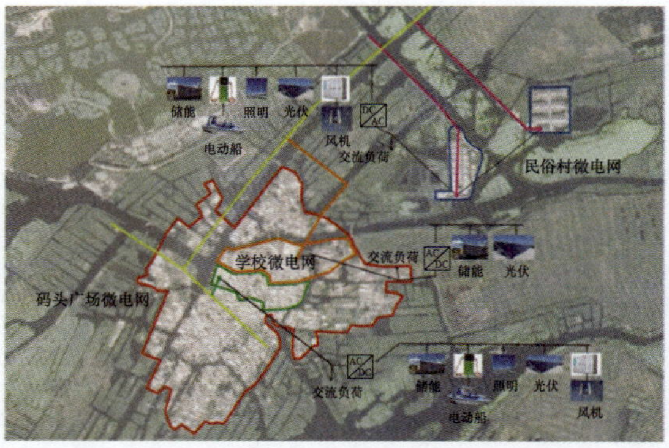

区域	分布式光伏发电	风力发电	电池储能	绿电供应时长	3月～7月最大连续绿电供应时长
民俗村微电网	250千瓦	2千瓦	700千瓦时	2483小时/年	4.8天（117小时）
学校微电网	140千瓦	1千瓦	1000千瓦时	5654小时/年	134天（3228小时）
码头广场微电网	530千瓦	2千瓦	1600千瓦时	5686小时/年	143天（3446小时）
王家寨全村	920千瓦	5千瓦	3300千瓦时	2463小时/年	3.5天（86小时）

民俗村码头充电桩

民俗村地埋变压器

民俗村咖啡屋示范点

民俗村直流屋博物馆

绿色智能微电网示范工程示意图

三、技术方案

淀中翡翠（王家寨）绿色智能微电网示范工程根据王家寨区域资源情况，电源侧建设以光伏发电为主、风电为辅的供电系统，预留生物质发电接入条件；电网侧建设智慧精品台区、地埋变压器、一二次深度融合开关、低压直流微网和电网侧储能；负荷侧创新开展低压柔性负荷控制，实现电动车、电动船、空气源热泵电采暖等可控资源与网源智能互动。

本项目通过风、光、储多能互补以及热泵负荷群调群控，建设以风光生物质为代表的能源供给系统，应用柔性控制、多微网群调群控等信息支撑手段，实现能源供应清洁化、能源消费电气化、控制运维智能化、客户服务精益化，满足“电代煤”后负荷需求。项目的具体建设内容如下表所示。

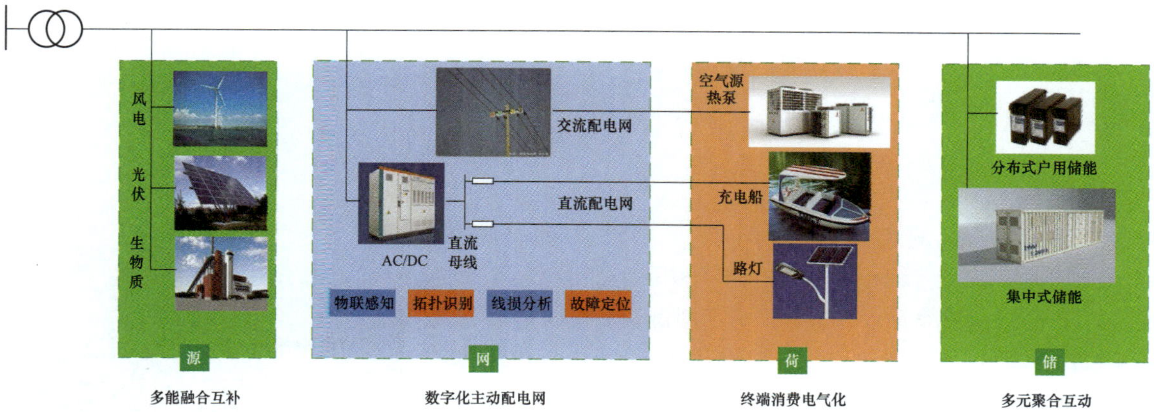

源网荷储架构图

绿色智能微电网具体建设内容

名称	数量	单位	安装位置	备注
民俗村智能微电网	1	套	民俗村	250kW 光伏、2×1kW 风机、700kWh 台区集中式储能、6 套户用光储系统、2 个快速充电桩
学校智能微电网	1	套	学校	140kW 光伏、1kW 风机、1000kWh 台区集中式储能
码头广场智能微电网	1	套	码头	530kW 光伏、2×1kW 风机、1600kWh 台区集中式储能、电网侧建设直流配电网，10 个直流照明灯、2 个充电桩等直流负荷用电和 1 组电动车充电棚
配电网建设	1	套		改造配电变压器 12 台，配电变压器容量达 6300kVA；进村 2km 长度的 10kV 线路改造；村内新建改造 10kV 线路 1.2km，新建改造低压线 11.6km
智慧精品台区	2	套		
地埋变压器	2	台		

四、商业模式和项目收益

本项目采用 EPC 总包模式，国网雄安新区供电公司为项目业主方，雄安许继电科综合能源技术有限公司为项目工程总承包商。

本项目应用柔性控制、多微网群调群控等信息支撑手段，为业主解决高渗透率分布式电源接入配电网后引起的随机、间歇、波动、难以控制等问题，实现能源供应清洁化、能源消费电气化、控制运维智能化、客户服务精益化，满足“电代煤”后负荷需求。

五、项目亮点和经验总结

（1）实现能源供应清洁化：主动规划统筹岛屿风、光、生物质等绿色资源布局，基于水乡特色供电需求，优化区域能源供给模式，灵活建设集中式储能和户用分布式储能，提高可再生资源利用率。民俗村、学校、码头广场新能源发电量占区域用电量 12.8%、38.1%和 34.7%。

（2）实现能源消费电气化：结合旅游观光特色，在码头水岸、学校、民俗村等景区或地点建设电动船等交直流充电设施、直流路灯等清洁用能元素，推广空气源热泵取暖，打造绿色用能典范。电能占终端能源消费比重最终提升至 100%，打造全绿电示范村。

（3）实现控制运维智能化：实时监视电网运行信息，主动控制网络拓扑、电力设备和源荷侧资源。基于微电网控制服务系统，提供一键恢复供电、电压自治、并离网保护自适应等功能，实现终端智能化率 100%，户均年均停电时间减少 45%，为用户提供可靠电力服务。

（4）实现客户服务精益化：应用智慧精品台区、无人机巡检等技术，实现设备缺陷管理、故障告警、电压监测，为用户提供主动运维等服务。应用无感服务技术，实现一键通电、随时结算、足不出户缴费等优质服务。

公司介绍

雄安许继电科综合能源技术有限公司是许继集团和中国电力科学研究院联合成立的国网子公司，致力于综合能源服务的技术研究与产品研制，可提供分布式能源、微电网、交直流配电网、智慧能源综合体、用户侧能效等解决方案。

山东省禹城分布式地热能清洁供暖项目

浙江正泰聚能科技有限公司
张　帆　孙群梁　过继伟

一、案例简介

地热能是一种已被公认的清洁低碳、分布广泛、资源丰富、安全优质的可再生能源，具有供能持续稳定、高效循环利用、可再生、运行费用低、结构简单、环保节能等特点，在未来清洁能源发展中将占据重要地位，有望成为能源结构转型的新方向。2019 年 8 月 27 日，为鼓励地热利用，山东省能源局发布了《关于启动首批山东省绿色能源示范村镇申报工作的通知》，明确了“首批绿色能源示范村镇的主导产业将以生物质能、地热能和太阳能+多能互补为重点领域”。

山东省禹城分布式地热清洁供暖项目共建有 13 座分布式地热能能源站，覆盖 19 个社区+1 个学校，供暖面积总计约 150 万 m^2；其中地热井 26 口，地热井承担供热负荷占比约 62%，热泵主机供热负荷占比约 38%，相比空气源热泵供暖，节能率达 68%。

图正泰 CPOWER 能源站

二、技术方案

（1）最经济系统方案设计：综合考虑投资与运行成本分析，基于本项目所在地丰富的地热能资源，单井井深约 1500m，出水温度为 53°C，出水量为 75m^3/h。项目供热系统分为两部分：中深层地热+热泵系统。社区末端采用地板辐射采暖，供回水设计参数采用 45/35℃；回灌水温 18℃，地热能量提取率达到 66%。典型能源站配置：地热负荷占比 62%，热泵主机负荷占比 38%。

经济运行模块

（2）采用集中式监控系统：监控系统通过采集压力、水温、流量、室温等参数，进行储存、显示、运算；当采集的参数值偏离预定范围时显示报警并操作调节；整个地热能耦合热泵供热系统，可以通过一套软、硬件控制系统实现完全自动控制，也可用自动监测与人工操作相结合的方式。

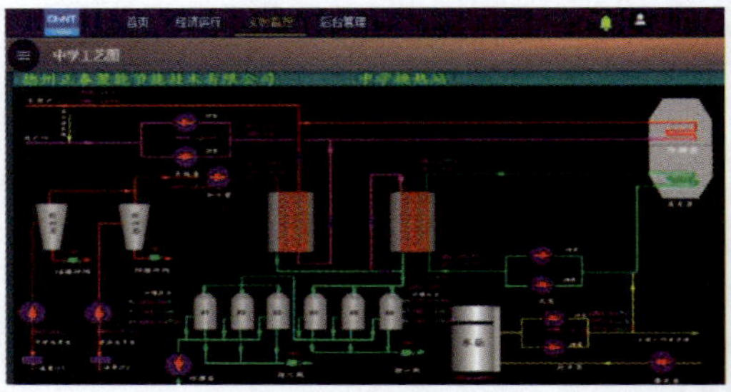

中学站系统流程图

（3）地热能利用高效能源站：基于山东省禹城 13 个分布式清洁地热能源站的规划、设计、建设、运维实践，海量的运行数据，以及对能源站机电与控制设备的深刻理解，浙江正泰聚能科技有限公司在 2020 年底开始研发，采用“CPOWER 模块化地热聚能站”技术解决方案，将能源站建站周期从 2 个月缩短到 5 天（安装调试）；将除成井系统和管网系统之外的所有设备统一集成；集云平台、物联网、工业自动化、大数据、AI 智能等创新尖端技术于一体，一站交付，即装即控；针对 5 万～20 万 m^2 不同规模社区，可灵活组合。

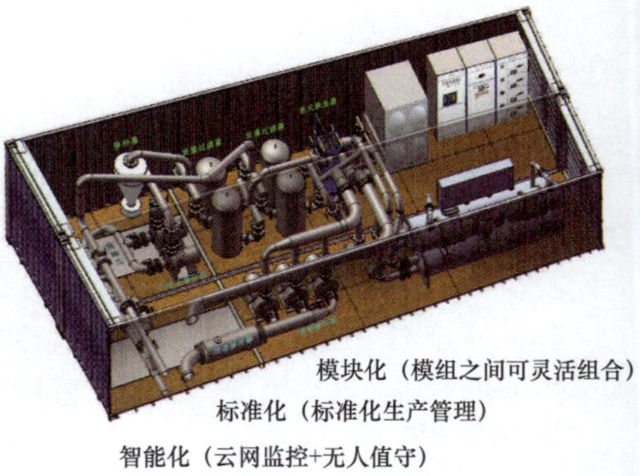

地热能利用高效能源站

三、商业模式和项目收益

本项目采用 BOT 模式，在特许经营权限（25 年）内，企业自主建设、运营、维护、收益，经营期满后无偿移交。采用物联网、大数据、云计算、AI 等先进技术，实现能源站可自动响应周边环境与需求的变化，动态调整系统能力，实现站点无人值守、高效运行，保障用户体验的同时，节约能源与用工成本。项目可节约标准煤 15 415t/年，减少二氧化碳排放量41 158t/年，助力实现碳达峰、碳中和目标。

四、项目亮点和经验总结

项目采用中深层水热型地热+水源热泵相结合供热技术，能源站采用地热梯级利用的方式为社区用户供热，基于经济模型下的地热井直供加热泵余热利用，实现了地热资源的最大经济性利用，同时当地热井出水温度、水量不足时，热泵系统作为备用热源，保障了小区供暖长效稳定，另外通过同层回灌的对井，同层回灌率达到80%以上，实现了地热资源可持续开发。

公司介绍

浙江正泰聚能科技有限公司（简称正泰聚能）位于杭州市滨江区正泰新能源科技园，注册资金1亿元，是正泰集团旗下专注于区域能源、分布式清洁供能领域投资、建设、运营服务的专业平台。得益于正泰集团在新能源、电力设备、储能、自动化、大数据等领域的长期深耕及创新智慧，正泰聚能立足区域能源，坚持因地制宜，深耕能源物联，聚焦智慧供能，优选多能互补，打造碧水蓝天，为广大居民和工商业主提供高品质的冷、热、电、热水及蒸汽等服务，在经济效益、绿色能效、碳减排三方面实现三赢。

韶关乳源必背镇 10kV 大村支线智能水电微网项目

广东云舜综合能源科技有限公司
陈志峰　李　岩　朱国港

一、案例简介

广东省水电资源丰富，但现阶段大部分山区的小水电站无法达到现代化电网要求。为探索行之有效的现代电网建设模式，提升水电网智能化、高效化水平，需要对小水电站进行改造。根据水电站背景及行业同类产品的特点现状分析，有并网和离网两种运行模式等功能的水电智能化控制设备，可在小水电站中投入运行。

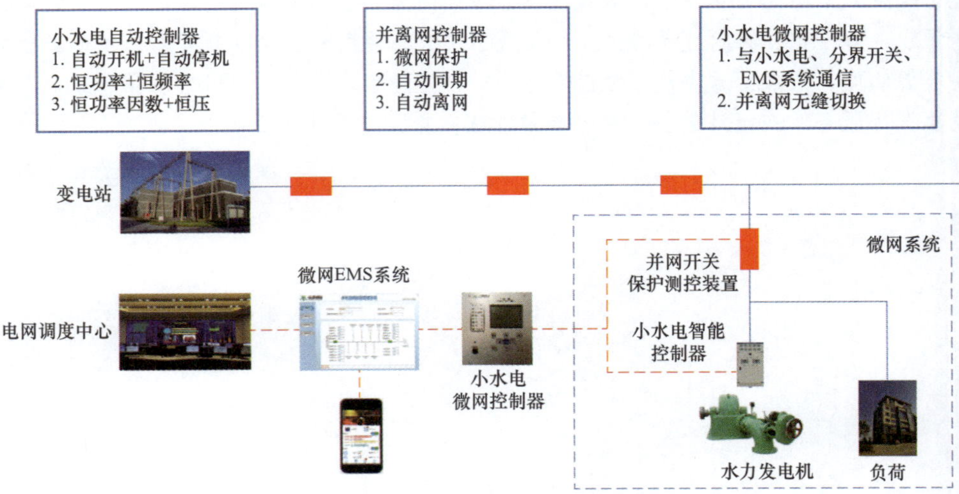

智能水电微网系统解决方案

韶关乳源必背镇大村支线水电站大多都是旧式设备，采用手动人工操作，发电无法使用智能化模式，而且通往水电站的路况较为复杂，运输更换设备或者人员到现场调试维修时十分不便。遇到故障时，运维成本大，花费时间长。

二、技术方案

通过小水电智能控制平台、水电微网控制器、并网开关保护测控装置和小水电微网云平台系统，利用基于自趋优控制的自动并离网控制技术和分散型小水电微网协调控制技术，解决山区电网供电可靠性较低等问题。

1. 水电智能化控制设备

水电智能化控制设备是广东云舜综合能源科技有限公司（以下简称云舜科技）紧跟减排节能、清洁能源发展需求，落实小水电持续健康发展，提高小水电运行效率及保障供电可靠性而研制的新一代水电智能控制器。

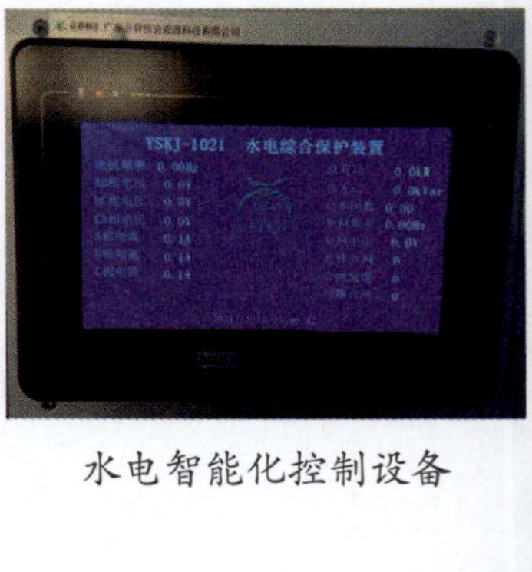
水电智能化控制设备

水电智能化控制设备具有如下特点：① 自动启停机；② 智能解列；③ 具备机组保护功能；④ 自动调压；⑤ 自动调频；⑥ 具备通信功能，可实现三遥功能；⑦ 具备识别、记录和查询功能；⑧ 具备与新能源微网控制器组合协调控制，组成区域微电网解决方案功能。可适用于单机容量 1000kVA 及以下，机端电压 400V 的水电发电机组的保护、控制、监视等一体化管理。

2. 水电智能控制终端

水电智能控制终端是一款专用小型水力发电机的保护和控制装置。

（1）水电智能控制终端具有如下特点：结构紧凑，操作简便，并具有防潮、防尘、抗震等；采用铝合金结构，抗干扰性能好，外形美观；各个部件采用前插拔设计，方便更换维护。选用 32 位高速单片机作为主控芯片，12 位 AD 精确采样，计算速度快；频率保护和电压保护功能的定值可通过全中文液晶进行无级整定，直观明了，动作可靠。

水电智能化综合控制屏

水电智能控制终端 YSKJ－1031

水电智能控制终端 YSKJ－1031 参数表

序号	项目	规定值
1	线电压输入值	30.0～600.0V
2	频率检测范围	45.0～55.0 Hz
3	线电压误差	2.5%
4	频率误差	0.1Hz
5	工作电源	AC220V，±20%
6	跳闸节点容量	干接点，16A@AC220V
7	整机功耗	＜10W

（2）水电智能控制终端可实现系统的电压保护和频率保护。

1） 电压保护。装置收集水力发电机的运行数据进行分析，若判断出有故障并达到整定延时，保护动作跳闸。

2） 频率保护。如果高于高频定值或者低于低频定值并达到整定延时，保护动作跳闸。

现场安装图

三、商业模式和项目收益

1. 商业模式

本项目由广东云舜综合能源科技有限公司自建示范。

2. 项目收益

（1）节省大量电网投资，提高了偏远山区供电可靠性，解决了小水电无序发电的问题。

（2）提升了含小水电的山区电网的电能质量。

（3）提升了小水电机组自动化水平。

四、项目亮点和经验总结

该方案可节省大量电网投资，提高偏远山区供电可靠性，解决小水电无序发电的问题；已形成经济、可靠的微网建设模式，在南方电网智能示范区得到推广应用。目前已应用于翁源、始兴、乳源等小水电用户地区，通过对电站机组进行智能化改造，实现了自动化启停机、并离网发电，达到了少人/无人值守的目的。同时具备与新能源微网控制器组合协调控制，组成区域微电网解决方案功能。

公司介绍

广东云舜综合能源科技有限公司由韶关高新技术产业开发区管理委员会、韶关供电局、白云电气集团合资并于 2018 年成立。公司秉承“技术为魂、客户至上”的企业价值观，致力于成为国内领先的综合能源服务解决方案提供商，提升用户用能效率，降低用户用能成本，提高供电可靠性，助力经济绿色发展。

公司拥有一支专业扎实、团结进取、朝气蓬勃的团队，团队组建来自韶关供电局、白云电气集团核心专业骨干，设有智能配电网研究团队、电力软件开发团队和智慧能源管理团队。根据公司发展需要，于 2020 年设立广州分公司，组建大湾区研发团队和营销团队，依托珠三角资源，开拓大湾区市场，为大湾区客户提供便捷、高效、高质量的服务。

福建智慧海岛综合能源建设示范项目

国网福建综合能源服务有限公司
郭建鹏　姜远峰　陈　明

一、背景需求

湄洲岛是福建莆田市秀屿区湄洲镇辖岛，是莆田市第二大岛，湄洲湾北岸拥有轮渡码头、3000t 对台客运码头一类口岸等对外交通设施，以及通达全岛各地的公路网。1998 年湄洲岛被辟为福建省对外开放旅游经济区，1992 年设立国家旅游度假区，2012 年被列入国家 AAAA 级风景名胜区。

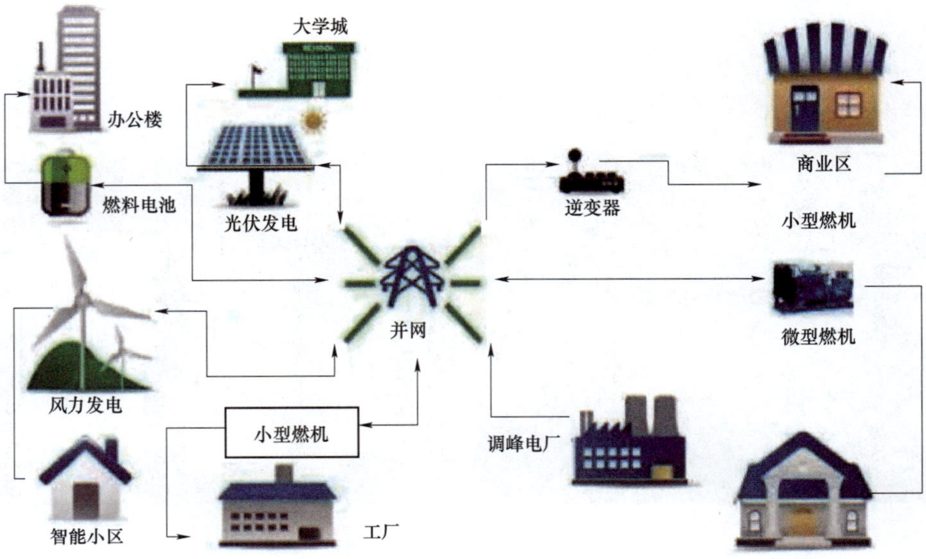

湄洲岛能源系统架构图

二、案例介绍

1. 湄洲岛某大酒店全电厨房和分布式光伏项目

湄洲岛某大酒店综合能源服务项目，采用“能源托管＋EMC”的运作模式。

（1）全电厨房能源托管项目，由国网福建综合能源服务有限公司出资，湄洲岛某大酒店只需每年支付固定的能源托管费用，锁定用能成本，减少客户前期资金支出。合同期满后，投资更换的全电厨房设备全部移交给酒店，资产归酒店所有。

（2）分布式光伏 EMC 项目，由国网福建综合能源服务有限公司出资建设，采用“自发自用，余电上网”方式，客户只需提供光伏建设场地，就可获得光伏发电优惠电价。

2. 湄洲岛 2MWh 集中式储能系统维护

湄洲岛 2MWh 集中式储能系统由国网福建综合能源服务有限公司开展维护工作。储能电站可提高湄洲岛供电末端供电能力，发挥应急供电保障作用，参与湄洲岛区域综合能源系统的运行管理和调度控制，通过需求侧响应、电网削峰填谷等手段，进一步提高海岛综合能源利用效率，最大化利用清洁能源，真正实现“源网荷储”协调互动。

三、技术方案

（1）全电厨房。湄洲岛海景大酒店全电厨房改造：用能形式由燃气改为电力，用一套电厨房设备替代原有厨房燃气灶具。

（2）分布式光伏、垂直轴风机。湄洲岛海景大酒店分布式光伏项目包含停车场光伏改造和游泳池遮阳棚光伏改造，在岛上高供电可靠性实验基地建设垂直轴风机，双方按“合同能源管理”模式进行效益分享。

（3）储能项目。现有集中式储能电站接入湄洲岛配电网，储能电站紧邻湄洲岛海底电缆进岛开关站，与海底电缆一起为全岛供电。

（4）多能互动系统。建立符合海岛特征的多能互动控制系统，构建以电能为核心的综合能源服务体系，开展光伏、风电、储能、充电站等设备的集中控制，实现清洁能源的有效利用，推动需求侧智能响应，提升与电网友好互动水平。

湄洲岛多能互动平台

四、项目亮点和经验总结

（1）通过集中式储备、分布式储能、光伏、风电建设，实现光、储、充一体化，打造多能互补系统示范区，实现并网型海岛多种能源优化使用，提升能源供给的可靠性并使资源利用效率最高。有效提升了湄洲岛清洁能源占比，电能占终端能源比重，加快绿色生态岛屿建设，推进福建省综合能源服务体系建设。在新兴业务商业合作模式方面，采用“能源托管+EMC”合作模式，减缓客户前期投资压力，降低客户用能费用。

（2）创建海岛类客户典型综合能源服务模式，以能源规划设计和多能互补协调优化系统为切入点，实现对岛上整体能源的管理，提高园区整体资源利用效率。

公司介绍

国网福建综合能源服务有限公司为国家电网公司全资三级子公司，注册资金20100万元。经营范围包括：综合能源服务；新能源、分布式能源项目投资、建设和运营服务；供水供热供气的项目投资、建设和运营服务；能源设备、设施维护服务；电力技术服务；合同能源管理服务；应用软件服务；工业节能服务；电力节能服务；建筑工程承包及工程服务；节能产品、电力产品的研发、销售、代购代销；售电；配电网投资、建设及运营。

古汉山矿矿井水余热利用项目

河南省昌通新能源有限公司
王常委　鄢黎明

一、案例简介

1. 背景需求

能源短缺和环境污染已成为全球性的两大危机，严重威胁着人类的生存和发展。各国政府均从影响国家长治久安的战略高度积极寻求策略。随着社会经济的发展和城市化进程的加快，以及我国建筑能耗的总量逐年上升，节能、环保问题开始广受关注。

古汉山矿区原采用燃煤锅炉供暖，后又改为燃气锅炉，但燃气供暖费用较高，且连年遭遇气荒，供暖效果得不到保障，另外，古汉山矿区存在大量余热废热可以利用。古汉山矿现有 18℃左右的矿井水可供利用，采用矿井水余热利用技术非常适宜，节能潜力巨大。

2. 基本信息

焦作煤业集团是河南能源化工集团主要成员企业之一，至今已经具有 112 年的开采历史。矿区地处河南省西北部，横跨洛阳、济源、焦作、新乡四个地市，是我国六大无烟煤生产基地之一，也是全国最早运用现代技术开采的四大煤矿之一。

焦作煤业集团古汉山矿供冷供暖建筑有办公楼、宿舍楼、浴室、行政福利及民用建筑等，初步估算建筑面积约为 50 355m²。目前采用热源为 1 台 10t 燃气蒸汽锅炉，主要负责烧制蒸汽给整个矿区供暖。矿区矿井排水为约 1100m³/h，排水温度约 18℃，矿井水经水处理后通过缓冲清水池外排。

3. 建设内容

矿井水余热利用项目由河南省昌通新能源有限公司负责施工，投资 926.03 万元，于 2017 年 12 月开始施工，6 月 20 日竣工，验收合格后于 7 月中旬投入运行。实现了包括机关办公楼、区队办公楼、调度楼、老调度办公楼、选煤厂办公楼、化验楼、供应科办公楼、机电队楼、宿舍楼等建筑面积 5 万多平方米的采暖供冷功能，满足了古汉山矿主要建筑的全年室内温度舒适性需求。

主机房系统投入三台制冷量 1236kW、制热量 1269kW 的水源热泵主机系统，2×1000kVA 高低压配电系统一套，高效风盘末端 1040 套，以及循环水泵、板式换热器等主要设备，通过主干线管网送达南北两个建筑区域，达到了分区供应冷暖水源，两个区域分开调整、分开管理的理想效果。

二、技术方案

1. 建设内容

取水水源：矿井中央泵房排水，涌水量约 1200m³/h。

取水水池：利用矿区现有水处理水池作为热泵系统低温热源，可确保热泵主机系统全天都能稳定运行；而且处理后的污水水质较好，完全可作为水源热泵主机热源水直接进入机组。

管网布置：原有锅炉房至澡堂采用 DN150mm 蒸汽管路，该管路不足以提供改造后的热泵系统，需另敷设一趟 DN200mm 至热泵机房之间的系统供水管路。现有锅炉房取水管路也不够大，需另敷设一趟取水 DN200mm 管路，因此，需敷设两趟矿区水处理池至机房的矿井水 DN200mm 管路。

主机房现场图片

办公、生活供暖管路从取水池至现有 6t 锅炉房铺设两趟 DN200mm 管路，从机房至各供暖区域铺设两趟 DN200mm 管路，然后再铺设分支管路。

热泵机房：根据现有矿井水源、取水水源及用水地点位置，以及拟利用的变压器等用电装置等因素，热泵机房利用原 6t、10t 锅炉房位置，并按照机房安装要求进行扩建和装修。

供暖末端：矿井冬季原有供暖方式采用锅炉蒸汽供暖，末端形式为暖气片。因此需要对各地点所有供暖末端进行改造，安装 1040 台风机盘管。

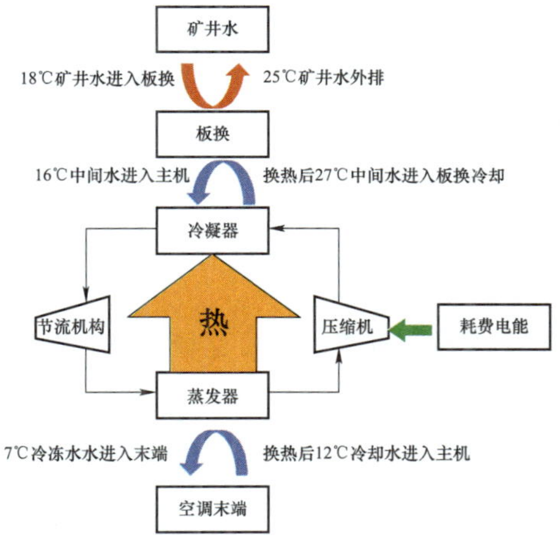

夏季系统工作原理图

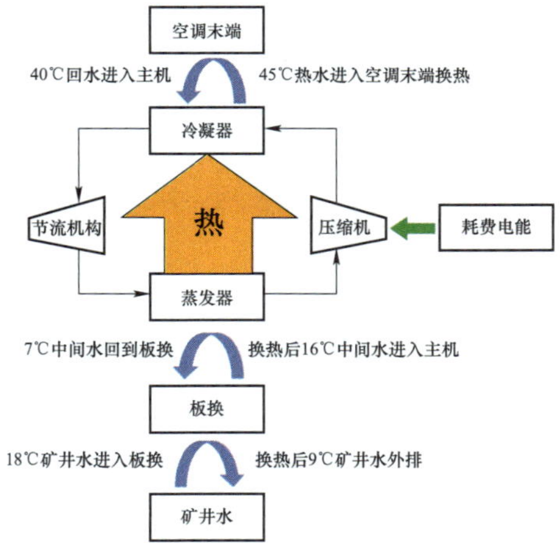

冬季系统工作原理图

2. 总体技术路线

针对古汉山矿矿井排水的资源条件以及矿区的综合用热（冷）负荷，进行系统方案设计、研究及可行性论证。通过矿井水余热利用技术结合自动控制技术，变废为宝，实现节能、高效、环保的能源系统。

（1）热量提取及换热工艺，矿井余热至末端。该部分核心技术环节，主要功能依靠水源热泵机组实现。

（2）满液螺杆式水源热泵机组运行，先进的二维排气过热度电子膨胀阀和无极调节能量控制技术，可在制冷时获取几乎免费的热水。

（3）智能自清式反洗水过滤清理装置的应用与推广。

（4）涡旋式水源热泵与螺杆式水源热泵系统运行的兼容与互补。

3. 实现功能说明

本项目通过矿井水余热利用技术、智慧能源控制技术，充分利用矿井废水余热，实现了变废为宝，同时机房采用智慧能源控制技术，实现了机房内设备的自控控制、高效匹配运行，最终打造成一个高效、环保、绿色、节能、智能化的能源管理系统。

三、商业模式和项目收益

本项目采用的商业模式为客户采购，甲方按节点支付工程款，河南省昌通新能源有限公司负责设计、施工、采购及售后服务等工作。收益方面，与锅炉（电、燃料）和空气源热泵的供热系统相比，水源热泵具有明显的优势：锅炉供热时只能将 90%～98%的电能或 60%～90%的燃料内能转化为热量，供用户使用，而水源热泵要比电锅炉加热节省 2/3 以上的电能，比燃料锅炉节省 1/2 以上的能量。

古汉山矿正是具备了热源稳定性和高热效的优势。但是由于矿区燃煤锅炉本身不能体现出节能环保性，每年排放出大量的二氧化硫、二氧化碳等污染物，加之供热管网使用年限较长，能量损耗势必带来高昂的运行费用，因此，无论从社会效益还是经济效益方面考虑，采用矿井水余热利用技术不失为节能技改的最有效措施。与原有燃气锅炉相比，经测算每年可以为业主节约 350 万元运行费用。

四、项目亮点和经验总结

采用热泵技术把古汉山矿矿井排水的低品位废热转变为高品位热能，变废为宝，提供矿区办公及附属建筑的采暖、制冷，达到节能、减排的目的，符合我国环境保护与能源节约的政策。同时项目采用的智慧能源控制系统，保证了整个系统的高效、智能。

该项目开创了供暖制冷（空调）一个新的技术途径，系统可靠，运行费用低，维护简单，非常适合矿区及矿区周边可以辐射到的建筑，可以提供冷暖及生活热水供应。

公司介绍

河南省昌通新能源有限公司以地源热泵系统集成为核心，通过蓄能技术、变频技术、智能控制技术等各项能源技术的综合应用，致力于清洁能源综合管理、绿色智慧能源站的规划设计、投资建设和运营管理，以及老旧社区集中供暖改造等三大业务。

智慧工地数字化安全管控系统

浙江华云信息科技有限公司
袁　琪　滕建军　董文艺

一、背景需求

电网基建数字化是传统电网向能源互联网转型升级的重要途径，是“新基建”的重要内容，目前基建数字化进程相对滞后，已建信息化系统存在功能断层重复、数据割裂分散、智能化水平不高等弊端，赋能电网基建、促进提质增效作用尚不明显。基于此，国网浙江省电力有限公司以智慧物联体系为抓手，通过视频接入、移动应用、物联感知设备等手段，为解决诸如人员管理难、安全管理难、环保绿色施工难等难题提供创新有效可行的路径，提高管理效能。

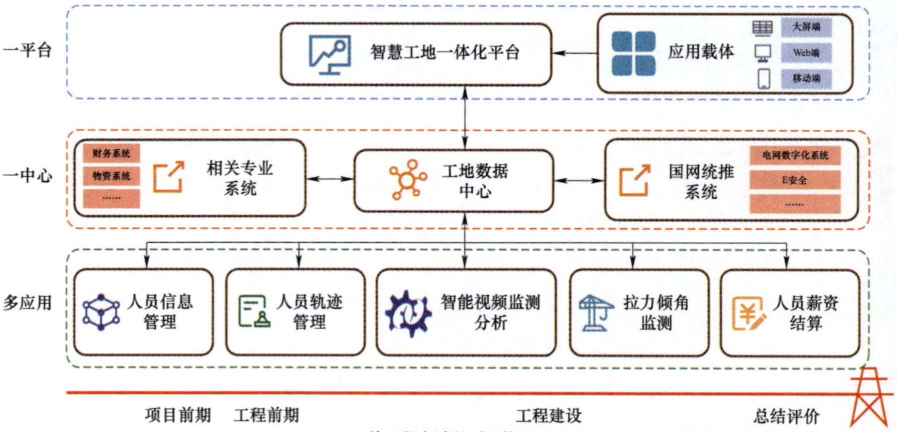

智慧工地数字化安全管控系统框架图

二、案例简介

之前，国网浙江省电力有限公司电力基建工程管理主要采用传统信息化手段进行管理，对工程开完工计划、人员信息、进度计划、作业风险等信息采用台账式、手动采集录入维护，对现场业务数据难以做到客观事实的管控。

围绕“四个管住”（管住计划、管住队伍、管住人员、管住现场）要求，落地“一中心、一平台、多应用”数字化安全管控模式，探索安全管控智能终端研发应用，建成实体化安全管控中心，上线安全生产风险管控平台，让科技赋能“管住现场每一个风险”。

一中心：构建统一便捷的物联管理中心，以智能物联为核心，打造全息感知、广泛物联、快速接入、开放共享的国网浙江电力建设领域的物联网接入平台。

一平台：改变传统稽查模式，搭建安全作业远程稽查管控平台，采用“视频+风险作业”的方式，远程掌握风险作业状态，并通过风险作业信息与现场监控视频的联动，实现监控人员对于风险作业的精准管控。

多应用：平台研发基于微应用、微服务技术架构，基于系统完善的物联终端管理能力，快速实现终端设备一次接入，快速应用。满足现场各种标准设备接入，对作业进行事中抓管控、事后做分析，以场景模型为核心、可信数据为基础，建设电网现场作业的风险感知能力，实现电网作业安全风险管控变革实践。

三、技术方案

智慧工地数字化安全管控系统主要分为“一平台、一中心、多应用”三部分进行建设，智慧工地数字化安全管控系统以工地数据中心为核心，一方面获取相关专业系统业务数据，一方面与国家电网公司系统保持数据交互，串联起多方数据，减轻一线业务人员的操作量，同时在工地数据中心的基础上开发人员信息管理、人员轨迹管理、智能视频监测分析等多项应用，提高现场管控效率。

项目建设涉及物联网控制、边缘计算等技术，可以根据不同的系统部署需求，支持现场层级本地化单独部署，独立运行，支持单一工程的智慧工地现场管理需求。也可根据公司层级用户管理需求，开展公司层级及现场级两级部署，同时满足公司管理层项目集群式远程监管及现场智慧工地管理应用需求。

四、商业模式

本项目采用 EPC 总承包模式，国网浙江省电力有限公司建设分公司为项目业主方，浙江华云信息科技有限公司为项目总承包商。

五、项目收益

（1）工地管理数字化转型重要手段。通过智慧工地系统实施应用，可以将施工现场人、机、料、法、环等关键要素转变为可量化的数字，实现工地现场的信息化管理，支撑现场人员、材料、环境等对象的全方位管理，通过构建基建工程安全质量管控平台，实现风险管理、质量过程管控的可视化管控和预测分析，辅助管控人员远程监管，减轻现场管控工作强度，达到增效减负的效果。

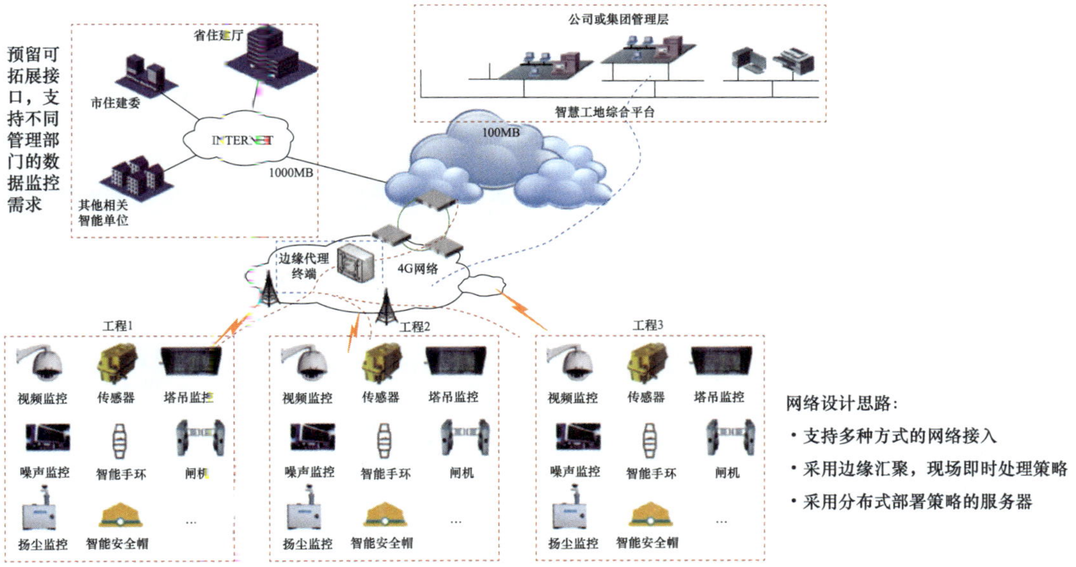

智慧工地数字化安全管控系统解决方案

（2）一张图数据汇总，多层级智能监控。实现工程人员、安全、质量、进度、环境等各类信息实时监控展示，支持不同管理层级数据定制化展示，满足工程现场级、公司管理级用户使用习惯和管理需求。通过部署开发项目安全管控中心，应用完善作业计划监督、作业安全风险管控、电网安全风险管控等模块，实时采集作业现场的监控视频、人员定位、违章告警等信息，初步实现了安全生产在线监管、风险处置及时有效、责任追溯有迹可循，提升现场安全管控力度。

监控指挥中心

六、项目亮点和经验总结

基于物联网及人工智能技术，实现工程现场管理与设备终端的互联互通，将信息人工录入转变为实时自动感知，提升工程现场管理的智能化，具备在电力基建行业中复制推广条件。

公司介绍

浙江华云信息科技有限公司主营业务涵盖电网企业发、输、变、配、用全环节以及电力行业和公共服务领域的信息通信、人财物管理、企业咨询管理等，是一家涵盖“云+网+端”全方位、一体化的解决方案提供商。

浙江华云信息科技有限公司智慧能源服务分公司是浙江华云信息科技有限公司下属一大业务实施机构，主营业务涉及综合能源、储能集成、检测、新能源信息化、电商平台、平台研发、平台运营等6个运营领域，是一家综合能源服务数字化解决方案的供应商。

深圳能源需求侧响应管理平台应用案例

远光能源互联网产业发展（横琴）有限公司
宋小松

一、背景需求

在“双碳”目标的指引下，随着电力市场化改革的快速推进，全国各地需求响应工作逐步进入“市场化”和“常态化”状态，这将推动电力需求侧采取更加科学合理、精细化的能源管理措施，一方面实现需求侧的节能减排和降本增效，另一方面最大限度贡献可调负荷资源，全面参与电力市场，与供应侧资源共同促进电力系统的供需平衡，与此同时，促进可再生能源的消纳和调节，服务“构建以新能源为主体的新型电力系统”战略目标。

深圳能源售电有限公司（以下简称“深圳能源”）是深圳能源集团股份有限公司的全资售电公司，也是广东省首批获准开展电力市场化交易的售电公司。2021 年 5 月，广东省印发的《广东省市场化需求响应 2021 年实施方案（试行）》为深圳能源作为负荷聚合商参与需求响应、获取补贴收益奠定了政策基础；在技术层面，深圳能源亟需一套高效的电力需求侧响应管理平台，充分调动代理用户主动参与电力需求响应业务，获取补贴收益、增加交易利润，规避交易风险，同时帮助用户提高设备设施的利用效率，降低用能成本，增加用户黏性。

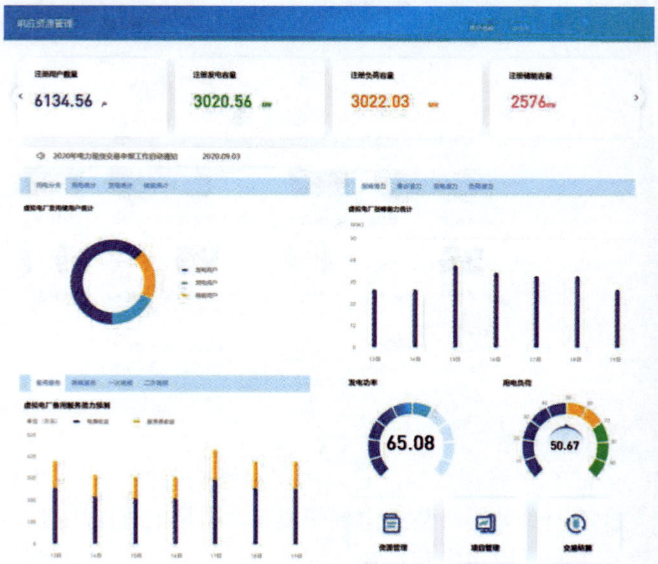

需求侧响应管理平台界面图

二、案例简介

远光能源互联网产业发展（横琴）有限公司的专家团队运用物联网、大数据和人工智能等新兴技术，经过 10 个月的研发，于 2021 年 6 月为深圳能源打造完成需求侧响应管理平台。平台包括资源管理、负荷管理、响应申请、响应邀约管理、响应监控、响应结算、响应效果分析等功能，满足负荷聚合商（售电公司）、电力用户等不同主体组织和参与需求侧响应活动的业务需求。平台支持需求响应全业务流程的辅助决策，构建了贯穿响应全过程的评价体系，确保需求侧响应活动及时、高效地开展，有效提升深圳能源的收益水平。

三、技术方案

1. 项目整体架构

需求侧响应管理平台采用微服务架构，基于开放的 JavaEE 体系，以 SpringBoot 为基础支撑框架，以领域模型为核心，支持 BPMN2.0 规范，融合物联网、大数据等技术，支持跨平台、移动设备及智能终端访问，支持物联数据的采集和处理，以 TOGAF 企业架构方法论为指导，构建先进的、灵活的 IT 架构。

2. 实现功能

（1）响应能力测算。平台对用户的耗能设备进行分类、分级管理，同时按照负荷预测模型，预测出用户在响应时段的负荷，根据用户基线负荷计算出用户的响应能力。

（2）邀约管理。平台根据需求响应项目要求，结合用户的响应能力和响应意愿发布响应邀约，在获取用户的确认授权后，自动反馈至需求响应中心以达成响应邀约。同时，平台可根据实时统计结果调节邀约范围，提高响应效率和准确性。

（3）响应监控。平台可实时监测用户在需求响应执行时段的总负荷，按照用户 – 计量点 – 设备的分级监测体系，对用户的响应过程进行监测，并分析每一级计量点的实时响应指标，提升响应能力。

（4）响应收益核算。平台针对不同场景下的需求响应计划，按照用户基线负荷计算方法，利用用户历史用电负荷信息计算需求响应基线负荷，结合需求响应过程中的用电负荷信息、响应持续时间等因素，核算出用户的需求响应收益。

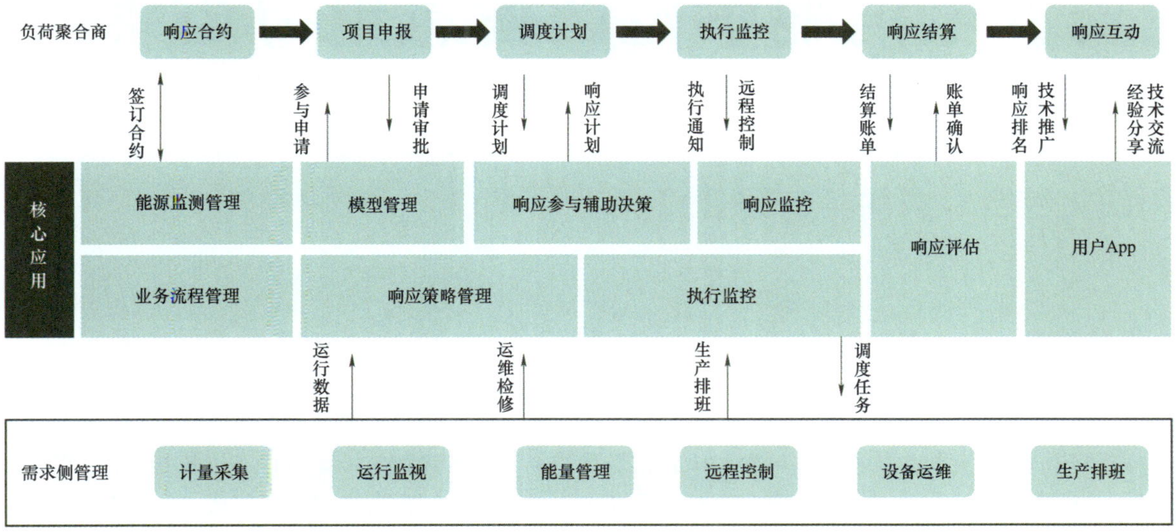

需求侧响应管理平台项目架构图

四、商业模式和项目收益

1. 商业模式

需求侧响应管理平台可辅助负荷聚合商（售电公司）打包负荷资源参与需求侧响应项目，拓展盈利空间，在此基础上，还能够基于用户的用电数据，对不同用电设备的精细化管理提供策略与建议，为用户提供智能化、个性化的用电与节电服务。

2. 项目收益

（1）在需求侧响应管理平台的辅助下，深圳能源全程参与广东电力交易中心在 2021 年 5 月 17～27 日开展的市场化需求响应交易，累计为客户增加收益超过 500 万元。

（2）引导用户进行能源管理，为电力交易提供负荷预测、偏差调节等服务，提高购售电效率、减少偏差考核，降低用能成本。

（3）为电力现货交易提供数据积累，为用户用能计划管理、日内负荷管理等交易必备服务提供支撑。

五、项目亮点和经验总结

（1）需求管理精细化。平台实现了负荷聚合商（售电公司）对代理用户的分类管理，通过大数据技术对用电侧每类设备的运行特征、生产工艺等进行分析，为能源优化、节能等提供数据支撑，对用能价格进行有效管理，进而根据用能价格调整生产生活方式，改变用能曲线，从而达到精细化管理的目标。

（2）响应互动及时性。平台辅助负荷聚合商（售电公司）与用户之间建立及时、高效的互动机制。负荷聚合商（售电公司）通过与用户的互动，及时掌握用户的用能需求、用能舒适度范围以及用户参与需求响应的意愿，在互动过程中，制定参与需求响应的策略和计划，并取得用户的确认授权，提高响应效率和准确性。

（3）响应监测系统化。平台支持负荷聚合商（售电公司）对确定参与需求响应的用户进行系统性的监测，建立用户 – 计量点 – 设备的系统性分层监测体系，实时掌握用户参与需求响应的效果和执行过程，确保整个需求响应过程的高效完成。

（4）响应策略智能化。平台按照不同的响应目标和业务场景，基于不同场景下数据信息的互联互通，形成智能化的响应策略，并能根据各个业务的变化对策略进行合理的调整，有效减少对生产生活的影响并扩大响应收益。

（5）响应结算实时化。在响应活动结束后，平台可实现实时的响应结算，让用户对响应效果一目了然，有效提升了用户满意度和参与需求响应的积极性。

公司介绍

远光能源互联网产业发展（横琴）有限公司，是远光软件股份有限公司专注于能源互联网行业发展的全资子公司。公司提供覆盖能源互联网产业链从能源供应端到能源消费端的产品和服务，重点打造围绕碳资产管理、电力市场化交易、综合能源服务等新型能源业务的数字化系统及解决方案。

雅安水电消纳示范区智慧电力运维云平台项目

国网四川综合能源服务有限公司
刘力玮

一、背景需求

2019 年四川省政府印发了《四川省水电消纳产业示范区建设实施方案》，在雅安市、乐山市、凉山州、阿坝州等地，充分利用水电断面内丰水期富余弃水，开展水电消纳示范区试点。对试点范围内新建工业企业和存量工业企业单独装表扩建产能的，经相关部门核定后，可参与电力市场化交易，并按照相应输配电价予以执行。该方案印发后，工业企业踊跃入驻试点地区，水电弃水得到充分消纳，重点产业持续发展的共赢格局逐渐形成。由于水电消纳优惠电价需通过电力市场化交易方式实现，水电消纳工业企业（以下简称“企业”）入市后需遵守四川省电力市场相关运行规则，这对企业的电量预测、偏差控制、交易结算能力提出了较高要求，让企业面临了较大的交易风险。

二、案例简介

为助力雅安水电消纳示范区建设，协助企业落实优惠电价政策，降低电力交易风险所造成的经济损失。国网四川综合能源服务有限公司引入了智慧电力运维云平台，通过运用互联网和大数据技术，24h 不间断实时采集企业电力运行参数，如电压、电流、频率、负荷、电能等，为企业预测生产电量、制定电力交易策略提供有效信息支撑。同时，还提供线上运维服务平台服务，实时集中监测用电情况、通过微信小程序、短信等渠道及时为用户发送运维巡检信息，线上线下联动，提高电力设备运维效率。

三、技术方案

1. 整体架构

智慧电力运维云平台通过在企业重点用电节点安装多功能电力仪表、安环监测传感器、视频摄像头等设备进行实时数据采集，数据经现场通信管理机处理后上传至云服务器进行分析、处理，并进行集中存储、管理。用户可通过微信小程序、电脑等终端设备实时访问数据、接收报警信息、进行运维管理。

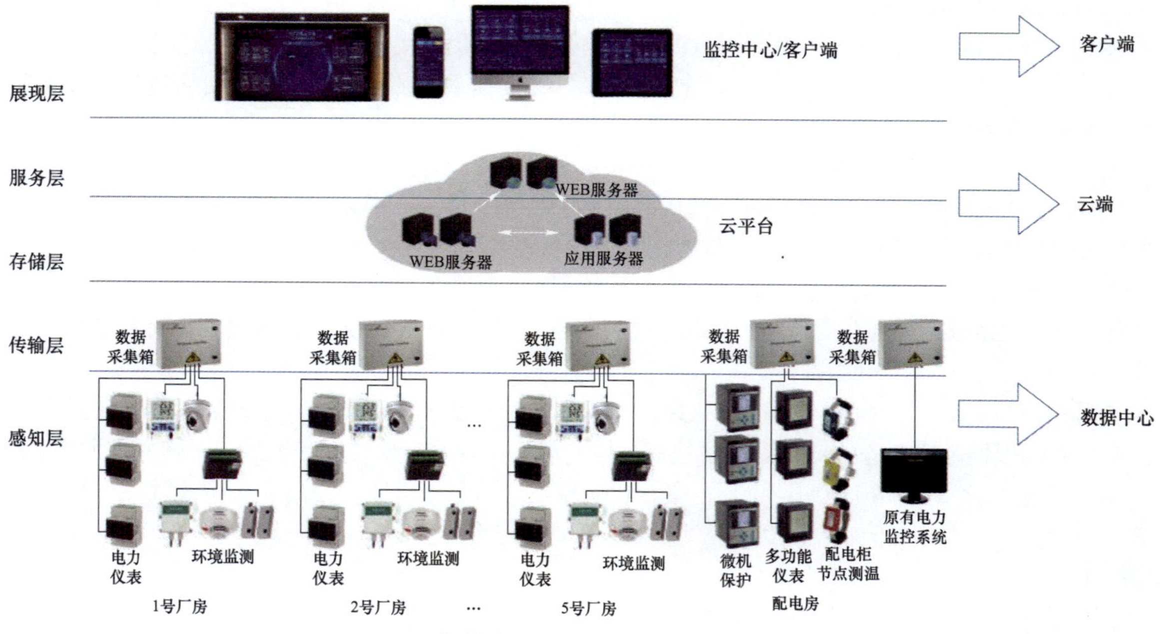

智慧电力运维云平台构架

2. 总体技术路线

智慧电力运维云平台通过现场设备层主动采集现场适时数据进行存储，通过云端将上传的数据进行汇总分析，通过客户端将详细的运营状态提供给企业负责人进行适时的查看。

3. 实现功能说明

一是电力监测，监测用电线路的电压、电流、功率、功率因素、谐波、三相不平衡度等电力参数，相关的电力参数均可以以曲线或者数据的形式导出，也可以生成电力参数的运行报表进行查看及导出，方便对数据进行管理。

二是用电分析，按照配电回路、区域等统计各个阶段（每时、每天、每月、每年）的用电数据并生成报表，对采集的数据进行同环比分析，极大的减少人员的工作量，提高了电量预测工作的准确性及工作效率。

三是运维管理，可以通过运维管理模块发布企业重点用电设施的巡检、消缺、抢修、抢单任务，并下发到责任人和执行人的手机上，执行人员在现场根据要求执行任务，这样形成闭环管理，提高运维效率及可追溯性。

四、商业模式和项目收益

1. 商业模式

智慧电力运维云平台，由国网四川综合能源服务有限公司投资，由企业免费使用，投资成本通过降低企业电力交易风险、提升售电业务盈利能力予以回收。同时，通过行业海量电力数据的获得、数据挖掘和分析，提升综合能源项目转化成功率，并为开发电力数据业务打下了技术基础。

2. 项目收益

企业通过免费使用智慧电力运维云平台，适时获得企业电量、负荷、设备运行状况信息，提升了企业生产稳定性、管理质量、电量预测精度，降低了电力交易偏差考核的风险，为企业提升盈利能力提供了技术支撑。

五、项目亮点和经验总结

在智慧电力运维云平台的协助下，截至 2021 年 6 月，国网四川综合能源服务有限公司累计为 64 家雅安水电消纳工业企业提供了电力交易代理服务，完成电量交易近 10 亿 kWh，实现了电力交易零偏差考核费用、零用户投诉的既定目标。在具有电力市场化交易的地区推广云平台，可有效地提升具有售电业务的综合能源公司各项精细化管控能力，改善盈利能力。

公司介绍

国网四川综合能源服务有限公司是国家电网有限公司在四川开展综合能源业务的窗口。公司重点以园区、工业企业、公共建筑等为对象，统筹运用售电、能源托管、新能源等多种技术，由市县供电公司为业务支撑，全面开展综合能源业务。

TrinaTracker SCADA 智能光伏一站式解决方案

天合云能源互联网技术（杭州）有限公司
荀　挺　周　培　雷胜华

一、背景需求

全球光伏行业迅猛发展，国内光伏发电产业在规模和技术上也取得巨大突破，尤其是地面大型并网光伏电站的建设发展，其设备类型多、数量大已成为国内光伏电站的主要特点。然而，光伏电站因设计缺陷、设备质量缺陷、施工不规范等质量问题或安全问题给光伏电站的运营、维护带来了严峻挑战，专业运维已成为光伏电站高效工作的前提和保障。结合传统运维理念和新运维要求，制定一套科学的、规范的、高效的运维管理体系，已成为一种时代趋势。

天合智能优配（TrinaPro）是天合光能针对大型电站开发的智能光伏一站式解决方案，覆盖不同地形、不同坡度、不同风速等复杂应用场景，系统集成高效组件、智能跟踪系统和可靠逆变器三大核心产品，创新性地为客户提供硬件系统设计、软件功能集成、一体化服务及智能运维服务。

有容乃大——平价时代大容量超高功率解决方案

二、案例简介

TrinaTracker SCADA 作为天合智能优配（TrinaPro）解决方案中的云平台和数字化运维中心，将硬件设备与软件系统实现智能互联，致力于提高光伏电站发电效率，降低度电成本。据统计，控制器失效在光伏跟踪支架系统的失效占比超过 70%，通过 TrinaTracker SCADA 系统实时监视控制器的运行状态，压缩控制器故障处理时限，可以减少因控制器失效而造成的光伏电站发电量损失。

（1）通过 TrinaTracker SCADA 系统对大规模跟踪支架阵列进行集中调控，可以将光伏组件倾角调整到预先设定好的角度，以应对大风、风雪、冰雹等极端天气，降低极端天气带来的损失。

（2）通过气象预测服务，管理员可在大雨天气来临前，通过 TrinaTracker SCADA 系统将跟踪支架调整到雨天自洁模式，自动清洗光伏面板，减少人工清洁成本，提升电站发电效率，为光伏电站带来更多的收益。

（3）将组串、逆变器端获取到的实时电压、电流信息作为输入信号，由人工智能算法结合实时发电情况，判断出在当前地形、天气条件下的跟踪支架最佳位置，并结合实时获取的跟踪支架实际角度，判断组件是否发生遮挡等异常情况，给出跟踪支架的明确动作建议或异常告警信息，提高光伏电站全生命周期发电量。

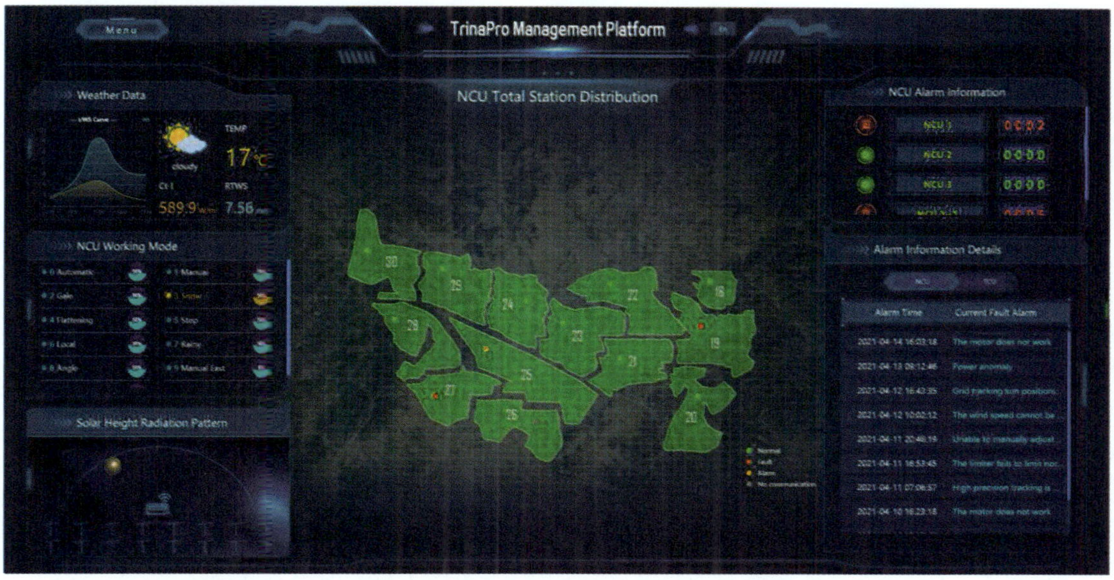

天合智能优配——TrinaTracker SCADA 集控大屏

三、应用场景

1. 数字化跟踪支架解决方案

对现有的跟踪支架部分进行智能化改造，使传统的跟踪支架不仅仅是提高光伏组件发电量的动力装置，而是一个集智能跟踪、远程控制、数据采集、在线分析、智能运维等为一体的智能跟踪解决方案。

2. 集中智能运维

借助数字化技术提供面向全球的、一体化的、全流程的自动化管理和运维手段，提升跟踪支架运维效率，降低运维成本，使全球化海量跟踪支架集中智能运维成为可能，充分发挥规模运营效应。打造“智能、高效、安全、可靠”的集中智能运维跟踪支架解决方案，最终实现电站持有和运营客户的价值最大化。

四、项目亮点

（1）基于数字化运维管理系统以及云平台的智慧互联，深度挖掘、分析和处理庞杂的运维数据，优化运行模式，保障系统平稳高效。

（2）实时采集核心部件运行数据，对核心部件进行远程监控，支持专家经验推断和智能分析，当设备发生异常时自动报警，节省 30%的排查时间，帮助企业降本增效。

（3）通过更加人性化的 UI 交互设计、算法分析模型、海量跟踪支架运行数据积累，集成跟踪支架智能运维算法，做到监控模块化管理，定义跟踪支架方阵健康度，实时对标所有方阵，精准优化低效方阵，提高 50%运维效率。

公司介绍

2018 年天合光能率先发布天合能源物联网“TrinaIoT”品牌，以帮助企业实现数字化运营与管理效率提升为使命。依托天合光能雄厚的新能源行业背景，应用物联网传感技术和互联网大数据技术，以自主开发的 PaaS 平台和丰富的 SaaS 应用进行模块化的灵活组合，为不同领域客户提供综合能源管理系统及能源+物联网解决方案，致力于成为一流的智慧物联网应用整体解决方案服务商。

用户配电·能效运维服务助力综合能源服务高效运营

广东鹰视能效科技有限公司
关志阳　黄泳桐　云永成

一、背景需求

随着国家“双碳”目标的提出，终端用户对于用电管理及能效优化的需求日益增加。与此同时，大量的综合能源服务商紧抓机遇，希望通过整体的、一站式的能源解决方案吸引用户，为用户提供整体能源管理服务、提高能源利用效率，但是往往因为项目的投资成本高、落地性弱、不能持续与用户保持黏性而严重影响了综合能源服务的高效运营，配电·能效运维服务恰恰弥补了综合能源服务中的缺失，助力综合能源服务商提升项目运营效率、加速发展。

二、案例简介

广东鹰视能效科技有限公司（以下简称鹰视能效）系统化作业驱动，在全国范围内对广泛用电户提供标准化、高质量的配电·能效运维服务，高频、持续的优质电力专业服务，有助于客户对服务商形成依赖，极大增强用户黏性，使综合能源服务项目运营更简单、高效。

1. 需求收集、引导

配电·能效运维服务能使服务商持续与用户保持良好沟通，用户用能需求能第一时间发现并收集；服务商可以结合用户需求进行合理引导，更好地启发用户对于综合能源服务项目的期待。

2. 前期调研、项目精确匹配

通过配电·能效运维服务获知用户的用电情况、生产情况、经营情况，综合能源服务商更精准、高效地匹配贴合用户实际需求的综合能源项目。

3. 需求侧管理，提升消纳

参考在线监测平台数据，结合用户实际、具体生产管理需要，协助用户进行电力需求侧管理，为用户提供负荷优化方案，提升消纳空间。

4. 掌握用户动态，降低经营风险

基于服务连接，有利于综合能源服务商动态掌握用户用电经营及用电动态，让运营风险更加可控；优质到位的服务连接，有利于客户与综合能源服务商建立合作互利的信心，有助于综合能源服务商降低项目资金回收难度。

三、技术方案和项目收益

1. 光伏调研，调整建造面积

佛山市爱庭电器分布式屋顶光伏项目，屋顶可利用面积 17 000m^2，采用斜坡式布置，初始设计装机容量 1.7MW，年发电量约 166 万 kWh。通过调用鹰视能效在线监测平台，该用电户连续多年的负荷数据，结合企业未来 2～3 年生产预期分析，发现企业综合平均消纳能力只有 59%，综合投资回报率预期为 11.32%，该项目预期净利润 1244.06 万元；综合能源服务商根据该企业实际用电情况，调整了光伏设计方案，装机容量变更为 1MW，调整后，项目综合平均消纳率上升 91%，为投资总额节省 280 万元，综合投资回报率上升为 12.87%，预期利润为 887.50 万元。

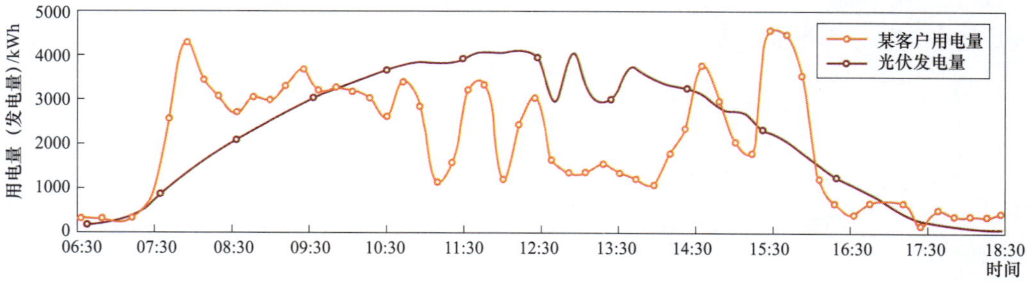

某客户某日用电量与光伏发电量对比折线图

2. 负荷管控，降低用电成本

中睿汇能分布式屋顶光伏项目，用电企业的光伏发电的消纳率只有 75%，鹰视能效通过对用电企业的总体负荷数据进行分析，通过对比企业用电量及光伏发电量曲线，发现光伏发电的消纳率还有提升的空间。经过对企业生产情况进行深入调研，协助用电企业对生产管理、重要负荷的启动时间进行微调，移峰填谷，调整后企业消纳率提升至 91%。

3. 设备运维，启发企业需求

广东海信公司，鹰视能效通过调用运维技术人员辅助企业对其中央空调、空压机等生产设备进行日常巡维、采集设备使用情况及用电数据，发现该企业原先使用一线品牌空压机，每小时用电 146.6kWh，建议企业对其空压机进行改造，导入综合能源项目。改造后换成永磁变频双级压缩机，每小时 102.3kWh，较之前每小时省 40kWh 以上，一年约节省：40kWh × 24h × 30 天 × 12 月 = 345 600kWh，整个项目投资 46.5 万元，每月节省电费 1.89 万元，企业投资回报周期约 24 个月。

四、项目亮点和经验总结

配电 • 能效运维服务与综合能源服务有机结合，配电 • 能效运维服务既使综合能源服务更丰富、更立体，也能让综合能源服务的受众群体增多。同时借助配电 • 能效运维服务，综合能源服务商与用户能长期保持良好沟通，更容易启发用户需求、更精准匹配综合能源服务项目、更好地服务于用户。

（1）更安全。从规范、技术、经验、机具、服务管控等各方面，以预防的角度，保障用户配电设备有更安全、平稳的使用状态。

（2）更省力。通过技术专业进行分工拆解，结合便捷的管理工具和必要的技术辅导，帮助用户简单高效完成部分的运维工作事务。

（3）更省成本。专业的技术管理方案，节省用户用电安全风险成本、配电设备二次建设成本、用电管理成本及生产用电成本。

（4）更省心。专业服务结果交付，节省用户管理精力，让用户专注经营管理。

公司介绍

广东鹰视能效科技有限公司成立于 2015 年，是一家创新型电力服务平台运营商，目前拥有 12 项高新技术产品、26 项计算机软件著作权、3 项实用新型专利。鹰视能效是政府推荐的“中国制造 2025”首批服务机构、国家工业领域电力需求侧管理服务机构、广东省“高新技术企业”、广东省工业互联网产业生态供给资源池企业（2018—2020）。

鹰视能效建立自有 IT 开发技术团队，自主研发“配电能效运维平台”系列运营支撑系统，结合专业的线下技术服务，为企业提供配用电设备安全运维管理、设备状态监测及异常告警、企业能耗监测和能效分析、设备抢修及年度维护、设备检测及安全评估服务等为一体的综合能源管理服务。服务范围已覆盖全国 16 个省份，接入客户点达 7800 个。客户群体包括政府机关单位、学校、酒店、各类工矿企业。

鹰视能效团队

企业能源管理，科技助力经济

广州东方电科自动化有限公司
王玉琴　李金坡　董维铮

一、案例简介

本项目以国家重点专项“工业园区多元用户互动的配用电系统关键技术研究与示范”项目为依托，并从广州从化明珠工业园吸取经验。通过企业智慧能源管理技术、有序生产技术以及空调节能技术等工商业企业智慧能量管控关键技术，旨在提高企业供能可靠性、降低用能成本，在橡胶、日化及电器生产相关行业的企业进行推广。

绿色低碳　共享生态文明

由于工商业企业类型多样，用能需求差异较大，要实现智慧能量管控关键成果的推广应用，需要解决以下几方面难点问题：一是结合不同类型工商业企业用户的生产和用能特点，实现企业能源节能增效的精确化管理；二是完善并扩展软硬件系统的功能，增加产品的适应性；三是进一步提升系统和产品的标准化、规范化，推动企业智慧能源管理服务的行业化推广。此外，在进行成果转化和推广应用的过程中，还需要优化系统整体设计和集成方案，降低总体制造和部署成本，增强产品经济效益。

二、技术方案

通过软硬件系统功能和集成配置方案进行优化，主要应用场景包括实现用户能源系统全景监控、需求预测、优化调度、能效分析等，实现用户空调制冷系统优化、节能控制等，实现用电设备群的柔性调节。应用效果包括降低企业的整体用能成本，为上级电网提供互动调节能力，实现真正意义上的智慧用能管理。各项成果具备应用条件的场景如下：

1. 企业智慧能源管理系统

适用场景：酒店、写字楼、商场、工业企业、高校。

功能诉求：全景监控、需求预测、优化调度、能效分析、报表管理。

预期成效：降低企业用能成本，提升企业供能可靠性，减少运维人力需求，提高综合能源利用效率，减少碳排放。

2. 空调整体节能控制装置

适用场景：酒店、写字楼、商场、工业企业、轨道交通。

预期成效：提高中央空调系统整体能效，降低用能成本，实现中央空调系统无人值守。

3. 大功率用电设备群有序生产控制装置

适用场景：轮胎制造企业、汽车加工企业、集群化大功率设备生产车间。

功能诉求：电压问题、谐波问题、负荷波动控制。

预期成效：实现大功率用电设备群有序控制，降低峰值负荷，减少谐波，增加设备寿命，提升电能质量。

三、项目收益

1. 科学价值

通过本项目的研究，将结合物联网、5G技术等前沿技术，实现企业智慧能源管理系统、空调整体节能控制装置和大功率用电设备群有序生产控制装置等软硬件系统在功能和集成方案的灵活性和适应性等方面的突破，是未来我国绿色、高效、可靠的新一代综合能源管理系统得以推广应用的关键技术，对未来我国能源领域技术发展具有重要的促进作用。

2. 社会效益

通过项目转化和应用技术的突破与示范应用，探索如何实现工商业企业能源的数字化、网络化和智能化，提升企业供能可靠性，降低用能成本，并与上级电网实现互动运行，从而显著提升综合能源利用效率，减少碳排放。

在电力体制改革和能源革命综合改革的大背景下，项目成果作为新模式创新应用，对未来多方合作共赢的全新模式进行有益探索。通过多参与主体的转化模式、推广模式和运营模式的研究和示范，有助于积累企业智慧能源管理技术相关的推广应用和运营经验，引领相关产业升级，具有重要的示范意义。

3. 经济效益

本项目通过在工厂、商业楼宇、高校等多种用户展开智慧能源管理的应用示范，能够实现工商业企业能源管理的数字化、网络化和智能化，提升企业供能可靠性，降低用能成本，减缓电网投资。与传统工业企业相比，中央空调整体节能率可提高约 10%，最大可降低用电设备群峰值负荷约 12%，2 年内实现产值约 500 万元，系统投资回收期约 5 年，可通过商业化运作进行推广。

4. 生态效益

通过企业综合能源系统的高效利用和智能管理，打造具有示范意义和应用推广价值的绿色工商业能源利用样板，减少化石能源消耗和大气污染，提高生态效益，实现经济可持续发展。

能源管理案例收益展示

公司介绍

广州东方电科自动化有限公司（简称“东方电科”）成立于 2011 年，是东方电子股份有限公司（股票代码：000682，A 股 简称：东方电子）控股子公司，是以电网行业为基础，延伸发电、石油、化工、交通、钢铁、煤炭等行业发展，是集技术研究、产品开发、生产销售、技术服务于一体的高新技术企业。

东方电科以智能电网、环保节能、物联网为三大主业为依托；与行业内国内外知名企业为战略合作伙伴；与浙江大学建立长期、紧密的合作关系“互利共赢、服务企业、统一管理、校企互动”。致力于电力系统一二次结合、软硬件结合的智能电网应用市场、节能环保市场。通过技术开发和合作，打造成具有敏锐市场感知力、具有深入用户需求探究力、具有主动客户服务执行力的公司。

东方电科以先进的技术实力和夯实的电力背景为依托，立足于电力运维管理、智能配电网、充换电产品三大产品方向，提供包括电力运维及集成解决方案、充换电解决方案、低压配网监测等系列产品。产品系列丰富，为广大电力用户提供高性能、多样化的选择。

用户侧电能质量能效综合服务

浙江南德电气有限公司
戴珏珺　刘维城　曾　超

一、背景需求

浙江省作为经济大省，制造业和服务业的发达程度处于全国前列，用户对电力的需求极为旺盛。同时，由于用户负载特性的不同对电能质量的影响程度也存在较大差异。电能作为重要的生产材料，其质量的高低会对电能使用的效率产生直接影响（这与燃油品质高低影响发动机输出效率是一个道理）。有很多用户存在功率因数考核不达标、谐波超标、电压暂降等电能质量问题，时刻影响着用户的正常生产活动，有的甚至因此造成难以挽回的经济损失。

国网浙江综合能源服务有限公司一直把电能质量优化治理作为开展“供电+能效”服务的重要抓手，但是由于缺少专业的技术支撑团队，在业务开展方面面临巨大挑战，一时间找不到切入口。另外，专业的电能质量综合服务商却苦于找不到精准用户，而无法为用户提供高效、安全、绿色的电能质量解决方案。

浙江南德电气有限公司（以下简称南德电气）作为杭州本土企业，在为客户提供服务方面具备服务半径短、响应速度快的优势，同时具备系统、产品、方案和服务的解决能力。因此，南德电气得到了国网浙江综合能源服务公司的认可和关注，双方决定以余杭区为试点区域，携手打造电能质量能效综合服务样板项目。

二、案例简介

南德电气和国网浙江综合能源服务公司选取具有以下典型特征的目标用户：① 变压器容量在630kVA以上；② 月用电量在30万kWh以上；③ 功率因数在0.85以下；④ 每月力调电费超2000元。

现场勘察图片

电能质量勘察报告

三、技术方案

本项目采用“体检+诊疗”的服务化产品模式。

（1）全国首创“体检+诊疗”的能源电力产品服务新模式，以力调电费罚款为切入点，为用户排查病因，追根溯源，并提供有针对性的体检报告。即先单点突破，后市场再转化。

（2）在免费的基础版体检报告中，从安全、降耗和增效3个角度，对体检结果提出具体化建议和针对性的收费诊疗服务项目，由用户自主选择。即先免费精准体检，后自愿付费诊疗。

（3）用户诊疗服务分为两个大类，一为检测监测类，如电能质量现场检测，谐波、电压暂降在线监测等；二为优化治理类，如谐波治理、无功补偿优化、电流三相不平衡治理等。其中，检测监测类服务将采用低门槛的套餐化形式，便于用户实现市场转化。

电能质量能效服务套餐表

序号	项目名称	服务内容	项目优势
1	电能质量体检（基础套餐）	电费结构分析、无功补偿设备运行状况分析、变压器噪声测试、母线电流温度测试、负荷特征分析、环境勘测（温湿度、粉尘等）、配用电隐患初筛、用电运维管理情况分析及提供简单用电咨询服务	“零”收费，用户“零”成本感知电能健康状况
2	电能质量专业检测	通过专业设备精确检测配电系统中存在的谐波含有率、谐波来源、功率因数不达标、电流三相不平衡、电压暂降等电能质量问题	拥有检测级的电能质量服务团队和执行标准
3	电能质量优化治理服务	①谐波治理、无功补偿优化治理、电压暂降治理、电流三相不平衡治理；②实现电能质量状况可视化	12年行业经验，专业让客户更安心

四、项目收益和经验总结

1. 用户价值

（1）经济性。以最低的成本感知电能健康状况，并获得较为翔实的体检报告和诊疗方案；提高功率因数，减少力调电费支出；帮助用户找到不合理的用能盲区，为用户提供专业的能效提升建议，避免不必要的能源浪费，减少损失。

（2）安全性。通过专业的电能体检与诊疗服务为企业找到用电安全隐患，帮助用户提高用能风控管理能力，延长配用电设备的使用寿命，避免安全事故发生。

2. 综合能源服务公司价值

以电能质量能效综合服务为抓手，通过垂直化的一站式闭环式服务，精准匹配目标用户，通过专业化的技术和市场化商业模式，为存量市场的电力用户提供更安全、更绿色、更可靠的“供电+能效”服务。

3. 电网价值

（1）降低电网损耗、提高输配电设备效率。

（2）满足用户对供电质量及供电可靠性的需求。

（3）提高输配电能力、保障电网安全及供电用电质量。

4. 社会价值

本项目提高能源效率，节能减排，助力国家“碳达峰”战略实施。通过对10多家“亚健康”用户的走访，发现60%的用户存在不同程度的电能质量问题，须安排专业的电能质量现场检测以找出问题存在的症结。同时，“体检+诊疗”的商业模式可以精准且快速地在纺织/印染/冶金/化工/电力电子/精密制造/机械制造/医药/学校/办公楼宇/商业综合体等行业用户上推广和应用。

公司介绍

浙江南德电气有限公司（以下简称南德电气）是集设备研发制造、系统开发和节能技术服务为一体的国家高新技术企业，公司以无功补偿、三相负荷不平衡、谐波、电压暂降等电能质量治理设备制造为基础，经过十多年稳健发展，旗下拥有浙江南德电力设备制造有限公司、元德智联（杭州）科技有限公司、杭州南工检测技术有限公司等全资子公司。公司以“设备+系统+方案+数据”的服务模式，为工业企业、园区、楼宇建筑在电能质量检测治理、电力物联网、能源智慧管控及建筑综合节能等领域提供一站式综合能源服务解决方案。

南德电气为客户提供精细化、个性化综合能耗管控、配供电系统节能、电能安康管理、谐波等电能质量优化、安全用电管理、智能运维等技术和综合能源服务，帮助客户提高能源品质，降低碳排放，快速运营决策。

南德电气以技术驱动，拥有26项国家专利和81项资质证书，帮助客户实现用能数字化升级、节能减排和绿色制造，并为客户响应国家“双碳”目标提供实施路径和解决方案。

南德电气与浙江大学、东南大学等多所院校进行产学研合作，已服务国家电网公司、南方电网公司、中国石化、兖矿集团、阿里菜鸟物流、联通集团、华润、威马汽车、苏泊尔、奥克斯、龙山化工、杭钢等国内知名企业。

智能巡检机器人在电网的运维实践

常州市盈能电气有限公司
吴　茜　房晓荣　庄孟文

一、案例简介

为实现配变电网的智能运维，提高配变电网的用电安全，全面实现无人化远程巡检。现采用智能巡检机器人取代人工来对变电站、配电室、开关室等设备、表计繁多且需要及时掌握设备运行状态的电网区域进行环境参数监测、各类仪表参数读取、隔离开关分合闸状态监测、智能巡检、带电监测的例行巡检。

二、技术方案

智能巡检机器人是常州市盈能电气有限公司推出的智能巡检运维平台品牌，依托常州市盈能电气雄厚的电力运维行业背景，依靠当前科技发展技术，图像识别技术、传感器技术、泛在电力物联网技术，利用智能巡检手段自主研发的智能运维平台和丰富的电力运维应用设备进行模块化的灵活组合，为不同领域客户提供智能化巡检运维解决方案。

实力打造“智能化、无人化”物联网一体化智能运维解决方案，以物联网技术为基础，打造综合管理、配变电站运维、智能云平台等应用，实现无人化管理新体系。

变电站巡检机器人
YNEN-9X L2

开关室巡检机器人
YNEN-9X L2P

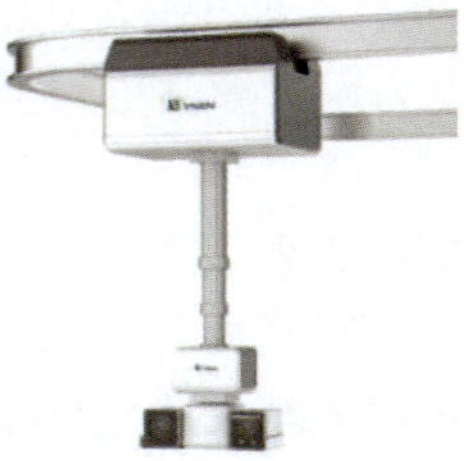

轨道机器人
YNEN-9X G3

廊道机器人
YNEN-9X G5

智能巡检机器人采用特有的视觉导航技术，全面采集周围环境特征信息精准定位，有效解决“迷航”问题；集合多种传感技术，无须安装繁多的传感器采集信息，一台机器人即可全面检测所有信息数据；系统自动记录每次监测时的数据信息，并生成报表，以反映该设备在某一时间段内的状态变化情况；任务配置可根据巡视类型（例行巡视、全面巡视、专项巡视、特殊巡视等）、设备区域、间隔名称、设备类型进行组合筛选，其中专项巡视应按照避雷器表计、SF_6表计、液压表计、红外测温、噪声检测、油位、位置状态等进行详细分类；减少人工的同时，大大提升运维的内容和频率，实现精细管理目标，提高供电可靠性。

智能巡检机器人具有以下优点：

（1）基于边缘计算框架：携带多种传感器，联动辅助设备，实现真正意义上360°无死角的运维，为边缘计算提供完整的运行数据。

（2）超高精度定位：采用基于视觉导航的高精度定位算法，定位精度最高 2mm。

（3）快速配置：基于场景的视觉快速构建，配置速度最快 60s/点。

（4）报表管理和智能分析：基于状态分类和历史分析的数据管理，生成报表。

（5）智能电源管理：电池性能检测和智能电源管理技术，增加巡检时长。

三、项目亮点和项目收益

改造前采用人工巡检：① 表计数量多，人工巡查运维工作量较大，且准确性不高；② 部分设备需要通过仪器监；③ 巡视间隔长，无法及时掌握突发情况。

改造后采用智能巡检机器人：① 自主巡检，节省人力；② 智能运维，高效作业。

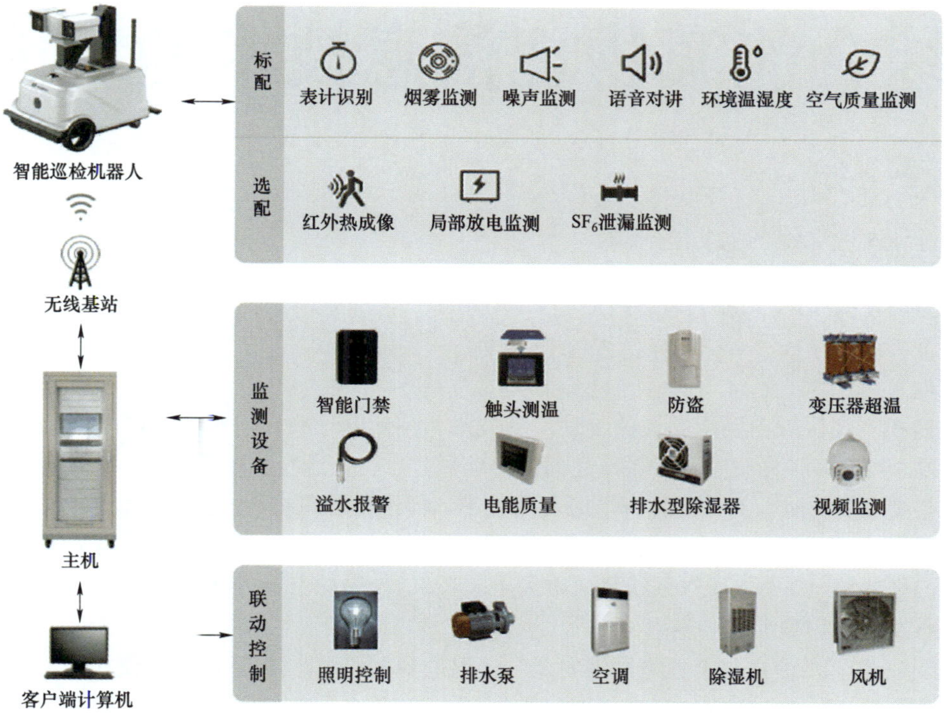

智能巡检机器人系统组成

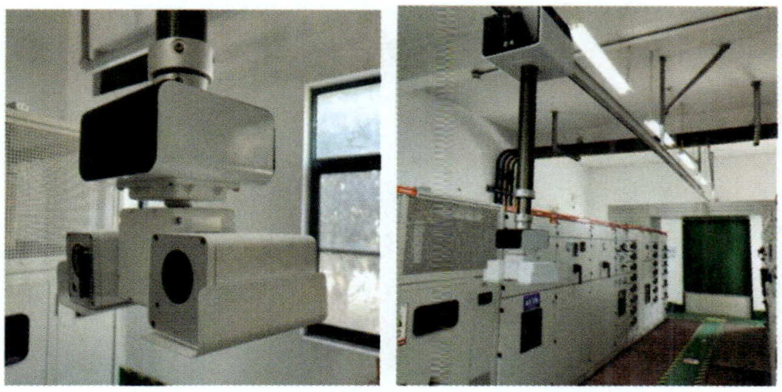

浙江嘉兴配电房轨道机器人智能巡检

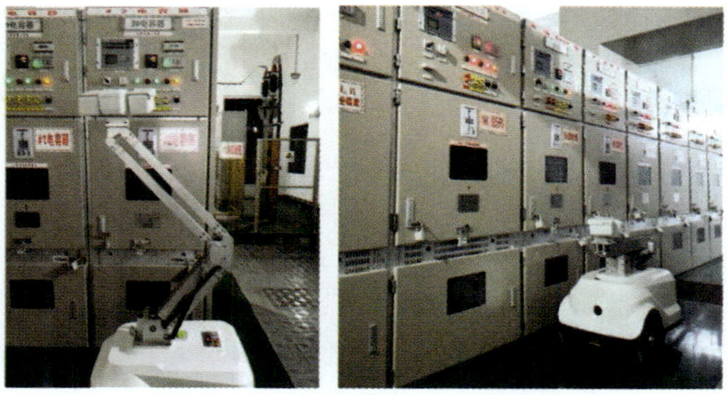

沈家湾变电站轮式机器人智能巡检

公司介绍

常州市盈能电气有限公司成立于2008年1月，位于江苏省常州市，营业范围包括电气设备、智能巡检机器人、电力配套设备、降噪设备的设计、制造、安装及相关技术服务；环保工程施工；计算机软件研发、技术咨询、技术服务等。

常州市盈能电气有限公司多年来专注于电力二次设备的技术研究与产品开发、制作，累计获得了190多项专利权，是一家能根据智能电网发展，提供高品质、低成本产品监测和研发的高科技高新技术企业。

基于综合能源物理信息技术的双因子认证系统

贵州电网有限责任公司
余云昊　狄查美玲　罗扶华

一、背景需求

综合能源系统是指一定区域内利用先进的物理信息技术和创新管理模式，整合区域内煤炭、石油、天然气、电能、热能等多种能源，实现多种异质能源子系统之间的协调规划、优化运行、协同管理、交互响应和互补互济。在满足系统内多元化用能需求的同时，有效地提升能源利用效率，促进能源可持续发展的新型一体化的能源系统。

目前，大部分发电企业已经按照国家标准规范，部署了横向隔离、纵向加密、防火墙及入侵检测等安全产品。但在主机侧安全防护仍然相对薄弱，操作系统目前所采用的身份认证方式仍然为传统的单一口令认证方式，一旦口令被泄露，核心操作系统将面临极大安全隐患。

根据 GB/T 22239—2019《信息安全技术网络安全等级保护基本要求》（以下简称等保 2.0），构建一个安全管理中心支持下的三重防护体系，提高了对网络安全等级保护的要求，同时对于主机身份鉴别还要求采用口令、密码、生物技术等两种或两种以上组合的鉴别技术对用户进行身份鉴别，且其中一种鉴别技术至少应使用密码技术来实现。

网络威胁对电力系统的影响涉及国家安全、公共安全和国民经济等至关重要的问题。而当前电站业务系统正在运行、不能中断，操作系统版本多，要完成等保 2.0 中建设多重身份鉴别机制的安全要求，还需协调众多后台厂家，对于电力企业来说时间紧、任务急、要求高。

二、案例简介

为满足目前电力自动化的发展趋势需求，增加主机侧双重身份鉴别要求，以完善无人值守的一个安全管理中心支持下的三重防护体系、建立一套长效的安全防护机制。本方案主要通过在主机操作系统内核层部署双因子认证系统，注册带安全芯片的安全优盘，以安全优盘作为认证所用的介质，满足主机侧两种及两种以上身份鉴别的要求，更好、更快地提高电力系统访问控制能力，防止因口令泄露而导致核心系统被非法损毁，核心数据被非法窃取、非法删改和非法拷贝，实现经济效益及社会效益的最大化。

主机侧部署双因子认证系统后，集中接入统一管控平台中，通过平台对所有双因子认证系统进行统一管控，包括双因子认证系统的安全优盘注册、系统的权限设定以及系统的升级维护等，在国家发布新的安全合规性要求后，通过统一管控平台进行集中式推送升级双因子认证系统。

在网络架构上实现用户分级管理，不同用户有自己的管理权限，需要根据不同用户所需功能进行权限分配，在安全的情况下提升用户体验。

三、技术方案

1. 项目难点

（1）目前操作系统版本众多，如 Windows、Linux、Unix 以及国产安全操作系统，细化下来的小版本高达 400 多个，需要产品具有高兼容性。

（2）业务系统应用广泛，国内主流自动化厂家便有几十家，其业务系统版本则更多，也需要产品具有高兼容性。

（3）机器设备众多，分布式单机管理双因子认证系统的情况下，注册安全优盘的工作量就巨大，且日常维护及程序升级极为不便。

（4）安全优盘需要具备很高的自身安全性，作为认证所用的介质，必须不能有安全隐患，以免给核心系统带来新的安全威胁。

2. 建设内容

双因子认证（2FA）是指结合密码以及实物（信用卡、SMS 手机、令牌或指纹等生物标志）两种条件对用户进行认证的方法。本项目双因子认证系统采用口令密码结合安全优盘的认证来实现两种系统登录认证，只有在口令密码输入正确同时插入注册过的安全优盘，才可通过双因子认证系统验证来进入系统。

通过在所有现场服务器、工作站上安装双因子认证系统，采用口令以及双因子认证两种组合的鉴别技术对用户进行身份鉴别。对于同时满足口令认证和安全优盘认证通过的用户才可访问操作系统，强化了操作系统的访问控制能力，建立自动化的长效系统本体安全防护机制。同时将所有双因子认证系统接入到统一管控平台中，通过平台对双因子认证系统进行集中管控，对于安全优盘集中注册下发，系统升级维护，集中统一推送。

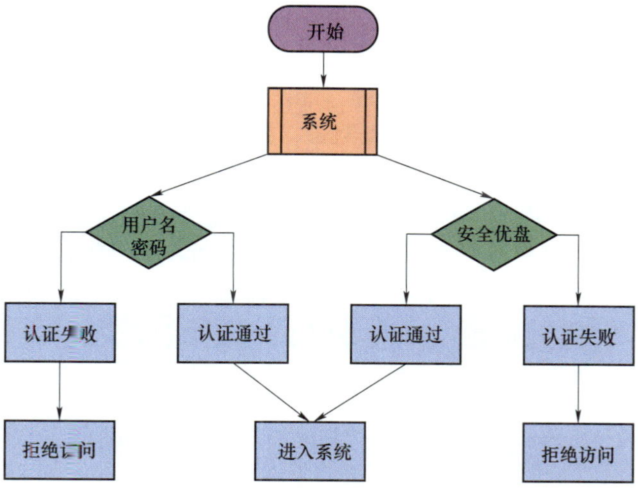

双因子认证系统流程图

四、项目收益

1. 经济效益

（1）降低管理成本：通过统一管控平台对所有双因子认证系统进行集中管理，无需单台设备进行日常运维处理。

（2）避免重复投资：可支持模块嵌入，避免每年国家新的合规性要求出来之后需要不断重复地进行同一类安全投资。

2. 社会效益

（1）产品效果显著，适用于电站、集控、分公司、调度以及各大发电集团，极具社会推广意义。

（2）入侵防御机制，对于其中一个因子认证失败均可禁止访问。

五、项目亮点和经验总结

（1）双因子认证系统可以和统一管控平台进行联动，由统一管控平台进行集中管控，日常的维护，集中注册安全优盘，程序升级均可以通过平台集中完成。

（2）双因子系统可以作为一个模块嵌入主机加固系统中，也就是说主机加固系统、双因子认证系统只有一个后台程序，这样在极小的系统资源占用的情况下便可以实现多个安防要求。

（3）认证所用安全优盘为带芯片的安全优盘，不仅支持优盘标识符序列号，保证每个优盘的唯一性；同时可以对恶意代码进行自免疫，很好地防止安全优盘在使用时给核心系统带来新的安全隐患；安全优盘支持多重分区，同时可自主设置为读写保护；带有隐私数据保护的加密区，安全优盘在作为认证所有的介质的同时还可以作为隐私数据的存储工具。

（4）入侵防御机制，对于其中一个因子认证失败均可禁止访问。

广西中调综合防护统一管控平台项目

北京信达探索者科技有限公司
宋鹏飞　刘坤山

一、案例简介

我国能源行业主要倚重“物理隔离”的方式，保障内网不受攻击。越来越多的安全事故表明，安全事故是由于各系统内部脆弱，并且通过绕过正面防护的方式来发动攻击。自 2015 年后，随着能源局《电力监控系统安全防护总体方案等安全防护方案和评估规范》《关于开展电力监控系统清朗网络空间创建活动的通知》等文件的陆续出台，侧重建立整体防护体系，增加了“综合防护”“固本体，严管控”等防护要求。

广西电网责任有限公司（以下简称广西电网公司）负责控制运行广西壮族自治区高压主电网，调配水火核风光等多种电源，负责保持超高压交直流混合的西电东送大通道安全稳定，并直接指挥广西壮族自治区 14 个地区电网的电力调度。在网络战中电网易成为重要攻击对象，各核心业务系统面临巨大安全风险。广西电网公司网络安全科负责广西电网公司所辖范围内电力监控系统网络安全管控工作，其中包括建设中调、各地调的电力监控系统综合防护体系及优化其本体安全。

二、技术方案

为深入贯彻落实南方电网公司网络安全建设方针，确保核心业务的数据和业务安全，按照国家及南方电网公司相关文作为指导性文件，广西电网公司建设了“省调地调一体化综合防护统一管控系统”，在广西中调及其下属的地调部署综合防护统一管控平台、主机加固、安全自评估工具、安全操作系统、移动介质管控，并建设了安全运维专网作为省地互联的网络专用链路通道，通过专用链路通道将所有的地调综合防护安全产品及各类安全数据统一接入省调综合防护统一管控平台，安全态势感知统一管控平台使用 C/S 架构，通过各类安全事件分析、安全风险分析、关联分析与数据挖掘等方法，从各个层面、各个角度对省调、地调的安全运行情况进行评定和排序，实现信息安全的趋势预测、威胁感知。安全事件应急处置，为安全管理、安全决策提供科学依据。在实现集中审计、统一管控、安全预警的同时实现自动消缺。

针对电力公司安全分区，在广西电网公司Ⅰ、Ⅱ区部署一套综合防护统一管控平台，在对广西中调安全产品进行集中审计的同时，完成统一管控，自动消缺，实现平台与各类安全产品的联防联动。

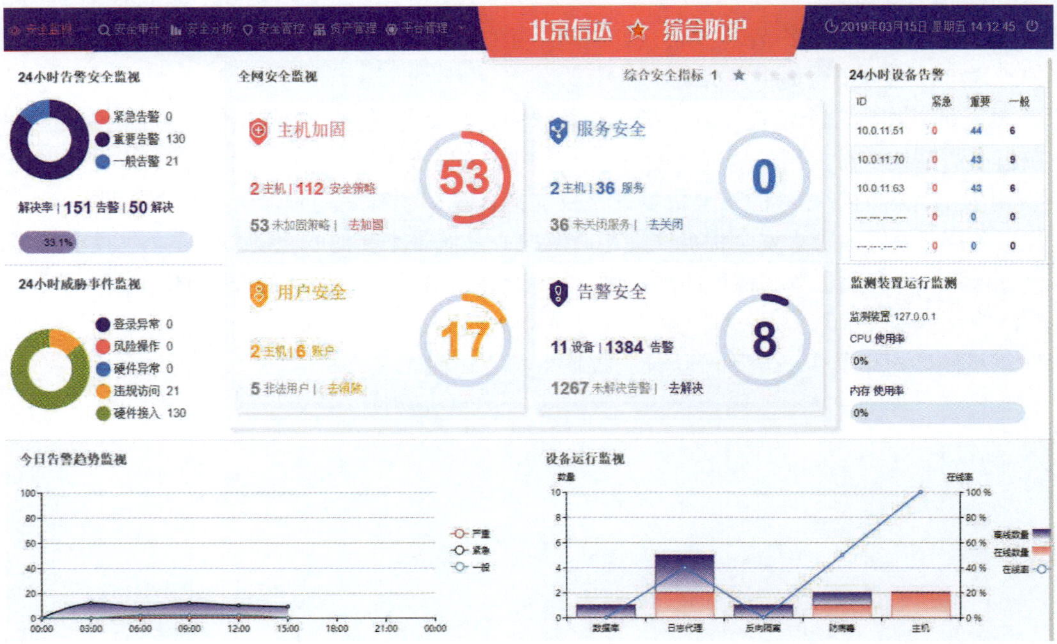

综合防护统一管控平台

同时，广西电网公司综合防护统一管控平台与其下属的所有地调统一管控平台进行联防联动，实现中调地调安全产品和组件的统一管控。

三、商业模式和项目收益

该项目采用客户采购的商业模式，由客户招标采购的方式进行。

项目收益主要包括：

（1）提升操作系统安全等级，达到工业控制领域最高的第四等级要求。

（2）实现移动介质管控及配备安全优盘，实现已知、未知恶意代码的免疫，移动设备的准入控制。

（3）统一管控实现系统本体加固、安全隐患自动消缺，应急响应可快速自适应地推送安全补丁和配置安全策略，实现联防联动。

（4）该项目完全满足 GB/T 22239—2019《信息安全技术网络安全等级保护基本要求》（以下简称等保 2.0）的“安全管理中心”及“安全计算环境”的要求，用户在技术上保持一定先进性。

该项目的实施提升了广西中调系统本体安全防护能力，从技术上确保系统本体具备非法入侵抵御能力，防止来自网络入侵、人员误操作、病毒等带来的安全风险。同时，综合防护统一管控平台提供的日志查询、实时告警、报表导出功能也能更直观的把握系统本体安全的具体情况，方便日常的管理和运维，为广西电力调度中心日常运维节省人力、物力。

四、项目亮点和经验总结

北京信达探索者科技有限公司推出的“合平统一”方案，完全满足等保 2.0 的安全防护要求。其中，“合平统一”方案是指：

合：合规达标，成果可视；

平：平稳易行，自动消缺；

统：统一管控，综合防护；

一：一次安装，整体兼容。

该方案采用一个管理中心支持下三重防护的安全防护架构，完全满足等保 2.0 的安全防护要求；综合防护统一管控平台的部署加强了广西电网公司对其下属地调的管控能力，提高了广西电力调度中心整体的安全防护能力，保证了核心业务的稳定运行。建立由内网核心到边界的完整防护体系，对安全隐患进行自动消缺，有效解决由于核心系统安全问题所引发的安全事故；通过各类安全事件分析、安全风险分析、关联分析与数据挖掘等方法，实现信息安全的趋势预测、威胁感知，为安全管理、安全决策提供科学依据。该综合防护统一管控平台具备自感知、自适应、自学习、自执行、自决策的智能特性，可成为智能电网智能安全防护的重要组成部分。

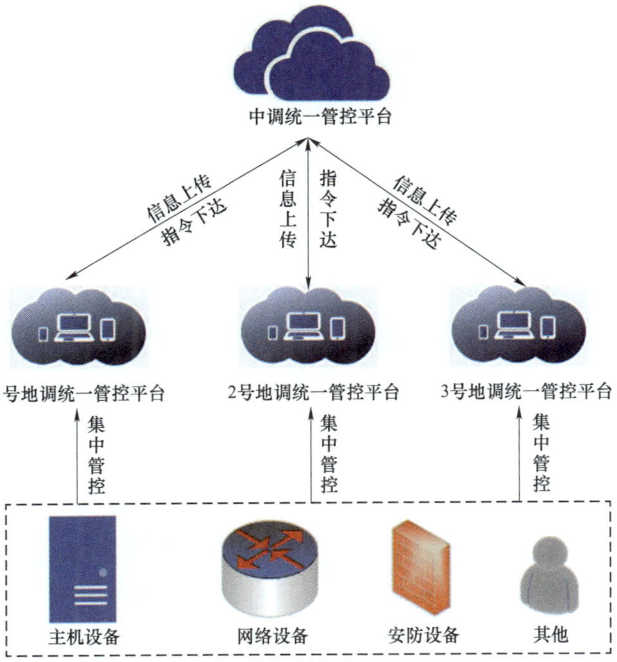

统一管控平台架构图

第3章

其他案例

本案例集第 1 部分提到的 120 个案例，限于篇幅未能全部展开介绍，本章将其余案例进行列表展示，方便读者了解。

序号	项目名称	序号	项目名称
1	广东电网有限责任公司松山湖综合能源互联共享平台项目	19	尼得科压缩机（北京）有限公司能源管控系统项目
2	珠海华润化学综合能源服务项目	20	制药行业能源信息化管理系统项目
3	中新苏滁高新技术开发区 1～5 期标准化厂房、蓝白领公寓、商务中心全面综合运维	21	南通市政务中心、行政中心、图书馆能源托管项目
4	中体彩国家数据中心（基础设施）扩容项目	22	南京市江宁中医院可调负荷自动需求响应 CPS 关键技术应用项目
5	中山粤海能源智慧售电平台项目	23	明珠工业园综合能源管理项目
6	中国重汽集团济南动力有限公司二期空压机余热回收及水蓄冷项目地源热泵+水蓄冷（热）系统项目	24	蒙牛高科工厂能源中控项目
7	重汽集团烟气余热回收和冷却水余热回收项目	25	蒙东兴安盟科右前旗哈拉黑巴拉格歹风电及配套供热典型示范项目
8	贵州航空工业能效提升项目	26	金陵科技学院变配电能源大数据监控管理平台
9	浙江吉利控股集团能源管理系统项目	27	江苏悦丰晶瓷科技有限公司分布式光伏发电项目
10	宿迁龙恒新能源有限公司分布式光伏发电项目	28	世界互联网大会乌镇峰会后勤保电支撑体系建设项目
11	碳资产管理信息平台建设项目	29	江苏淮河化工有限公司蒸汽拖动技改项目
12	苏星公司零碳园区综合能源监测平台数据分析示范应用项目	30	湖南娃哈哈 2.8MWp 屋顶分布式光伏发电项目
13	五粮液集团能源使用全生命周期管理项目	31	城市配电网综合节能改造项目
14	深圳湾全资源协调优化调度	32	国网湖南综合能源服务有限公司智能感知设备应用场景示范建设项目（长沙市）
15	上海连民村综合能源服务示范项目	33	故宫博物院项目
16	国网山西省电力科学研究院试验基地交直流混合能源互联示范工程	34	共享智能铸造产业创新中心能耗监测项目
17	厦门火炬园区能源互联网服务平台项目	35	孚能科技（镇江）有限公司 20MW 分布式光伏发电项目
18	宝钢集团广东韶关钢铁有限公司智慧能源之变配电智能集控系统项目	36	北京大兴国际机场东航分布式光伏发电项目

第 3 部分
案例数据库

我国当前综合能源服务已有大量工程实践，各具特色，涉及不同领域、不同应用场景，经验与教训并存。编委会组织千个不同领域案例供产业从业人员进行查阅，共促生态合作共赢。由于版面有限，本案例数据库采取电子版本展示方式，请您扫码进入电子案例数据库查阅。

案例数据库介绍

本电子案例数据库拥有综合能源服务的上千条案例，随着时间不断推移，案例数据库的内容还会逐步丰富和完善。本年度案例数据库共有工业、公建、园区、区域能源、其他五大行业分类，五大行业分类下涉及工业制造、华工、汽车、公共机构、产业园区、交通行业等 20 多个应用领域。下表为示意查询，请广大读者参考。

案例数据库

案例数据申报单位	案例名称	项目地	一级分类	二级分类
国网江苏综合能源服务有限公司	江苏德龙镍业能源综合利用项目	江苏省	工业行业	钢铁行业
国网河南综合能源服务有限公司	中航光电中央空调系统能源站项目	河南省	工业行业	工业制造
华润智慧能源有限公司	珠海华润化学综合能源服务项目	广东省	工业行业	化工行业
南京磐能电力科技股份有限公司	浙江吉利控股集团能源管理系统	浙江省	工业行业	汽车行业
北京广元科技有限公司	五粮液集团能源管理系统项目	四川省	工业行业	食品行业
国网四川综合能源服务有限公司	集中式烤烟房“煤改电”示范项目	四川省	工业行业	烟草行业
ABB（中国）有限公司	国舜集团莱钢 265m^2 和 400m^2 烧结机脱硫脱硝改造项目	山东省	工业行业	冶金行业
国网（天津）综合能源服务有限公司	中新天津生态城不动产登记服务中心零能耗智慧建筑项目	天津市	公建行业	公共机构
平高集团综合能源服务公司	上海市张江能源服务中心智慧楼宇项目	河南省	公建行业	公共机构
雄安许继电科综合能源技术有限公司	陕西楼宇用能优化项目	陕西省	公建行业	建筑楼宇
国网福建综合能源服务有限公司	福建大型机场综合能源站示范项目	福建省	公建行业	交通行业
国网雄安综合能源服务有限公司	绿色低碳雄安高铁站片区综合能源服务典型案例	河北省	公建行业	交通行业
北京京能燕开综合能源服务有限公司	北京市房山区分布式电供暖智慧化集群管理项目	北京市	公建行业	教育行业
浙江华云信息科技有限公司智慧能源服务分公司	浙江大学“教育云”液冷数据中心项目	浙江省	公建行业	数据中心
国网山西省综合能源服务有限公司	太原市 5G 基站基础设施建设项目	山西省	公建行业	通信行业
国家电投集团数字科技有限公司	靖安县中医院绿色智慧能源系统项目	江西省	公建行业	医院行业
国网安徽综合能源服务有限公司	安徽岳西县医院气改电综合能源托管运维项目	安徽省	公建行业	医院行业
上海临港弘博新能源发展有限公司	上海静安新业坊园区能源服务项目	上海市	园区行业	产业园区
同方节能工程技术有限公司	北大资源双创园（天竺园区）能源托管运维项目	北京市	园区行业	产业园区
中国航空工业新能源投资有限公司	北京云湖会议中心综合能源服务示范项目	北京市	园区行业	产业园区
南京南瑞继保电气有限公司	常州博瑞智能园区综合能源管控项目	江苏省	园区行业	产业园区
港华能源投资有限公司	济宁港航梁山港 1 号、2 号储煤场屋顶光伏发电项目	山东省	园区行业	工业园区
国网（北京）综合能源服务有限公司	北京市石景山首钢综合能源规划项目	北京市	园区行业	工业园区
石家庄科林电气股份有限公司	科林电气高端智能电力装备制造基地综合能源管控系统	河北省	园区行业	工业园区
思安新能源股份有限公司	多能互补微网系统综合智慧能源服务项目	陕西省	园区行业	工业园区
特变电工新疆新能源股份有限公司	西安园区 2MW 源网荷储协调微网工程	陕西省	园区行业	工业园区
浙江华云信息科技有限公司	城市级智慧能源管理服务系统应用案例	浙江省	区域能源	其他
中化金茂智慧能源科技有限公司	青岛中欧国际城能源站项目	山东省	区域能源	其他
广东鹰视能效科技有限公司	用户配电·能效运维服务助力综合能源服务高效运营	广东省	其他	其他
国网陕西综合能源服务有限公司	国网陕西综合能源公司榆林市智慧一体化路灯项目	陕西省	其他	其他
远光能源互联网产业发展（横琴）有限公司	碳资产管理信息平台建设项目	北京市	其他	其他

电务通
DIAN WU TONG
用户侧用电服务
专业供应商
010-87927012
配电室智能运维
主动运维/预知维护 /服务可视/节约成本
科技引领未来
倡导·链接·共享

VSK
独创 "威司克" 概念
追求智能化、简洁化、系统化
VSK®
威司克
致力于综合能源领域
电能质量系统一站式
解决方案专家级服务
威司克VSK电能与效率生态产业链
在世界无功补偿滤波领域，VSK通过产品的理念设计和智能互联技术应用来改善传统技术，VSK通过实时收集用户的意见，研究用户的需求，创造性提出概念无功补偿及滤波技术来解决用户最普遍遇到的各种复杂问题，实现综合能源电能的高效利用。

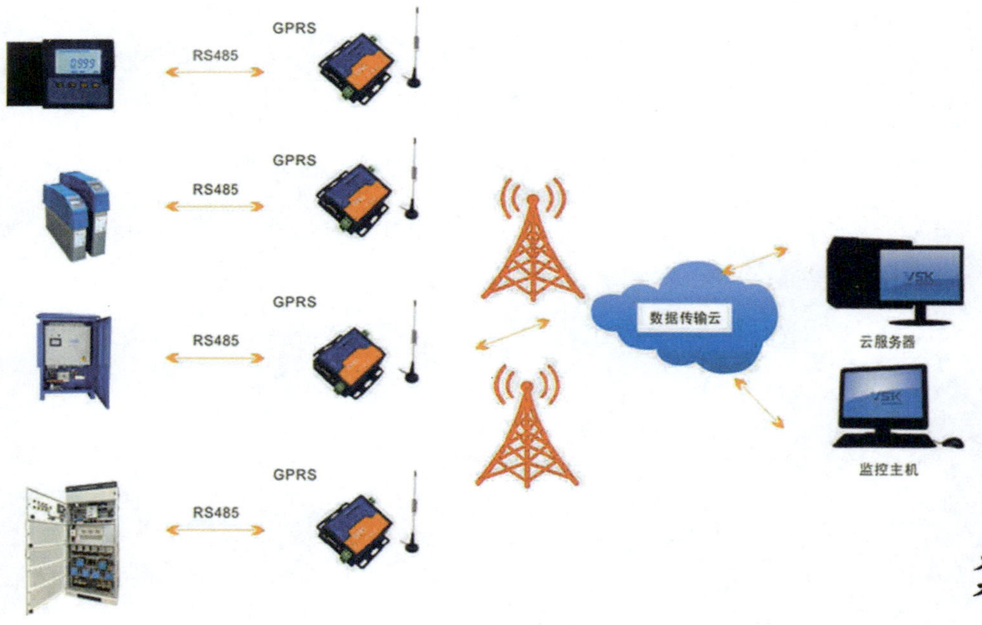
GPRS
RS485
GPRS
RS485
GPRS
RS485
GPRS
RS485
数据传输云
云服务器
监控主机

VSK
VSKPOWER
威司克
工匠精神

华云集团
HUAYUN GROUP
浙江华云信息科技有限公司
ZHEJIANG HUAYUN INFORMATION TECHNOLOGY CO.,LTD.

核心业务板块

- 电网数字化与智能化服务
- 企业大数据运营服务
- 供用电数字化服务
- 信通技术服务
- 综合能源数字化服务

实验室/研究院

- 浙江省华云智能电网技术研究院
- 浙江省电力公司低频段物联网技术与应用研究实验室
- 国家电网电池储能技术实验室共享（浙江）实验室

业务覆盖

国网26个省，南网云南、广东等系统外市场和联通华盛、华勘院等行业外市场。

01 公司简介 COMPANY PROFILE

浙江华云信息科技有限公司（以下简称“华云科技”）主营业务涵盖电网企业发、输、变、配、用全环节以及电力行业和公共服务领域的信息通信、人财物管理、企业咨询管理等，是一家涵盖“云+网+端”全方位、一体化的解决方案提供商。

浙江华云信息科技有限公司智慧能源服务分公司（以下简称“能源分公司”）是华云科技下属一大业务实施机构，主营业务涉及综合能源、储能集成及检测、新能源信息化、电商平台、平台研发、平台运营等6个领域，是一家综合能源服务数字化解决方案的供应商。

02 公司荣誉 HONOR OF THE COMPANY

被评为：国家高新技术企业、浙江省模范集体、杭州市“新制造业计划”百家重点企业、CMMI-DEV5（国际最高软件成熟度等级）级企业。

16项 公司资质	190项 软著
129项 专利	49个 一体化解决方案

联系电话：0571-51212116
0571-51212127
电子邮箱：smartenergy@hyit .com.cn
联系地址：浙江省杭州市余杭区余杭塘路2630号精诚电力科技园